普通高等教育"十三五"规划教材

全国高等医学院校
中医药类系列教材

中医妇科学

（第二版）

杜小利　毛　惠　主编

科学出版社
北　京

内 容 简 介

本教材在第一版教材基础上进行了修订,更新了知识内容,更注重临床实用性,并丰富了教材形式和内容。本教材分总论、各论和附论三部分。总论介绍了中医妇科学发展简史,中医对女性生殖脏器解剖和生理特点的认识,妇科疾病的病因病机、诊断与辨证、治疗、预防与保健等基本理论和知识。各论是本教材的重点,介绍了月经病、带下病、妊娠病、产后病和妇科杂病的诊疗规律等。附论介绍了西医妇科学的基础理论、基本知识和基本技能等。教材后还附有中医妇科病历格式及书写要求,以及方剂汇编,以便参考、查阅。

本教材适用于全国高等医学院校中医药类专业中医妇科学课程教学使用,也可作为临床医师、执业医师考试及研究生入学考试的参考书。

图书在版编目(CIP)数据

中医妇科学 / 杜小利,毛惠主编. —2 版. —北京:科学出版社,2017.6
普通高等教育"十三五"规划教材　全国高等医学院校中医药类系列教材
ISBN 978-7-03-052708-0

Ⅰ. ①中… Ⅱ. ①杜… ②毛… Ⅲ. ①中医妇科学-医学院校-教材　Ⅳ. ①R271.1

中国版本图书馆 CIP 数据核字(2017)第 099893 号

丛书策划:潘志坚　方　霞 / 责任编辑:闵　捷
责任印制:谭宏宇 / 封面设计:殷　靓

科学出版社 出版
北京东黄城根北街 16 号
邮政编码:100717
http://www.sciencep.com

南京展望文化发展有限公司排版
广东虎彩云印刷有限公司印刷
科学出版社发行　各地新华书店经销

*

2013 年 4 月第 一 版　开本:889×1194　1/16
2017 年 6 月第 二 版　印张:15 1/2
2020 年 12 月第四次印刷　字数:425 000

定价:45.00 元
(如有印装质量问题,我社负责调换)

全国高等医学院校中医药类系列教材

第二届专家指导委员会

主任委员 吕志平
副主任委员 曹文富 牛 阳 安冬青 王 滨
委　　员（按姓氏笔画排序）

王四平（河北中医学院）	王　滨（内蒙古医科大学）
牛　阳（宁夏医科大学）	毛　惠（西南医科大学）
方朝义（河北中医学院）	史宏灿（扬州大学）
包巨太（华北理工大学）	冯志成（海南医学院）
吕志平（南方医科大学）	刘晓伟（南方医科大学）
安冬青（新疆医科大学）	杜小利（宁夏医科大学）
李义凯（南方医科大学）	李永民（河北北方学院）
李　杰（青海大学）	李继安（华北理工大学）
杨志新（承德医学院）	杨　柳（南方医科大学）
杨思进（西南医科大学）	杨硕平（山西大同大学）
肖　炜（南方医科大学）	吴范武（华北理工大学）
张再康（河北中医学院）	张明柱（河北北方学院）
张星平（新疆医科大学）	陈　涛（三峡大学）
罗　仁（南方医科大学）	周迎春（南方医科大学）
赵国平（暨南大学）	赵春妮（西南医科大学）
贺松其（南方医科大学）	贾春生（河北中医学院）
徐武清（宁夏医科大学）	黄　泳（南方医科大学）
曹文富（重庆医科大学）	彭　康（南方医科大学）
董尚朴（河北中医学院）	董秋梅（内蒙古医科大学）
蒋松鹤（温州医科大学）	

全国高等医学院校中医药类系列教材

《中医妇科学》(第二版)编委会

主　编　杜小利　毛　惠
副主编　宋素英　陈　蓉
编　委（按姓氏笔画排序）

王景叶（内蒙古医科大学）	龙小平（西南医科大学）
毛　惠（西南医科大学）	刘声乐（西南医科大学）
齐　峰（华北理工大学）	杜小利（宁夏医科大学）
李仲平（河北北方学院）	宋素英（华北理工大学）
张丽华（南方医科大学）	陈　蓉（重庆医科大学）
赵　晔（山西大同大学）	郝海霞（内蒙古医科大学）
段　恒（重庆医科大学）	秦佳佳（暨南大学）
曹　颖（华北理工大学）	景彦林（山西大同大学）

总 序

教材建设是本科教学改革的重要组成部分，是提高高等学院教学质量、培养优秀人才的关键。坚持育人为本，编写符合教育规律和人才成长规律的具有科学性、先进性、适用性的优秀教材，以适应不同类型高等学校和不同教学对象需要，是中医药事业发展的基础性工程。中医药事业的蓬勃发展，对中医药人才培养质量、知识结构、专业能力、综合素质提出了新的、更高的要求，改进和完善中医药类本科教材的重要性和必要性日益突出。教育部在《高等学校"十三五"科学和技术发展规划》中明确指出：把完善"教材体系和专业课程教材内容定期更新机制"纳入人才培养课程体系。因此，为了进一步做好新时期教材建设工作，进一步提高高等医学院校中医类本科教材的质量，完善教材内容，更好地把握高等医学院校和综合性大学中医类专业本科教学改革和课程体系建设，打造中医药类精品系列教材，科学出版社和全国高等医学院校中医类教材专家指导委员会共同启动了"全国高等医学院校中医药类系列教材"的修订工作。

本次修订积极响应教育部推动学科领域科学家和领军人才进入专业基础课程和核心课程教材编写的精神，我们仍采用"跨校、跨区域合作，出版社协助"的模式，组织全国三十余所高等医学院校中医药类专业的教学名师、优秀学科带头人、教学一线的教授、专家共同参与本次教材的修订。本次修订注重加强顶层设计和组织管理，汇集权威专家智慧，突出精品意识，以"明确培养方向，优化编写体例，打造学生'乐学'"教材为原则，以教育部新版的教学大纲和国家中医执业医师、执业中药师资格考试要求为依据，充分吸收现有各版本中医药类教材的特色与合理之处并有所创新，努力打造遵循中医药教育规律、满足高等医学院校中医药类专业的培养目标需求、具有时代精神的高品质教材。

本次修订从教材规划到编写和编辑的各个环节，精心组织，层层把关，步步强化，意在提高教材的内在质量。在教材内容修订上，注重突出中医思维方式，彰显现代中医药教育理念，努力处理好继承与创新、理论与实践、基础与临床的关系。首先对教材中涉及的所有中医专业名词术语进一步进行了梳理，力争概念准确规范。进一步完善了学科知识、理论体系，促进最新科研成果进教材进课堂，并丰富教学方法和教学技术，注重实践技能培养，切合教学实际和临床实际所需，体现"创新性"和"实用性"；在教材版式设计上，力求编排新颖，版式紧凑，形式多样，主体层次清晰，类目与章节安排合理、有序，体现"清晰性""易读性"及"实用性"。

本系列教材在修订过程中，得到了全国各高等医学院校的大力支持，在此致以衷心的感谢！让我们为精心打造中医药类本科精品教材共同努力！

第二届全国高等医学院校中医药类教材专家指导委员会
2017年5月

第二版前言

全国高等医学院校中医药类系列教材《中医妇科学》自2013年出版以来,得到了全国各高等医学院校广大师生的认可和赞赏,对培养我国高层次的中医人才发挥了重要作用。为进一步完善教材内容、提高教材品质,适应当下"教学+信息技术"的时代要求,本教材以第一版教材为基础,按照教育部中医专业本科教育标准要求,以培养实用型、技能型人才为目标,强化质量意识,突出创新,在以下方面进行了修订:① 更新了知识内容,增补了近年来中医治疗有优势和特色的疾病和内容,删减了临床不常见疾病;② 更注重临床实用性,与住院医师规范化培训及中医执业医师资格考试接轨,参考了相关的国家或行业标准,如《中医妇科常见病诊疗指南》等;③ 丰富了教材形式和内容,增加了数字化资源内容(以二维码形式体现)。

本教材编委会由全国9所高等医学院校的12名专家、教授组成,多数编委参加了第一版教材的编写,有深厚的编写基础。全书分为总论、各论和附论三部分。总论主要介绍中医妇科学发展简史,中医对女性生殖脏器解剖和生理特点的认识,妇科疾病的病因病机、诊断与辨证、治疗、预防与保健等基础理论和知识;各论主要介绍女性特有疾病的诊疗规律等,是本教材的重点;附论主要介绍西医妇产科学的基础理论、基本知识和基本技能等。教材后还附有中医妇科病历格式及书写要求,以及方剂汇编,以便查阅。

本教材在编写过程中得到了宁夏医科大学、西南医科大学及其他参编院校的大力支持,在此一并表示感谢!

主 编

2017年3月

目 录

总序
第二版前言

总 论

第一章　绪论 ... 3

第一节　中医妇科学的定义和研究范围 3
第二节　中医妇科学发展简史 3
　一、萌芽时期——夏、商、周时期 3
　二、奠基时期——春秋战国时期 3
　三、发展时期——唐代至金元时期 4
　四、鼎盛时期——明清时期 5
　五、近现代的继承与发展 6

第二章　女性生殖脏器解剖和生理特点 7

第一节　女性生殖脏器解剖 7
　一、外生殖器官 7
　二、内生殖器官 7
第二节　女性的生理特点 8
　一、女性的生理基础 8
　二、女性的特殊生理 10

第三章　妇科疾病的病因病机 15

第一节　病因 15
　一、寒、热、湿邪 15
　二、情志因素 16
　三、生活因素 16
　四、体质因素 16
第二节　病机 16
　一、脏腑功能失常 17
　二、气血失调 18
　三、冲、任、督、带、胞宫损伤 18
　四、肾气-天癸-冲任-胞宫轴失调 19

第四章　妇科疾病的诊断与辨证 ········ 20

第一节　四诊 ········ 20
一、问诊 ········ 20
二、望诊 ········ 21
三、闻诊 ········ 22
四、切诊 ········ 22

第二节　辨证要点 ········ 23
一、常用辨证方法 ········ 23
二、月经病、带下病、妊娠病、产后病的辨证要点 ········ 25

第五章　妇科疾病的治疗 ········ 27

第一节　内治法 ········ 27
一、调补脏腑 ········ 27
二、调理气血 ········ 29
三、利湿除痰 ········ 30
四、清热解毒、解毒杀虫 ········ 30
五、调治冲任、胞宫 ········ 30
六、调控肾气-天癸-冲任-胞宫轴 ········ 31

第二节　外治法 ········ 32
一、熏洗、坐浴法 ········ 32
二、外阴、阴道冲洗法 ········ 32
三、阴道纳药法 ········ 32
四、敷贴法 ········ 32
五、热熨法 ········ 33
六、肛门导入法 ········ 33
七、宫腔注药法 ········ 33
八、介入疗法 ········ 33
九、针灸疗法 ········ 33

第六章　预防与保健 ········ 34

一、青春期保健 ········ 34
二、月经期保健 ········ 34
三、新婚期保健 ········ 34
四、妊娠期保健 ········ 35
五、产褥期及哺乳期保健 ········ 35
六、围绝经期及老年期保健 ········ 36

各　论

第七章　月经病 ········ 39

第一节　月经先期 ········ 40
第二节　月经后期 ········ 42
第三节　月经先后无定期 ········ 45
第四节　月经过多 ········ 47
第五节　月经过少 ········ 49
第六节　经期延长 ········ 51
第七节　经间期出血 ········ 54
第八节　崩漏 ········ 56
附：功能失调性子宫出血 ········ 60
第九节　闭经 ········ 62
附：多囊卵巢综合征 ········ 65
第十节　痛经 ········ 67
附：子宫内膜异位症 ········ 70
第十一节　经行诸证 ········ 72
一、经行乳房胀痛 ········ 72
二、经行发热 ········ 73
三、经行头痛 ········ 75
四、经行身痛 ········ 76
五、经行泄泻 ········ 77
六、经行浮肿 ········ 78

七、经行口糜 ·················· 79
八、经行吐衄 ·················· 81
九、经行情志异常 ················ 82
第十二节　绝经前后诸证 ············· 83

第八章　带下病ㆍㆍㆍㆍㆍㆍㆍㆍㆍㆍㆍㆍㆍㆍㆍㆍㆍㆍㆍㆍㆍㆍㆍㆍㆍㆍㆍㆍㆍㆍㆍㆍㆍㆍㆍㆍ 87

第一节　带下过多 ················ 87
第二节　带下过少 ················ 91

第九章　妊娠病ㆍㆍㆍㆍㆍㆍㆍㆍㆍㆍㆍㆍㆍㆍㆍㆍㆍㆍㆍㆍㆍㆍㆍㆍㆍㆍㆍㆍㆍㆍㆍㆍㆍㆍㆍㆍ 94

第一节　恶阻 ·················· 94
第二节　妊娠腹痛 ················ 97
第三节　异位妊娠 ················ 99
第四节　胎漏、胎动不安 ············ 104
第五节　堕胎、小产 ··············· 107
第六节　滑胎 ·················· 109
第七节　胎萎不长 ················ 112
　　附：胎死不下 ················ 113
第八节　子满 ·················· 115
第九节　子肿 ·················· 116
第十节　子晕 ·················· 118
第十一节　子痫 ················· 120
　　附：妊娠期高血压疾病 ············ 122
第十二节　子嗽 ················· 124
第十三节　妊娠小便淋痛 ············ 126
第十四节　妊娠身痒 ··············· 128
第十五节　难产 ················· 129
　　附：纠正胎位法 ··············· 131

第十章　产后病ㆍㆍㆍㆍㆍㆍㆍㆍㆍㆍㆍㆍㆍㆍㆍㆍㆍㆍㆍㆍㆍㆍㆍㆍㆍㆍㆍㆍㆍㆍㆍㆍㆍㆍㆍㆍ 133

第一节　产后发热 ················ 134
第二节　产后血晕 ················ 136
　　附：产后出血失血量的测定和估计 ······ 139
第三节　产后腹痛 ················ 139
第四节　产后身痛 ················ 141
第五节　产后小便不通 ·············· 143
第六节　产后大便难 ··············· 144
第七节　产后恶露不绝 ·············· 146
第八节　缺乳 ·················· 148
第九节　产后乳汁自出 ·············· 149
　　附：断乳 ··················· 150
第十节　产后抑郁 ················ 151

第十一章　妇科杂病ㆍㆍㆍㆍㆍㆍㆍㆍㆍㆍㆍㆍㆍㆍㆍㆍㆍㆍㆍㆍㆍㆍㆍㆍㆍㆍㆍㆍㆍㆍㆍㆍㆍ 153

第一节　癥瘕 ·················· 153
第二节　不孕症 ················· 156
第三节　盆腔炎性疾病 ·············· 160
　　一、急性盆腔炎 ··············· 160
　　二、盆腔炎性疾病后遗症 ··········· 162
第四节　阴痒 ·················· 164
　　附：外阴上皮内非瘤样病变 ·········· 166
第五节　阴疮 ·················· 168
第六节　阴挺 ·················· 170
第七节　脏躁 ·················· 172

附　论

第一章　女性生殖系统解剖ㆍㆍㆍㆍㆍㆍㆍㆍㆍㆍㆍㆍㆍㆍㆍㆍㆍㆍㆍㆍㆍㆍㆍㆍㆍㆍㆍㆍㆍㆍ 177

第一节　外生殖器 ················ 177
　　一、阴阜 ··················· 177

- 二、大阴唇 …… 177
- 三、小阴唇 …… 177
- 四、阴蒂 …… 177
- 五、阴道前庭 …… 177

第二节 内生殖器 …… 178
- 一、阴道 …… 178
- 二、子宫 …… 179
- 三、输卵管 …… 180
- 四、卵巢 …… 180

第三节 女性生殖器邻近器官及血管、淋巴、神经 …… 181
- 一、邻近器官 …… 181
- 二、血管 …… 181
- 三、淋巴 …… 182
- 四、神经 …… 182

第四节 骨盆 …… 182
- 一、骨盆的组成 …… 182
- 二、骨盆的分界 …… 183
- 三、骨盆的类型 …… 183

第五节 骨盆底 …… 184

第二章 女性生殖系统生理 …… 185

第一节 卵巢的功能及周期性变化 …… 185
- 一、卵巢的功能 …… 185
- 二、卵巢的周期性变化 …… 185
- 三、卵巢性激素的合成及分泌 …… 186

第二节 子宫内膜及生殖器官其他部位的周期性变化 …… 186
- 一、子宫内膜的周期性变化 …… 187
- 二、生殖器其他部位的周期性变化 …… 187

第三节 下丘脑-垂体-卵巢轴的相互关系 …… 188
- 一、下丘脑促性腺激素释放激素 …… 188
- 二、腺垂体生殖激素 …… 188
- 三、卵巢激素的反馈作用 …… 189
- 四、月经周期的调节机制 …… 189

第三章 妊娠生理 …… 190

第一节 胚胎形成与胎儿发育 …… 190
- 一、胚胎形成 …… 190
- 二、胚胎及胎儿发育 …… 190

第二节 胎儿附属物的形成和功能 …… 191
- 一、胎盘 …… 191
- 二、胎膜 …… 193
- 三、脐带 …… 193
- 四、羊水 …… 193

第三节 妊娠期母体的变化 …… 193
- 一、生殖系统的变化 …… 193
- 二、乳房的变化 …… 194
- 三、血液循环系统的变化 …… 194
- 四、泌尿系统的变化 …… 195
- 五、呼吸系统的变化 …… 195
- 六、消化系统的变化 …… 195
- 七、内分泌系统的变化 …… 196
- 八、新陈代谢的变化 …… 196
- 九、皮肤及其他 …… 196

第四章 正常分娩 …… 198

第一节 决定分娩的四因素 …… 198
- 一、产力 …… 198
- 二、产道 …… 199
- 三、胎儿 …… 200
- 四、精神心理因素 …… 200

第二节 枕先露的分娩机制 …… 200

第三节 分娩的临床经过与处理 …… 202
- 一、先兆临产、临产与产程 …… 202
- 二、产程各期的临产表现和处理 …… 202

第五章　妇产科检查与常用特殊检查 ⋯⋯ 206

第一节　妇科检查 ⋯⋯ 206
一、注意事项 ⋯⋯ 206
二、检查方法 ⋯⋯ 206
三、检查记录 ⋯⋯ 207

第二节　产前检查 ⋯⋯ 207
一、询问病史 ⋯⋯ 207
二、全身检查 ⋯⋯ 208
三、产科检查 ⋯⋯ 208
四、辅助检查 ⋯⋯ 210
五、复诊 ⋯⋯ 210

第三节　妇产科常用特殊检查 ⋯⋯ 210
一、生殖道细胞学检查 ⋯⋯ 210
二、女性常用内分泌激素测定 ⋯⋯ 211
三、女性生殖器官活组织检查 ⋯⋯ 213
四、输卵管通畅检查 ⋯⋯ 214

第六章　计划生育 ⋯⋯ 215

第一节　避孕 ⋯⋯ 215
一、宫内节育器 ⋯⋯ 215
二、激素避孕 ⋯⋯ 216
三、其他避孕 ⋯⋯ 217

第二节　人工流产 ⋯⋯ 218
一、药物流产 ⋯⋯ 218
二、人工流产 ⋯⋯ 218

第三节　输卵管绝育术 ⋯⋯ 219
一、经腹输卵管结扎术 ⋯⋯ 220
二、经腹腔镜输卵管绝育术 ⋯⋯ 220

第四节　计划生育措施的选择 ⋯⋯ 220
一、新婚夫妻 ⋯⋯ 220
二、生育后时期 ⋯⋯ 221
三、哺乳期 ⋯⋯ 221
四、围绝经期 ⋯⋯ 221

附　录 ⋯⋯ 222

中医妇科病历格式及书写要求 ⋯⋯ 222
一、门诊病历格式及书写要求 ⋯⋯ 222
二、住院病历格式及书写要求 ⋯⋯ 223

方剂汇编 ⋯⋯ 226

总　论

第一章 绪 论

导 学

本章介绍中医妇科学的定义、研究范围和发展简史。

通过学习,掌握历代中医妇科学的重要代表著作及重要学说;熟悉中医妇科学的定义、研究范围及发展简史;了解每个历史阶段中医妇科学的发展特点。

第一节 中医妇科学的定义和研究范围

中医妇科学是运用中医学理论认识女性生殖系统的解剖、生理、病理特点,诊疗规律和研究女性特有疾病的一门临床学科。

男女脏腑经络气血的活动规律基本相同,但女性在解剖上有胞宫、产道、阴户等特殊的生殖器官,在生理上有经、带、孕、产、乳特有表现;在病理上有经、带、胎、产、杂等特有病种,使妇科区别于其他各科,并成为中医妇科学的主要研究内容。中医妇科学研究范围包括中医对女性生殖脏器解剖和生理特点的认识,妇科疾病的病因病机、诊断与辨证、治疗、预防与保健等基本理论和知识,涉及月经不调、崩漏、带下、妊娠、临产、产后、乳疾、癥瘕、前阴诸疾及杂病等诊疗规律。

第二节 中医妇科学发展简史

中医妇科学是中医学重要组成部分之一,随着中医学的发展逐渐建立和充实起来。中医妇科学的发展史可概括为以下历史阶段。

一、萌芽时期——夏、商、周时期

此时期出现了有关难产、妇科药物、种子和胎教理论的记载,成为中医妇科学的萌芽初始。如最早在殷墟出土的甲骨文中,就载有"疾育"(妇产科病)。《史记·楚世家》说:"陆终(妻女嬇)生子六人,坼剖而产焉。"《诗经》中载药50余种,其中有一些重要的妇产科用药,如《诗经》说:"东门之墠,茹藘在阪"(墠,野土也;茹藘即茜草;阪,坡者曰阪);"中谷有蓷,暵其乾矣"(蓷即坤草;暵,曝也,热气也)等。《山海经》中亦载有"种子""避孕"之药物,如《山海经·中山经》说:"青要之山……其中有鸟焉……食之宜子。"《山海经·西山经》说:"嶓冢之山……有草焉……名曰蓇蓉,食之使人无子"等。《列女传》中有胎教的记载说:"太任,王季娶以为妃……及其有身,目不视恶色,耳不听淫声,口不出傲言,能以胎教,而生文王。"

二、奠基时期——春秋战国时期

此时期随着中医学理论的形成以及中医临证科学、中医诊断学、中医证候学等的不断发展和完善,推动了中医妇科学的形成。

笔记栏

（一）春秋战国时期

在相关理论的记载上，此期有难产、优生、胚胎学相关理论的记载。《黄帝内经》（简称《内经》）提出了中医妇科学相关理论。医家有医和、医缓、扁鹊等，特别是扁鹊曾专门从事过妇产科的医疗工作，当时称为"带下医"。《左传》中有难产和双胎的记载，如"（郑）庄公寤生（即逆生。寤，逆也），惊姜氏"。《史记》中有"武姜生太子，生之难，及生，夫人弗爱"的记载。过期妊娠和双胎诊断的记载出现于《左传》中："梁嬴孕过期，卜招父与其子卜之，其子曰：将生一男一女"。《左传》中关于优生的记载，如"男女同姓，其生不蕃"（蕃，繁殖之意），明确提出近亲结婚有害于后代，比英国人达尔文1858年论及这一规律要早2500多年。《文子》九守篇有怀胎十月而生的准确记载："一月而膏，二月而血脉，三月而胚，四月而胎，五月而筋，六月而骨，七月而成形，八月而动，九月而躁，十月而生。"

《内经》确立了中医学的理论基础，对中医妇科学的贡献有：提出了女性的解剖、月经生理、妊娠诊断等基本理论；初步论述了一些女性疾病的病理，如血崩、月事不来、带下、不孕、肠覃、石瘕等；还记载了第一个治疗血枯经闭、调经种子药方"四乌贼骨一蘆茹丸"。《内经》的理论为中医妇科学的发展奠定了基础。

（二）秦汉时期

在相关疾病的记载上，秦代已有妇产科病案的记载。据《史记·扁鹊仓公列传》记载，太仓公淳于意首创"诊籍"，其中"韩女内寒月事不下"及"王美人怀子而不乳"（乳，生也）为妇产科最早的病案。汉代的医事制度上设有"女医"，有药物堕胎、连体胎儿、手术摘除死胎等的记载，并出现了一批妇产科专著、专论。

马王堆汉墓出土文物《胎产书》是我国现存最早的产科专著。张仲景《金匮要略》中的妇人三篇，论述了妊娠呕吐、妊娠腹痛、产后发热、热入血室、带下、经闭、癥瘕等病的证治，并提出阴道冲洗和纳药的外治法。其许多经验和方药至今有效，有些重要理论一直指导着妇产科的临床工作。医学家华佗（112～207年）发明了麻醉药（麻沸散）、创伤药（神膏），并成功地进行了开腹手术，包括摘除死胎的手术。《神农本草经》是我国历史上现存第一部也是世界最早的药物学著作。书中记载了许多妇产科用药，还记载了牛膝堕胎、当归治妇人漏下绝子等，至今仍有使用价值。

（三）魏晋南北朝及隋代

在相关生理的记载上，此期，脉学和病源证候学的发展推动了中医妇科学的发展。提出了晚婚与节育的主张，记载了针刺引产成功的案例，以及逐月养胎的理论。

晋代王叔和所著《脉经》在妇产科方面提出了"居经""避年"之说，指出"尺中不绝，胎脉方真"及脉辨男女，描写了产时"离经脉"，即"怀妊离经，其脉浮，设腹痛引腰脊，为今欲生也"。"妇人欲生，其脉离经，夜半觉，日中则生也"。此外，还论及了其他妇产科疾病的简要脉证。南齐褚澄在《褚氏遗书》中提出了晚婚与节育的主张："合男女必当其年，男虽十六而精通，必三十而娶；女虽十四而天癸至，必二十而嫁，皆欲阴阳气完实而后交合，则交而孕，孕而育，育而为子，坚壮强寿"；"合男子多则沥枯虚人，产乳众则血枯杀人"。南齐徐文伯著有专书《疗妇人瘕》。《南史·张邰传》中记载有徐文伯针刺引产成功的病案。北齐徐之才在《逐月养胎法》中对胚胎发育进行了比较准确的描述："妊娠一月始胚，二月始膏，三月始胞，四月形体成，五月能动，六月筋骨立，七月毛发生，八月脏腑具，九月谷气入胃，十月诸神备，日满即产矣。"在产科方面具有指导意义。隋代巢元方等编著了《诸病源候论》，有妇人病八卷，前四卷论妇科病，全部以损伤冲任立论，对妇科病机阐述仍有重要指导作用。后四卷论产科病，内容颇为丰富。

三、发展时期——唐代至金元时期

随着中医学理、法、方、药的快速发展，尤其是金元时期中医学百家争鸣局面的出现，促使中医妇科学进入高速发展时期，出现了许多记载有关中医妇科疾病诊治的著作。

（一）唐代

孙思邈《备急千金要方》有妇人方上、中、下三卷，且将妇人胎产列于卷首，包括求子、妊娠、产

难、胞衣不出、月经、带下、临产及产后护理及杂病等内容。还记载有难产、横产、倒生不出者诸方，及针刺引产的穴位、手法。王焘著《外台秘要》，其中有妇人2卷35门，关于妊娠、产难、产后、崩中、带下、前阴诸疾均有论及，还涉及若干堕胎断产的方法。昝殷之《产宝》是我国现存理论较完备的产科专著。这些重要医著关于妇产科理论的阐述，表明唐代妇产科已经发展到了相当水平。

（二）宋代

杨子建《十产论》中"十产"包括正产、伤产、横产、倒产、偏产等，并对各种异常胎位和助产方法作了叙述，对产科的贡献较大。朱端章之《卫生家宝产科备要》集宋以前产科的各家论著，书中包括妊娠、临产、产后等内容，并附有新生儿护理和治疗。书中还写了产后"冲心""冲胃""冲肺"的症状和治疗，指出了"三冲"的严重性。齐仲甫《女科百问》将有关妇人的生理、病理，经、带、胎、产及妇科杂病等内容归纳为100个问题，逐一解答，条理清晰，内容简明，并附理法方药。提出的"胞宫"一词为今人所习用。陈自明著作的《妇人大全良方》是宋代成就最大的妇产科专著，对后世医家也有巨大影响。全书分调经、众疾、求嗣、胎教、妊娠、坐月、产难、产后8门，共24卷268论，论后附方，并有验案，系统地论述了妇产科常见疾病，还特别谈到了对难产的处理，突出病位在胞宫、冲任损伤的病机。

此外，还有李师圣的《产论》，郭稽中的《妇人方》附其后，遂为完书，名《产育宝庆集》。陆子正著《胎产经验方》、薛仲轩著《坤元是保》、虞流著《备产济用方》、李辰拱著《胎产救急方》，惜乎都很少流传。在其他综合性医籍中，如《圣惠方》《圣济总录》《本事方》《济生方》《三因极一病证方论》等也有妇产科专论。

（三）金元时期

金元时期是医学百家争鸣时期，刘、张、李、朱四大家的学术发展，开阔了对妇产科疾病的诊断和治疗思路。

刘完素著《素问病机气宜保命集·妇人胎产论》说："妇人童幼天癸未行之间，皆属少阴；天癸既行，皆从厥阴论之；天癸已绝，乃属太阴经也。"对妇女生理作出了规律性阐述，成为少女着重补肾、中年着重调肝、绝经期着重理脾的理论根据。张从正著《儒门事亲》记载钩取死胎成功的案例，开创了中医产科器械手术助产的先河。李杲著《兰室秘藏》所论："妇人血崩，是肾水阴虚不能镇守胞络相火，故血走而崩也"，在今天仍有指导意义。朱震亨著《格致余论·受胎论》："阴阳交媾，胎孕乃凝，所藏之处，名曰子宫，一系在下，上有两歧，一达于左，一达于右。"第一次明确描写了子宫的形态。另外，对妇科胎前病、产后病、不孕症等提出的一些治疗原则在临床上有一定参考价值。

四、鼎盛时期——明清时期

唐代较为完备的医事制度，宋代开始出现的妇产科的独立专科，成为明代中医妇科学独立设科的基础，在此基础上涌现出的大批中医妇产科临证的代表医家和代表著作，标志着中医妇科学发展进入鼎盛时期。

（一）明代

薛己《薛氏医按》中《女科撮要》上卷论经水及外证，下卷专论胎产，共30条，每条均附治验。所撰《校注妇人良方》阐发理论有新意，所集验案多显效。万全著《广嗣纪要》《妇人秘科》，对妇产科常见病有所论述。其《广嗣纪要·择配篇》载有妇女生理缺陷的螺、纹、鼓、角、脉的五种不宜，即"五不女"。王肯堂著《证治准绳·女科》，对妇科疾病的治疗论述甚详，内容丰富。王化贞《产鉴》为产科专著，分上、中、下三卷。上卷详论妊娠及产前诸证与调治；中卷论述了临产须知及分娩中异常情况处理与施治；下卷论产后诸证的治疗与调补。武之望著《济阴纲目》中广集别说，细列纲目，虽全但少己见。李时珍著《本草纲目》《奇经八脉考》和《濒湖脉学》，其中对月经理论和奇经八脉的论述，对中医月经理论的发展作出了重要贡献。张介宾著《景岳全书·妇人规》3卷，认为阳气阴精互为生化，形成了全面温补的一派，这对妇科学理论发展有重要意义。同时，书中对妇科疾病的论述精湛，理法严谨，对后世妇科学的发展有深刻影响。

此期，《万氏妇人科》《广嗣纪要》《证治准绳·女科》《景岳全书·妇人规》《邯郸遗稿》等，可称当时妇产科的佳作。此外，楼英著《医学纲目》、李梴著《医学入门》、龚信著《古今医鉴》等，对妇科疾病也有精辟论述。这些妇产科专著和有关论述，多广泛流传，大大地丰富了妇科学的内容。

（二）清代与民国

清代将妇产科统称为妇人科或女科，此期妇产科的著作较多，流传也较广。傅山著《傅青主女科》，书中辨证以肝、脾、肾三脏立论，论述平正扼要，理法严谨，方药简效，有独到见解。萧庚六著《女科经纶》，辑前人之论，颇有条理，内容较丰富，间有己见。亟斋居士著《达生篇》1卷，论胎前、临产、产后调护之法，难产救治之方，平易浅近，尽人能晓，通俗而广传。陈梦雷等编著的《古今图书集成·医部全录》中有《妇科》20卷，广集各家之说，内容丰富，为学习和研究妇科学提供了重要资料。由国家组织编写的吴谦等编著的《医宗金鉴·妇科心法要诀》，集清前的妇产科大成，理法严谨，体例规范，通俗广传，成为医者必读的参考书。陈念祖著《女科要旨》，论调经、种子、胎前、产后，亦多精论。沈尧封著《沈氏女科辑要》颇多新说，对妇产科有其独到见解，所论精详。其他，如陈士铎的《石室秘录》、徐大椿的《兰台轨范》、叶天士的《叶天士女科》、沈金鳌的《妇科玉尺》、吴道源的《女科切要》、陈莲舫的《妇科秘诀大全》等；专论胎产的有阎纯玺的《胎产心法》、汪朴斋的《产科心法》、单养贤的《胎产全书》、张曜孙的《产孕集》等。王清任著《医林改错》，其求实与创新精神及对活血化瘀法的发展，对妇科治疗学有很大影响。唐宗海著《血证论》，对气血的化生、作用等有所论及，在治疗上重视调和气血这一原则，对妇产科治疗学发展也有较大影响。民国时期，对妇科学贡献比较大的著作有张锡纯的《医学衷中参西录》，书中关于妇产科方面的医论、医话、医案多有创新之见、精通之论。特别是他创制的理冲汤、安冲汤、固冲汤、温冲汤、寿胎丸等方仍为今人习用。还有张山雷笺正的《沈氏女科辑要笺正》亦广泛流传。

总之，在理论和实践中影响较大的首推《傅青主女科》《达生篇》《医宗金鉴·妇科心法要诀》和《沈氏女科辑要笺正》等。

五、近现代的继承与发展

中华人民共和国成立后，党和国家高度重视中医药学，制订了保护和发展中医药的政策。1955年成立了中国中医研究院，自1956年以后，各省市相继建立了中医学院和中医药大学。在广大中医药工作者的努力下，既培养了中医药人才，也使中医药事业得到了蓬勃发展。中医妇科学得到了整理和提高，连续编写了七版《中医妇科学》规划教材，出版了《中国医学百科全书·中医妇科学》、教学参考丛书《中医妇科学》，各地还先后编写了一批内部教材和妇科专著。1979年开始了中医妇科学硕士学位教育，1982年开始了中医妇科学博士学位教育，培养了一大批中医妇科高层次人才。目前又编写了长学制规划教材《中医妇科学》，作为本硕连读或本博连读的教材。

在中医妇科学基础研究和医疗方面出现了许多中西医结合的新成果。如20世纪60年代，上海第一医学院藏象专题研究组的《肾的研究》，其中有"无排卵性功能性子宫出血病的治疗法则与病理机制的探讨"及"妊娠中毒症中医辨证分类及其治疗法则的探讨"；其后又有山西医学院附属第一医院"中西医结合治疗宫外孕"；1978年，江西省妇女保健院的"中药药物锥切治疗早期宫颈癌"；针灸纠正胎位，防治难产等；并研制了多种妇科准字号药物用于临床。1989年，开始了国家级重点学科建设的评审，黑龙江中医药大学中医妇科学、广州中医药大学中医妇科学被评为国家重点学科和国家精品课程。其他各省也相继有了中医妇科学的省级精品课程，这些都为中医妇科学的发展提供了新的条件和机会。

（曹　颖　宋素英　毛　惠）

第二章　女性生殖脏器解剖和生理特点

导　学

本章介绍女性生殖脏器解剖和生理特点。

通过学习，掌握胞宫的位置、形态及功能，月经的产生与天癸、脏腑、血气、经络、胞宫的关系；熟悉阴户的部位、玉门的解剖位置与作用，月经的生理现象；了解受孕、妊娠、产褥及哺乳的生理特点。

第一节　女性生殖脏器解剖

中医学女性生殖脏器包括阴户、玉门、阴道、子门和胞宫。其中，胞宫是女性最重要的生殖脏器。

一、外生殖器官

1. 阴户　阴户一词最早见于《校注妇人良方》，又名"四边"，相当于女性阴蒂、大小阴唇、阴唇系带及阴道前庭的部位。

2. 玉门　玉门一词最早见于《脉经》，又称"龙门""胞门"。其部位相当于外生殖器的阴道口及处女膜的部位；是生育胎儿，排出月经、带下、恶露的关口，也是"合阴阳"及防止外邪侵入的关口。

二、内生殖器官

1. 阴道　"阴道"最早见于《诸病源候论》，又名"子肠"，位于子宫和阴户之间，解剖位置与西医学阴道相同。

2. 子门　"子门"最早见于《内经》，又名"子户"，即子宫颈口，是子宫颈下段暴露于阴道的部分。

3. 胞宫　胞宫又名"女子胞""子处""子宫""子脏""血室""胞脏"等，是女性的重要内生殖器官。关于女子胞之名最早见于《内经》，《素问·五藏别论》中称"女子胞"，《灵枢·五色》中为"子处"。《神农本草经》里称"子宫""子脏"，如《神农本草经》：紫石英主治"女子风寒在子宫"、槐实主治"子脏急痛"。"血室"出自《金匮要略》，"胞宫"始见于《女科百问》。

位置：位于带脉以下，小腹正中，前邻膀胱，后有直肠，下口连接阴道。

形态：最早记载见于《格致余论》，《景岳全书》又进一步描述说："阴阳交媾，胎孕乃凝，所藏之处，名曰子宫，一系在下，上有两歧，中分为二，形如合钵，一达于左，一达于右。"明确了胞宫的形态是形如合钵，上有两歧。说明中医学子宫（胞宫）是从功能上命名的，中医学的子宫形态除了包括子宫的实体之外，还包括两侧的附件（输卵管、卵巢）。故一些中医妇科专家主张将子宫定名为"胞宫"，而将"子宫"定名为胞宫的别名，以免与西医妇产科出现混淆。此外，《素问·评热病论》曰："胞脉者，属心而络于胞中"，《素问·奇病论》曰："胞络者系于肾"，说明胞宫还有胞脉、胞络直接与脏腑相连。

功能：女子胞为"奇恒之府"，其功能亦泻亦藏，藏泻有时。它行经、蓄经、育胎、分娩，藏泻分明，各依其时，充分表现了胞宫奇恒之府的特殊性。《类经》说："女子之胞，子宫是也，亦以出纳精气而成胎孕者为奇。"可知胞宫有排出月经和孕育胎儿的功能。

第二节 女性的生理特点

人体以脏腑、经络为本,气血为用。女性在生殖脏器上有胞宫,在生理上有月经、带下、胎孕哺乳和产育等,这些与男性的差异便形成了女性的生理特点。

女性生理上的特殊性,主要是脏腑、经络、气血、天癸的化生功能作用于胞宫的结果。胞宫是行经和孕育胎儿的器官;天癸是肾中产生的一种促进人体生长、发育和生殖的精微物质;气血是行经、养胎、哺乳的物质基础;脏腑是气血生化之源;经络是联络脏腑、运行气血的通路。因此,研究妇女的生理特点,必须以脏腑、经络为基础,深入了解脏腑、经络、气血、天癸与胞宫的整体关系,尤其要着重了解肾、肝、脾(胃)和冲、任二脉在妇女生理上的作用,才能系统理解中医妇科学的月经、带下、胎孕哺乳和产育等理论。

一、女性的生理基础

(一)冲、任、督、带四脉与胞宫

胞宫是女性的重要生殖器官,与脏腑有密切的经络联系和功能联系。

冲、任、督、带四脉均属"奇经",胞宫为"奇恒之府",冲、任、督三脉下起胞宫"一源三歧",中与带脉交会,上联十二经脉,故胞宫的生理功能主要与冲、任、督、带四脉的功能有关,冲、任、督、带四脉在妇女生理理论中具有重要的地位。冲、任、督、带四脉有四个共同特点。

第一,冲、任、督、带四脉形态上属经络范畴,且有经络形象。

第二,冲、任、督、带四脉有湖泽、海洋般的功能,即十二经脉中气血旺盛流溢于奇经,使奇经蓄存着充盈的气血。

第三,冲、任、督、带四脉彼此相互沟通联络、彼此相通,对调节全身气血、渗灌溪谷、濡润肌肤和协调胞宫生理功能都有重要意义。

第四,流蓄于冲、任、督、带四脉的气血不再逆流于十二正经。如此,血海的气血才有可能充盛满盈,即所谓"血海满而自溢,血溢胞宫"。

下面从胞宫与各脉、脏腑的经络联系及功能联系两方面具体说明。

1. 冲脉与胞宫

(1) 经络联系:冲脉"起于胞中",与胞宫有直接的经络联系。冲脉循行,有上行、下行支,有体内、体表支,其体表循行支出于气街(气冲穴)。

冲脉为奇经,上行支与诸阳经相通,使冲脉得以温化;又一支与足阳明胃经相通,故冲脉得到胃气的濡养;其下行支与肾脉相并而行,得肾中真阴滋养;又其"渗三阴",与肝、脾经脉相通,故取肝、脾之血以为用。

另外,冲脉与足阳明胃经关系十分密切。胃为多气多血之腑,冲脉与足阳明胃经会于"气街",并且关系密切,故有"冲脉隶于阳明"之说。

(2) 功能联系:冲脉"渗诸阳""渗三阴",与十二经相通,为十二经气血汇聚之所,是全身气血运行的要冲,而有"十二经之海""血海"之称。因此,冲脉之精血充盛,且"起于胞中",才能使胞宫完成行经、胎孕的生理功能。

2. 任脉与胞宫

(1) 经络联系:任脉"起于胞中",与胞宫有直接的经络联系。任脉循行,下出会阴,向前沿腹正中线上行,至咽喉,上行环唇,分行至目眶下。

任脉与胃经交会于"承浆";肝足厥阴之脉,"循股阴入毛中,过阴器,抵少腹",与任脉交会于"曲骨";脾足太阴之脉,"上膝股内前廉,入腹",与任脉交会于"中极";肾足少阴之脉"上膝股内后廉,贯脊属肾络膀胱",与任脉交会于"关元"。故任脉与肝、脾、肾三经分别交会于"曲骨""中极""关元",

笔记栏

取三经之精血以为养。

(2) 功能联系：任脉，主一身之阴，凡精、血、津、液等都由任脉总司，故称"阴脉之海"。王冰说："谓任脉者，女子得之以妊养也"，故任脉又为人体妊养之本而主胞胎。任脉之气通，才能使胞宫有行经、带下、胎孕等生理功能。

3. 督脉与胞宫

(1) 经络联系：督脉起于胞中。督脉循行，下出会阴，沿脊柱上行，至项风府穴处络脑，并由项沿头正中线向上、向前、向下至上唇系带龈交穴处。

督脉与肾相通，而得肾中命火温养；又其脉"上贯心入喉"，与心相通，而得君火之助。且督脉"起于目内眦"与足太阳相通，行身之背而主一身之阳，又得相火、君火之助，故称"阳脉之海"。

(2) 功能联系：任、督二脉互相贯通，即二脉同出于"会阴"，任行身前而主阴，督行身后而主阳，二脉于"龈交"穴交会，循环往复，维持着人体阴阳脉气的平衡，从而使胞宫的功能正常。《素问·骨空论》称督脉生病，"其女子不孕"，可见督脉与任脉共同主司女子的孕育功能。

4. 带脉与胞宫

(1) 经络联系：横行之带脉与纵行之冲、任、督三脉交会，并通过冲、任、督三脉间接下系胞宫。

足太阳与督脉相通，督带相通，则足太阳借督脉通于带脉；带脉与任、督相通，也能与肝、脾相通。由此，带脉与足三阴、足三阳诸经相通已属可知。故带脉取肝、脾、肾等诸经之气血以为用。

(2) 功能联系：带脉取足三阴、足三阳等诸经之气血以为用，从而约束冲、任、督三脉维持胞宫生理活动。

以上叙述，说明冲、任、督三脉下起胞宫，上与带脉交会，冲、任、督、带又上联十二经脉，而与脏腑相通，从而把胞宫与整体经脉联系在一起。正因为冲、任、督、带四脉与十二经相通，并存蓄十二经之气血，所以四脉支配胞宫的功能是以脏腑为基础的。

(二) 脏腑与胞宫

胞宫的行经、胎孕功能与脏腑功能密切相关。脏腑通过经络作用于胞宫，以助胞宫行使功能。

1. 肾与胞宫

(1) 经络联系："胞络者，系于肾"（《素问·奇病论》），说明肾与胞宫有一条直通的经络联系；又肾经与任脉交会于"关元"；与冲脉下行支相并而行；与督脉同是"贯脊属肾"。所以肾经又通过冲、任、督三脉与胞宫间接相联系。

(2) 功能联系：肾为先天之本，元气之根，主藏精气，是人体生长、发育和生殖的根本；而且精血同源，为胞宫行经、胎孕的物质基础。肾主生殖，而胞宫的功能即为生殖，故肾与胞宫功能一致。女子发育到一定时期后，肾气盛，肾中真阴即天癸逐渐化生、充实，促成胞宫生理功能。

2. 肝与胞宫

(1) 经络联系：肝经与任脉、督脉、冲脉交会于"曲骨""百会""三阴交"，又因"一源三歧"，肝经通过冲、任、督三脉与胞宫有间接的联系。

(2) 功能联系：肝藏血、主疏泄而司血海，而胞宫之功能均以血为用。故肝对胞宫有重要的调节作用。

3. 脾与胞宫

(1) 经络联系：脾经与任脉交会于"中极"；又与冲脉交会于"三阴交"，可见脾经通过冲、任二脉与胞宫有间接的经络联系。

(2) 功能联系：脾为气血生化之源，后天之本。且脾司中气，其气主升，统血、摄血。脾的主要功能在于"生血"和"统血"，而胞宫的经、孕、产、育均以血为用。脾所生所统之血，直接为胞宫的行经、胎孕提供物质基础。

4. 胃与胞宫

(1) 经络联系：胃经与任脉交会于"承浆"；与冲脉交会于"气冲"，可见胃经通过冲、任二脉与胞宫有间接联系。

(2) 功能联系：胃主受纳，腐熟水谷，为多气多血之腑，所化生的气血为胞宫之经、孕所必需。因此，胃中的谷气盛，则冲脉、任脉气血充盛，与脾一样为胞宫提供物质基础。

5. 心与胞宫

(1) 经络联系："胞脉者，属心而络于胞中"（《素问·评热病论》），说明心与胞宫有一条直通的经络联系；又《素问·骨空论》说：督脉"上贯心入喉"，可见心通过督脉与胞宫亦有间接联系。

(2) 功能联系：心主神明和血脉，统辖一身上下。因此，胞宫的行经、胎孕的功能正常与否，和心的功能有直接关系。

6. 肺与胞宫

(1) 经络联系：肺与任、督二脉相通，并借任、督二脉与胞宫间接联系。

(2) 功能联系：肺主一身之气，朝百脉、通调水道，而输布精微，机体内的精、血、津、液皆赖肺气运行。因此，胞宫所需的一切精微物质，均由肺气转输和调节。

以上说明了脏腑与胞宫有密切的经络联系和功能联系，胞宫的生理功能是脏腑功能作用的结果。

（三）天癸的生理基础与作用

天癸一词最早见于《素问·上古天真论》。

1. 天癸的生理基础 《素问·上古天真论》说："女子七岁，肾气盛，齿更发长；二七而天癸至，任脉通，太冲脉盛，月事以时下，故有子……七七任脉虚，太冲脉衰少，天癸竭，地道不通，故形坏而无子也。丈夫八岁，肾气实，发长齿更；二八肾气盛，天癸至，精气溢写（泻），阴阳和，故能有子……七八肝气衰，筋不能动；八八天癸竭，精少，肾脏衰，形体皆极，则齿发去。"说明天癸不仅男女皆有，且直接参与男、女的生殖活动。在天癸"至"与"竭"的变化中，人体亦发生着生、长、壮、老的变化。由此认为天癸具有促进人体生长、发育和生殖的作用。对女性来说，天癸的作用主要表现在对冲任、胞宫的调节。

在诸医家论述中，马莳《黄帝内经素问注证发微》和张介宾《类经》均认为天癸即先天之精。《内经》中有"肾者主水，受五藏六府之精而藏之"，故肾中之天癸亦受后天水谷之精的滋养。天癸属阴精，具有"元阴"的物质性；天癸功能上具有"元气"的动力作用，明确了天癸是物质与功能的统一体。

2. 天癸的生理作用 "天癸至"则"月事以时下，故有子"，"天癸竭"则"地道不通，故形坏而无子也"，说明天癸是促成月经产生和孕育胎儿的重要物质，即在天癸"至"与"竭"的生命过程中，天癸始终存在，并对冲任、胞宫起作用。

综上，天癸源于先天，为先天之精，藏之于肾，受后天水谷精微的滋养，是促进人体生长、发育和生殖的物质。人体发育到一定时期，肾气旺盛，肾中真阴不断得到充实，天癸逐渐成熟。在妇女生理活动中，始终对冲任、胞宫起作用。

（四）气血对胞宫的生理作用

气血是人体一切生命活动的物质基础，胞宫的经、孕、产、乳无不以血为本，以气为用。气血两者之间也是互相依存、互相协调、互相为用的，气血由脏腑化生，通过冲、任、督、带、胞络、胞脉运达胞宫，在天癸的作用下，为胞宫的行经、胎孕、产育及上化乳汁提供基本物质，完成胞宫的特殊生理功能。

二、女性的特殊生理

（一）月经

胞宫周期性地出血，月月如期，经常不变，称为"月经"。李时珍曰："女子，阴类也，以血为主。其血上应太阴，下应海潮。月有盈亏，潮有朝夕，月事一月一行，与之相符，故谓之月水、月信、月经。"因月经的节律性犹如月之盈亏，潮之涨落，故又有"月事""月水""月信"之名。

1. 月经的生理现象 女子到了14岁左右，月经开始来潮。第一次月经来潮，称为初潮。月经初潮年龄可受地区、气候、体质、营养及文化的影响或提早或推迟，11～15周岁均属正常范围。健康

笔记栏

女子一般到49岁左右月经闭止,称为"绝经"或"断经"。在我国,女子在44~54岁绝经,也属正常范围。

月经从初潮到绝经,中间除妊娠期、哺乳期外,月经均应有规律地按时来潮。正常月经是女子发育成熟的标志之一。正常月经周期,一般为28日左右,21~35日亦属正常。经期,指每次行经持续时间,一般2~8日,多为4~6日。经量,指经期排出的血量,一般行经总量为20~60 mL;经期每日经量的变化一般为第一天最少,第二天最多,第三天较多,第四天减少,但个体差异较大。经色,指月经的颜色,一般多为暗红色,由于受经量的影响,所以月经开始时的颜色较淡,继而逐渐加深,最后又转呈淡红。经质,指经血的质地,正常经血不稀不稠,不凝结,无血块,无特殊气味。经期一般无明显不适,或经前和经期仅有轻微不适,如腰酸、小腹发胀、情绪变化等,以不影响正常活动为度。

由于年龄、体质、气候变迁、生活环境等差异,月经周期、经期、经量等有时也会有所改变。应当根据月经不调之久暂、轻重、有症无症而细细辨之,不可概作常论,贻误调治良机。

此外,月经惯常两月一至的,称为"并月";三月一至的,称为"居经"或"季经";一年一行的,称为"避年";终身不行经而能受孕的,称为"暗经"。若受孕之初,按月行经而无损于胎儿的,称为"激经""盛胎""垢胎"。根据避年、居经、并月的最早记载,即晋代王叔和著《经脉》所述,避年、居经、并月应属病态,后世《诸病源候论》《本草纲目》等也认为是病态或异常。只有《医宗金鉴》将并月、居经、避年列为月经之常。

2. 月经的产生机理 月经的产生机理是女性生殖生理的重要理论(图2-1)。在了解女性生殖脏器(胞宫)、冲任督带与胞宫、脏腑与胞宫、天癸等理论基础上,据《素问·上古天真论》"女子七岁,肾气盛,齿更发长;二七而天癸至,任脉通,太冲脉盛,月事以时下"的记载,可以明确月经产生机理的主要环节轴,即"肾气-天癸-冲任-胞宫"轴。生理基础轴即为脏腑-气血-经络。

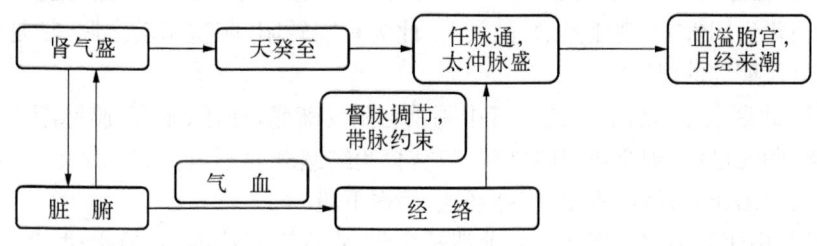

图2-1 月经的产生机理

(1) 肾气盛:肾藏精,主生殖。女子到了14岁左右,肾气盛,则先天之精化生的天癸,在后天水谷之精的充养下成熟,同时通过天癸的作用,促成月经的出现。故肾气盛在月经的产生中起主导和决定作用。

(2) 天癸至:"天癸至"则"月事以时下","天癸竭"则"地道不通",说明天癸是促成月经产生的重要精微物质。

(3) 任通冲盛:"任脉通,太冲脉盛",是月经产生的中心环节。"任脉通"是天癸达于任脉(通,达也),在天癸的作用下,任脉所司精、血、津、液旺盛充沛。冲脉盛是冲脉承受诸经之经血,血多而旺盛。《景岳全书》说:"经本阴血,何脏无之?惟脏腑之血,皆归冲脉,而冲为五脏六腑之血海,故经言太冲脉盛,则月事以时下,此可见冲脉为月经之本也。"因此,"太冲脉盛"即天癸通于冲脉,冲脉在天癸的作用下,广聚脏腑之血,使血海盛满。

至此,由于天癸的作用,任脉所司精、血、津、液充沛,冲脉广聚脏腑之血而血盛。冲任二脉相资,血海按时满盈,则月事以时下。

(4) 血溢胞宫,月经来潮:妇人以血为本,血是月经来潮的物质基础,月经的产生是"血海满盈,满而自溢"的结果,亦体现了胞宫为奇恒之府,藏泻有时的特点。

(5) 与月经产生机理有关的其他因素:除主要环节轴外,其他脏腑、气血和督带二脉也参与了月经产生的生理活动。

1) 督脉调节，带脉约束：肾经通过冲、任、督、带四脉与胞宫相联系，同时冲、任、督、带四脉相通。在天癸的作用下，督、带二脉调节和约束冲任及胞宫的功能，使月经按时来潮。因此，督脉的调节和带脉的约束也是调控月经的重要因素。

2) 气血是化生月经的基本物质：月经的成分主要是血，而血的统摄和运行有赖于气的调节，同时气又要靠血的营养。气血充盛，血海按时满盈，才能经事如期。输注和蓄存于冲任的气血，在天癸的作用下化为经血。因此，气血是形成月经的最基本物质。

3) 脏腑为气血之源：气血来源于脏腑。心主血，肝藏血，脾统血，胃主受纳腐熟，与脾同为生化之源，肾藏精，精化血，肺主气，朝百脉而输布精微。五脏六腑通过十二经脉与冲、任、督、带相联，并借冲、任、督、带四脉与胞宫相通。故五脏安和，气血调畅，则血海按时满盈，经事如期。可见脏腑在月经的产生机理上有重要作用。

综上，在"肾气-天癸-冲任-胞宫"轴的作用中，肾气为主导，冲任受督带的调节和约束，受脏腑气血的资助，在天癸的作用下，广聚脏腑之血，血海按时满盈，满溢于胞宫，化为经血。

3. 月经周期的节律变化特点 每个月经周期分为四个阶段，即月经期、经后期、经间期和经前期。子宫为奇恒之府，藏泻有时。在一个月经周期，因肾阴阳消长、气血盈亏周期性消长变化，形成胞宫定期藏泻的节律变化特点。

(1) 月经期：又称为行经期。本期血海由满而溢，泻而不藏，血室正开，经血下泄，气随血泄。此期的"泻"是为了下一个周期的"藏"作准备，故气血以下行为顺。

(2) 经后期：经期阴血下泄后，本期胞宫、胞脉相对空虚，尤以阴血不足为主。此期血室已闭，胞宫藏而不泻，通过肾司封藏的作用，蓄养阴精，精血渐长，冲任二脉渐至充盛。此为"阴长"阶段，以藏为主。

(3) 经间期：经过经后期的蓄养，本期肾中阴精逐渐充沛，冲任阴血旺盛，重阴必阳，在肾中阳气的鼓动下，阴精化生阳气，出现氤氲之"的候"。此为重阴转阳，阴盛阳动之际，正是种子之时。又称为"真机期""氤氲期""的候"。

(4) 经前期：此期渐至"重阳"状态。肾中阴精与阳气渐盛，冲任、胞宫、胞脉渐至气血满盈。如真机期男女交媾、胎元已结，则肾司封藏之职，胞宫育胎继续藏而不泻。如未结胎孕育，则在肾中阳气的鼓动下，胞宫除旧布新，泻而不藏，胞脉畅达，经血下泄。

女性育龄期肾中阴精和阳气周而复始地消长变化，胞宫定期藏泻，月经规律来潮，循环往复，皆为种子育胎的基础，即经调则子嗣。

(二) 带下

带下一词，首见于《素问·骨空论》，有广义和狭义之别。广义带下泛指妇女经、带、胎、产诸病；狭义带下专指妇女阴中流出一种黏腻液体。在狭义带下之中又有生理、病理的不同。本节主要阐述女性带下的生理现象与产生机理。

1. 带下的生理现象 健康女子，润泽于阴户、阴道内的无色无臭、黏而不稠的液体，称为生理性带下。

带下的量：生理性带下其量不多，润滑如膏。经间期、经前期、妊娠期，带下量生理性增多。

带下的色：生理性带下是无色透明，或略带白色，所以医籍中有时称"白带"。如《景岳全书》说："盖白带出于胞中，精之余也"。但世俗所称的"白带"多是看到或感觉到量、色、质有改变的带下病，应予严格区分。

带下的质：生理性带下是黏而不稠，滑润如膏，无异臭气味。

带下的功能：生理性带下是肾精下润之液，具有濡润、补益作用，充养和濡润前阴空窍。

2. 带下的产生机理 在中医学的典籍中已经明确带下的产生与任、督、带等奇经的功能有直接关系。任脉主一身之阴，凡人体精、血、津、液都由任脉总司。其中的阴精、津液下达胞宫，流于阴道而为生理性带下。若任脉所司之阴精、津液失去督脉之温化就要变为湿浊；任脉所主之阴精、津液

失去带脉之约束就要滑脱而下,成为病态。因此,任脉化生生理带下这一过程又与督脉之温化、带脉之约束有关。

生理性带下在月经初潮后出现,绝经后减少,且随月经的周期性变化,带下的量也有周期性改变,说明带下的产生与肾气盛衰、天癸至竭、任督带脉有重要的关系。肾气旺盛,并化生天癸,在天癸作用下,任脉广聚脏腑所化水谷之精津,则任脉所司的阴精、津液充盛,下注于胞中,流于阴道而成生理性带下,此过程又得到督脉之温化和带脉之约束。

(三) 妊娠

从怀孕到分娩这个阶段,称为"妊娠",也称"怀孕"。

1. 妊娠的生理现象　妊娠后,脏腑、经络之血,下注冲任,以养胎元,故表现为月经停止来潮。故妊娠期间整个机体出现"血感不足,气易偏盛"的特点。

妊娠的临床表现:妊娠初期,由于血聚于下,冲脉气盛,肝气上逆,胃气不降,则出现饮食偏嗜,恶心作呕,晨起头晕等现象。一般不严重,经过20~40日,症状多能自然消失。另外,妊娠早期,孕妇可自觉乳房胀大。妊娠3个月后,白带稍增多,乳头乳晕颜色加深。妊娠4~5个月后,孕妇可以自觉胎动,胎体逐渐增大,小腹部逐渐膨隆。妊娠6个月后,常可出现轻度肿胀。妊娠末期,可见小便频数、大便秘结等现象。

妊娠脉象:妊娠2~3个月后,六脉平和滑利,按之不绝,尺脉尤甚。西医学也认为在妊娠10周以后心排出量开始增加,这与中医学滑脉出现的时间是一致的。此时不能单凭脉象诊断早期妊娠,必须作妊娠试验或B超检查协助诊断。

胎儿发育情况:《灵枢·经脉》说:"人始生,先成精,精成而脑髓生,骨为干,脉为营,筋为刚,肉为墙,皮肤坚而毛发长。"徐之才《逐月养胎法》所论较切实际,即《备急千金要方·卷二》说:"妊娠一月始胚,二月始膏,三月始胞,四月形体成,五月能动,六月筋骨立,七月毛发生,八月脏腑具,九月谷气入胃,十月诸神备,日满即产矣。"

2. 妊娠的机理　《灵枢·决气》说:"两神相搏,合而成形。"《女科正宗》说:"男精壮而女经调,有子之道也。"说明了构成胎孕的生理过程和必要条件。即受孕的机理在于肾气充盛,天癸成熟,冲任二脉功能正常,男女两精相合,就可以成胎孕。另外,受孕须有一定时机,《证治准绳》引袁了凡语:"凡妇人一月经行一度,必有一日氤氲之候,于一时辰间……此的候也……顺而施之,则成胎矣。"此"氤氲之时""的候"相当于西医学之排卵期,是受孕的良机。

(四) 产育

产育包括分娩、产褥与哺乳。

1. 分娩　怀孕末期,即孕280日左右,胎儿及胎衣自母体阴道娩出的过程,称为"分娩"。

关于预产期的计算方法,中医学有明确记载,李梴《医学入门》说:"气血充实,则可保十月分娩……凡二十七日即成一月之数。"10个月共270日。《妇婴新说》说:"分娩之期或早或迟……大约自受胎之日计算,应以二百八十日为准,每与第十次经期暗合也。"与西医学计算为280日已基本一致。预产期的计算方法是:按末次月经第1日算起,月份数加9(或减3),日数加7即可。如按农历计算,月数算法同上,日数加14。

分娩先兆:孕妇分娩又称临产,产前多有征兆,如胎位下移,小腹坠胀,有便意感,或"见红"等。《胎产心法》说:"临产自有先兆,须知凡孕妇临产,或半月数日前,胎腹必下垂,小便多频数。"此外,古人还有试胎(试月)、弄胎的记载,《医宗金鉴》说:"妊娠八九个月时,或腹中痛,痛定仍然如常者,此名试胎……若月数已足,腹痛或作或止,腰不痛者,此名弄胎。"说明到妊娠末期常可出现子宫收缩,应与真正分娩相区别。

分娩的生理现象:在临产时出现腰腹阵阵作痛,小腹重坠,逐渐加重至产门开全,阴户窘迫,胎儿、胞衣依次娩出,分娩结束。《十产论》说:"正产者,盖妇人怀胎十月满足,阴阳气足,忽腰腹作阵疼痛,相次胎气顿陷,至于脐腹痛极甚,乃至腰间重痛,谷道挺迸,继之浆破血出,儿遂自生",产讫胞衣自当萎缩而下。《达生篇》说:"渐痛渐紧,一阵紧一阵,是正产,不必惊慌。"同时还总结了"睡、忍

痛、慢临盆"的临产调护六字要诀。因此,应当帮助产妇正确认识分娩,消除恐惧心理和焦躁情绪,也不宜过早用力,以免气力消耗,影响分娩的顺利进行。

关于产程:中医学对产程也有观察和记录,《脉经》说:"怀妊离经,其脉浮,设腹痛引腰脊,为今欲生也。""又法,妇人欲生,其脉离经,夜半觉,日中则生也。"明确表示分娩必腰痛,从规律宫缩至分娩大致为12小时,即所谓"子午相对",这与现代统计的一、二、三产程的时间基本一致。

2. 产褥 新产后6周内称产褥期。由于产时用力出汗和产伤出血,此期产妇的生理特点是"阴血骤虚,阳气易浮",因此,在产后的1~2日常有轻微的发热、自汗等症状;产后数日内,胞宫尚未复常而有阵缩,故小腹常有轻微阵痛;在产后2周内腹部可触及尚未复旧的子宫,约产后6周,胞宫方能恢复到孕前大小,此期称产褥期。阴道不断有余血浊液流出,称为"恶露"。恶露先是暗红的血液,以后血液逐渐由深变浅,其量也由多变少,一般在2周内淡红色血性恶露消失,3周内黏液性恶露断绝。

3. 哺乳 母乳营养丰富,易消化,并有抗病能力,鼓励母乳喂养。分娩后30分钟内可令新生儿吮吸乳头,以刺激乳汁尽早分泌,让婴儿吃到免疫价值极高的初乳,增强抗病能力,促进胎粪排出。同时促进母亲子宫收缩减少出血,尽早建立母子感情联系。母乳喂养提倡按需哺乳,即按婴儿的需要哺乳,不规定哺乳的时间和次数,婴儿饥饿时或母亲感到乳房充满时就哺乳。一般每次哺乳时间10分钟左右,最多不超过15分钟,以免乳头浸软皲裂。乳汁乃气血所化。《胎产心法》说:"产妇冲任血旺,脾胃气壮则乳足。"在哺乳期要使产妇保持精神舒畅,营养充足,乳房清洁,按需哺乳,这对保证乳汁的质和量有重要意义。哺乳时限,纯母乳喂养4~6个月后,边喂母乳边加辅食。婴儿断乳的适当月龄为12个月左右,最好在秋凉和春暖时进行。

产后,脾胃生化之精微除供应母体基本需要外,另一部分则随冲脉之气循胃经上行,化为乳汁,以供哺育婴儿的需要。薛立斋说:"血者,水谷之精气也,和调于五脏,洒陈于六腑,妇人则上为乳汁,下为月水。"故在哺乳期,气血上化为乳汁,一般无月经来潮,也比较不易受孕。

月经、带下、妊娠、分娩、哺乳是妇女的生理特点,乃脏腑、经络、气血乃至天癸作用于胞宫的结果,特别是与肾气、天癸的主导作用分不开的。

(曹 颖 宋素英 毛 惠)

第三章　妇科疾病的病因病机

导　学

由于女性经、带、孕、产、乳的生理特点，其病因、病机都有独自的特点和规律，从而形成妇科疾病的病理特点，即经、带、胎、产、杂。

通过学习，本章要求掌握肾、肝、脾功能失常导致妇科常见疾病的主要机理；熟悉外邪因素寒、热、湿邪和情志因素怒、思、恐的致病特点，以及其他致病因素种类，熟悉体质因素在妇科病因学中的地位，熟悉气血失调导致妇科常见疾病的主要机理；了解冲、任、督、带、胞宫损伤导致妇科疾病的主要机理。

第一节　病　因

寒热湿邪、情志因素、生活因素和体质因素是导致妇科疾病的常见原因。其中情志因素以怒、思、恐常见；生活因素包括房劳多产、饮食不节、劳逸失常、跌仆损伤；体质因素是患者自身的脏腑、气血、经络功能的盛衰状况。致病因素作用于机体后能否发病，以及发病形式、程度与转归，均是由体质强弱的因素来决定的。正如《素问·评热病论》说："邪之所凑，其气必虚"，即外因是变化的条件，内因是变化的根据，外因通过内因而起作用。

一、寒、热、湿邪

六淫皆能导致妇科疾病，但由于女性经、带、孕、产、乳的特殊生理均以血为用、为本，寒、热、湿邪更易与血相搏而发病。

1. 寒邪　寒为阴邪，易伤阳气；寒性收引，主凝滞，易使气血阻滞不通。寒有外、内、实、虚之分，外寒由外及里，伤于肌表、经络或阴户上客，入冲任子宫导致经行发热、经行身痛、痛经、月经后期、月经过少、闭经、产后身痛、不孕症等病证。内寒，或因素体阳气不足，或因过服生冷寒凉，阴寒内盛，失于温煦，气化功能减退，阳不化阴，代谢障碍，水湿痰饮内生，导致闭经、月经后期、痛经、带下病、子肿、宫寒不孕。

2. 热邪　热为阳邪，其性炎上，耗气伤津，生风动血。热邪也有外、内、虚、实之分。外热为外感火热之邪，尤其在月经期、孕期、产褥期，易乘虚而入，损伤冲任胞宫，发为经行发热、妊娠小便淋痛、产后发热、盆腔炎、阴疮等病证；内热则是素体阳盛、五志过极化火、过服辛辣助阳之品而致阳盛实热；或素体阴分不足，阳气偏盛的阴虚内热。热极生风可见子痫、产后痉证。热迫血行，可出现月经先期、月经过多、崩漏、经行吐衄、胎漏、恶露不绝等出血之证。

3. 湿邪　湿为阴邪，其性重浊、黏滞，阻遏气机，湿性趋下，易袭阴位。湿有内外。外湿多与气候环境有关，如气候潮湿，阴雨连绵，或久居湿地，或经期、产后冒雨涉水，湿邪内侵。内湿，主要是由脾的运化和输布津液的功能下降引起的水湿痰浊在体内蓄积停滞致病。多导致经行浮肿、经行泄泻、闭经、月经后期带下病、子肿、子满、产后身痛、不孕症等。湿为有形之邪，随人体的阴阳盛衰以及湿浊停留之久暂而从阳化为湿热，或从阴化为寒湿。湿聚成痰，则为痰湿，肥胖妇女，脂膏壅滞,可成痰湿不孕。湿毒,可因湿热蕴积日久或感受湿毒所致,导致妊娠小便淋痛、产后小便淋痛、盆腔炎、阴痒、阴疮等。

二、情志因素

喜、怒、忧、思、悲、恐、惊七种情志变化,是人类对外界刺激因素在精神情志的反映,也是脏腑功能活动的情志体现。七情太过,如突然、强烈、持久地作用于人体,超出了机体调节范围,则导致脏腑、气血、经络的功能失常,进而影响冲任督带胞宫而发生妇科疾病。《素问·阴阳别论》:"二阳之病发心脾,有不得隐曲,女子不月。"《金匮要略·妇人杂病脉证并治》:"妇人之病,因虚、积冷、结气",把"结气"列为三大病因之一。说明情志变化可以直接伤及内脏,也可以影响脏腑气机。

(1) 郁怒伤肝,肝失于调畅而气郁气逆,可致月经后期、月经先后无定期、闭经、痛经、不孕、癥瘕等。

(2) 忧思伤脾,脾虚气血生化无源,可致月经后期、月经过少、闭经、胎萎不长、缺乳;忧思不解,气结血滞,可致闭经、癥瘕等。

(3) 恐惧伤肾,肾失封藏,冲任不固,可致月经先期、月经过多、崩漏、带下病、胎动不安、堕胎、小产、不孕等妇科诸病。

三、生活因素

1. 房劳多产　房劳是指因房事不节、早婚,耗精伤肾;多产是指过多的产育,既耗气血,又伤肾精,损伤冲任胞宫,导致月经病、带下病、胎动不安、堕胎小产、不孕等。

2. 饮食不节　凡过食寒凉生冷、辛辣燥热、暴饮暴食、偏食嗜食均可损伤脾胃,使脾虚而化源不足、水湿不化、清阳不升等发生妇科病。过食辛辣助阳,可致月经先期、月经过多、经行吐衄、胎动不安等;过食寒凉生冷食物,可致痛经、闭经、带下病等。

3. 劳逸失常　《素问·举痛论》说:"劳则气耗",经期过劳可致月经过多、经期延长、崩漏;孕期过劳可致流产、胎动不安、堕胎、小产;产后过劳可导致恶露不绝、缺乳和阴挺。"逸则气滞",过于安逸又影响气血的运行,经期发生痛经;孕期可致难产;产后出现恶露不绝。

4. 跌仆损伤　跌仆伤血,闪挫伤气,气血两伤,冲任受损,孕期易胎漏、胎动不安、堕胎、小产。经期可现月经过多、经期延长、崩漏等。手术创伤损伤冲任胞宫,则经、带、胎、产、杂诸病均可发生。

四、体质因素

吴德汉《医理辑要》说:"要知易风为病者,表气素虚;易寒为病者,阳气素弱;易热为病者,阴气素衰;易伤食者,脾胃必亏;易劳伤者,中气必损。"体质不同易感病因不同,相同病因不同体质患病也不同。

青春期子宫发育不良、闭经、崩漏、痛经、月经过少;生育期月经后期、闭经、经期延长、月经过多、崩漏、胎动不安、堕胎、小产、不孕症;围绝经期月经后期、月经过少、经断前后诸证均与先天肾气不足有关。月经后期、月经先后不定期、月经前后诸证、痛经、经断前后诸证、子晕、子痫、癥瘕、不孕等又可因素性忧郁,气滞不畅所致。月经先期、月经过多、崩漏、带下病、子肿等与素体脾虚气弱相关。先天不足、早婚多产、房事不节,有的表现为经行泄泻、带下、子肿、不孕等肾阳虚衰;有的表现为崩漏、闭经、经断前后诸证、胎动不安等肾阴亏损。又感受湿邪,有的表现为带下病、阴痒等湿热内蕴;有的表现为痛经、闭经等寒湿阻滞。体质强健者,病轻而易治;体质虚弱者,病重而难愈。

第二节　病　机

妇科疾病的病机,可以概括为三大方面:脏腑功能失常,气血失调,冲、任、督、带、胞宫损伤。

妇科病机与内科、外科等其他各科病机也不同,妇科病机必须是损伤冲任(督带)胞宫。胞宫通过冲任(督带)与十二经脉、脏腑取得联系,所以脏腑功能失常、气血失调等只有损伤了冲任(督带),才能导致胞宫发生经、带、胎、产、杂诸病。《诸病源候论》论妇人病,月水不调候五论、带下候九论、漏下候七论、崩中候五论,全部以损伤冲任立论;《校注妇人良方》有:"妇人病有三十六种,皆由冲任劳损而致,盖冲任之脉为十二经之会海。"《医学源流论》也有:"凡治妇人,必先明冲任之脉……冲任脉皆起于胞中,上循背里,为经脉之海,此皆血之所从生,而胎之所由系,明于冲任之故,则本原洞悉,而后所生之病,则千条万绪,以可知其所从起。"历代医家多是以此立论。

一、脏腑功能失常

（一）肾的病机

1. 肾气虚 肾气虚,精不化血,冲任血海匮乏,可发生闭经、月经后期、月经过少、不孕等;肾气虚,封藏失职,冲任不固,可致月经先期、月经过多、崩漏;肾气虚,封藏失职,冲任蓄溢失常,可致月经先后无定期;肾气虚,冲任不固,胎失所系,可致胎漏、胎动不安、滑胎;肾气虚,系胞无力,则致胎动不安、堕胎、小产、滑胎、阴挺;冲任虚衰,不能摄精成孕,可致不孕。

2. 肾阳虚 肾阳虚,命门火衰,冲任胞宫失于温煦,可致痛经、妊娠腹痛、宫寒不孕;肾阳虚,命门火衰,上不能暖脾土,水湿内生,可致经行浮肿、经行泄泻、子肿、子满;肾阳虚,气化失司,水湿内盛,阻滞冲任胞宫,可致月经后期、闭经、不孕;肾阳虚,气化失常,水湿下注任带,任脉不固,带脉失约,发为带下病;肾阳虚,兴奋施泄功能减退,可出现性冷淡、闭经、不孕症;肾阳虚,血失温运而成瘀,致癥瘕等。

3. 肾阴虚 肾阴虚,精血不足,冲任血虚,可致月经后期、月经过少、闭经;肾阴虚,冲任胞宫胞脉失养,可致痛经、妊娠腹痛、不孕症;肾阴虚,阴虚生热,热伏冲任,迫血妄行,发为崩漏、经间期出血、胎漏、胎动不安;肾阴虚,水不涵木,肝阳上亢,发为绝经前后诸证、子晕、子痫等。肾阴虚,肾水不能上济心火,心火偏亢,发为绝经前后诸证、子烦、子痫等。

4. 肾阴阳两虚 阴损及阳,阳损及阴,导致肾阴阳两虚,上述病证均可以出现。

（二）肝的病机

1. 肝气郁结 肝气郁结,冲任失调,可致月经先后无定期。肝气郁结,冲任阻滞,可致月经后期、月经过少、闭经、痛经、乳房胀痛、妊娠腹痛、缺乳、不孕症。

2. 肝郁化热 肝郁化热,热扰冲任,迫血妄行,可致月经先期、月经过多、经期延长、崩漏、胎漏、恶露不绝;肝郁化热,气火上炎,则为经行头痛、经行吐衄、经行情志异常、乳汁自出;肝郁犯胃,胃气上逆,可发生妊娠恶阻。

3. 肝经湿热 肝经湿热,湿热下注,任脉不固,带脉失约,可发生带下病、阴痒。肝经湿热,湿热蕴结,冲任不畅,发生不孕、盆腔炎、癥瘕等。

4. 肝阴不足 肝阴不足,冲任失养,可致月经过少、闭经、不孕症等;肝血不足,血虚生风化燥,发生经行风疹块、妊娠身痒。

5. 肝阳上亢 肝阳上亢,经前或孕后血聚冲任,肝血愈虚,肝阳偏亢,出现经行头痛、经行眩晕、子晕;肝阳上亢,阳化风动,肝火愈炽,风火相煽,发为子痫。

（三）脾的病机

脾主运化,为气血生化之源,脾主统血。

1. 脾失健运 气血不足,冲任失充,可致月经后期、过少、闭经、缺乳;气血不足,冲任血虚,胎失所养,可致胎动不安、胎萎不长、堕胎、小产、滑胎等。脾虚生湿,湿聚成痰,痰湿壅滞冲任、胞宫,可出现月经后期、月经过少、闭经、不孕、癥瘕等。脾虚生湿,湿浊内停,下注冲任,带脉失约,任脉不固,可致带下病。脾虚生湿,湿浊内停,孕期冲脉气盛,挟痰饮上逆,可致妊娠呕吐。

2. 脾失统摄 脾失统摄,冲任不固,月经过多、经期延长、崩漏、胎漏、恶露不绝;脾失统摄,冲任不固,胎失所载,可致胎动不安、堕胎、小产等。

3. 脾虚下陷 冲任不固,可致崩漏;无力载胞,可致阴挺。

(四)心的病机

(1)心气不得下通于肾,胞脉闭阻,可出现月经后期、闭经、不孕。

(2)心火偏亢,肾水不足,则水火失济,出现绝经前后诸证、脏躁、产后抑郁等。孕期扰乱心神,可致子烦;移热小肠,传入膀胱,可致妊娠小便淋痛。

(五)肺的病机

(1)阴虚火旺,灼伤肺络,则出现经行吐衄。

(2)肺失宣降,不能通调水道,可引起子嗽、妊娠小便不通、产后小便不通。

二、气血失调

气血失调是妇科疾病的重要病机。妇女经、孕、产、乳的生理活动均以血为用,而易耗血伤血,使机体处于血常不足,气常有余的状态。同时寒热湿易与血结,情志变化更易伤气也可致气血失调。由于气血是相互资生、相互依存的,伤于血,必影响到气,伤于气,也会影响到血,所以临证时应分清主次、先后、侧重的不同。

(一)气分病机

1. 气虚 肺气虚,卫外不固,易出现经行感冒、产后自汗、产后发热;脾气虚或肾气虚,均可致冲任不固,发生月经先期、月经过多、崩漏、胎漏、乳汁自出;气虚下陷,冲任不固,系胞无力,则致阴挺。

2. 气滞 肝气郁结,冲任阻滞,可发生痛经、闭经、月经愆期、不孕;气行不畅,水湿不化,痰湿内生,经行浮肿、子肿、闭经、不孕;气郁化火,火热之邪上扰神明,可发生经行情志异常、产后抑郁、脏躁;下迫冲任血海,可发生月经先期、月经过多、崩漏、胎漏等。

3. 气逆 肺气上逆,可发生子嗽;胃气上逆,可致经行呕吐、恶阻。

(二)血分病机

1. 血虚 冲任血虚,可发生月经后期、月经过少、闭经、痛经、妊娠腹痛、胎动不安、滑胎、胎萎不长、产后缺乳、产后身痛、产后血劳、不孕。

2. 血瘀 冲任阻滞,可发生痛经、闭经、崩漏、月经过多、经期延长、胎动不安、异位妊娠、产后腹痛、恶露不绝、产后发热、不孕、癥瘕等。

3. 血热 热伏冲任,迫血妄行,而出现月经过多、月经先期、崩漏、经行吐衄、胎漏、发热;肝郁化热,热性炎上,可致经行头痛、经行情志异常。

4. 血寒 冲任不畅,发生痛经、月经后期、月经过少、闭经、妊娠腹痛、产后腹痛、产后身痛、宫寒不孕。

气病及血,血病及气,气血同病,虚实错杂,常见气滞血瘀、气虚血瘀、气血两虚等病机。

三、冲、任、督、带、胞宫损伤

只有损伤了冲、任、督、带、胞宫(包括直接或间接),才会导致妇科疾病,这是妇科疾病的病机特点。早在《素问·骨空论》就有"任脉为病……女子带下瘕聚""督脉者……此生病……其女子不孕"的记载。《素问玄机原病式》曰:"故下部任脉湿热甚者,津液涌溢,而为带下也。"《诸病源候论》也强调了冲任损伤的妇科病机。

1. 冲任损伤 冲为"血海",为"十二经脉之海";任"主胞胎""任脉通太冲盛,月事以时下,故有子"。因此,冲任损伤必然会导致妇科诸疾。

冲任不足,血海不盈,发生月经后期、月经过少、闭经、胎漏、胎动不安、胎萎不长、不孕等。冲任失调,血海蓄溢失常,发为月经先后无定期。冲任不固,发为月经过多、经期延长、崩漏、恶露不绝、乳汁自出;胎失系载,可致胎动不安、胎漏、堕胎、小产等。冲任阻滞,发为痛经、月经后期、闭经、癥瘕、不孕。冲任伏热,迫血妄行,可致月经先期、月经过多、崩漏、恶露不绝等。冲任积

寒,发为月经后期、痛经、妊娠腹痛、不孕等。冲任湿壅,发为闭经、不孕、癥瘕等。冲气上逆,挟肝火灼伤血络,发为经行吐衄;挟肝火上扰清窍,发为经行头痛;挟肝火横逆犯胃,可致妊娠恶阻等。

2. 督脉虚损 督为"阳脉之海",督脉与任脉同起于胞宫,一前一后调节人身阴阳气血,维持胞宫的生理功能。督脉损伤,阴阳失衡气血失调,可致闭经、崩漏、经断前后诸证、绝经妇女骨质疏松症、不孕。

3. 带脉失约 带脉束腰一周,约束诸经。带脉失约可导致带下病、胎动不安、滑胎、阴挺。

4. 胞宫受损

(1) 形质异常:是指子宫的形态、位置及质地的异常变化。可出现幼稚子宫、子宫畸形、子宫过度屈曲等,手术或炎症损伤子宫,可致月经不调、痛经、闭经、滑胎、癥瘕、不孕等病证。

(2) 藏泻失司:肾虚、肝郁、脾虚,冲任不能通盛,子宫蓄藏阴精匮乏,藏而不泻可发生月经后期、闭经、带下过少、胎死不下、滞产、难产、过期妊娠;肾气不固、肝气疏泄太过、或脾虚不摄,冲任不固,子宫藏纳无权,泻而不藏,可发生流产、早产、经期延长、带下病、恶露不绝。

胞脉、胞络是脏腑联系胞宫的脉络。胞脉、胞络受损,同样可发生闭经、痛经、崩漏、不孕等病。

四、肾气-天癸-冲任-胞宫轴失调

肾气-天癸-冲任-胞宫轴,以肾气为主导,受天癸的调节,冲任通盛,督带调约,由胞宫体现经、带、胎、产的生理特点。其中任何一个环节障碍,都会引起生殖轴功能失调,发生崩漏、闭经、不孕症等。

脏腑功能失常,可导致气血失调;气血失调,也能使脏腑功能失常;冲任督带胞宫损伤,也可导致脏腑功能失常,气血失调。病机之间不是孤立的,而是相互联系、相互影响的。所以,不论何种病因损伤机体,也不论病变起于何脏何腑,在气在血,只要损伤了冲任(督带),就可以发生妇科疾病(图3-1)。

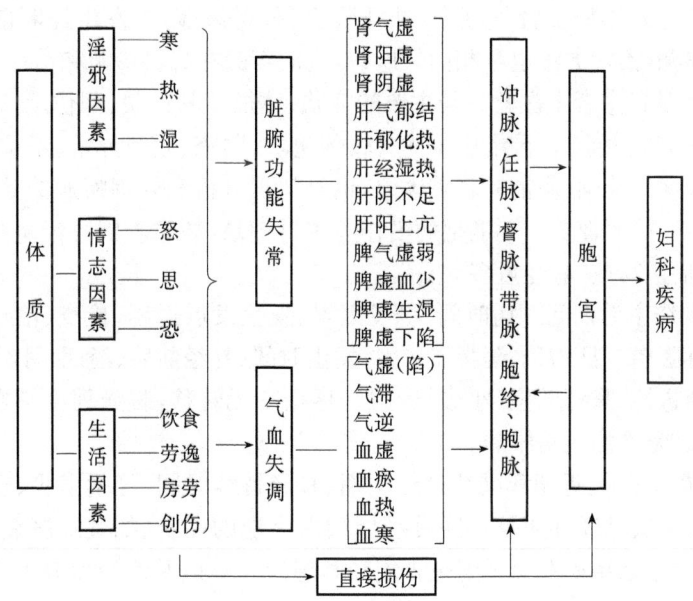

图3-1 妇科病因病机示意图

(曹 颖 宋素英 毛 惠)

第四章　妇科疾病的诊断与辨证

导　学

通过望、闻、问、切四诊以及必要的辅助检查获得有关资料,供妇科疾病辨证和辨病参考。但由于妇女特殊的生理病理特点,故妇科在诊断与辨证方面又有其侧重之处。

通过学习,掌握四诊在妇科临床上的运用,脏腑辨证中肾、肝、脾病变的证候特征;熟悉经、带、胎、产各种变化情况的临床意义,气血辨证中气血病变的证候特征;了解妇科常见证型。

第一节　四　诊

一、问诊

1. 问年龄　妇科疾病与年龄有密切关系。

年逾16周岁尚未见月经初潮者,属原发性闭经。青春期女子肾气初盛,天癸始至,冲任功能尚未稳定,常易引起月经失调。中年妇女因经、孕、产、乳耗伤气血,使肝失血养,情志易伤,冲任受损,常出现经带胎产诸疾。老年妇女肾气渐衰、冲任衰少、脾胃易虚,易发生经断前后诸证、恶性肿瘤等。而不同年龄的崩漏,治疗方法也不相同。所以,询问年龄在妇科诊断和治疗上具有重要意义。

2. 问主诉　主诉是指患者本次就诊最主要的症状、体征及其性质、部位示口持续的时间。如月经推迟、阴道出血、发热、腹痛、带下异常、阴痒、腹部包块、阴疮、胎孕异常、不孕、经行不适、产后异常等。这既可推测疾病的范围、病情的轻重缓急,也是认识分析和处理疾病的重要依据,因此,描述应重点突出、高度概括、简明扼要。不能把病名作为主诉记录,如患者因月经量多5日求诊,不能写成"月经过多5日",而应写成"月经量多5日"。

3. 问现病史　围绕主诉询问发病时间、诱发因素、发生发展过程,检查、治疗情况和效果,目前自觉症状等。如主诉腹痛3日,需了解腹痛诱因,发生时间(月经前后、经期、月经中期或孕期产后),腹痛是突发性还是渐进性,腹痛部位(小腹、少腹),疼痛有无转移,腹痛程度是剧痛还是隐痛,腹痛性质是绞痛还是刺痛、是冷痛还是胀痛。

4. 问月经史　初潮年龄,近期和既往月经周期、月经持续时间、经量多少、经色、经质稀或稠或有无血块、经血气味,末次月经日期及伴随月经周期而出现的症状(如乳房胀痛、头痛、腹痛、腹泻、浮肿、吐衄、发热等)。中老年妇女应了解是否绝经和绝经年龄以及绝经后有无阴道出血、骨质疏松等症状。

5. 问带下史　带下量多少、带下颜色(白色、淡黄、黄色、赤色或脓性等)、带下性质(稀薄、黏稠)、气味以及伴随症状。如带下量多,需询问带下量多出现时间,若在月经前或月经中期或妊娠期出现白带增多,而色质无异常、无臭味亦无不适,此为生理现象。

6. 问婚育史　未婚、已婚或再婚史。未婚者,应了解有无性生活史、人工流产史;已婚者,需了解结婚年龄,婚次,丈夫身体健康状况,性生活情况,妊娠胎次,分娩次数,有无堕胎、小产、人工流产史。如婚后2年未避孕而不受孕,或曾经有过孕育未避孕又1年以上不受孕者,属不孕症。孕妇应了解有无妊娠疾病(胎漏、胎动不安、堕胎、小产、滑胎、子肿、子晕、子痫等)、分娩情况(有无难产、产

时产后出血、产后发热等)。了解恶露量多少、颜色、性质、气味,有无产后疾病,产后恶露不绝,产后身痛,产后小便不通,以及避孕情况。

7. 问既往史 了解与现在疾病有关的以往患病史,如传染病史、手术史。对月经过少、闭经者,需询问有无结核史、产后大出血史。对继发性痛经患者,应询问有无人工流产术、剖宫产术、盆腔炎史。对不孕者需了解有无盆腔炎、人工流产史、腹部手术史。

8. 问家族史 了解其家属中有无传染性、遗传性疾病及肿瘤病史,如堕胎、小产、滑胎、闭经、癥瘕等。直系亲属目前健康状况及已故亲属死亡原因等。

9. 问个人史 个人生活、饮食嗜好,出生地,居住环境,环境迁移、工作环境等。

二、望诊

"有诸内必形诸外"人体内部的病变,可以反映在体表。

根据妇科的特点,望诊时除观察患者的神志、形态、面色、唇色、舌质、舌苔外,尤其注意观察月经、带下和恶露的量、色、质的变化。

1. 望神形 望神可以了解精气的盛衰,判断病情的轻重和预后。若头晕眼花,神疲乏力,汗出肢冷,面色苍白,甚至昏不知人,可见于崩漏、异位妊娠、胎堕不全、产后血崩等妇科血证;若见形体蜷曲,两手捧腹,表情痛苦,辗转不安,可见异位妊娠、急性盆腔炎、痛经、卵巢囊肿蒂扭转等妇科痛证;若见高热烦躁,甚至神昏谵语,多为妇科热证,如急性盆腔炎、产后发热等。妊娠晚期或产时、产后突发手足搐搦、全身强直、双目上视、昏不知人或四肢抽搐、项背强直、角弓反张等多为妇科痉证,如子痫、产后痉病。

2. 望面色 面部色泽可反映脏腑气血的盛衰。若面色淡白无华,多属血虚证,如月经过多、崩漏、堕胎、小产、产后血崩等;面色㿠白,多属气虚、阳虚证,可见月经过多、经期延长、崩漏、月经后期、痛经;面色㿠白,体胖虚浮,多属阳虚水泛,可见于子肿、经行浮肿、经行泄泻等;面色青紫,多属瘀血停滞,可见痛经、闭经、癥瘕;若面色萎黄,多属脾虚,可见月经后期、月经过少、带下、闭经、不孕等;面红赤,属实热证,可见月经先期、月经过多、经行吐衄、经行情志异常、产后发热等证;面色浮红而颧赤,多属阴虚火旺,可见月经先期、经期延长、闭经、崩漏、绝经前后诸证等;面色晦暗或颊、额有暗斑,或兼眼眶暗黑,多属肾气虚衰,可见闭经、崩漏、带下病、滑胎、不孕等。

3. 望舌 舌质淡为气血两虚,可见于月经过多、月经后期、闭经等。舌质红为血热,可见月经先期、月经过多、崩漏、恶露不绝等。舌质紫暗或瘀斑、瘀点,多有血瘀,可见痛经、闭经、癥瘕等。苔白属寒、属湿,苔薄白而燥为病将伤津,苔白厚而燥为湿郁化热,苔白薄腻而润多为寒湿凝滞,苔白厚腻多属痰湿阻滞;苔黄属热,薄黄为微热,厚深黄为热盛,黄厚而干为热盛伤津,黄厚腻为湿热;苔灰黑滑润为阳虚有寒,苔黑干燥为火炽伤津。

4. 望形态 女子年逾14周岁,月经未来潮,第二性征尚未发育,身材矮小、肌肉瘦削,多为先天肾气未充。月经已来潮,但身材瘦长或瘦小,第二性征发育不完善,乳房平坦,多为肾虚。形体肥胖,皮肤粗糙,毛发浓密,多为脾肾气虚而痰湿内盛,可见闭经、月经不调、癥瘕、多囊卵巢综合征、不孕症等。毛发脱落,阴毛稀疏,多为肾气虚惫,精血不足,可见肾虚闭经、血枯经闭、宫寒不孕等。四肢或外阴多毛,或呈男性化分布,甚至唇口周围有须毛或乳房长毛,多为肾虚痰湿,可见月经不调、闭经。

5. 望乳房和乳汁 女子年逾18周岁仍乳房平坦,乳头细小,乳晕浅淡,多为先天肝肾不足。孕期胀大的乳房突然松弛缩小,多为胎萎不长或胎死腹中;产后乳房胀硬,红肿疼痛,乳汁浓稠,为蒸乳成痈;乳房松软,乳汁清稀,多为气血虚弱;未产乳汁自出,为乳泣,或因气虚,或因郁热;闭经伴溢乳,为脾肾亏虚,肝气逆乱,肝木乘脾,胃气不固所致;乳头挤出血性物或溢液,要注意乳房恶性肿瘤。

6. 望阴户、阴道 观察阴户、阴道形态、色泽、有无赘生物。若形态异常者,阴道如螺纹之状,或阴户呈鼓角之形,属先天畸形。若阴户红肿热痛,或溃烂成疮,为热毒生疮;色泽减退,多属寒凝;阴户红肿湿润作痒,为肝经湿热或虫蚀;阴户肌肤苍白,粗糙增厚或皲裂,多属肾精亏损、肝血不足或

寒凝血瘀；若阴中有物脱出，多为阴挺。

7. 望月经 望月经的量、色、质。量多、色淡红、质稀，多为气虚；量少、色淡暗、质稀，多为肾阳虚；量少、色淡红、质稀，多为血虚；量多、色深红、质稠，多为血热；色鲜红、质稠，多为阴虚血热；色紫暗、有血块，多为血瘀；量时多时少，多为气郁。

8. 望带下 望带下的量、色、质。量多，色白，质清多为脾虚、肾虚；量少，多为肝肾不足；量多，色黄，质黏稠，多为湿热；带下色赤或赤白相兼，或稠黏如脓，多为湿热或热毒。

9. 望恶露 望恶露的量、色、质。量多、色淡红、质稀，多为气虚；量多、色红、质稠，为血热；色紫暗、有血块，多为血瘀。色暗如败酱，多为感染邪毒。

三、闻诊

1. 听声音 听语音、气息的高低、强弱以及呼吸、咳嗽、嗳气、太息等声音。语音低微，多为虚证；声高气粗，语音洪亮有力，多属实证；寡欢少语，时时叹息，多为肝郁气滞；孕后嗳气频频，甚则恶心呕吐，多为胃气上逆；妊娠后期声音嘶哑或不能出声，多为肾阴虚。

2. 听胎心 妊娠20周后，可在孕妇腹壁上听到胎心音，胎心强弱、快慢是判断胎儿发育及有无胎儿宫内窘迫的重要依据。

3. 闻气味 闻月经、带下、恶露的气味。月经、带下、恶露秽臭，多为湿热或瘀热；腥臭，多属寒湿；腐臭气秽，多为热毒；恶臭难闻，多属邪毒壅盛，或瘀浊败脓等病变需考虑子宫颈癌的可能性。

四、切诊

1. 切脉

（1）月经脉：月经将至或正值月经期，脉多滑利，为月经常脉。若脉滑稍数有力者，多为冲任伏热，常见月经先期、月经过多、崩漏；脉沉迟而细，多为阳虚内寒、生化不足，常见于月经后期、月经过少；脉细数为虚热伤津、阴亏血少，可见于血虚闭经。崩中初期，脉多虚大弦数；暴崩不止，脉多虚大而芤；久漏不愈，脉当细弱，反见浮、洪、数、急者，多属重证。

（2）带下脉：脉弦滑略数，带下量多，色白或黄，多为湿热下注；脉缓滑，带下黏稠如涕，多属脾虚湿困；尺脉沉微弱者，带下清冷质稀，多属肾阳虚衰。

（3）妊娠脉：脉滑有力或滑数，尺脉按之不绝。《素问·阴阳别论》曰："阴搏阳别，谓之有子。"《素问·平人气象论》："妇人手少阴脉动甚者，妊子也。"若妊娠脉沉细而涩，或两尺弱甚，多属肾气虚衰，冲任不足，易致胎动不安、堕胎等。若妊娠末期脉弦而劲急或弦细而数，多属肝阴不足，肝阳偏亢，易致子晕、妊娠痫证。

（4）临产脉：《产孕集》云："尺脉转急，如切绳转珠者，欲产也。"《景岳全书·妇人规》云："试捏产母手中指本节跳动，即当产也。"有一定临床意义。

（5）产后脉：脉多见虚缓和平。若脉浮滑而数，多属阴血未复，虚阳上泛，或外感实邪。脉沉细涩弱者，多属血脱虚损诸证。

2. 按肌肤 察肢体温凉、润燥、肿胀及程度。如手足不温，多为寒湿凝滞或脾肾阳不足；四肢厥冷，大汗淋漓，多属亡阳危候。如手足心热，多为阴虚内热。头面四肢浮肿，按之凹陷不起，为水肿；按之没指，随按随起，为气肿。

3. 扪腹部 了解腹壁软硬、温凉、胀满、疼痛以及有无包块及包块之部位、大小、性质等情况。若腹痛喜按多为虚证，拒按多为实证，喜温多为寒证，喜温喜按多属虚寒。若下腹包块质坚、推之不移、之痛甚多属血瘀，为癥；腹块时有时无、按之不坚、推之可移，多属气滞，为瘕。腹部不温甚或凉，多为阳气不足；灼热，多为热盛。扪孕妇腹部可了解子宫大小与孕周是否相符合及胎位是否正常，以推测胎儿状况。如腹形明显小于孕周，胎儿存活，可能为胎萎不长；如腹形明显大于孕周，可能为胎水肿满、多胎妊娠等。

明确诊断，尚须进行妇科检查及辅助检查。

第二节 辨证要点

由于妇女有经、带、胎、产、乳病,因此,妇科疾病辨证有其独特之处,除需辨全身症状外,必须结合经、带、胎、产、乳生理、病机特点进行辨证。

一、常用辨证方法

妇科常用辨证方法主要为脏腑辨证、气血辨证,个别情况下如急性盆腔炎、产后发热感染邪毒时运用卫气营血辨证。

（一）脏腑辨证

脏腑生理功能及病理变化是脏腑辨证的理论依据,脏腑辨证中与妇科最为密切的是肾、肝、脾的辨证(表4-1)。

表4-1 脏腑辨证简表

脏腑病机		妇科病证	全身症状	舌诊	脉诊
肾	肾气虚	周期先后不定,量多或少,崩漏,闭经,胎动不安,滑胎,不孕,阴挺	腰酸腿软,头晕耳鸣,精神不振,小便频数,或余沥不尽	舌淡红,苔薄白	脉沉弱或沉细
	肾阴虚	月经先期,量少,色鲜红,崩漏,闭经,绝经前后诸证,妊娠心烦,不孕	头晕耳鸣,颧红,咽干,五心烦热,失眠盗汗,小便短赤,大便干,足跟痛	舌红有裂纹,少苔或无苔或花剥苔	细数无力
	肾阳虚	崩漏,经行泄泻,带下清稀,子肿,宫寒不孕	腰脊酸痛,畏寒腹冷,尿意频数,夜间尤甚,五更泄泻,性欲减退	舌淡暗而嫩,苔薄白而润	沉迟而弱,尺脉尤甚
肝	肝郁气滞	经期先后不定,色暗有块,痛经,经前乳胀,闭经,不孕,缺乳	胸胁胀痛,腹满,纳差,善叹息,精神抑郁	舌质正常,苔薄白	弦
	肝郁化热	月经先期,量多,崩漏,经行吐衄,乳汁自出	头晕,头痛,目眩,耳鸣,口苦咽干,心烦易怒,目赤肿痛	舌边红,苔薄黄	弦数
	肝经湿热	带下色白或黄白相兼,量多质稠,秽浊而臭,阴痒	胸闷纳呆,心烦口苦,尿频涩痛,大便干结,或臭秽而溏	舌质红,苔黄腻	滑数或弦数有力
	肝阳上亢	绝经前后诸证,子晕,先兆子痫	头晕头痛,面红目胀,耳鸣耳聋,失眠多梦,震颤,烦满欲呕,四肢发麻	舌质红,苔薄黄或少苔	弦细或弦而有力
	肝风内动	子痫,产后痉证	头晕头痛,语言不利,颈项强直,昏不知人,四肢抽搐,痉厥	舌红或绛,无苔或花剥苔	弦细或细数
脾	脾失健运 脾虚血少	月经后期,量少,闭经	面色萎黄,头晕心悸,神疲肢软,纳谷不香,失眠多梦	舌淡,苔薄白	细弱
	脾失健运 脾虚湿盛	经行泄泻,带下黄白,子肿,闭经,不孕	形体虚胖,头晕且重,胸脘痞闷,口淡腻,多唾沫,大便稀	苔薄白微黄腻	滑或缓滑
	脾失统摄	月经先期,量多,崩漏,乳汁自出	面色苍白,少气懒言,小腹坠胀	舌淡胖有齿印,苔薄白	缓弱
	脾虚下陷	阴挺,崩中	面色不华,短气懒言,全身乏力,腰酸腹坠	舌淡,苔薄白	沉弱

1. 肾病的辨证 分肾气虚、肾阴虚、肾阳虚、阴阳两虚。以虚为主,主要为肾精不足、生殖功能减退、水液代谢障碍。可导致经、带、胎、产诸病,如月经先期、月经后期、月经先后无定期、闭经、崩漏、痛经、绝经前后诸证、带下病、胎动不安、堕胎、滑胎、子肿、子晕、产后小便异常、癥瘕、不孕症、盆腔炎、阴挺等。"头晕耳鸣,腰酸腿软"是肾虚必见之症,小便频数,精神不振,舌淡苔薄,脉沉细,为肾气虚;手足心热,颧赤唇红,舌红苔少,脉细数,为肾阴虚;畏寒肢冷,小便清长,夜尿多,舌淡苔白,

脉沉细而迟或沉弱,则为肾阳虚。

由于火不暖土,精血同源,临床上脾肾阳虚、肝肾阴虚每多并见。

2. 肝病辨证 有肝气郁结、肝郁化热、肝经湿热、肝阴不足、肝阳上亢、肝风内动,以肝气郁结最常见。以实为主,少数为虚或虚中夹实证。主要为"疏泄"和"藏血"的功能障碍。可导致月经先后无定期、月经先期、月经过多、痛经、闭经、崩漏、经行乳房胀痛、经行情志异常、经行吐衄、经行头痛等月经病;妊娠腹痛、子肿、子晕、子痫等妊娠病;产后痉病、缺乳等产后病;不孕症、癥瘕、盆腔炎、阴痒等妇科杂病。"胸胁、乳房、少腹胀痛,烦躁易怒"为肝之实证;时欲太息,食欲不振,舌苔正常,脉弦,为肝气郁结;头晕胀痛,目赤肿痛,或头晕目眩,口苦咽干,舌红,苔薄黄,脉弦数,为肝郁化火(热);头晕目眩,口苦咽干,便秘溲赤,舌红,苔黄腻,脉弦滑而数,为肝经湿热;头晕头痛,目眩心烦,少寐多梦,四肢麻木,震颤,手足心热,舌红苔少,脉弦细或弦而有力,为虚中夹实的肝阳上亢;四肢抽搐,角弓反张,突然昏厥不省人事,舌红或绛,无苔或花剥,脉弦细而数,为虚中夹实的肝风内动。

3. 脾病辨证 有脾虚血少、脾虚气弱、脾虚湿盛、脾失统摄、脾虚下陷等证,以虚证为多。主要为"运化""统血"功能的异常。可导致多种妇科疾病,如月经先期、月经后期、月经过多、经期延长、崩漏、闭经、经行泄泻、经行水肿、带下病、妊娠恶阻、胎动不安、子肿、子晕、癥瘕、不孕、阴挺等。"脘腹胀满,不思饮食,四肢无力"为脾虚之症,口淡乏味,面色淡黄,舌淡,苔薄白,脉缓弱,为脾气虚;畏寒肢冷,大便溏泄,甚则浮肿,舌淡,苔白腻,脉缓滑无力,为脾阳虚;头晕目眩,心悸气短,形体肥胖,苔腻,脉滑,为痰湿内盛。

此外,脏腑辨证中尚有心病辨证、肺病辨证等,妇科疾病用之甚少,临证可参照内科运用。

(二)气血辨证

气血来源于脏腑,又是脏腑功能活动的物质基础,所以脏腑病变可以影响气血,气血病变也可损伤脏腑。况且气病及血,血病及气,产生各种病变,所以《素问·调经论》说:"气血不和,百病乃变化而生。"由于气和血有损伤先后、主次、轻重之别,所以在辨证时要分析气病为主和血病为主的不同情况(表4-2)。

表4-2 气血辨证简表

气血病机			妇科病证	全身症状	舌诊	脉诊
气病	气虚		月经先期,量多,色淡,质稀,崩漏,恶露不绝,乳汁自出,阴挺	面色㿠白,精神倦怠,少气懒言,头昏目眩,心悸自汗	舌体胖嫩,舌苔薄白	缓弱
	气滞		月经后期或先后无定期,痛经,闭经,经行乳胀或情志异常,子肿,癥瘕,缺乳	胸胁下腹胀痛,痛无定处,甚则气聚成块,但推之可移,按之可散,忽上忽下	舌质正常或稍暗,苔薄白	弦
血病	血虚		月经后期,量少,色淡,质稀,闭经,经后腹痛,胎动不安,胎萎不长,缺乳	面色白或萎黄,肌肤不荣,口唇爪甲淡白,头昏眼花,心悸少寐,四肢麻木	舌质淡,苔薄白或少苔	细弱
	血瘀		痛经,闭经,崩漏,异位妊娠,癥瘕,产后腹痛,恶露不绝,色暗有块,块下痛减	下腹疼痛,痛有定处,状如针刺,甚则积结成块,按之痛甚,推之不移,肌肤甲错	舌质紫暗或边有瘀点	沉弦或沉涩
	血寒	实寒	月经后期,量少,色暗有块,经行腹痛,得热痛减,或闭经,癥瘕,不孕	面色青白,畏寒肢冷	苔薄白	沉紧
		虚寒	月经后期,量少,色淡或如黑豆汁,痛经,带下清冷,不孕	面色少华,腰酸背痛,腹冷如扇,小便清长,大便稀溏	舌淡,苔薄	沉迟无力
	血热	实热	经行先期,量多,质稠,色紫红,阴中灼热,经行吐衄,崩漏	面红唇赤,口渴,喜饮,心中烦热,小便短赤,大便干结	舌红或绛,苔黄干燥	滑数或洪大
		虚热	月经先期,色鲜红,漏下不止,胎动不安	两颧潮红,低热不退,或午后潮热,五心烦热,咽干口燥,渴不多饮,盗汗,少寐	舌红欠润,少苔或无苔	细数无力

笔记栏

1. 气虚证 是气的功能减退,或脏腑组织的功能活动减退的证候。气虚可导致月经先期、崩漏、胎漏、胎动不安、恶露不绝、产后自汗、产后小便异常等疾病。常见"气短懒言,神疲乏力,舌淡苔薄,脉缓弱"的证候。气虚进一步发展,可出现气陷,发生阴挺,兼有头晕目眩、小腹空坠等症。气属于"阳",气损及阳,在气虚证的基础上,见肢冷、怕冷、出冷汗、脉迟等阳虚证。

2. 气滞证 是全身或局部的气机不畅、阻滞所表现的证候。可出现月经后期、月经过少、痛经、经行乳房胀痛、妊娠腹痛、子肿、难产、缺乳、癥瘕、不孕、盆腔炎等妇科病证。常见"胸闷不舒,小腹胀痛,舌苔正常,脉弦或弦涩有力"的证候。气滞进一步发展可以导致全身气机壅塞而升降失常,出现气逆,发生恶阻、经行吐衄、经行头痛、经行眩晕等。

3. 血虚证 是血液亏少,不能濡养脏腑、经络而出现的证候。血虚可导致月经后期、月经过少、闭经、经行头痛、胎动不安、胎萎不长、缺乳、产后身痛、产后腹痛等妇科疾病。血虚常见头晕眼花,心悸少寐,手足发麻,皮肤不润,面色萎黄或苍白,舌淡苔少,脉细无力。

4. 血瘀证 血液运行迟缓,或运行不畅而形成的瘀血内阻所致。可见月经后期、月经过少、月经过多、经期延长、经间期出血、崩漏、闭经、痛经、经行头痛、经行身痛、经行发热、异位妊娠、恶露不绝、癥瘕、不孕、盆腔炎等妇科疾病。常见刺痛拒按,痛有定处,皮肤干燥,甚则甲错,腹内积块,舌紫暗,或有瘀斑、瘀点,脉沉涩有力或沉滑。

5. 血寒证 寒邪客于血脉,血行失畅而致。可导致月经后期、月经过少、痛经、妊娠腹痛、产后腹痛、癥瘕、不孕症、盆腔炎、阴疮等妇科疾病。血寒也有虚、实之分。血寒常见小腹绞痛或冷痛、得温痛减,畏寒肢冷,面色青白,舌暗苔白,脉沉紧。

6. 血热证 由于火热炽盛,伏于血分,迫血妄行而致。可导致月经先期、月经过多、经期延长、崩漏、胎漏、恶露不绝、经行发热、经行口糜、经行风疹块、经行情志异常、产后发热、盆腔炎、阴疮等妇科疾病。血热有实热、虚热之分。血热常见心胸烦闷,渴喜冷饮,小便黄赤,大便秘结,舌红苔黄,脉滑数。

二、月经病、带下病、妊娠病、产后病的辨证要点

(一) 月经病的辨证要点

月经病的辨证,以月经的期、量、色、质、气味,伴随月经周期或绝经前后出现症状的特点,结合全身证候与舌脉征象为依据。

1. 期的异常 周期提前,多为血热、气虚;周期推后,多为血虚、血寒;周期先后无定,多为肝郁、肾虚;经期延长,多为气虚、血热。

2. 量的异常 量多,多为血热、气虚;量少,多为血虚、血寒;量或多或少,多为肝郁、肾虚。

3. 色的异常 色鲜红或紫红者为热;暗红者为寒;淡红者为虚;暗淡者为虚寒。

4. 质的异常 黏稠者属热属实;清稀者属寒属虚;有血块者属瘀。

5. 气味的异常 气味臭秽者多属热;气味腥臭者多属寒;恶臭难闻者多属湿热或瘀血败浊成毒,病多险恶。

6. 伴随月经的症状 在经前或行经之初出现者,多属实证;在经后或行经末期出现者,多属虚证;平时持续存在,经期加重者,多属湿热蕴结或气滞血瘀。

7. 伴随绝经前后的症状 烘热汗出,五心烦热,为肾阴虚;腰背冷痛,小便清长,或面浮肢肿,为肾阳虚;乍热乍寒,则为肾阴阳两虚。

(二) 带下病的辨证要点

带下病的辨证,以带下量、色、质、气味的变化结合全身和局部症状及舌脉作为依据。量多、色淡质稀,为虚证;量多、色黄质稠,有秽臭者,为实证;带下量多,色白、质清稀如水,多为阳虚;带下量少、色黄或赤白带下、质稠,多为阴虚;带下量多、色淡黄或白、质稀、如涕如唾,无气味,伴神疲乏力,多为脾虚;带下量多、色黄或黄白、质黏腻,有臭味,多为湿热;赤白带下、五色带、质稠如脓样,有臭味或腐臭难闻,多为湿毒;带下量明显减少,甚至阴中干涩无带,为肾精亏虚。

（三）妊娠病的辨证要点

妊娠病的辨证，首先应分清属母病或胎病，同时还应辨明胎儿情况，以明确安胎还是下胎益母。

若母病而胎动不安，腰酸胀坠，或有堕胎或小产史，多属肾虚；若为胎病而胎动不安，阴道流血量少，无腹痛或轻微腹痛，胚胎存活者，为可安之胎；若阴道流血量增多，腹痛阵阵，胚胎或胎儿已死，或异位妊娠，则应下胎益母。

（四）产后病的辨证要点

产后多虚多瘀，易虚易瘀的特点，产后病辨证应注重"产后三审"即先审小腹痛与不痛，以辨有无恶露停滞；次审大便通与不通，以验津液盛衰；再审乳汁行与不行和饮食多少，以察胃气的强弱；如恶露量多或少、色紫红、有块，小腹痛拒按，多属血瘀；恶露量多、色红，有臭味，多属血热；恶露量多、色淡质稀，神疲乏力，多属气虚；产后大便干涩难下，大多属津液不足；乳汁甚少、质稀薄，食少神疲，面色无华者，多属气血虚弱。

（赵　晔　宋素英　毛　惠）

第五章 妇科疾病的治疗

导 学

妇科疾病的治疗方法,包括内治法与外治法。

通过学习,掌握妇科疾病内治与外治的具体方法;熟悉内治法的具体处方用药及外治法的应用与禁忌。

内治法体现了中医妇科学中治病以"调"为主的特点,分别以调补脏腑,调理气血,调治冲任、胞宫,调控肾气-天癸-冲任-胞宫轴为主。外治法可发挥局部用药"直达病所,贯通经络,攻专力宏"的作用,常用方法有熏洗坐浴法,外阴、阴道冲洗法,阴道纳药,贴敷法,肛门导入,宫腔注入,中药离子导入等。此外,女性生理特点决定,治疗月经病应结合月经周期中阴阳气血消长的变化规律而周期用药;治疗妊娠与产后病,要注意女性妊娠期、产褥期的特殊生理特点,以及避免药物对胎儿及哺乳期幼儿的不良影响。

第一节 内治法

内治法主要在调理脏腑、气血、经络及肾气-天癸-冲任-胞宫轴,祛除各种病因,使冲任调和,子宫藏泻有度,经、带、胎、产、乳等生理功能恢复正常。治疗要本着"谨察病机之所在而调之,以平为期"及"治病必求于本"的原则,首先分清病位病性,病之先后,治有主次,因他病而致妇科疾病者,应先治他病;其次分清标本缓急,"急则治其标,缓则治其本"。根据不同的病证,结合妇女的生理、病理特点,"虚则补之""实者泻之""寒者温之""热者清之",因时、因地、因人而确定治疗原则、方法、用药,以期达到最佳疗效。由于妇女血常不足,气常有余,故治疗时还要注意顾护精血。

一、调补脏腑

(一)补肾滋肾

肾为先天之本,主藏精,是人体生长、发育与生殖的根本,对天癸的至与竭及冲任二脉的盛与衰起着重要的作用。若肾阳虚衰,或肾阴亏损,或阴阳两虚,则肾气虚惫,精血亏损,可致天癸、冲任、胞宫功能失调,而引发经、带、胎、产、杂诸疾。因此,滋肾补肾是治疗妇科疾病的一种常用治法。

1. 补益肾气 若肾气虚损,失于封藏,则子宫藏泻失司,可致月经失调、崩漏、闭经、先兆流产、滑胎、子宫脱垂等,治宜补益肾气。常用药物如菟丝子、杜仲、续断、桑寄生、肉苁蓉、益智、金樱子、覆盆子、芡实等,代表方如肾气丸、寿胎丸、补肾固冲丸、固阴煎等。亦可补后天脾气以养先天肾气,加入黄芪、党参等补气之品。

2. 温肾助阳 若肾阳不足,命门火衰,则元阳不振,寒从中生,可致月经后期、月经过少、痛经、闭经、崩漏、经行泄泻、绝经前后诸证、带下病、妊娠腹痛、胎漏、胎动不安、子肿、不孕症等,治宜温肾助阳。常用药物如仙茅、仙灵脾、补骨脂、巴戟天、菟丝子、肉桂、鹿角霜、鹿茸等,代表方如右归丸、右归饮、温冲汤、内补丸等。若肾阳不足,脾阳失于温煦,可致月经后期、闭经、胎萎不长、带下病、子

笔记栏

肿、不孕症等,治宜温肾培脾。可选用上述温肾之品加温脾之药如吴茱萸、高良姜、干姜等,代表方如真武汤、健固汤、五苓散等。补阳药多温燥,易耗损阴津,故补阳方中宜稍佐益阴之品,使"阳得阴助,而生化无穷",以达温阳补火之功。

3. 滋肾养阴 若肾阴不足或肾精亏损,可致月经失调、绝经前后诸证、不孕症等,治宜滋肾养阴,填精益髓。常用药物如熟地黄、黄精、山茱萸、枸杞子、制何首乌、女贞子、旱莲草、桑椹子、阿胶、龟板胶、紫河车、鹿角胶、鲍鱼等,常用方剂如六味地黄丸、左归丸、左归饮、加减一阴煎、养精种玉汤等。若肾阴不足,肾水不能上济,心肾不交,心火偏亢可致经行口糜、妊娠心烦、绝经前后诸证等,治宜滋阴降火,交通心肾。常用药如五味子、知母、麦冬、黄连、莲子心、竹叶心、远志、首乌藤等,代表方如黄连阿胶汤等。若肾水不足,虚火上炎,肺失宣润,可致经行吐衄、子嗽、妊娠失音等,治宜滋肾润肺宣气。常用药物如生地黄、知母、麦冬、天冬、玄参、沙参、百合等,代表方如百合固金汤、顺经汤等。若阴不敛阳,阳失潜藏,阴虚阳亢,可致子晕、子痫,治宜滋阴潜阳。常用药如生龙骨、生牡蛎、珍珠母、龟板、鳖甲等。滋阴药多滞腻,故在滋肾养阴药中宜少佐温阳行气之品。

4. 阴阳双补 阴阳是对立统一体,相互依存,相互转化。若阳损及阴或阴损及阳,或久病年老患者,则令肾阴阳俱虚,可致崩漏、闭经、绝经前后诸证、滑胎、不孕症等,治宜阴阳双补。上述药物可参合使用,其代表方如二仙汤、归肾丸等。

肝肾同居下焦,肾藏精,肝藏血,精血相生,肝肾同源,肝肾又同为冲任之本,若肝肾不足,冲任损伤,可致经、带、胎、产、杂病等。因此,补肾滋肾法常与养肝法同用,具体用药详见疏肝养肝法。

补肾滋肾法是中医妇科重要的治疗方法,补肾中药对调节下丘脑-垂体-卵巢轴的功能疗效显著。临床应用时要注意,肾之阴阳互根互用,阴损可以及阳,阳损亦可及阴,故治疗时要分清主次而调之,以达阴阳之平衡,做到滋阴不忘阳,补阳不忘阴。正如《景岳全书·妇人规》云:"善补阳者,必于阴中求阳,则阳得阴助而生化无穷;善补阴者,必于阳中求阴,则阴得阳升而泉源不竭。"

(二)疏肝养肝

肝藏血,主疏泄,司血海,体阴而用阳,其喜条达而恶抑郁。肝经绕阴器,抵少腹,过乳头。女性有余于气不足于血,若情志不舒,或忿怒伤肝,致肝失条达,疏泄失司,冲任失调,可引发经、带、胎、产、杂诸病。因此,疏肝养肝也是妇科疾病的重要治法之一。

1. 疏肝解郁 若因抑郁或愤怒伤肝,肝失条达,可致月经不调、痛经、闭经、经行乳房胀痛、妊娠腹痛、子晕、子痫、缺乳、不孕症等,治宜疏肝解郁。常用药物如柴胡、香附、川楝子、郁金、青皮、橘叶、枳壳、乌药、薄荷等,代表方如逍遥散、柴胡疏肝散、四逆散、乌药汤、下乳涌泉散等。肝郁气盛,克伐脾土,可致月经不调、崩漏、经行泄泻、子肿等,治宜疏肝健脾。常于疏肝药中加健脾之品,如党参、白术、怀山药、薏苡仁、茯苓、芡实等,代表方剂如逍遥丸、痛泻要方等。

2. 清肝泻火 若肝郁化火,热扰冲任,可致月经不调、崩漏、胎漏、子烦、乳汁自出等。治宜疏肝清热,常用药物如川楝子、牡丹皮、栀子、黄芩、夏枯草、菊花、青蒿等,代表方剂如丹栀逍遥散、清肝引经汤等。若肝郁乘脾,运化失司,水湿内生,肝热与脾湿相合,或肝经湿热下注冲任,还可致经期延长、经间期出血、痛经、带下病、产后发热、产后恶露不绝、阴痒等,治宜疏肝清热除湿。常用药如龙胆草、野菊花、栀子、黄芩、夏枯草、金钱草、茵陈、黄柏、泽泻等,代表方剂如龙胆泻肝汤、清肝止淋汤等。

3. 养血柔肝 若营阴不足,阴液耗损,肝血衰少,可致月经不调、闭经、绝经前后诸证、子晕等,治宜养血柔肝。常用药物如地黄、白芍、当归、枸杞子、桑椹子、女贞子、旱莲草、制何首乌等,代表方剂如杞菊地黄丸、一贯煎、二至丸、加减一阴煎等。若肝阴不足,阴不潜阳,肝阳上亢,可致经行头痛、经行乳房胀痛、绝经前后诸证、子晕等,治宜平肝潜阳。常于养肝药中加入育阴潜阳之品,如代赭石、珍珠母、石决明、生龙骨、生牡蛎、刺蒺藜等,代表方如三甲复脉汤等。若肝阴亏虚,肝风内动,可致子晕、子痫等,治宜镇肝息风。常于养阴药中加镇肝息风之品,如天麻、钩藤、地龙、僵蚕、蝉蜕、龟板等,代表方剂如天麻钩藤饮、镇肝熄风汤等。

笔记栏

（三）健脾和胃

脾主运化统摄，升清，喜燥而恶湿；胃主受纳腐熟，降浊，喜润而恶燥，两者表里相配，升降相依，同为人体后天之本，气血生化之源，是经、孕、产、乳的物质基础，脾胃健旺，血海充盈，则经候如期，胎孕正常，乳汁充沛。若脾运失司，胃失和降，则致经、带、胎、产、杂病发生。因此，健脾和胃亦为妇科疾病又一重要治法。

1. 健脾益气 若脾胃虚弱，生化之源不足，血海不盈，可致月经后期、月经过少、闭经、胎漏、胎动不安、缺乳等，治宜健脾益气。常用药物如人参、党参、黄芪、白术、怀山药、桂圆、莲肉、大枣，代表方剂如四君子汤等。若气血生化不足，冲任胞宫失养，还可致痛经、妊娠腹痛、产后腹痛等，治宜健脾益气养血，上述益气药物酌加养血之品，如当归、熟地黄、白芍、枸杞子、何首乌等，代表方如八珍汤、人参养荣汤、圣愈汤等。脾虚中气下陷，甚或统摄无权，可致月经过多、崩漏、经期延长、胎动不安、产后乳汁自出、子宫脱垂等，治宜补中益气，升阳举陷。常用药物如党参、黄芪、升麻、柴胡、桔梗等，代表方剂如补中益气汤、举元煎、固本止崩汤、固冲汤等。

2. 健脾除湿 若中阳不振，脾失健运，水湿泛溢，可致经行浮肿、经行泄泻、带下病、子肿、子满等，宜健脾升阳除湿。常用药物如茯苓、苍术、白术、厚朴、薏苡仁、砂仁、赤豆、大腹皮、车前子等，代表方剂如完带汤、参苓白术散等。

3. 和胃降逆 若胃失和降，或肝旺横逆犯胃，冲气上逆，可致妊娠恶阻，治宜健脾和胃，降逆止呕。代表方剂如香砂六君子汤、苏叶黄连汤、橘皮竹茹汤等。因热而上逆者，宜清热降逆。常用药物如麦冬、石斛、玉竹、沙参、竹茹、黄连、芦根、代赭石等，代表方剂如加味温胆汤、苏叶黄连汤、左金丸等。因寒而上逆者，宜温中降逆。常用药物如砂仁、吴茱萸、干姜、苏梗、蔻仁、丁香、半夏等，代表方剂如小半夏加茯苓汤、干姜人参半夏汤等。

临证用药须注意温阳勿过辛燥，养阴勿过滋腻，清热勿过苦寒，以防辛燥伤阴，滋腻伤阳，苦寒克伐生气而重伤脾胃正气，导致脾胃生化、运化功能失调。

二、调理气血

气为血之帅，血为气之母，两者相互依存，相互为用。妇人以血为本，血赖气行，气血调畅，则五脏安和，冲任通盛。若气血失调，则冲任失和，可致经、带、胎、产、杂诸疾。因此，调理气血成为治疗妇科疾病的又一重要方法。调理气血重在辨清病之在气在血、属实属虚、属寒属热，并注意调气者必佐理血，理血者必兼调气。

（一）病在气分

气病者有气虚、气陷、气郁、气逆之不同。治疗时以调气为主，佐以理血。

1. 补气升阳举陷 气虚、气陷可致月经先期、月经过多、经期延长、崩漏、痛经、胎漏、胎动不安、滑胎、产后排尿异常、恶露不绝、子宫脱垂等，治宜健脾益气，或升阳举陷。常用药物如人参、党参、黄芪、柴胡、升麻、白术、桔梗等，代表方剂如四君子汤、补中益气汤、举元煎等。

2. 理气行滞降逆 气郁、气逆可致月经后期、月经先后无定期、月经过少、闭经、痛经、月经前后诸证、妊娠腹痛、恶阻、子肿、缺乳、癥瘕、不孕症等，治宜理气行滞或行气降逆。常用理气药物如香附、乌药、柴胡、木香、郁金、青皮、陈皮、川楝子、枳壳、大腹皮、厚朴、砂仁、橘核、荔枝核等，代表方剂如加味乌药汤、天仙藤散、香棱丸、柴胡疏肝散等。常用行气降逆药详参治疗胃失和降之品。

（二）病在血分

血病者有血虚、血瘀、血寒、血热之别。治疗时以理血为主，佐以调气。

1. 补血养血 血虚可致月经过少、闭经、妊娠腹痛、胎漏、胎动不安、产后腹痛、产后发热、产后身痛等，治宜补血养血。常用药物如当归、熟地黄、何首乌、山茱萸、龙眼肉、阿胶、大枣、鸡血藤、黄精等，代表方剂如当归补血汤、四物汤、人参养营汤、滋血汤、胶艾汤等。

2. 活血化瘀 血瘀阻滞冲任，可致月经不调、闭经、崩漏、痛经、异位妊娠、妊娠腹痛、产后腹痛、产后恶露不绝、癥瘕等，治宜活血化瘀。常用药物如红花、桃仁、当归、乳香、没药、川芎、丹参、益母

草、泽兰、蒲黄、五灵脂、山楂、三棱、莪术、苏木、水蛭、虻虫等。代表方剂如桃红四物汤、失笑散、少腹逐瘀汤、生化汤、桂枝茯苓丸、大黄䗪虫丸、宫外孕Ⅰ号方、宫外孕Ⅱ号方等。

3. 温经活血 实寒或虚寒致冲任阻滞不通,可致月经后期、月经过少、闭经、痛经、妊娠腹痛、产后腹痛等,治宜温经活血。常用温经药如艾叶、台乌、小茴香、吴茱萸、补骨脂、肉桂、干姜、炮姜等,代表方剂如温经汤、艾附暖宫丸、当归四逆汤等。

4. 清热凉血 实热或虚热,扰于冲任,血海不宁,可致月经不调、崩漏、经间期出血、胎漏、妊娠心烦、产后发热、产后恶露不绝等,治宜清热凉血或养阴清热。常用泄实热药如黄连、黄芩、黄柏、生大黄、栀子、龙胆草;清虚热药如地骨皮、白薇、青蒿、银柴胡;凉血药如生地黄、牡丹皮、赤芍、紫草等,代表方剂如清经散清泄实热;两地汤、知柏地黄汤、加减一阴煎滋阴清热;清热固经汤、保阴煎、固经丸等既可清实热,亦可清虚热。

(三) 气血同病

1. 气血双补 气血两虚所致的闭经、痛经、胎漏、胎动不安、堕胎、小产、胎萎不长、胎死不下、难产、产后血晕、缺乳、乳汁自出,治宜气血双补。常用药物见前补气、补血类,代表方剂如八珍汤、十全大补丸、人参养荣汤、当归补血汤等。

2. 行气活血 气滞血瘀所致的痛经、闭经、崩漏、癥瘕等,治宜行气活血或破瘀散结。常用药物详见前述,代表方剂如血府逐瘀汤、少腹逐瘀汤、催生饮等重在行气活血;大黄䗪虫丸等重在破瘀散结。

三、利湿除痰

湿邪为患,其性重浊、黏腻,易阻遏阳气,致升降失常、经络阻滞,且病程缠绵难愈,易与他邪相合而转化。此外湿邪亦有内外之分,妇科又以水湿内生为主;而内生之水湿又多责之于脾、肾两脏,故治湿有化痰除湿、清热利湿、健脾除湿、温阳化湿等各法。

1. 化痰除湿 湿聚成痰,下注胞中,损及冲任,可致闭经、带下病、不孕症等,治宜化痰除湿。常用利湿药如泽泻、薏苡仁、猪苓、通草、车前子、滑石等;常用化痰药如胆南星、苍术、半夏、石菖蒲、生姜、贝母、竹茹、陈皮、白芥子、莱菔子等。代表方如苍附导痰丸、涤痰汤等。

2. 清热利湿 湿郁日久而化为湿热,治宜清热利湿。常用药物如茵陈、龙胆草、败酱草、萆薢、黄柏、赤茯苓、车前草等,代表方如止带方、萆薢渗湿汤、龙胆泻肝汤等。

3. 健脾除湿 脾虚失运,水湿停滞,阻遏阳气,可致经行泄泻、经行浮肿、子肿、带下病、不孕症等,治宜健脾升阳除湿。常用药物如党参、白术、茯苓、怀山药、白扁豆、黄芪等,代表方如完带汤、参苓白术散、健固汤、茯苓导水汤、全生白术散等。

4. 温阳化湿 肾阳衰微,不能温化水湿,治宜温肾助阳化湿。常用药物如巴戟天、茯苓、附子、肉桂、桂枝、仙灵脾等,代表方如四神丸、真武汤等。

四、清热解毒、解毒杀虫

凡外感邪毒、热毒、湿毒、诸虫;或湿热蕴结;或热与血结,瘀热壅积成毒,而损伤冲任,可致崩漏、经期延长、带下异常、阴痒、阴疮、不孕、盆腔炎等,治宜清热解毒,或解毒杀虫止痒。常用清热解毒药如银花、连翘、蒲公英、紫花地丁、野菊花、红藤、败酱草、鱼腥草、黄连、黄柏、白花蛇舌草等,代表方如五味消毒饮、银翘红酱解毒汤、银甲丸等;常用解毒杀虫药如蛇床子、土茯苓、苦参、萆薢、百部、雄黄、鹤虱等,代表方如萆薢渗湿汤等。

若邪毒虫积为害,整体及局部症状均较明显,故治疗时常内治法与外治法同用,可增强疗效,缩短疗程。

五、调治冲任、胞宫

冲、任、督三脉皆起于胞中,带脉环腰一周,均与胞宫关系密切,并在妇科疾病的发病机理中占重要地位。徐灵胎《医学源流论》说："凡治妇人,必先明冲任之脉……冲任脉皆起于胞中,上循背里,为经脉之海,此皆血之所从生,而胎之所由系,明于冲任之故,则本原洞悉,而后所生之病,则千条万绪,以可知其所从起。"《校注妇人良方》亦有"妇人病有三十六种,皆由冲任劳损而致"之说。可见,冲任二脉损伤是妇科疾病中最重要的发病机理。因此,调治冲任也是治疗妇科疾病的重要方法。目前多以入肝脾肾经药物或调理气血药物来调治。

1. 调补冲任、胞宫　若阴血不足,冲任亏虚,胞宫失养可致月经后期、月经过少、闭经、胎漏、胎动不安、缺乳、不孕症等,治宜补益冲任。常用药物如熟地黄、枸杞子、肉苁蓉、紫河车、鹿角胶、紫石英、续断、补骨脂、龟板、女贞子、旱莲草、当归、白芍、阿胶等,代表方如寿胎丸、内补丸、加减苁蓉菟丝子丸、毓麟珠等。若寒凝冲任、胞宫,血行不畅,胞脉受阻,可致月经后期、月经过少、闭经、痛经、妊娠腹痛、产后腹痛、不孕症、癥瘕等,治宜温补冲任。常用药物如仙茅、仙灵脾、巴戟天、菟丝子、艾叶、小茴香、吴茱萸、桂枝、补骨脂、肉桂、炮姜等,代表方如温经汤、艾附暖宫丸、香桂丸等。

2. 固摄冲任、胞宫　若气虚冲任不固,不能制约,可致月经量多、经期延长、崩漏、带下过多、胎漏、胎动不安、滑胎、子宫脱垂等,治宜固摄冲任。常用药物如人参、黄芪、杜仲、桑寄生、续断、山茱萸、白果、芡实、椿根皮、益智、覆盆子、五倍子、龙骨、牡蛎等,代表方如安冲汤、固冲汤、补肾固冲丸等。

3. 镇安冲任、胞宫　冲气上逆可致经行吐衄、妊娠恶阻等,治宜镇冲安冲。常用行气降逆之药物如苏梗、苏叶、竹茹、木香、砂仁、吴茱萸、半夏等,代表方如加味乌药汤、苏叶黄连汤、小半夏加茯苓汤等。

4. 通利冲任、胞宫　若冲任、胞宫气滞、血瘀或痰湿阻滞,可致月经后期、月经量少、闭经、痛经、盆腔炎、不孕症、癥瘕等,治宜行气活血或利湿化痰。常用药物如桃仁、红花、三棱、莪术、香附、川芎、台乌、益母草、当归、丹参、泽兰、牛膝、通草、白果等,代表方如香棱丸、桂枝茯苓丸、易黄汤等。

5. 清利冲任、胞宫　若热扰冲任、胞宫,迫血妄行所致的月经先期、月经过多、崩漏、经间期出血、胎漏、胎动不安、妊娠心烦、妊娠小便淋痛、产后发热、产后恶露不绝等,或湿热扰于冲任所致的带下病,治宜清利冲任、胞宫。常用药物如生地黄、地骨皮、白薇、玄参、牡丹皮、赤芍、黄芩、黄柏、栀子等,代表方如清经散、两地汤、保阴煎、清热固经汤等。清利湿热之药与代表方剂详见前述。

六、调控肾气-天癸-冲任-胞宫轴

肾气-天癸-冲任-胞宫轴在女性生殖生理中起着重要作用,若肾气-天癸-冲任-胞宫轴的任一环节失调,均会致经、带、胎、产、杂诸疾。因此,调控肾气-天癸-冲任-胞宫轴亦是治疗妇科疾病的重要而常用的方法。主要采用的方法除上述治法外,还可以采用中药人工周期疗法。中药人工周期就是依照"经水出诸肾"的理论,根据月经周期不同时期肾的阴阳变化规律,结合卵巢的周期变化采取周期性用药的方法。即按照经后期、经间期、经前期及经期分别选方用药。常用于月经不调、月经前后诸证、崩漏、闭经、多囊卵巢综合征、不孕症等的治疗。

（一）经后期

此期为阴长期,在经血排出之后,血海空虚,处于在肾气作用下蓄积精血,由虚而满的生理阶段,故宜滋肾阴养精血,治疗以补益肝肾养血为主,以促使阴血恢复。常用药物如菟丝子、熟地黄、山茱萸、山药、当归、枸杞子等。至本期末,肾阴精血应逐渐充沛,达至重阴的生理状态。

（二）经间期

此期为重阴转阳期,是血海充盈,阴精充盛,重阴转阳,阴盛化阳,冲任气血活动显著的阶段,故宜促使由阴转阳,治疗应在补益肝肾中辅以温补肾阳,活血理气之品,使阳施阴化出现氤氲之候。常用药物如肉桂、淫羊藿、当归、丹参、赤芍、桃仁、香附等。

（三）经前期

此期为阳长期,是阳气活动逐渐增长,阴充阳长的阶段,故宜维持肾之阴阳平衡,治疗以补肾为主,佐以滋阴之品,此"阴中求阳"之义,以维持黄体功能。常用药物如菟丝子、续断、桑寄生、杜仲、

熟地黄等。至本期末,不但阴血充沛,而且阳气旺盛,并达至重阳的生理状态,为行经和胎孕作好充分准备。若未怀孕,则血海由满而溢,转入行经期,开始一个新的周期。

（四）行经期

此期为重阳转阴期,重阳则开,血海满盈而下溢,阳气随之下泄,冲任气血变化急骤,故宜因势利导,治疗以疏肝理气,活血调经为主,以推动气血运行,使胞宫排经通畅。常用药物如当归、赤芍、熟地黄、丹参、香附、枳壳、泽兰、牛膝等,代表方如桃红四物汤等。

以上周期疗法是根据月经生理特点立法的,临证时还应根据疾病的变化灵活运用。

第二节 外治法

外治法是中医妇科学疾病治疗的重要组成部分。妇科疾病的外治法最早记载于马王堆一号汉墓出土的《五十二病方》。汉代张仲景在《伤寒杂病论》中列举了熏、洗、摩、导、坐、针、灸等多种外治法,并在《金匮要略·妇人杂病脉证并治》中列有蛇床子散温阴中坐浴治寒湿带下;狼牙汤外洗阴部治湿热阴疮;矾石丸纳阴中治内有"干血,下白物"等。清代吴师机总结了前人运用外治法的经验,结合自己的实践编写了我国第一部外治法专著《理瀹骈文》,并且提出:"外治之理,即内治之理;外治之药,即内治之药,所异者法耳"。妇科外治法主要应用于胞中、阴户、阴道等局部病变。

一、熏洗、坐浴法

煎取药液对患病部位进行熏蒸、清洗及坐浴,以起到清热、消肿、止痒、止痛及软化局部组织的作用。适用于各种外阴、阴道病变,如阴痒、阴部肿痛、带下过多、子宫脱垂等。将药物煮沸 20～30 分钟,煎汤至 1 000～2 000 mL,趁热熏蒸患部,先熏后洗,待药水温度适宜后改为坐浴。常选用清热解毒、除湿杀虫等药物,如蒲公英、紫花地丁、土茯苓、黄柏、金银花、野菊花、苦参、蛇床子、百部等。对于子宫脱垂者还可加入五倍子使其皱缩。每日 1 剂,煎 2 次,分早晚熏洗、坐浴,每次约 20 分钟。外阴有破损者不宜,经期停用,孕期禁用。

二、外阴、阴道冲洗法

外阴、阴道冲洗法是用药液直接冲洗外阴、阴道,以达到治疗目的之法。适用于阴痒、带下过多等病证。常用药物如蛇床子、地肤子、忍冬藤、黄柏、苦参、百部、荆芥、防风等。阴道红肿灼热者慎用,如有破溃并伴发热、腹痛者以及处经期、孕期者应禁用。将备用药液 500 mL 左右,倒入阴道冲洗器内,按常规操作进行阴道及外阴的冲洗。

三、阴道纳药法

阴道纳药法是将药物置于阴中,使之直接作用于阴道穹窿子宫颈等部位的方法。具有除湿止痒、清热解毒、拔毒杀虫、祛腐生肌及收缩子宫的作用。常用于各种阴痒、带下量多、子宫脱垂病证等。常用药物如清热解毒的黄连、黄柏、虎杖;解毒杀虫的苦参、百部、蛇床子;祛腐生新的枯矾、硼砂;收敛生肌的白及、五倍子;祛瘀止血的血竭、炒蒲黄等。常用的剂型有栓剂、片剂、胶囊、膏剂、涂剂、粉剂等。若为膏剂、涂剂、粉剂及子宫颈局部上药均应由医务人员按操作规程进行;若为栓剂、片剂、胶囊等可指导患者自行使用。纳药前应先清洁外阴及阴道。禁忌证同前。

四、敷贴法

敷贴法是将药物制成膏剂、散剂、糊剂或药包等,直接敷贴患处的治疗方法。具有解毒消肿、止痛、散结、清热解毒、温经散寒、托毒生肌等作用。常用于痛经、乳病、阴痒、阴户肿痛、盆腔包块等病证。具体应用方法有湿敷、干敷、外敷、橡皮膏及药包热敷等。一般经期停用,孕期禁用。

五、热熨法

热熨法是利用高温烧灼，使局部组织坏死、再生、修复，从而达到祛腐生新目的的一种治疗方法。常用于宫颈糜烂、宫颈息肉、腺体囊肿等疾病的治疗。可采用电烙、激光，或铜质火熨器在酒精灯上加热。操作时应注意保护阴道壁，治疗后要预防感染，2个月内应禁止房事。

六、肛门导入法

肛门导入法是将栓剂纳入肛中，或油剂注入，以及浓煎剂保留灌肠的方法。具有清热解毒、润肠通腑、活血化瘀、散结消癥、疏通经络的作用。适用于腑实证、胞中癥块、子宫内膜异位症、盆腔炎、盆腔瘀血综合征等。根据病证特点选用药物如清热解毒的黄柏、红藤、败酱草、野菊花、鱼腥草；温经散寒的艾叶、小茴香、当归、川芎；活血化瘀的丹参、赤芍、桃仁、红花、王不留行；行气消癥的三棱、莪术等。若为栓剂，可嘱患者每晚睡前自行纳入。若为中药保留灌肠，宜用浓煎液100 mL，药温37℃左右，在排空大便后进行，灌肠后药液须保留4小时以上。一般经期停用，孕期禁用。

七、宫腔注药法

宫腔注药法是将药液经导管注入宫腔及输卵管腔内的方法。具有活血化瘀、通络散结的作用。适用于子宫内膜炎、输卵管炎、输卵管阻塞等导致的月经不调、痛经、不孕症等病证。常用药物如当归注射液、复方丹参注射液、鱼腥草注射液等。在月经干净后3～7日进行，有阴道出血或急性炎症者禁用。

八、介入疗法

介入疗法是在医学影像设备的引导下，经皮穿刺或经自然孔道至靶器官局部给予介质进行治疗的一种方法。介入疗法具有定位准、微创性、见效快、疗效高、并发症发生率低和可重复应用的特点。目前妇科中主要开展的有经阴道子宫、输卵管注射药物，经阴道后穹窿穿刺术，经皮穿刺术及经皮穿刺局部灌注或注射药物等。适用于癥瘕、不孕症及妇科肿瘤等病证。常用的中药制剂有复方丹参注射液、鱼腥草注射液等。

九、针灸疗法

针灸疗法是在人体经穴上施行针刺、艾灸、注药、埋线、通电及激光辐照等，以达到治疗疾病目的的方法。具有疏通经络、行气活血，或调和阴阳、扶正祛邪的作用。常用于治疗痛经、月经不调、闭经、崩漏、胎位不正、产后癃闭、产后缺乳、不孕症、子宫脱垂、盆腔炎等病证。妇科疾病采用针灸疗法，不仅是一种有效的治疗方法，而且有时具有药物不可替代的优点。针灸治疗妇科疾病，方法繁多，正确选用或配合应用，或兼用其他疗法，可提高疗效。具体疾病的针灸治疗参见相关章节。

（赵　晔　宋素英　毛　惠）

第六章 预防与保健

导 学

本章按照女性年龄阶段和不同生理时期,分别介绍青春期、月经期、新婚期、妊娠期、产褥期及哺乳期、围绝经期及老年期的保健。

通过学习,掌握中医"治未病"中未病先防治疗思想;熟悉女性各年龄阶段的生理特点及保健知识。

保健是指保持健康的体魄,属于中医"治未病"中未病先防的范畴,亦属现代医学中预防医学体系。妇女由于自身解剖和生理特点,决定其担负着繁衍后代和从事社会工作的双重任务。因此,如何做好女性的预防与保健工作,对于提高妇女身体素质,做到优生优育以及防止和减少妇产科疾病的发生具有十分重要的意义。

一、青春期保健

青春期是女性生殖功能从开始发育到逐渐成熟的过渡时期。此期以月经初潮为标志。正确认识月经生理,并及时发现月经异常,针对病因尽早检查和治疗,是此期保健的主要目的。

二、月经期保健

行经期间,冲脉血海由满盈到溢泻,胞宫泻而不藏,女性气血变化急骤,血室正开,若此时调摄不当,则外邪易于入侵而引发妇科疾病。故月经期间应注意以下几点。

1. 防御外邪 经行之际,血室大开,气血变化急骤,易受寒、热、湿等淫邪侵袭,致月经不调、痛经、崩漏等,故要注意保暖,勿贪凉;避免涉水淋雨、坐卧湿地;并要保持外阴、内裤及经期用品的清洁,同时要禁房事、阴道灌洗、盆浴及游泳。

2. 劳逸适度 劳累过度,则损及气血,易致月经不调、崩漏等;安逸过度,则气血运行不畅,易发为痛经、经期延长等,故经期可以从事一般的工作和学习,但要避免过度疲劳、剧烈运动及重体力劳动。

3. 饮食有节 寒凉生冷,损伤脾阳、凝滞血脉,易致经血排出不畅发为痛经、闭经等;辛温燥热,扰动血海,迫血妄行,易引发月经过多、经期延长、崩漏等。故经期不宜过食苦寒生冷、辛辣温燥等物。

4. 调和情志 经期阴血偏虚、肝气易旺,女性易于激动或抑郁。此期宜调和情志,避免七情过度。故应正确认识月经生理,消除紧张、忧郁、烦躁、恐惧等情绪,保持心情舒畅。

三、新婚期保健

为了达到婚后优生优育、防止先天缺陷和遗传病儿出生的目的,新婚期保健具有十分重要的意义。包括以下几点。

1. 婚前检查 为避免有血缘的近亲或遗传病患者之间的不适当婚配或生育,减少或防止各种疾病尤其是遗传性疾病的延续,要重视婚前检查和遗传咨询。

笔记栏

2. 房事有节　《褚氏遗书》中云："合男子多则沥枯虚人,产乳众则血枯杀人。"故宜房事有节,并要适当避孕。同时房事生活要注重清洁卫生,以免邪毒直入。

四、妊娠期保健

孕期保健对于保障孕妇身体健康和胎儿正常发育,达到优生优育及预防产科疾病均具有重要意义。包括以下几方面。

1. 产前检查　是保障孕妇与胎儿健康及安全分娩的重要措施。妊娠后按期对孕妇及胎儿进行检查和监护,可及时发现异常,并可适时纠正。首次产前检查未发现异常者,应于妊娠20~36周每4周检查1次,妊娠36周后每周检查1次,共行产前检查9次。

2. 劳逸有节　《产孕集》云:"凡妊娠,起居饮食,惟以和平为上,不可太逸,逸则气滞;不可太劳,劳则气衰。"孕妇要作息规律,不宜剧烈运动,过劳、负重,慎防跌仆,以免伤及胎元;亦不宜过于安逸,以免气滞难产。

3. 饮食适宜　妊娠期饮食宜清淡平和,富含营养并易于消化。要饥饱适度,荤素得当,不宜食用辛辣、苦寒之品,同时妊娠期宜戒除烟酒等不良嗜好。

4. 慎戒房事　房事过度易耗伤精血,伤及胎元,可致胎漏、胎动不安、堕胎、小产等。故在妊娠3个月内及7个月以后,须忌房事。

5. 胎教有方　胎儿在孕妇体内可以对外界刺激产生反应,孕妇的思想、情绪、视听、言行等足以影响胎儿,因此,要注意胎教。《外台秘要》认为胎教之理是"外象而内感"。《诸病源候论》中指出:"妊娠三月,名始胎……欲令子贤良盛德,则端心正坐,清虚和一,坐无邪席,立无偏倚,行无邪径,目无邪视,耳无邪听,口无邪言,心无邪念,无妄喜怒,无得思虑。"孕妇宜静心养性,端正言行,纠正不良行为、习惯,方能有利于胎儿的正常发育。

五、产褥期及哺乳期保健

（一）产褥期保健

产褥期妇女处于"多虚多瘀"的生理状态之中,同时又需哺育婴儿,所以,此期妇女"致疾之易,而去疾之难,莫甚于此"。为了利于母婴健康,须加强产褥期保健,应注意以下几点。

1. 调摄饮食起居　产后正气不足,营卫不固,百节空虚,易感外邪,当注意生活起居、寒温及饮食调摄。产后要充分休息,不宜过早及过度劳累,尤其是重体力劳动,以免发生产后血崩、产后恶露不绝、阴挺等。室内注意保暖及空气流通,着衣薄厚适度,以防感冒或中暑。饮食要有营养而易消化,忌肥甘厚腻、生冷寒凉、辛温燥烈之品。

2. 保持清洁卫生　产后恶露排出,血室正开,易感外邪,故产后要勤清洗外阴以保持清洁。同时也要注意产后用品及衣物的清洁。

3. 做到房事有节　产褥期内慎戒房事,以防外邪侵入。产后6周起可恢复排卵,故要做好避孕措施,哺乳者可用工具避孕。

（二）哺乳期保健

母乳营养丰富,温度适宜,最宜于婴儿营养需求及消化吸收,并能增强婴儿的抗病能力,是婴儿最理想的食物。因此,要提倡母乳喂养,并提高纯母乳喂养率。哺乳期保健应注意以下几点。

1. 畅情志,适劳逸,调饮食　产妇产后的情志变化,极易影响乳汁的产生,故产妇应保持心情舒畅、愉悦;并要睡眠充足,劳逸适度;饮食营养丰富,食物易于消化,汤水充足,以保证哺乳所需。

2. 勤哺乳,重卫生　产后30分钟内即可让婴儿吸吮乳头,有利于尽早泌乳及子宫复旧。要按需哺乳,不需定时。每次哺乳前要洗手及清洗乳头,避免婴儿吮入不洁之物。如遇乳房胀痛,可用吸奶器或热敷。每次哺乳时间不宜过长,以防乳头皲裂,一般每次哺乳时间为10~15分钟,哺乳期一般为1年左右。

六、围绝经期及老年期保健

绝经前后是指女性在绝经前出现与绝经相关的迹象,至最后1次月经后1年,即卵巢功能衰退征症开始至最后1次月经后1年这段时期,此期亦称为"围绝经期",以往称为"更年期",一般在44～54岁。60岁以后,开始进入老年。国际老年学会以60～65岁为老年前期,65岁以上为老年期。围绝经期及老年期肾气渐衰,阴阳失调,易患疾病,故要做好女性的疾病预防和保健工作。主要有以下几点。

1. 加强健康教育 开展绝经前后的卫生宣教。使妇女本人、家庭及社会各相关部门正确认识这一特殊时期女性的生理变化、心理特点及容易发生的病证,并给予其关心、帮助,使妇女适应这一时期的各种变化,从而达到避免或减少妇科疾病的发生。

2. 调理生活起居 要坚持体育锻炼,增强体质,避免重体力劳动,以防阴挺的发生。还可参加适当的脑力劳动,以延缓大脑功能的退化;做到生活规律,起居有常。每天应按时睡眠、起床,三餐定时定量,饮食清淡而富于营养,不宜嗜食辛辣、肥甘厚腻之品,不宜偏食,适当补充钙质及微量元素。

3. 做到定期体检 围绝经期是妇科肿瘤的高发期,因此,作好定期体检,尤其是妇科检查、宫颈刮片、人乳头瘤病毒(HPV)筛查等项目,可早期发现、早期确诊、早期治疗一些妇科恶性病变,以预防疾病及作好健康保健。

(赵 晔 宋素英 毛 惠)

各 论

第七章　月经病

导　学

月经病是最常见的妇科疾病,被列为妇科病之首。

通过学习,掌握崩漏、闭经的定义、病因病机、诊断与鉴别诊断及辨证论治,月经先期、月经后期、月经先后无定期、月经过多、月经过少、经期延长、痛经、经行诸证及绝经前后诸证的定义及辨证论治;熟悉月经先期、月经后期、月经先后无定期、月经过多、月经过少、经间期出血、经期延长、痛经、经行诸证及绝经前后诸证的病因病机及诊断;了解月经病各病证的转归及预后。

月经病是以月经的周期、经期、经量发生异常为主症,或伴随月经周期出现,或于经断前后出现一系列明显症状为特征的疾病。月经病常见的表现有:周期异常,包括月经先期、月经后期、月经先后不定期、经间期出血、崩漏、闭经等;经期异常,如经期延长、崩漏等;经量异常,如月经过多、月经过少、崩漏等;伴随月经而发生的周期性症状,如痛经、经行乳房胀痛、经行发热、经行头痛等;经断前后出现的症状,如绝经前后诸证。其中闭经、崩漏在月经周期、经期和经量各方面均有严重失调的表现。

月经病的病因,多为外感六淫、内伤七情、饮食失宜、劳倦过度、房劳所伤或体质因素。病机多为脏腑功能失常,气血失调,直接或间接损伤冲、任、督、带及胞宫,使肾气-天癸-冲任-胞宫轴失调,最终导致胞宫藏泻失常,阴阳气血失衡,从而发生月经病。

月经病的诊断,多以主要症状为依据,并据此命名。如月经周期的提前或错后,经量的增多或减少,经期的延长或缩短,伴随月经反复发生的各种症状等。临证时要注意鉴别诊断。如崩漏、月经过多、经期延长与妊娠病、癥瘕所致出血之鉴别;月经后期、闭经与生理性停经之鉴别。同时要注意与发生在月经期的内、外科病证相鉴别,并把握月经病与其他病的关系。

月经病的辨证,在四诊所收集的临床资料基础上,着重分析月经的周期、经期、经量、经色和经质特点,全身症状与月经周期的相关性,结合妇科特有检查方法及借助现代仪器设备,确定病位所在,判断证候性质,了解禀赋虚实。临证还需注意月经周期不同阶段的阴阳转化及气血盈亏的变化规律,加减用药。

月经病的治疗重在治本调经。治本,即消除导致月经病的病因病机;调经,即针对病机运用各种治疗方法,使月经恢复正常,即遵循《内经》"谨守病机"及"谨察阴阳所在而调之,以平为期"的宗旨,在四诊基础上,辨证论治,燮理阴阳,调和气血,勿犯"虚虚实实"之戒。

治本调经的主要思路:一辨月经病与他病之不同。《女科经纶·月经门》云:"妇人有先病而后致经不调者,有因经不调而后生诸病者。如先因病而后经不调,当先治病,病去则经自调;若因经不调而后生病,当先调经,经调则病自除。"如崩漏导致的出血过多或出血日久,患者多有面色苍白、心悸气短、体倦乏力等气血不足之征,此时,单纯益气养血非其所治,需在辨证基础上,固本澄源,月经调和,则气血自复。若因他病而致经不调者,当先治他病,病去则经自调。如肺痨日久,耗伤气血,常可导致月经过少、闭经等疾病,此时单纯调经,疗效甚微,需先治疗原发病,病去则经自如期。调经可采用补肾、健脾、疏肝、调理气血等治法。"经水出诸肾",故调经之本在肾。补肾以填精养血为主,佐以助阳益气之品,使肾气充盛,精血俱旺,阴阳平衡,则月经自调。健脾在于益血之源或补气摄血,以助脾运化和健脾益气为主,运化有常,气血充盈,统摄有权,血循常道,则月经和调。疏肝在于调理气机,以行气解郁为要,佐以养肝柔肝之品,使气机疏泄有度,则月经当如期而至。调理气血,一辨气病、血病,病在气者,当以治气为主,佐以养血活血;病在血者,当以治血为主,佐以理气补气。二辨标本缓急,根据"急则治其标,缓则治其本"的原则,病急势危,则速当治标以救急。如崩漏暴下之际,亟须"塞流"以止血,血止之后方当"澄源"以求因治本。三辨年龄与月经周期之不同阶段。女子在不同年龄阶段具有不同的生理与病理特点,故治疗也当有所侧重。少女期重在顾护肾气;育龄期重在养肝疏肝;绝经后重在健养脾胃。在月经周期的不同阶段,阴阳气血有节律地消长,胞宫定期藏泻。经期子宫血海由满而溢,胞宫泻而不藏,经血下行,宜调理气血,通因通用,因势利导;经后期血海空虚渐复,胞宫藏而不泻,阴气渐长至重阴,此期宜调养肝肾,滋养精血;经间期重阴转阳,阴盛阳动,乃阴阳转化之氤氲,宜滋阴助阳,活血化瘀;经前阴盛阳生,渐至重阳,冲脉之气血较盛,宜疏导气血,调和阴阳。

月经病复杂多样,遣方用药之际,须辨清寒热虚实,并兼顾月经不同周期特有的气血变化情况。若属于寒热错杂、虚实夹杂者,应分清主次,或寒热并用,或攻补兼施,掌握规律,灵活施治,以期获得最佳疗效。

第一节 月经先期

月经周期提前 7 日以上,甚至 10 余日一行,连续 2 个周期以上者,称为"月经先期"(early menstrual period),亦称"经期超前"或"经早"。

西医学排卵性功能失调性子宫出血病的黄体不健和盆腔炎症所致的子宫出血可参照本病辨证论治。本病常与月经过多并见,严重者可发展成崩漏,诊疗中应予以重视。

【病因病机】

本病病因有气虚和血热两方面。气虚则统摄无权,冲任不固,经血失约;血热则热扰冲任,迫血妄行。两者均可导致月经先期而至。

(一)气虚

1. 脾气虚 素体虚弱,或劳力过度,或忧思不解,或饮食失节,损伤脾气,中气虚弱,脾为心之子,脾气既虚,则赖心气以自救,久则心气亦伤,以致心脾气虚,统摄无权,月经先期。

2. 肾气虚 病久迁延,脾损及肾,脾肾俱虚,或由于房劳多产,或年少肾气未充,或年事渐高,肾气虚弱,终致冲任不固,统摄无权,经血失约,月经先期。

(二)血热

可分阴虚血热、阳盛血热和肝郁化热。

1. 阴虚血热 素体阴虚,或由于失血、多产、乳众、房劳、久病等,皆可耗损精血,致虚热内生,热扰冲任,血海不宁,遂致月经提前而至。

2. 阳盛血热 素体阳盛,或过食温燥、辛辣之品,感受热邪,热扰冲任,迫血妄行,遂致月经提前而至。

3. 肝郁化热 素性抑郁,或情志内伤,肝气郁结,郁久化热,热扰冲任,迫血妄行,遂致月经提前而至。

【诊断与鉴别诊断】

(一)诊断

1. 病史 有情志内伤或盆腔炎史。

2. 症状 月经提前而至,周期不足 21 日,且连续出现 2 个月经周期以上,经期基本正常,可伴有月经量增多的表现。

笔记栏

3. 检查

(1) 妇科检查：多无明显器质性病变。有盆腔炎病史者，可有盆腔炎体征。

(2) 实验室检查：因黄体功能不足而导致本病者，基础体温(BBT)呈双相型，但黄体期少于12天，或排卵后体温上升缓慢，或上升幅度小于0.3℃；月经来潮12小时内诊断性刮宫，子宫内膜呈分泌反应不良。

（二）鉴别诊断

本病若提前至10余日一行者，应注意与经间期出血相鉴别（表7-1）。

表7-1 月经先期鉴别表

病 名	相 同 点	不 同 点	
		临 床 表 现	辅 助 检 查
月经先期	皆有月经先期而至、月经周期缩短的表现；基础体温皆为双向型	月经先期出血时间提前，但月经周期基本规律，出血量正常或多	出血多发生在基础体温由高温下降呈低温时，黄体期少于12日，或排卵后体温上升缓慢，上升幅度小于0.3℃
经间期出血		经间期出血较月经量少，出血时间规律地发生于两次月经中间，常与正常月经交替出血而表现出特征性的一次多、一次少的出血现象	出血时间规律地发生于基础体温低、高温相转变时，当基础体温升高，出血停止，亦有高温相时继续出血的

【辨证论治】

以月经周期提前，经期基本正常为诊断要点，辨证主要辨其属气虚或血热。本病的治疗以安冲调经为大法，并根据疾病性质，或补或清。虚者当需补脾固肾益气，或滋阴清热养血；实者当需清热凉血泻火，或疏肝解郁调经。不可过用寒凉，以免损伤阴血。

（一）气虚证

主要证候　月经周期提前，或兼量多，色淡红，质清稀；神疲乏力，气短懒言，小腹空坠，纳少便溏；舌淡红，苔薄白，脉细弱。

证候分析　脾虚中气虚弱，冲任不固，不能统摄经血，故先期而至兼量多；脾虚化源不足，不能奉心化赤，故经色淡而质清稀；中气不足，不能健运四方，故神疲乏力，气短懒言，小腹空坠；脾失运化，故纳少便溏；舌淡红，苔薄白，脉细弱，均为脾虚之征。

治疗法则　补气摄血调经。

方药举例　补中益气汤（《脾胃论》）。

人参　黄芪　白术　当归　陈皮　甘草　升麻　柴胡

若病程日久，心脾两虚，症见心悸怔忡、失眠多梦者，可于前方加龙眼肉、茯苓、远志、酸枣仁；若脾虚及肾，脾肾两虚，症见腰骶酸痛，溲多便溏，面色晦暗者，酌加鹿角胶、川续断、益智、补骨脂；经量过多，去当归以防活血，加赤石脂、煅龙骨、血余炭等。

（二）血热证

1. 阳盛血热

主要证候　月经周期提前，量多，色紫红，质黏稠；心胸烦闷，渴喜冷饮，大便燥结，小便短赤，面色红赤；舌红，苔黄，脉滑数。

证候分析　阳盛血热，热扰冲任，冲任不固，经血妄行，则经期提前，量多；血为热灼，则色紫红，质黏稠；热扰心胸，耗灼津液，则心胸烦闷，渴喜冷饮，大便燥结，小便短赤，面色红赤；舌红，苔黄，脉滑数，均为热邪内盛的表现。

治疗法则　清热凉血调经。

方药举例　清经散（《傅青主女科》）。

牡丹皮　黄柏　青蒿　地骨皮　熟地黄　白芍　茯苓

若经量多，则去茯苓以防渗利，酌加炒地榆、贯众炭，以清热凉血止血；若热灼津伤，致大便秘

结,小便短赤,渴喜冷饮者,酌加牡蛎、全瓜蒌、大黄;若经行腹痛,经血夹瘀块者,酌加炒蒲黄、三七。

2. 肝郁血热

主要证候 月经周期提前,量或多或少,经色暗红,质稠有块;经前乳房、胸胁、少腹胀痛,烦躁易怒,口苦咽干;舌红,苔黄,脉弦数。

证候分析 肝郁化热,热扰冲任,血海不宁,致经血妄行,则月经先期而至;肝郁疏泄失司,血海蓄溢失调,故经量或多或少;气机郁滞,血行受阻,故经血有块;肝气不疏,肝络不畅,故乳房、胸胁、少腹胀痛;肝郁化火,则烦躁易怒,口苦咽干;舌红,苔黄,脉弦数,皆为肝郁化热之象。

治疗法则 疏肝清热调经。

方药举例 丹栀逍遥散(《内科摘要》)。

牡丹皮 栀子 当归 白芍 柴胡 白术 茯苓 炙甘草 煨姜 薄荷

经行量多,加大蓟、小蓟、炒地榆;经行不畅,加制香附、丹参、泽兰;经行乳房胀痛甚者,酌加瓜蒌、王不留行、郁金。

3. 阴虚血热

主要证候 月经周期提前,量或少或多,色鲜红,质黏稠;两颧潮红,手足心热,咽干口燥;舌红,苔少,脉细数。

证候分析 阴虚血热,热扰冲任,冲任不固,经血妄行,致经血先期而至;水亏火旺,故量少、色鲜红,质黏稠;热迫血行,则经量较多;虚热上浮或内扰,则出现两颧潮红,手足心热,咽干口燥等现象;舌红,苔少,脉细数,均为阴虚内热之征。

治疗法则 滋阴清热调经。

方药举例 两地汤(《傅青主女科》)。

地骨皮 生地黄 玄参 麦冬 阿胶 白芍

若月经量少者,加枸杞子、山茱萸、女贞子、旱莲草以填精养血;经量多者,加炒地榆、血余炭以凉血止血;手足心热甚者,加白薇、生龟板以滋阴清热;心烦失眠者,酌加莲子心、淡豆豉、酸枣仁以养心除烦;血块较多者加炒五灵脂、炒蒲黄以活血化瘀。

【转归及预后】

本病治疗得当,多能痊愈;若伴经量过多,经期延长,可发展为崩漏,使病情反复难愈,应积极治疗。

【预防及调摄】

(1) 忌服辛辣温燥之品,以免生热灼血。

(2) 平时宜保持心情舒畅,情绪稳定,以防气郁化火,迫血妄行。

(3) 注意经期及产后卫生,避免产育过多,避免经期及产褥期同房,预防感染。

(4) 月经前期和行经中不宜参加太重的劳动和太激烈的活动,劳逸结合,切勿过劳。

【文献摘录】

《景岳全书·妇人规》:所谓经早者,当以每月大概论;所谓血热者,当以通身藏象论。勿以素多不调,而偶见先期者为早;勿以脉证无火,而单以经早者为热。

《傅青主女科》:先期而来多者,火热而水有余也;先期而来少者,火热而水不足也。

第二节 月经后期

月经周期错后7日以上,甚至3~5个月一行者,称为"月经后期"(late menstrual period),亦称"经期错后""经迟"。

西医学的月经稀发可参见本病辨证论治。月经后期如伴经量过少,常可发展为闭经。如在初潮后一两年或月经将绝之时,月经时有延后,并无其他证候者,是生理现象,不属本病范畴。

笔记栏

【病因病机】

主要发病机理有虚、实之别,虚者多为精血不足,冲任不充,血海不能按时满溢而发病;实者多为邪气阻滞或情志不遂,终致气郁血滞、冲任不畅而月经后期。常见的病机有肾虚、血虚、血寒、气滞和痰湿。

1. 肾虚 先天肾气不足,或房劳多产,或大病久病,损伤肾气,肾虚精亏血少,冲任亏虚,血海不能按时满溢,遂致经期延后。

2. 血虚 体质素弱,或产乳过多,或数伤于血,或病后体虚,或脾气虚弱,化源不足,均可致营血亏虚,冲任不足,血海不能按时满溢,遂致经期延后。

3. 血寒

(1) 虚寒:素体阳虚,或久病伤阳,阳虚内寒,脏腑失于温养,生化缓慢,冲任不足,血海不能按时满溢,遂致经期延后。

(2) 实寒:经期产后,余血未尽,感受寒邪,或过服寒凉,血为寒凝,运行不畅,阻滞冲任,血海不能按时满溢,遂致经期延后。

4. 气滞 素性抑郁,情志不遂,气不宣达,血为气滞,运行不畅,冲任阻滞,血海不能按时满溢,遂致经期延后。

5. 痰湿 素体肥胖,痰湿内盛,或劳逸过度,或饮食不节,损伤脾气,脾失健运,痰湿内生,痰阻冲任,壅滞胞脉,气血运行迟缓,血海不能按时满溢,遂致经期延后。

【诊断与鉴别诊断】

(一) 诊断

1. 病史 禀赋不足,或素体肥胖,或有感寒饮冷、情志不遂史。

2. 症状 月经周期错后7日以上,并连续出现2个月经周期以上,甚至3~5个月一行。月经量和经期基本正常,部分患者可伴有经量过少、经期缩短等现象。

3. 检查

(1) 妇科检查:多无明显器质性病变。部分患者子宫略小于正常。

(2) 实验室检查:

1) 内分泌激素检查:可确定内分泌激素是否紊乱,了解性腺功能。

2) B超检查:可观察内生殖器官的发育情况及有无病变。先天不足者,子宫多小于正常。

(二) 鉴别诊断

育龄期妇女忽然出现月经周期错后,或伴有少量阴道不规则出血者,需与早孕及妊娠期出血病证相鉴别(表7-2)。

表7-2 月经后期鉴别表

病 名	相 同 点	不 同 点	
		临 床 表 现	辅 助 检 查
月经后期	皆有月经错后或过期不至的表现	月经时间延后,出血量正常或少	妊娠试验阴性
早孕		月经过期未至或伴有早孕反应	① 妇科检查见宫颈着色,子宫体增大、变软;② 妊娠试验阳性;③ B超检查可见子宫内有孕囊
胎漏、胎动不安、异位妊娠		育龄期妇女既往月经期正常,本次月经延后又伴有阴道流血,量、色、质异于平时,或伴小腹疼痛	① 妇科检查见宫颈着色,子宫体增大、变软,部分患者宫体小于正常孕周;② 妊娠试验阳性;③ B超检查可见子宫内或外有孕囊

【辨证论治】

以月经周期错后、经期基本正常为诊断要点。辨证要注意分清虚、实。虚证以温经养血为主,实证以活血行滞为要。

（一）肾虚证

主要证候 月经周期延后，量少，色淡暗，质清稀，或带下清稀；腰酸腿软，头晕耳鸣，面色晦暗，或面部暗斑；舌淡，苔薄白，脉沉细。

证候分析 肾虚精血亏少，冲任不充，血海不能按时满溢，故周期延后，量少，色淡暗，质清稀；肾失温化，湿浊下注，任脉不固，带脉失约，故带下清稀；腰为肾之外府，脑为髓海，肾虚，外府失养则腰酸腿软，肾虚髓海不充则头晕耳鸣；面色晦暗或面部暗斑，舌淡苔薄白，脉沉细，均为肾虚之征。

治疗法则 补肾益气，养血调经。

方药举例 归肾丸（《景岳全书》）。

菟丝子　茯苓　山药　熟地黄　杜仲　当归　山茱萸　枸杞子

若经色暗红，小腹冷痛，夜尿频多等以肾阳虚证候为主者，酌加仙灵脾、巴戟天、仙茅、益智、补骨脂等补肾助阳之品；若经色鲜红，伴五心烦热、咽干口燥，舌红，苔少，脉细数等以血虚阴亏、肾阴不足证候为主者，酌加生地黄、女贞子、旱莲草、玄参、麦冬等滋阴益肾之药；若月经错后过久者，酌加牛膝、益母草、泽兰以活血通经，引血下行。

（二）血虚证

主要证候 月经周期延后，量少，色淡红，质清稀；或小腹空痛，或头晕眼花，心悸失眠，皮肤不润，面色苍白或萎黄；舌淡，苔薄，脉细无力。

证候分析 营血虚少，冲任不能按时充盛，血海不能如期满溢，故月经错后，量少，色淡红，质清稀；血虚胞脉失养，故小腹空痛；血虚不能上荣清窍，故头晕眼花；血虚不能外荣肌肤，故皮肤不润，面色苍白或萎黄；血虚不能内养心脉，故心悸失眠；舌淡，苔薄，脉细无力，均为血虚之征。

治疗法则 补血养营，益气调经。

方药举例 大补元煎（《景岳全书》）。

人参　山药　熟地黄　杜仲　当归　山茱萸　枸杞子　炙甘草

若月经过少者，酌加丹参、鸡血藤、阿胶养血补血；若经行小腹隐隐作痛者，重用白芍，酌加阿胶、香附；若头晕眼花，心悸失眠者，酌加茯苓、远志、五味子以交通心肾，宁心安神。

（三）血寒证

1. 虚寒

主要证候 月经周期延后，量少，色淡红，质清稀；精神倦怠，小腹隐痛，喜温喜按，小便清长，大便稀溏；舌淡，苔白，脉沉迟或细弱。

证候分析 阳气不足，阴寒内盛，脏腑失于温养，气血生化不足，冲任不能按时充盛，血海满溢延迟，故月经迟至，量少，色淡，质稀；阳气不足，故精神倦怠；阳虚中寒，胞脉失于温养，故经行小腹隐隐作痛，喜温喜按；阳虚肾气不足，二便失司，故小便清长，大便稀溏；舌淡，苔薄，脉沉迟或细弱，均为阳虚中寒之征。

治疗法则 温经扶阳，养血调经。

方药举例 艾附暖宫丸（《沈氏尊生书》）。

艾叶　香附　吴茱萸　肉桂　当归　川芎　白芍　生地黄　黄芪　续断

若小腹冷痛，腹胀便溏者，上方去当归、生地黄，酌加木香、炮姜、小茴香；腰酸无力，小便清长者，酌加巴戟天、杜仲、补骨脂。

2. 实寒

主要证候 月经周期延后，量少，色紫暗有块；小腹冷痛拒按，得热痛减，畏寒肢冷；舌暗，苔白，脉沉紧或沉迟。

证候分析 寒客冲任，血为寒凝，运行不畅，血海不能按期满溢，故月经迟至，量少，色紫暗有块；寒凝血瘀，"不通则痛"，故小腹冷痛，得热痛减；畏寒肢冷，舌暗，苔白，脉沉紧或沉迟，均为实寒之征。

治疗法则 温经散寒，活血调经。

笔记栏

方药举例　温经汤(《妇人大全良方》)。

人参　当归　川芎　白芍　肉桂　莪术　牡丹皮　甘草　牛膝

若经血块多者,酌加五灵脂、蒲黄等以活血化瘀;若经行腹痛者,加小茴香、艾叶、香附、延胡索以散寒止痛;月经过少者,酌加丹参、益母草、鸡血藤养血活血调经。

(四)气滞证

主要证候　月经周期延后,量少,经色暗红或有血块;乳房、两胁、少腹胀痛,或精神抑郁,胸闷不舒;舌象正常,脉弦。

证候分析　气机郁滞,血行受阻,冲任气血运行不畅,血海不能按时满溢,故月经错后,量少;气滞血瘀,故经色暗红,或有小血块;肝郁不疏,气机不畅,经脉壅滞,故乳房、两胁、少腹胀痛;精神抑郁,胸闷不舒,脉弦等,均为气滞之征。

治疗法则　理气行滞,活血调经。

方药举例　乌药汤(《兰室秘藏》)。

乌药　香附　木香　当归　甘草

若小腹胀痛甚者,酌加槟榔、延胡索;乳房胀痛明显者,酌加柴胡、川楝子、王不留行、皂角刺、荔枝核等。

(五)痰湿证

主要证候　月经周期延后,量少,色淡红,质黏稠;形体肥胖,脘闷恶心,口腻多痰,或带下量多黏腻;舌胖大,苔白腻,脉滑。

证候分析　痰湿内盛,滞于冲任,气血运行不畅,血海不能如期满溢,故经期错后,量少,色淡质黏;痰湿流注下焦,损伤任带,任脉不固,带脉失约,故带下量多;痰湿内停,碍脾运化,故形体肥胖,脘闷恶心,口腻多痰;舌胖大,苔白腻,脉滑,均为痰湿之征。

治疗法则　燥湿化痰,活血调经。

方药举例　芎归二陈汤(《丹溪心法》)。

陈皮　半夏　茯苓　甘草　生姜　川芎　当归

若脾虚食少,神倦乏力者,酌加人参、白术、砂仁;若痰阻中焦致脘闷呕恶者,酌加藿香、薏苡仁、木香;带下量多,质黏者,酌加杏仁、苍术、车前子、牛膝;湿郁化热,而有口苦、苔黄腻者,加黄连、钩藤、牡丹皮。

【转归及预后】

本病治疗得当,多能痊愈;若伴经量过少,经期缩短,可发展为闭经,故应积极治疗。

【预防及调摄】

(1)平素忌常服寒凉生冷之品,经期避免受寒、冒雨、涉水等,以防血为寒凝,致使经期延后。

(2)平时宜保持心情舒畅,避免七情过极,气郁血滞,血行不畅,则易致月经后期。

【文献摘录】

《丹溪心法》:过期而来,乃是血虚。

《景岳全书·妇人规》:凡血寒者,经必后期而至。凡阳气不足,血寒经迟者,色多不鲜,或色沉黑,或涩滞而少,其脉或微或细,或沉迟弦涩,其脏气形气必恶寒喜暖。凡此者皆无火之证……治宜温养气血。

第三节　月经先后无定期

月经周期时或提前时或错后 7 日以上,连续 3 个周期以上者,称为"月经先后无定期"(irregular menstrual cycle),又称"经水先后无定期""月经愆期""经乱"。

西医学排卵性功能失调性子宫出血病所导致月经周期不规则可参见本病辨证论治。青春期初潮后1年内及经断前后出现月经周期不规则,而无其他证候者,可不予治疗。本病若与经量增多及经期延长同时并见,常可发展为崩漏。

【病因病机】

主要机理是冲任气血不调,血海蓄溢失常。其分型主要有肾虚和肝郁两型,但肝为肾之子,子病及母或母病及子,最终常发展为肝肾同病。

1. 肾虚 少年肾气未充,或更年期肾气渐衰,或素体肾气不足,或房劳多产,或久病大病,皆可致肾气亏虚,开阖不利,藏泻失司,冲任失调,血海蓄溢失常,遂致经行先后无定期。

2. 肝郁 素性抑郁,或忿怒过度,致肝气逆乱,疏泄失司,气血逆乱,冲任失调,血海蓄溢失常,遂致月经先后无定期。

【诊断与鉴别诊断】

(一)诊断

1. 病史 有七情内伤或其他慢性疾病史。

2. 症状 月经周期时或提前时或错后7日以上,连续3个周期以上。一般经期正常,经量不多。

3. 检查

(1)妇科检查:多无明显器质性病变。部分患者子宫偏小。

(2)实验室检查:内分泌激素测定多正常,部分患者有黄体不健或伴催乳素升高表现。

(二)鉴别诊断

月经先后无定期常表现为月经周期紊乱,提前错后不定,时伴有量多少不一等特点,此时需与崩漏鉴别(表7-3)。

表7-3 月经前后不定期鉴别表

病名	相同点	不同点	
		临床表现	辅助检查
月经先后无定期	皆有月经周期紊乱的表现	经期多正常,经量不多。但失治误治或迁延日久有发展成崩漏的可能	B超监测多有排卵。基础体温双相
崩漏		月经周期、经期、经量均发生严重紊乱的病证。除周期紊乱外,多同时伴有阴道出血量多如注或淋漓不尽的表现	B超监测无排卵。基础体温单相

【辨证论治】

以月经周期不规律,提前或错后不定,经期基本正常为诊断要点。辨证要分清是肾虚或肝郁。治疗以调理冲任气血为原则,或补肾调经,或疏肝调经,随证治之。若肝肾功能正常,开阖有序,气血调和,月经自当如期而至。

(一)肾虚证

主要证候 经来先后无定,量少,色淡暗,质稀薄;头晕耳鸣,腰膝酸软,小便频数;舌淡,苔薄,脉沉细。

证候分析 肾虚封藏失职,开阖不利,冲任失调,血海蓄溢失常,故经行先后无定期;头晕耳鸣,腰膝酸软,小便频数,舌淡,苔薄,脉沉细,均为肾虚之征。

治疗法则 补肾益气调经。

方药举例 固阴煎(《景岳全书》)。

熟地黄 山药 山茱萸 人参 炙甘草 五味子 菟丝子 远志

偏于肾阳虚者,症见腰部冷痛,夜尿频多,酌加巴戟天、鹿角霜、覆盆子、桑螵蛸;若腰骶酸痛甚者,酌加杜仲、狗脊、补骨脂;偏于肾阴虚者,症见午后低热,烦躁口渴者,上方加龟甲、地骨皮、青蒿。

（二）肝郁证

主要证候 经来先后无定，经量或多或少，色暗红，有血块，或经行不畅；胸胁、乳房、少腹胀痛，精神郁闷，时欲太息，嗳气食少；舌质正常，苔薄，脉弦。

证候分析 肝郁气结，疏泄失常，气机逆乱，冲任失司，血海蓄溢失常，故经来或先或后，经血或多或少；肝气郁滞，经脉不利，故经行不畅，色暗有块；胸胁、乳房、少腹胀痛，精神郁闷，时欲太息，嗳气食少，舌质正常，苔薄，脉弦，均为肝郁之征。

治疗法则 疏肝解郁调经。

方药举例 逍遥散（《太平惠民和剂局方》）。

柴胡 当归 白芍 白术 茯苓 甘草 薄荷 煨姜

若肝郁化热，症见经量多，色鲜红，质黏稠者，酌加牡丹皮、栀子；若气滞血阻，症见经来量少，色暗有块，排出不畅者，酌加益母草、泽兰、牛膝、枳壳。

若病程日久而致肝郁肾虚者，症见月经先后无定期，经量或多或少；平时腰痛膝酸，经前乳房胀痛，心烦易怒；舌暗红，苔白，脉弦细。治宜补肾疏肝，方用定经汤（《傅青主女科》）。

熟地黄 当归 白芍 柴胡 山药 茯苓 菟丝子 炒荆芥

【转归及预后】
本病若与经量增多及经期延长同时并见，常可发展为崩漏。

【预防及调摄】
（1）计划生育，避免房劳多产伤肾，以利肾之封藏施泄功能正常。
（2）心情舒畅，避免强烈的精神刺激，以利肝之疏泄开阖功能正常。

【文献摘录】
《傅青主女科》曰：夫经水出诸肾，而肝为肾之子，肝郁而肾亦郁矣；肾郁而气必不宣，前后之或断或续，肾气之或通或闭。或曰肝气郁而肾气不应，未必至于如此。殊不知子母关切，子病而母必有顾复之情，肝郁而肾不无缱绻之谊，肝气之或开或闭，即肾气之或去或留，相因而致，又何疑焉。治法宜疏肝之郁，即开肾之郁也，肝肾之郁即开，而经水自有一定之期矣。

第四节 月经过多

月经量明显多于既往，而月经周期基本正常者，称为"月经过多"（menorrhagia），亦称"经水过多"。

西医学排卵性功能失调性子宫出血或子宫肌瘤、盆腔炎症、子宫内膜异位症、子宫内膜息肉、宫内节育器等引起的月经过多可参考本病辨证论治。

【病因病机】
病因病机首当分清虚实。虚者多是冲任不固，经血失约而致；实者或为热扰冲任，迫血妄行，或为瘀阻冲任，血不归经而量多。常见的分型有气虚、血热和血瘀。

1. 气虚 素体虚弱，或饮食失节，或劳倦过度，或思虑过极，损伤脾气，致使中气不足，冲任不固，经血失统，遂致经行量多。

2. 血热 素体阳盛，或恣食辛燥，或感受热邪，或肝气郁结，郁而化热，热扰冲任，迫血妄行，遂致经行量多。

3. 血瘀 素性抑郁，气机不畅，气滞血瘀，或经期产后余血未尽，感受外邪，或不禁房事，瘀血内停，瘀阻冲任，血不归经，遂致经行量多。

病程日久，失治误治，常可因气随血耗，阴随血伤，热随血泄，而出现虚实夹杂之证，如气虚血热、气阴两虚、气虚血瘀等。

【诊断与鉴别诊断】

(一) 诊断

1. 病史 有饮食失节、情志内伤、盆腔炎史或宫内节育器避孕史。

2. 症状 月经量明显多于既往,但在正常经期之内多可自行停止,且连续出现2个月经周期以上。月经周期、经期基本正常。

3. 检查

(1) 妇科检查:功能失调性子宫出血及宫内节育器放置导致本病者,多无明显器质性病变;子宫肌瘤导致本病者,妇科检查可发现子宫或大于正常,质硬;有盆腔炎病史者,或有子宫增大、压痛,双附件增厚及压痛等表现。

(2) 实验室检查:卵巢功能测定及子宫内膜病理检查,有助于功能失调性子宫出血的诊断;盆腔B超检查对子宫肌瘤、宫内节育器移位等诊断有参考意义;宫腔镜可明确子宫内膜息肉、黏膜下子宫肌瘤等导致月经过多的诊断。

(二) 鉴别诊断

崩漏若表现量多势急之象,需与月经过多相鉴别(表7-4)。

表7-4 月经过多鉴别表

病名	相同点	不同点	
		临床表现	辅助检查
月经过多	皆有月经量增多的表现	月经周期及经期多正常,出血多能自行停止	B超监测多有排卵。基础体温双相,出血多发生在高温相过后体温下降时
崩漏		周期及经期完全紊乱,出血量多势急或量少淋漓,多不能自行停止	B超监测多无排卵。基础体温单相

【辨证论治】

以月经量多而能自行停止,伴有周期、经期正常为诊断要点,结合经色和经质的变化以及全身的证候分为气虚、血热、血瘀三型。经行量多,色淡红,质清稀者,多为气虚证;经行量多,色鲜红或深红,质黏稠者,多为血热证;经行量多,色紫暗,质稠有血块者,多为血瘀证。治疗要注意经时和平时的不同,经时固冲止血,以防失血伤阴;平时治本调经,或补气,或凉血,或化瘀。慎用辛燥走窜之品,以防动血耗血。

(一) 气虚证

主要证候 行经量多,色淡红,质清稀;神疲体倦,气短懒言,小腹空坠,面色㿠白;舌淡,苔薄,脉缓弱。

证候分析 气虚则冲任不固,经血失于制约,故经行量多;气虚火衰不能化血为赤,故经色淡红,质清稀;神疲体倦,气短懒言,小腹空坠,面色㿠白,舌淡,苔薄,脉缓弱,均为气虚之象。

治疗法则 补气摄血调经。

方药举例 安冲汤(《医学衷中参西录》)加升麻。

白术 黄芪 生龙骨 生牡蛎 生地黄 白芍 海螵蛸 茜草根 续断

若经行有瘀块或伴有腹痛者,酌加五灵脂、蒲黄、益母草;腹胀便溏者,酌加木香、炮姜、扁豆;小腹坠胀,神疲乏力者,酌加党参、荆芥炭;兼头晕心悸者,生地黄易熟地黄,酌加制何首乌、五味子。

(二) 血热证

主要证候 经行量多,色鲜红或深红,质黏稠;口渴饮冷,心烦不安,尿黄便结;舌红,苔黄,脉滑数。

证候分析 阳热内盛,热扰冲任,迫血妄行,故经行量多;血为热灼,故经色红而质稠;口渴饮冷,心烦不安,尿黄便结,舌红,苔黄,脉滑数,均为血热之征。

治疗法则　清热凉血调经。
方药举例　保阴煎(《景岳全书》)加炒地榆、槐花、大小蓟。

生地黄　熟地黄　黄芩　黄柏　白芍　山药　续断　甘草

若经血黏稠有腐臭味，或平时黄带淋漓，小腹时痛者，酌加荆芥、败酱草、薏苡仁；口渴饮冷，心烦不安，尿黄便结者，酌加天花粉、玄参、麦冬、牡蛎、莲子心等以生津止渴，宁心安神。

(三) 血瘀证

主要证候　经行量多，色紫暗，质稠有血块；经行腹痛，或平时小腹胀痛或刺痛；舌紫暗或有瘀点，脉涩有力。

证候分析　瘀阻冲任，血不归经，故经行量多；瘀血内结，故经色紫暗有块；瘀阻胞脉，"不通则痛"，故经行腹痛，或平时小腹胀痛；舌紫暗或有瘀点，脉涩有力，为血瘀之征。

治疗法则　活血化瘀调经。

方药举例　失笑散(《太平惠民和剂局方》)加三七、益母草、血余炭。

五灵脂　蒲黄

腹胀明显者，酌加木香、大腹皮、槟榔；腹部刺痛者，酌加香附、延胡索、山楂。

【转归及预后】

本病常因失血过多而致气血两虚，应积极治疗。若迁延日久，失治误治，可发展为崩漏，使病情反复难愈。

【预防及调摄】

(1) 劳逸适度，经期不宜过度劳累和剧烈运动，以防气虚失摄，而引起月经过多。

(2) 重视节育和节欲，避免生育(含人流)过多过频及经期、产后交合。

(3) 饮食适宜，不宜暴饮暴食或过食肥甘油腻、生冷寒凉、辛辣香燥之品。

(4) 心情舒畅，避免七情所伤。

【文献摘录】

《证治准绳·女科》：若阳气乘阴，则血流散溢，经所谓天暑地热，经水沸溢，故令乍多。

《傅青主女科·调经》：妇人有经水过多，行后复行，面色萎黄，身体倦怠，而困乏愈甚者，人以为血热有余之故，谁知是血虚而不归经乎！

第五节　月经过少

月经周期正常，经量明显少于既往，经期不足 2 日，甚或点滴即净者，称"月经过少"(hypomenorrhea)，亦称"经水涩少""经量过少"。

西医学性腺功能低下、子宫发育不良、子宫内膜结核、盆腔炎症或刮宫过深等引起的月经过少可参见本病辨证论治。月经过少伴月经后期者，常可发展为闭经。本病属器质性病变者，病程较长，疗效较差。

【病因病机】

本病发生有虚实两端，虚者多为精亏血少，冲任气血不足，经血乏源；实者多因瘀血内停或痰湿阻滞，导致冲任壅塞，气血不畅而发病。常见病机有肾虚、血虚、血瘀和痰湿。

1. 肾虚　素体不足，或房劳多产，或大病久病，损伤肾气，以致精血不充，冲任亏耗，血海不盈，遂致月经量少。

2. 血虚　素体血虚，或数伤于血，或大病久病，营血亏虚，或饮食劳倦，思虑过度，损伤脾气，脾虚化源不足，冲任气血亏虚，血海满溢不多，致经行量少。

3. 血瘀　素多忧郁，气滞血瘀，或感寒饮冷，寒凝血瘀，或经期产后，感受外邪，邪与血结，瘀阻冲任,气血不畅,经血受阻,致经行量少。

4. 痰湿 素体肥胖,痰湿内盛,或脾失健运,湿聚成痰,痰阻冲任,气血不畅而经行量少。

【诊断与鉴别诊断】

(一)诊断

1. 病史 有反复失血或大出血史、结核病史、反复流产史、盆腔炎史或情志内伤史。

2. 症状 月经周期正常,经量明显少于既往,经期不足2日,甚或点滴即净,且连续出现2个月经周期以上。

3. 检查

(1)妇科检查:多无明显器质性病变。部分患者子宫体偏小。

(2)实验室检查:妇科内分泌激素测定对性腺功能低下引起的月经过少的诊断有参考意义;B超检查、诊断性刮宫、宫腔镜检查、子宫碘油造影等对子宫发育不良、子宫内膜结核、子宫内膜炎、宫腔粘连等有诊断意义。

(二)鉴别诊断

经间期出血及激经皆有少量阴道出血的表现,需与月经过少相鉴别(表7-5)。

表7-5 月经过少鉴别表

病名	相同点	不同点	
		临床表现	辅助检查
月经过少	皆有阴道少量出血的症状	月经周期规律,仅表现为经期出血少,且每次月经出血量大致相当	①基础体温双相,出血多发生在基础体温由高温下降呈低温时;②妊娠试验阴性
经间期出血		经间期出血较正常月经量少,出血时间规律地发生于两次月经中间,常与正常月经交替出血而表现出特征性的一次多、一次少的出血现象	①基础体温双相,出血时间规律地发生于基础体温低、高温相转变时,当基础体温升高,出血停止,亦有高温相时继续出血的;②妊娠试验阴性
激经		激经发生在受孕早期,月经仍按月来潮,血量少于正常月经而无损于胎儿者。多伴有早孕反应	①基础体温双相,高温相持续超过18天;②妊娠试验阳性;③B超检查可见子宫腔内有孕囊、胎芽或胎心搏动

【辨证论治】

以经量的明显减少而周期正常为诊断要点。辨证着重从月经的颜色、质地及全身症状分清虚实。治疗当根据虚实之不同而随证加减,虚证者重在补肾益精,或补血益气以滋经血之源,不可妄行攻破,见血为快,以免重伤精血;实证者重在祛瘀行血或化痰通经以通调冲任,但须中病即止,不可长久应用。虚实错杂者,攻补兼施。

(一)肾虚证

主要证候 经来量少,甚或点滴即止,色淡暗,质稀薄;腰酸腿软,头晕耳鸣,小便频数,或夜尿频多;舌淡,苔薄,脉沉细或沉弱。

证候分析 肾气不足,精血亏虚,冲任气血衰少,血海满溢不多,故经来量少,或点滴即净,色淡暗,质稀薄;腰酸腿软,头晕耳鸣,小便频数,或夜尿频多,舌淡,苔薄,脉沉细或沉弱,均为肾虚之征。

治疗法则 补肾填精调经。

方药举例 归肾丸(方见月经后期)。

腰酸明显者,加续断、桑寄生、补骨脂;带下偏少,形寒肢冷者,酌加肉桂、巴戟天、淫羊藿、肉苁蓉;夜尿频多者,酌加益智、桑螵蛸。

(二)血虚证

主要证候 经来量少,不日即净,色淡红,质稀薄;头晕眼花,心悸失眠,皮肤不润,面色萎黄;舌淡,苔薄,脉细无力。

证候分析 营血衰少,冲任不足,气血亏虚,血海难以满溢,故月经量少,不日即净,色淡红,质

稀薄;头晕眼花,心悸失眠,皮肤不润,面色萎黄,舌淡,苔薄,脉细无力,均为血虚之征。

治疗法则　养血益气调经。

方药举例　滋血汤(《证治准绳·女科》)。

人参　山药　黄芪　茯苓　川芎　当归　白芍　熟地黄

若心悸失眠者,酌加炒枣仁、首乌藤、合欢皮;纳少便溏者,酌加白术、山药、鸡内金、陈皮。

（三）血瘀证

主要证候　经行量少,色紫暗有块;小腹刺痛拒按,血块下痛减,或胸胁胀痛,口渴不欲饮;舌紫暗,或有瘀斑瘀点,脉涩有力。

证候分析　瘀血阻滞冲任,血行不畅,故经行涩少,色紫暗有血块;瘀阻胞络,"不通则痛",故小腹刺痛拒按;血块下后,瘀滞稍通,故使痛减;胸胁胀痛,口渴不欲饮,舌紫暗,或有瘀斑瘀点,脉涩有力,均为血瘀之征。

治疗法则　活血化瘀调经。

方药举例　桃红四物汤(《医宗金鉴·妇科心法要诀》)。

熟地黄　当归　白芍　川芎　桃仁　红花

若兼少腹冷痛,经行痛剧者,酌加肉桂、吴茱萸、五灵脂、蒲黄;若平时少腹疼痛,或伴低热不退,舌紫暗,苔黄而干,脉数者,酌加牡丹皮、栀子、泽兰、钩藤。

（四）痰湿证

主要证候　经行量少,色淡红,质黏腻,或混杂黏液;形体肥胖,胸闷呕恶,或带多黏腻;舌淡,舌边尖多有齿印,苔白腻,脉滑。

证候分析　痰湿阻滞冲任,血行不畅,故经行量少,质黏腻,或混杂黏液;形体肥胖,胸闷呕恶,或带多质黏腻;舌淡,舌边尖多有齿印,苔白腻,脉滑,均为痰湿之征。

治疗法则　燥湿化痰调经。

方药举例　苍附导痰丸(《叶天士女科诊治秘方》)。

苍术　香附　陈皮　胆南星　枳壳　半夏　茯苓　神曲　生姜　甘草

胸闷呕恶者,酌加砂仁、佩兰;带下量多质黏腻者,酌加山药、芡实。

【转归及预后】

本病常与月经后期并见,失治误治有可能发展成闭经,甚至导致不孕。

【预防及调摄】

(1) 经期注意保暖,忌服寒凉之品,避免受寒、冒雨、涉水等,以防血为寒凝,致使经行不畅,经量过少。

(2) 平时宜保持心情舒畅,避免七情过极。

(3) 房事有度,计划生育,避免频繁手术,损伤胞宫。

(4) 积极治疗原发病,如子宫内膜结核、子宫发育不良等疾病。

【文献摘录】

《医学正传》:月经全凭肾水施化,肾水既乏,则经血日以干涸。

《证治准绳·女科》:盖阴气乘阳,则胞寒气冷,血不营运,经所谓天寒地冻,水凝成冰,故令乍少,而在月后。

第六节　经期延长

月经周期正常,行经时间超过了7日以上,甚或淋漓半月方净者,称为"经期延长"(menostaxis),又称"经事延长""月水不断"。

西医学排卵性功能失调性子宫出血病的黄体萎缩不全、盆腔炎、子宫内膜炎、子宫内膜息肉等引起的经期延长可参见本病治疗。宫内节育器和输卵管结扎后引起的经期延长也可按本病辨证治疗。

【病因病机】

发病机理主要有虚实两端，虚者多由气虚失摄，冲任不固，经血失于制约而致；实者多由瘀阻冲任，血不归经，或热扰冲任，血海不宁所致。

1. 气虚 素体虚弱，或饮食不节，或思虑、劳倦过度，损伤脾气，中气不足，冲任不固，不能制约经血，以致经期延长。

2. 血热

(1) 阴虚内热：素体阴虚，或病久伤阴，或产多乳众，或忧思过度，阴血暗耗，阴虚内热，热扰冲任，血海不宁，不能制约经血，以致经期延长。

(2) 湿热内生：经期产后，余血未尽，失于调摄，湿热内侵，蕴结冲任，扰动血海，每致经行时间延长。

3. 血瘀 素体抑郁，或恚怒伤肝，肝气不疏，气滞血瘀；或经期交合阴阳，以致外邪客于胞内，邪与血结，相搏成瘀，瘀阻冲任，血不归经，经期延长。

【诊断与鉴别诊断】

(一) 诊断

1. 病史 有饮食、劳逸、情志失调及盆腔炎症等病史，或有置、取宫内节育器史。

2. 症状 月经周期正常，在正常月经期后，仍有少量持续性阴道出血，出血时间多超过7天以上，甚或淋漓半月方净，可伴有经色、经质的改变。

3. 检查

(1) 妇科检查：多无明显器质性病变。有盆腔炎病史者，可有盆腔炎体征。

(2) 实验室检查：因黄体萎缩不全而导致本病者，基础体温(BBT)呈双相型，但黄体期多超过14日，或排卵后体温下降缓慢；B超、宫腔镜检查对诊断子宫内膜息肉、子宫内膜炎及判断宫内节育器位置有意义。

(二) 鉴别诊断

当崩漏患者表现为阴道出血，淋漓不断等偏于漏下症状时，需与本病鉴别(表7-6)。

表7-6 经期延长鉴别表

病 名	相 同 点	不 同 点	
		临床表现	辅助检查
经期延长	皆有阴道出血时间超过正常经期，出血淋漓不断的表现	月经周期多正常，在正常月经期后，仍有少量持续性阴道出血，出血时间多超过7天以上，甚或淋漓半月，但多可自行停止	基础体温呈双相型，部分患者黄体期超过14日，或经前期体温下降缓慢
崩漏		阴道出血淋漓不断，迁延十余日或数月不等，无正常月经周期，出血多不能自行停止	基础体温单相

【辨证论治】

以经期延长而月经周期正常为诊断要点。辨治当分清虚实，虚者以固冲调经为大法，重在补气升提或滋阴清热；实者重在通畅冲任，或清热利湿，或活血化瘀，不可概投固涩之剂，犯虚虚实实之戒。

(一) 气虚证

主要证候 经行时间延长，量多，色淡红，质稀薄；肢倦神疲，气短懒言，小腹空坠，面色㿠白；舌淡，苔薄，脉缓弱。

证候分析 气虚失摄，冲任不固，经血失于制约，故经行时间延长，量多；气虚火衰不能化血为赤，故经色淡而质稀；肢倦神疲，气短懒言，小腹空坠，面色㿠白，舌淡，苔薄，脉缓弱，均为气虚之征。

治疗法则 补气摄血，固冲调经。

方药举例 举元煎(《景岳全书》)加阿胶、艾叶、乌贼骨。

人参 黄芪 白术 炙甘草 升麻

若经量多者,酌加煅牡蛎、五味子、炒地榆;伴有经行腹痛,经血有块者,酌加三七、茜草、蒲黄炭等;兼血虚者,症见头晕心悸,失眠多梦,酌加制何首乌、龙眼肉、熟地黄。

(二)血热证

1. 虚热

主要证候 经行时间延长,量少,色鲜红,质黏稠;咽干口燥,潮热颧红,手足心热,大便燥结;舌红,苔少,脉细数。

证候分析 阴血暗耗,虚热内生,热扰冲任,冲任不固,经血失约,故经行时间延长;血为热灼,故量少,色红而质稠;咽干口燥,潮热颧红,手足心热,大便燥结,舌红,苔少,脉细数,均为虚热之征。

治疗法则 滋阴清热,凉血调经。

方药举例 两地汤(方见月经先期)合二至丸(《医方集解》)。

女贞子 旱莲草

若月经量少者,酌加丹参、枸杞子;潮热不退者,酌加白薇、炙龟甲。

2. 湿热

主要证候 经行时间延长,量不多,色暗如败酱,质黏腻,或带下量多,色赤白或黄;或下腹热痛;舌红,苔黄腻,脉濡数。

证候分析 经行产后,摄生不慎,湿热邪气趁虚入侵,结于胞宫,扰动血海,迫血妄行,而致经期延长;湿热下注,任脉不固,带脉失约,致带下量多,色赤白或黄;下腹热痛,舌红,苔黄腻,脉濡数,均为湿热之征。

治疗法则 清热利湿,化浊调经。

方药举例 固经丸(《医学入门》)。

龟板 白芍 黄柏 黄芩 椿根皮 香附

白带量多,质黏腻者,加薏苡仁、马齿苋;夹有血瘀,见经色暗,质稠,有小血块者,加茜草、三七。

(三)血瘀证

主要证候 经行时间延长,量或多或少,经色紫暗有块;经行小腹疼痛拒按;舌紫暗或有小瘀点,脉涩有力。

证候分析 瘀血阻于冲任,瘀血不去,新血难安,故经行时间延长,量或多或少;瘀血阻滞,气血运行不畅,"不通则痛",故经行小腹疼痛拒按,经血有块;舌紫暗或有小瘀点,脉涩有力,也为血瘀之征。

治疗法则 活血祛瘀,固冲调经。

方药举例 桃红四物汤(方见月经过少)合失笑散(方见月经过多)。

小腹疼痛明显,血块较大者,加延胡索、三七粉;瘀久化热,症见出血量多,色鲜红,夹血块者,加大蓟、小蓟、炒黄柏。

【转归及预后】

本病治疗得当,多能痊愈;若伴经量过多,可发展为崩漏,使病情反复难愈,应积极治疗。

【预防及调摄】

(1)经期忌服辛辣温燥之品,以免生热灼血。

(2)平时宜保持心情舒畅,情绪稳定,避免七情所伤。

(3)注意经期及产后卫生,避免经劳,避免产育过多、经期同房及产褥期交合,预防感染。

【文献摘录】

《校注妇人良方》:妇人月水不断,淋漓腹痛,或因劳损气血而伤冲任,或因经行而合阴阳,以致外邪客于胞内,滞于血海故也。

《普济方·妇人诸疾门》:若劳伤经脉,冲任之气虚损,故不能制经血,令月水不断也。

第七节 经间期出血

月经周期基本正常,但在两次月经之间,即氤氲之时,发生周期性的少量阴道出血者,称为"经间期出血"(intermenstrual bleeding)。

西医学排卵期出血可参见本病治疗。

【病因病机】

两次月经中间又称氤氲期,是女性月经周期中阴阳转化的关键时期。月经之后,冲任空虚,精血不足,其后阴气渐长,阴精充实,阴长至重,重阴转阳,值此之际,氤氲之状萌发。女性每于此时阴道分泌较多白色或透明状黏液,表明阴精充盛,为受孕最佳时机。其后阳气内动,阳长至重,阴盛阳动至极,月经来潮。若体内阴阳功能正常者,自可适应此种阴阳转化,无特殊证候。若肾阴不足,或湿热扰动,或瘀血阻遏,使阴阳转化不协调,遂发生本病。常见的分型有肾阴虚、湿热和血瘀。

1. 肾阴虚 素体肾阴不足,或房劳多产,或大病久病,或欲念过极,致肾中精血暗耗,阴虚内热,热伏冲任,于氤氲之时,阳气内动,阳气乘阴,迫血妄行,因而出血;血行之后,阳气外泄,阴阳又趋平衡,故出血停止,下次周期,又再复发。

2. 湿热 外感湿热之邪,或情志所伤,肝郁犯脾,肝郁化火,脾虚生湿,湿热互结,蕴于冲任,于氤氲之时,阳气内动,引动湿热,热扰血海,遂致出血;湿热随经血外泄,冲任复宁,出血停止,下次周期,又再复发。

3. 血瘀 经期产后,摄生不慎,护理不洁,余血内留,蓄而为瘀,或情志内伤,气郁血瘀,氤氲之时,阳气内动,引动瘀血,瘀伤血络,血不循经,遂致出血;瘀随血泄,冲任暂宁,出血停止,下次周期,又再复发。

【诊断与鉴别诊断】

(一)诊断

1. 病史 有多产房劳、饮食失节、感受外邪或情志内伤史。

2. 症状 月经周期基本正常,但在两次月经之间,在月经周期的第12~16日,发生规律性的少量阴道出血,点滴即止或持续数日,多能自行停止。可伴有少腹作胀或作痛,白带增多,质地透明,蛋清样或赤白带下。

3. 检查

(1)妇科检查:多无明显器质性病变。妇科检查见宫颈黏液透明呈拉丝状夹有血丝或有赤白带下。

(2)实验室检查:基础体温双相式,出血时间规律地发生于低、高温相转变时,当基础体温升高,出血停止,亦有高温相时继续出血的。

(二)鉴别诊断

经间期出血因其发生在两次月经中间,导致出血间隔缩短,故需与月经先期相鉴别(鉴别点见月经先期);经间期出血,出血量常少于正常月经,故又常需与月经过少、赤带相鉴别(表7-7)。

表7-7 经间期出血鉴别表

病名	相同点	不同点	
		临床表现	辅助检查
经间期出血	皆有少量阴道出血的表现	经间期出血较月经量少,出血时间规律地发生于两次月经中间,常与正常月经交替出血而表现出特征性的一次多、一次少的出血现象。出血一般多可自行停止	基础体温测定,出血时间规律地发生于基础体温低、高温相转变时,当基础体温升高,出血停止,亦有高温相时继续出血的
月经过少		月经量少,甚或点滴而下,但月经周期基本规律	基础体温测定,出血多发生在基础体温由高温下降呈低温时
赤带		月经周期多正常,仅带下中有血丝,出血无周期性,持续时间较长,或反复发作,可有接触性出血的表现	①基础体温双相式;②妇科检查常见宫颈糜烂、宫颈息肉等表现

【辨证论治】

本病以发生在氤氲期的周期性的少量子宫出血为诊断要点。治疗重在经后期,以补养肾阴为主,促使阴长至重,结合补气助阳之品,以调摄冲任阴阳平衡为大法。同时在辨证基础上,或滋肾阴,或利湿热,或消瘀血,消除病因,促使阴阳顺利转化。

(一)肾阴虚证

主要证候 两次月经中间,阴道少量出血,色鲜红,质略稠;头晕耳鸣,腰腿酸软,手足心热,夜寐不宁;舌红,苔少,脉细数。

证候分析 经间期氤氲之时,阴盛阳动,若素有肾阴不足,虚热内生,与阳气相搏,阳气乘阴,迫血妄行,故发生出血;阴虚内热,故出血量少,色鲜红,质略稠;头晕耳鸣,腰腿酸软,手足心热,夜寐不宁,舌红,苔少,脉细数,均为肾阴虚之征。

治疗法则 滋肾益阴,固冲止血。

方药举例 两地汤(方见月经先期)合二至丸(方见经期延长)。

若头晕耳鸣,心烦不安者,酌加钩藤、生牡蛎;夜寐不宁者,酌加远志、莲子心、首乌藤;出血期,酌加旱莲草、荆芥炭、三七。

(二)湿热证

主要证候 两次月经中间,阴道少量出血,色深红,质黏腻;平时带下量多色黄,质黏腻,或赤白带下,或小腹时痛,小便短赤,大便黏腻;舌红,苔黄腻,根部尤厚,脉滑数。

证候分析 经间期氤氲之时,阴盛阳动,若素有湿热内蕴,与阳气相搏,损伤冲任,迫血妄行,因而出血;湿热与血搏结,故血色深红,质稠;湿热下注,任脉不固,带脉失约,故带下量多色黄或赤白带下;小腹时痛,小便短赤,大便黏腻,舌红,苔黄腻,根部尤厚,脉滑数,均为湿热之象。

治疗法则 清热除湿,凉血止血。

方药举例 清肝止淋汤(《傅青主女科》)去阿胶、红枣,加茯苓、小蓟。

白芍 生地黄 当归 阿胶 牡丹皮 黄柏 牛膝 香附 红枣 黑豆

出血期间,去当归、香附、牛膝,酌加茜草根、地榆炭;湿热偏湿者,酌加车前草、薏苡仁;湿热偏热者,酌加炒黄芩、龟板;带下量多者,酌加车前草、土茯苓;大便黏腻者,去当归、生地黄,酌加薏苡仁、白扁豆、砂仁。

(三)血瘀证

主要证候 两次月经中间,阴道少量出血,色紫暗,夹有血块;小腹疼痛拒按,情志抑郁;舌紫暗或有瘀点,脉涩有力。

证候分析 经间期氤氲之时,阴盛阳动,若素有瘀血停留,与阳气相搏,引动瘀血,血不循经,以致出血,血色紫暗,夹有血块;瘀阻胞脉,故小腹疼痛拒按;瘀血内阻,气机不畅,故情志抑郁;舌紫暗或有瘀点,脉涩有力,均为血瘀之征。

治疗法则 活血化瘀,理血归经。

方药举例 逐瘀止血汤(《傅青主女科》)。

生地黄 大黄 赤芍 牡丹皮 当归尾 枳壳 桃仁 龟板

出血期间,去赤芍、当归尾,酌加五灵脂、炒蒲黄;腹痛较剧者,酌加延胡索、香附;瘀久化热者,酌加炒黄柏、知母。

【转归及预后】

肾阴不足,精血不充,难以充盛达到重阴,以致氤氲之时,阴阳转化不利,是本病发生的关键原因。治疗应在滋补肾阴基础上辨证论治,或清湿热,或化瘀血,或助阳气,促使阴阳顺利转化,则病愈可期。若失治误治,伴经量过多,经期延长,可发展为崩漏,使病情反复难愈,故应积极治疗。

【预防及调摄】

(1)忌服辛辣温燥之品,以免生热灼血。

(2) 平时宜保持心情舒畅,情绪稳定。

(3) 注意经期及产后卫生,避免产育过多,避免经期同房及产褥期交合,预防感染。

【文献摘录】

《济阴纲目》:天地生物,必有氤氲之时,万物化生,必有乐育之时……凡妇人一月经行一度,必有一日氤氲之候,于一时辰间,气蒸而热,昏而闷,有欲交接不可忍之状,此的候也……顺而施之则成胎矣。

(秦佳佳　宋素英　毛　惠)

第八节　崩　漏

崩漏

妇女非行经期突然阴道大量出血或淋漓不断者,称为"崩漏"(metrorrhagia and metrostaxis),前者称为"崩中",后者称为"漏下"。崩漏既是病名,又是症状。两者虽出血情况不同,其发病机制基本相同,故常常崩漏并称。崩与漏临床上常交替发作,相互转化,缠绵难愈,严重危害妇女健康,是妇科的疑难急重症之一。

西医学的功能失调性子宫出血与本病相似,生殖器炎症引起的不规则阴道出血也可参照本病辨证论治。

【病因病机】

本病的发病机理主要是冲任不固,不能制约经血,子宫蓄溢失常,经血非时妄行而发病。引起崩漏的病机有脾虚、肾虚、血热和血瘀。

1. 脾虚　素体脾虚,或忧思不解,或饮食劳倦,损伤脾气,气虚下陷,统摄无权,冲任不固,不能制约经血,而发崩漏。

2. 肾虚　素体禀赋不足,初潮之年天癸未充,肾气未盛;或房劳多产损伤肾气;或久病大病穷必及肾;或年届七七肾气渐衰,天癸将竭。若肾阴亏损,虚火妄动,迫血妄行,或肾阳虚,则封藏失职,冲任不固,胞脉失约,经血非时而下,发为崩漏。

3. 血热　指各种火热因素导致的出血。又可分为虚热和实热。

(1) 虚热:素体阴虚,或久病失血伤阴,或思虑暗耗阴血,以致阴虚生内热,虚火内炽,灼伤胞宫胞络,子宫失藏,经血失约,遂致崩漏。

(2) 实热:素体阳盛,或过食辛辣助阳药物、食物,酿成内火;或感受热邪;或情志抑郁,肝郁化火,热伤冲任,迫血非时下行,发为崩漏。

4. 血瘀　经期产后血室正开,感受寒热之邪,寒凝或热灼致瘀;或余血未净合阴阳,内生瘀血;七情内伤,冲任瘀滞;或崩漏日久,离经之血为瘀。瘀阻胞宫,新血不得归经而妄行,遂成崩漏。

崩漏病机复杂,常因果相干,气血同病,多脏受累,虚实错杂。久崩多虚,久漏多瘀,然"崩为漏之甚,漏为崩之渐",崩可转漏,漏可转崩。青春期患者多属先天肾气不足,育龄期患者多见肝郁血热,更年期患者多因肝肾亏损或脾气虚弱。崩漏发病过程中失血耗气,日久均可转化为气血两虚、气阴两虚、阴阳俱虚。无论病起何脏,"四脏相移,必归脾肾""五脏所伤,穷必及肾",以致肾脏受累。也有崩漏日久不愈而复感外邪,症见虚实夹杂之证。

【诊断与鉴别诊断】

(一) 诊断

1. 病史　注意患者的年龄及月经史,有无崩漏史,有无使用宫内节育器、口服避孕药或其他激素药物史,有无内科出血疾病,有无生殖器炎症和生殖器肿瘤病史。

2. 症状　月经周期紊乱,有骤然暴下继而淋漓不尽的,有停经数月或数周又淋漓不尽或暴下量

笔记栏

多的,也有淋漓数月不尽的,常伴有不同程度的贫血。

3. 检查

(1) 妇科检查:多无明显改变。

(2) 辅助检查:主要是排除妊娠性疾病、生殖器肿瘤、炎症或内科疾病(如再生障碍性贫血)引起阴道不规则出血。

1) 实验室检查:性激素水平或基础体温测定了解卵巢功能对崩漏诊断有参考意义,血常规了解有无贫血。妊娠试验排除异位妊娠或流产引起出血。

2) 其他检查:盆腔B超检查排除子宫附件器质性病变,宫腔镜检查或诊断性刮宫术可排除宫腔内病变。

(二)鉴别诊断

1. 月经先期、月经先后无定期、月经过多、经期延长 月经先期是月经周期缩短,月经先后无定期的周期提前或错后,但应在1~2周波动,两者经期、经量尚属正常。月经过多是指经量明显增多,但其经期、周期尚在正常范围。经期延长是指行经时间延长,应在2周之内自然停止,其月经周期、经量尚正常。与崩漏出血非时暴下或淋漓数月不尽、周期长短不一显然有别。

2. 经间期出血 崩漏与经间期出血同属经血非时而下,但经间期出血往往发生于两次月经中间,而且是有规律的发作,出血量少,短则点滴即净,长则1周以内自然停止,与崩漏完全没有规律出血不难鉴别。

3. 赤带 赤带以带中夹有血丝为诊断要点,月经周期、经期、经量尚正常。多由阴道炎、宫颈炎、宫颈息肉等引起。

4. 异位妊娠 多有停经史,早期可有少量不规则阴道出血及腹部隐痛,输卵管妊娠破裂者突然出现剧烈的下腹部撕裂样疼痛,伴有晕厥和休克。妇科检查、妊娠试验、后穹窿穿刺术及B超检查有助诊断。

5. 胎漏 胎漏者有少量阴道出血,往往有早孕反应,妊娠试验阳性,盆腔B超检查可见宫内孕囊,而漏下则无上述改变。

6. 癥瘕出血 可表现阴道出血为如崩似漏,妇科检查、盆腔B超、宫颈组织病理等检查有助鉴别。多由子宫肌瘤、子宫内膜癌、宫颈癌、卵巢肿瘤等引发。

此外,内科出血性疾病如血液病、内分泌疾病等或药物因素导致的非正常子宫出血,通过详细的病史询问及体格检查、临床辅助检查不难鉴别。

【辨证论治】

崩漏有以崩为主,有以漏为主,或崩与漏交替发作,或闭经与崩漏交替出现,由于其发病缓急不同,出血的新久各异,本着"急则治其标,缓则治其本"的原则,灵活运用塞流、澄源、复旧三法治之。

塞流 即是止血。暴崩之际,迅速止血,以防厥脱,止崩宜固摄升提,不宜辛温行血。可用独参汤(《十药神书》)或生脉散(《内外伤辨惑论》)当即煎服;生脉散较之独参汤在固气摄血同时,尚能滋阴敛血。若出血过多,陷入阴竭阳脱危象,症见神志昏迷,面色苍白,四肢厥逆,脉微欲绝,急投参附汤(《校注妇人良方》)或六味回阳饮(《景岳全书》)服之,同时针刺人中、百会穴位,必要时中西医结合治疗,输血急救或手术止血,以免贻误病情。久漏多虚多瘀,故治漏宜养血行气,少佐化瘀止血之品,不可偏于固摄,以防血止留瘀。但止血尚须注意虚、实、寒、热性质,分别施治。

澄源 即求因治本,是治疗崩漏的重要环节。在出血缓减后根据不同的病因病机,运用清热、补肾、健脾、益气、化瘀等法。切忌不问原因,盖投寒凉或温补之剂,犯虚虚实实之戒。

复旧 即是固本善后,是巩固疗效的必要阶段。重在调理先后天之本,恢复健康或调整月经周期,一般青春期患者重补肾;育龄期患者重疏肝;绝经前后患者重扶脾。

治崩漏三法又不可截然分开,塞流需澄源,澄源当固本,临证当灵活运用。

独参汤

人参

生脉散

人参　麦冬　五味子

参附汤

人参　制附子

六味回阳饮

人参　制附子　炮姜　炙甘草　熟地黄　当归

（一）脾虚证

主要证候　经血非时暴崩不止,或淋漓不尽,色淡质稀无血块;面色苍白或萎黄,身体倦怠,四肢欠温,气短懒言,胸闷纳呆,大便易溏;舌淡边有齿痕,脉细弱。

证候分析　脾虚中气不足甚或下陷,统摄无权,故暴崩下血,或淋漓不尽,身体倦怠,气短懒言;气虚阳弱,经血色淡、质稀、无血块;脾失运化,见胸闷纳呆,大便易溏;余均为脾阳不足之象。

治疗法则　益气摄血,固冲止血。

方药举例　固本止崩汤(《傅青主女科》)加升麻、茯苓、陈皮。

人参　黄芪　白术　熟地黄　当归　黑姜

气虚而出血量多,需防气血分离的虚脱证,可急服独参汤;若气虚而有下陷现象的,见小腹作坠,神疲懒动者,可用举元煎(方见经期延长)。

（二）肾虚证

1. 偏肾阴虚

主要证候　经乱无期,出血量多少不一,或淋漓不断,色鲜红,质稠;头晕耳鸣,五心烦热,失眠盗汗,腰酸膝软;舌质红,少苔,脉细数无力。

证候分析　肾水不足,虚火内炽,热扰冲任,迫血妄行,故经乱无期,出血量多少不一,或淋漓不断,色鲜红,质稠。肾水不足,精血虚少,不能上荣于头,故头晕耳鸣。腰为肾之府,肾虚外府失荣,故腰酸膝软;心肾不交,故心烦少寐;余均为肾阴亏虚之象。

治疗法则　滋阴固肾,调冲止血。

方药举例　左归丸(《景岳全书》)去牛膝,合二至丸(方见经期延长)。

熟地黄　山药　枸杞子　山茱萸　菟丝子　鹿角胶　龟板胶　川牛膝

若兼见双目干涩,形体瘦弱,肌肤不荣,属肝肾阴虚,上方加生牡蛎、夏枯草;心肾不交者,见心烦、不寐,加黄连、五味子;阴虚生内热者,可按虚热崩漏证处理。

2. 偏肾阳虚

主要证候　经来无期,出血量多或淋漓日久不尽,色淡红,无血块,质清稀;腰膝酸软,精神萎靡,面色晦暗,尿频清长,大便溏薄,畏寒肢冷;舌质淡,苔薄白,脉沉细。

证候分析　肾气不足,肾阳虚衰,失司封藏,冲任不固,经来无期,出血量多或淋漓日久不尽;肾阳不足,经血失煦,故色淡红,无血块,质清稀;膀胱气化不足,故尿频清长;不能上温脾土,则便溏;余均为肾阳不足之象。

治疗法则　温肾固冲,止血调经。

方药举例　右归丸(《景岳全书》)加黄芪、人参。

制附子　肉桂　熟地黄　山药　山茱萸　枸杞子　菟丝子　鹿角胶　当归　杜仲

若年少肾气不足,中年房劳多产数伤肾气,绝经前后肾气渐衰,封藏失职,不能制约经血,经乱无期,由崩渐漏,久漏忽崩,反复发作,色淡质稀,腰酸膝软,舌淡,苔薄白,脉沉弱,可于上方加仙茅、仙灵脾、紫河车加强温补肾气之功。

（三）血热证

1. 虚热

主要证候　阴道突然下血量多或淋漓日久,血色鲜红,质黏稠;面颊潮红,午后潮热,口干烦热,

夜不能寐,大便干结,尿黄;舌红,苔少,脉细数。

证候分析　阴虚生内热,热扰冲任血海,迫经血非时妄行或淋漓不净;热灼阴伤,血色鲜红,质黏稠;面颊潮红,口干烦热,夜不能寐,便结尿黄,舌红,苔少,脉细数,均为阴虚内热之象。

治疗法则　滋阴清热,固冲止血。

方药举例　保阴煎(方见月经过多)加沙参、麦冬、五味子、阿胶。

若出血量多如注,加仙鹤草、乌贼骨加强止血之效;久漏者多有瘀,加蒲黄、三七粉以化瘀止血;若症见心烦夜寐差者,为心阴不足,加莲子心、炒枣仁、首乌藤等。

2. 实热

主要证候　阴道突然下血如崩或淋漓日久忽又暴增,血色深红,质稠或有块;面赤烦热,口渴欲冷饮,小便黄,大便干结;舌红,苔黄或黄腻,脉滑数。

证候分析　实热内蕴,灼伤冲任,血海沸腾,故阴道突然下血如崩或淋漓日久忽暴增;血灼津伤,故血色深红,质黏稠或有块;余均为实热之象。

治疗法则　清热凉血,止血调经。

方药举例　清热固经汤(《简明中医妇科学》)。

黄芩　焦栀子　生地黄　地骨皮　地榆　阿胶　生藕节　陈棕炭　炙龟板　牡蛎粉　生甘草

若兼见心烦易怒,少腹或胸胁胀痛,脉弦数,为肝经郁热,予清热泻肝止血,加龙胆草、夏枯草清热泻肝,柴胡、醋炒香附疏肝。若兼苔黄腻,为湿热阻滞冲任,加黄柏清热泻火燥湿并止血,薏苡仁除湿健脾。

(四)血瘀证

主要证候　出血淋漓不断,或突然下血量多,色紫红或紫暗,有血块,时下时止;小腹作胀,或疼痛拒按,呈阵发性,血块排出后腹痛略减;舌质暗红,或边尖有瘀点,脉沉涩或弦紧。

证候分析　瘀血阻滞胞宫,新血不安,故出血淋漓不断,或突然下血量多;血瘀,则经血色紫红或紫暗,有血块;离经之血不循常道,故经血时下时止;瘀阻,则气机不畅,"不通则痛",故小腹作胀,或疼痛拒按,血块排出痛减;舌脉均为有瘀之征。

治疗法则　活血化瘀,止血调经。

方药举例　逐瘀止血汤(方见经间期出血)合失笑散(方见月经过多)。

方中大黄、当归尾、枳壳、桃仁乃化瘀力量较大者,用时慎重;兼气滞者,胸胁胀甚,加入川楝子、陈皮、青皮。久漏不止者,酌加血竭、三七;瘀久化热者,兼口苦咽干,血色紫红而量多,苔黄者,酌加仙鹤草、夏枯草。

在控制出血后以复旧为主,结合澄源,是治愈崩漏的关键。许多医家对青春期和育龄期患者在辨证论治前提下,尚采用中药周期疗法,调理月经周期,恢复排卵功能。由于"经水出诸肾",以补肾为治疗大法,结合现代医学理论,采用中药补肾序贯疗法在月经的不同阶段(经后卵泡期、经间排卵期、经前黄体期、行经期)周期性用药。经行以后血海空虚,阴精不足,重在滋肾益精养血。经间排卵期,补肾助阳促气血转化;经前期阳长至重,亦依赖于阴分的基础,应温肾助阳,养血疏肝;行经期以行经通畅为要,当理气活血调经,行经期既是排泄经血之期,更是阳气下泄,让位于阴的时期,以达到祛旧生新的目的。恢复月经周期后,巩固治疗三个月经周期以防复发。

绝经前后崩漏是因卵巢功能退化而导致的,即在"肾气衰,天癸竭"的过程中发生,不适用调周法恢复月经周期,其固本复旧的重点是调理脾胃与心肝,因脾胃为后天之本,肾气已衰需赖水谷以滋养,而调理心肝者,在于稳定心理,舒畅情怀,防其发作,以巩固疗效。

【转归及预后】

崩漏的预后与年龄和治疗及时与否相关。青春期崩漏随着发育的逐渐成熟,大多能建立正常月经周期,少数发育不良者可反复发作;育龄期崩漏,正值生殖功能旺盛期,治疗及时,最终可以建立正常排卵的月经周期;绝经前后期崩漏疗程相对较短,止血后宜健脾补血,消除虚弱症状,促进顺利绝经,本阶段需注意排除恶性病变。

【预防及调摄】

（1）及早治疗月经过多、经期延长、月经先期等出血性疾病，以防发展为崩漏。

（2）重视经期卫生，尽量避免或减少宫腔手术。

（3）饮食忌辛辣刺激之品，出血期间避劳累。

（4）保持情志舒畅，心态平稳。

【文献摘录】

《诸病源候论·妇人杂病诸候》：崩中之状，是伤损冲任之脉。冲任之脉皆起于胞内，为经脉之海，劳伤过度，冲任气虚，不能约制经血，故忽然崩下，谓之崩中。崩而内有瘀血，故时崩时止，淋漓不断，名曰崩中漏下。

《景岳全书·妇人规·崩漏经漏不止》：崩漏不止，经乱之甚者也，盖乱或前或后，漏则不时妄行，由漏而淋，由淋而崩，总因血病，而但以其微甚耳。

本节复习
思考题

附

功能失调性子宫出血

功能失调性子宫出血（dysfunctional uterine bleeding），简称功血，是由于下丘脑-垂体-卵巢轴功能调节或靶细胞效应异常，并非器质性病变引起的不规则子宫出血。功血可分为无排卵性和排卵性两类，70%~80%的病例属无排卵性功血。功血可发生于月经初潮后至绝经间的任何年龄。

无排卵性功血属中医学"崩漏"的范畴，排卵性功血属中医学"月经先期""月经过多""经期延长"和"经间期出血"的范畴。

无排卵性功能失调性子宫出血

【病因病理】

无排卵性功血好发生于青春期和绝经过渡期妇女，但两者发病机制不完全相同。在青春期，下丘脑-垂体-卵巢轴激素间的反馈调节尚未成熟，大脑中枢对雌激素的正反馈作用存在缺陷，促卵泡激素（FSH）呈持续低水平，无促黄体素（LH）陡直高峰形成而不能排卵。而绝经过渡期妇女，由于卵巢功能渐衰退，卵巢对垂体促性腺激素的反应性低下，卵泡发育受阻而不能排卵。生育年龄妇女有时因应激等因素干扰，也可发生无排卵。

各种原因引起的无排卵均可导致子宫内膜受单一雌激素刺激而无孕激素拮抗，而发生雌激素撤退性出血或突破性出血。雌激素突破性出血有两种类型：低水平雌激素维持在阈值水平，可发生间断少量出血，内膜修复慢，使出血时间延长；高水平雌激素维持在有效浓度，则引起长时间闭经，因无孕激素参与，内膜增厚而不牢固，容易发生急性突破性出血，血量汹涌。雌激素撤退性出血是子宫内膜在单一雌激素的刺激下持续生长，此时因多数生卵泡退化闭锁，导致雌激素水平突然急剧下降，内膜失去激素支持而剥脱出血。

无排卵性功血时，异常子宫出血还与子宫内膜出血自限机制缺陷有关。主要表现为：子宫内膜组织脆性增加，容易自发破溃出血；子宫内膜脱落不完全致修复困难；血管结构和功能异常；凝血与纤溶异常；血管舒张因子异常而加重出血。

无排卵性功血患者的子宫内膜受单一雌激素的持久刺激，可发生不同程度的病理改变：① 子宫内膜增生症（单纯型增生、复杂型增生、不典型增生）；② 增殖期子宫内膜：子宫内膜所见与正常月经周期中的增生期子宫内膜无区别，只是在月经周期后半期甚至月经期仍表现为增生期形态；③ 萎缩性子宫内膜。

【临床表现】

临床最常见的症状是子宫不规则出血。特点是月经周期紊乱，经期长短不一，出血量时多时少，甚至大量出血。或先有数月或数周停经，然后发生不规则出血，血量往往较多，不能自止。出血期间一般无腹痛或其他不适，出血量多或时间长时常继发贫血，甚或导致失血性休克。

【诊断与鉴别诊断】

（一）诊断 鉴于功血的定义，功血的诊断应采用排除法。

1. 病史 详细了解异常子宫出血的类型、发病时间、病程经过及以往治疗经过。注意患者的年龄、月经史、婚育史、避孕措施、激素类药物使用史及全身与生殖系统有无相关疾病。

2. 体格检查 包括全身检查、妇科检查。以排除全身性及生殖系统器质性病变。

3. 辅助检查 对已婚生育期和围绝经期妇女，药物治疗无效时，为排除子宫内膜病变和止血目的行诊断性刮宫

笔记栏

或宫腔镜检查；超声检查了解子宫大小、形状、内膜厚度、有无器质性病变；基础体温、激素测定了解有无排卵；有性生活史者行妊娠试验排除妊娠及妊娠相关疾病；宫颈细胞学检查排除宫颈癌；血常规及凝血功能测定，了解有无贫血和凝血功能异常。

(二) 鉴别诊断

1. 全身性疾病 血液病、高血压、肝脏疾病和甲状腺功能低下均可引起子宫出血。

2. 生殖器肿瘤 子宫内膜癌、子宫颈癌和卵巢肿瘤均可引起子宫出血。

3. 生殖器炎症 如子宫内膜息肉、宫颈息肉、子宫内膜炎易发生不规则阴道出血。

4. 异常妊娠或妊娠并发症 如流产、异位妊娠、葡萄胎、子宫复旧不良等可发生不规则阴道出血。

此外，不规范服避孕药或某些疾病需使用性激素，也可引起子宫出血，详问病史常可确诊。

【治疗】

(一) 一般治疗

加强营养，改善全身情况，可补充铁剂、维生素C和蛋白质，贫血严重者需输血；预防感染；保证充分休息。

(二) 中医药治疗

借鉴中医药对崩漏的辨证论治治疗功血，详参"崩漏"。

(三) 西药治疗

功血的一线治疗是药物治疗，对不同的患者应选择不同的方法。青春期及生育期以止血、调整周期、促排卵为主；围绝经期妇女止血后调整周期，减少经量，防止子宫内膜病变为原则。常采用性激素止血和调整周期，出血时辅以促进凝血和抗纤溶药物以止血。

1. 止血 对大量出血患者，要求在性激素治疗8小时内见效，24～48小时出血基本停止。

(1) 联合用药：性激素联合用药的止血效果优于单一药物。出血量不多、轻度贫血的青春期和生育年龄无排卵性功血患者可于月经第1日口服低剂量避孕药共21日为1个周期，连续3～6个周期。急性大出血，可用复方单相口服避孕药，每6～8小时1片，止血后，每3日递减1/3量，直至维持量每日1片，共21日停药。

(2) 雌激素：应用大剂量雌激素可迅速促使子宫内膜生长，短期内修复创面而止血。适用于急性大量出血时。可选用己烯雌酚1～2 mg，每6～8小时1次，3日止血后，按每3日减1/3量逐渐递减，直至维持在每日1 mg，从血止日期算起第21日停药。此法对存在血液高凝状态或有血栓性疾病史者应禁用。

(3) 孕激素：止血作用机制是使雌激素作用下持续增生的子宫内膜转化为分泌期，达到止血效果。停药后子宫内膜脱落较完全，起到药物性刮宫作用。适用于体内已有一定雌激素水平的功血患者。可选用对内膜作用效价较高的炔诺酮(妇康片)，首剂量5 mg口服，每8小时1次，2～3日止血后，每3日递减1/3量，直至维持量每日2.5～5 mg，持续用到血止后21日停药，停药后3～7日发生撤退性出血。

(4) 雄激素：适用于绝经过渡期功血。有对抗雌激素减轻盆腔充血而减少出血量，大出血时单独使用效果不佳。

2. 调整月经周期 使用性激素止血后应继续用药以控制周期，青春期及生育年龄无排卵性功血患者需恢复正常的内分泌功能，以建立正常月经周期；绝经过渡期患者需控制出血及预防子宫内膜增生症的发生。常用方法有：

(1) 雌孕激素序贯疗法：即人工周期，通过模拟自然月经周期中卵巢的内分泌变化，使子宫内膜发生相应变化，引起周期性脱落。适用于青春期或育龄期功血内源性雌激素水平较低者。戊酸雌二醇2 mg，于撤退性月经第5日起，每晚1次，连服21日，服雌激素第11日，每日加用醋酸甲羟孕酮10 mg，共10日，一般连用3个周期后，患者常能自发排卵。

(2) 雌、孕激素联合法：此法开始即用孕激素，限制雌激素引起的内膜增生程度。使撤退性出血逐步减少，适用于育龄期功血内源性雌激素水平较高者，其中雌激素可预防治疗过程中孕激素突破性出血。常用低剂量给药，如口服避孕药自血止周期撤退性出血第5日起，每晚1片，连服21日，连用3个周期。

(3) 后半周期疗法：适用于青春期或活组织检查为增殖期内膜功血。于月经周期后半期(撤退性出血的第16～25日)服用醋酸甲羟孕酮10 mg，共10日，连用3个周期。

3. 促排卵 一般用于月经周期已基本得到控制后，目的是恢复排卵功能，尤适用于不孕患者。

最常用的促排卵药物是氯米芬，适用于体内有一定水平雌激素的功血患者。于出血第5日起，每晚服50 mg，连续5天。若排卵失败，可重复用药，剂量逐渐增至每日100～150 mg。

若为低促性腺激素闭经及氯米芬促排卵失败者，常用尿促性素HMG 75～150 U，于撤退性出血第3～5日开始，连续7～12日，直至卵泡发育达成熟标准时，再使用人绒毛膜促性腺激素(HCG) 5 000～10 000 U，诱发排卵。并发症为多胎妊娠和卵巢过度刺激综合征。

4. 手术治疗 根据患者的年龄及病情选择手术方式。

排卵性功能失调性子宫出血

【病因病理】

排卵性功血,较无排卵性功血少见,多发生于育龄期妇女,卵巢虽有排卵,但黄体功能异常。常见有两种类型:黄体功能不足和子宫内膜不规则脱落。

(一)黄体功能不足

月经周期中有卵泡发育及排卵,但黄体期孕激素分泌不足或黄体过早衰退,导致子宫内膜分泌反应不良和黄体期缩短。

(二)子宫内膜不规则脱落

在月经周期中,患者有排卵,黄体发育良好,但萎缩过程延长,导致子宫内膜不规则脱落。

【临床表现】

(一)黄体功能不足

多表现为月经提前即月经先期;有的表现为月经过多或排卵期出血。有时月经周期虽在正常范围内,但卵泡期延长,黄体期缩短,以致患者不孕或流产。

(二)子宫内膜不规则脱落

多表现为月经周期正常,但经期延长达9~10日,且经量多,甚至淋漓数日。

【诊断】

诊断要点

1. 病史 常有月经频发、经期延长、排卵期出血、不孕或孕早期易自然流产等病史。

2. 检查 妇科检查正常,基础体温(BBT)双相,高温相少于11日,子宫内膜活检显示分泌反应至少落后2日为黄体功能不全。若BBT双相,但下降缓慢。在月经第5~6日诊刮仍见分泌反应的内膜,且与出血期及增生期内膜并存,则为子宫内膜不规则脱落。

【治疗】

(一)中药治疗

根据各自不同的临床表现,参见月经先期、月经过多、经期延长、经间期出血进行辨证论治。

(二)西药治疗

1. 促进卵泡发育 针对发生原因,促进卵泡发育和排卵。首选药物是氯米芬,适用于黄体功能不足,卵泡期过长者;在监测到卵泡成熟时,HCG 5 000~10 000 U 肌注,以加强月经中期 LH 排卵峰。

2. 黄体功能刺激疗法 于基础体温(BBT)上升后开始,隔日肌注 HCG 1 000~2 000 U,共5次,可使孕酮明显升高,恢复正常月经周期。

3. 黄体功能替代疗法 自排卵后每日肌注黄体酮10 mg,共10~14日,用以补充黄体分泌孕酮的不足。其作用是调节下丘脑-垂体-卵巢轴的反馈功能,使内膜及时完整脱落,黄体及时萎缩。

第九节 闭 经

闭经

女子年逾16周岁,月经尚未初潮,或已行经而又中断6个月以上(或超过了既往3个月经周期总时间)者,称为闭经(amenorrhea)。前者称原发性闭经,后者称为继发性闭经。中医学称之为"女子不月""月事不来""经闭""月水不通"等。妊娠期、哺乳期、绝经后的停经属于生理现象,不属闭经范围。先天性生殖器官发育异常或后天器质性损伤而无月经者,不属本节论述范围。

西医学的功能失调性闭经可参照本病辨证论治。

【病因病机】

笔记栏

月经的产生有赖于脏腑、天癸、气血、冲任协调作用于胞宫,其中任何一个环节功能失调均可致血海不能按时满溢,导致闭经。究其原因不外虚实两端,虚者多责之肾、肝、脾之虚损,精、气、血之不足,血海空虚,无血可下,临床常见有肾气不足、气血虚弱、阴虚血燥等;实者多责之气、血、寒、痰之凝滞,脉道被阻,经血不得下行,临床常见有气滞血瘀、寒凝血瘀、痰湿阻滞等。

1. 肾气不足 素禀肾气不足或营养欠佳,或自幼多病以致肾气欠盛,天癸未充,冲任不能按时流通,月经不能应期来潮;或房事不节,或因多产,屡孕屡堕或流产手术不当损伤肾气,或久病及肾,精亏血少,冲任虚竭,而致闭经。

2. 气血亏虚 素体脾胃虚弱,或饮食不节、忧思过度损伤心脾,化源不足,气虚血少或产后大出血,或大病久病,或患虫积耗血,以致气血亏虚,肝肾失养,冲任不充,血海空乏,无血可下,故成闭经。

3. 阴虚血燥 素体阴血不足,或大病久病耗血伤阴,或失血伤津,营阴不足,虚火上炎,火逼水涸,血海枯竭,而成闭经。或素体阳盛,又过食辛温燥热之品,销铄阴血,致血海干涸,而致闭经。

4. 气滞血瘀 因情志不遂,或精神紧张,或突受刺激,或环境改变,致肝气郁结,气机不利,血滞不行,发为经闭。或因七情伤心,导致心气郁滞,心气不得下通,胞脉闭阻,月事不来。

5. 寒凝血瘀 经期、产时血室正开,风寒邪气入侵胞宫,或临经涉水受寒,或内伤生冷,血为寒凝,冲任瘀滞,经水阻隔不行。也有因素体阳气不足,阳虚生内寒,虚寒凝滞经脉,而致闭经的。

6. 痰湿阻滞 素体肥胖,痰湿之体,或脾阳失运,或肾阳虚,不能化气行水,水湿久聚成痰,痰湿壅阻经隧,阻滞冲任,胞脉闭而经不行。

【诊断与鉴别诊断】

(一)诊断

1. 病史 原发性闭经者,需了解生长发育及幼年时健康状况,同胞姐妹月经情况及母亲的初潮年龄;继发性闭经者,应询问末次月经时间,停经前月经情况,有无诱因,如生活环境改变、精神刺激、药物影响、近期分娩、产后大出血、宫腔手术等疾病史。

2. 症状 女子年逾16周岁月经尚未来潮;或已建立月经周期后,现停经达6个月以上。可伴有体格发育不良、畸形、周期性下腹胀痛、溢乳、肥胖、多毛、不孕等或绝经前后诸证。

3. 检查

(1)全身检查:观察患者体质、发育、营养状况,全身毛发分布,第二性征发育情况。

(2)妇科检查:了解内、外生殖器发育情况,有无缺失、畸形、萎缩、增大和肿物。对原发性闭经者,尤其要注意有无子宫发育不良及处女膜闭锁等解剖形态学的异常。

(3)辅助检查:

1)实验室检查:性激素水平测定、垂体兴奋试验可判断闭经内分泌原因;甲状腺、肾上腺功能测定排除其他内分泌功能失常,染色体功能测定排除先天性病变。

2)其他检查:B超检查可排除有无内生殖器阙如或发育不良所致闭经。头颅蝶鞍摄片或CT、MRI检查以排除垂体肿瘤所致闭经。子宫碘剂造影、诊断性刮宫及宫、腹腔镜检查以排除宫腔粘连,子宫内膜有无结核等。基础体温测定可显示卵巢排卵情况。

(二)鉴别诊断

临证时详问病史及根据相关检查,不难排除妊娠、哺乳及绝经后生理性月经停闭,特别应注意与月经稀发者早孕相鉴别;另与极少见的特殊月经生理现象避年、暗经相鉴别。

1. 月经稀发者早孕 月经不行,或伴晨吐、择食等早孕反应,尿、血妊娠试验测定阳性,B超检查可见孕囊或胎心搏动,脉多滑数。

2. 少女停经 少女月经初潮后,可有一段时间月经停闭,因其尚未建立正常月经周期,多数可在1年内趋于正常,无需治疗。

【辨证论治】

闭经的辨证,必须以全身症状、舌脉与详细询问病史及全面检查相结合。一般以区分虚实为前提。虚者补而通之,或补益肝肾,或调养气血;实者泻而通之,或活血化瘀,或理气行滞,或除邪调经,虚实夹杂者,当寓攻于补,寓补于攻;切不可不分虚实,滥用攻伐方药,重伤气血;亦不可一味峻补,壅滞脾胃,反致生化乏源。某些全身性疾病而致经闭者,又当或先治原发病,病愈则经可调。

（一）肾气不足证

主要证候 年逾16周岁尚未行经，第二性征发育不良，或初潮较晚，月经后期，量少，经色淡或暗，质稀薄，逐渐发为闭经；或体质虚弱，面色淡白或晦暗，腰酸膝软，头晕耳鸣，夜尿频多，大便不实，或形体畏寒，或性欲淡漠；舌淡，苔白，脉沉细或沉迟。

证候分析 禀赋素弱，肾气未盛，天癸不至或已至而未盛，精血衰少，血海不能满溢，故月经初潮来迟或后期量少，渐至闭经；肾精髓海不足，腰府失养，故腰酸膝软，头晕耳鸣；肾气虚阳气不足，故性欲淡漠或形体畏寒，不能温化膀胱，故小便频数，不能暖脾土，故大便不实；舌脉均为肾虚证候。

治疗法则 补肾益气，益精养血。

方药举例 大补元煎（方见月经后期）加紫河车。

若肾阳虚，形体畏寒，面色晦暗，性欲淡漠者，加巴戟天、仙茅、淫羊藿温肾壮阳；若面色萎黄，头晕目眩，阴道干涩，毛发脱落者，加制何首乌、桑椹子、鸡血藤滋肾养血。

（二）气血亏虚证

主要证候 月经后期，经血量少，色淡，渐至停闭；兼见面色萎黄，头晕眼花，心悸气短，神倦肢软，或纳少便溏，毛发不泽；唇舌色淡，苔薄白，脉沉细无力。

证候分析 素体脾胃虚弱，气血生化之源不足，或久病大病，或数失于血，血虚气弱，冲任失养，血海不能按时满溢，故月经后期，经血量少，色淡，渐至月经停闭；余均为血虚不荣，气虚不布所致。

治疗法则 补中益气，养血调经。

方药举例 人参养荣汤（《太平惠民和剂局方》）。

人参　黄芪　白术　茯苓　陈皮　炙甘草　熟地黄　当归　白芍　五味子　远志　肉桂

如腹胀便溏者，加入木香、砂仁；肠鸣形寒者，加炮姜、小茴香；产后大出血所致的经闭，还见神情淡漠，阴、腋毛脱落，阴道干涩，生殖器官萎缩等症。此乃营血亏乏，肾气虚惫，冲任虚衰，可于上方加紫河车、鹿茸、龟板、鳖甲等血肉有情之品；若为虫积、贫血、胃肠道等疾病所致的营养不良性气血虚弱，则应先治愈原发病，继以扶脾胃，补气血调经。

（三）阴虚血燥证

主要证候 经血量少，色红，质稠，渐至经闭；午后潮热，盗汗，形体消瘦，头晕胸闷，口干烦热，便结尿黄；舌红少苔，脉细数。

证候分析 阴虚生内热，火逼水涸，血海燥涩渐涸，故经血量少，色红，质稠，渐至经闭；津伤故口干，虚热内扰，故头晕胸闷、烦热；午后潮热，盗汗，形体消瘦，舌脉等属阴虚之象。

治疗法则 滋阴润燥，清热调经。

方药举例 加减一阴煎（《景岳全书》）加黄精、丹参。

生地黄　熟地黄　白芍　麦冬　知母　地骨皮　甘草

若虚烦潮热甚者，可加入青蒿、鳖甲；若虚烦少寐，胸闷心悸者，加入柏子仁、首乌藤；若因实火销铄阴血所致血涸闭经，见面赤，烦热口渴者，可于方中加入大黄、黄柏。

（四）气滞血瘀证

主要证候 月经数月不行；精神抑郁，烦躁易怒，胸胁胀满，时或嗳逆，小腹胀痛拒按，或伴腰骶部疼痛；舌质紫暗有瘀点，脉细弦或沉弦。

证候分析 气以通为顺。气机郁结，血行受阻，冲任不通，胞脉阻隔，则月经停闭；气滞不宣，则精神抑郁，烦躁易怒，胸胁胀满，胞络者系于肾，脉络气机阻塞，不通则痛在下腹及腰骶；舌脉为瘀滞之象。

治疗法则 理气活血，逐瘀通经。

方药举例 血府逐瘀汤（《医林改错》）。

桃仁　红花　当归　生地黄　川芎　赤芍　牛膝　桔梗　柴胡　枳壳　甘草

若偏于气机郁结，症见胸胁、少腹胀甚者，上方加青皮、香附。如因心气郁阻，症见郁郁寡欢，胸

闷忧虑,寐梦纷纭,加石菖蒲、远志、合欢皮;偏于瘀血内阻,症见少腹疼痛拒按,甚或肌肤甲错者,加姜黄、三棱;若气郁化火,症见口苦咽干,烦躁胁痛者,酌加黄芩、栀子、郁金。

(五) 寒凝血瘀证

主要证候　既往月经正常,突然停闭,数月不行;腰腹冷痛,得热痛减,四肢不温,面色青白,带下量多色白,质清稀;舌质紫暗,苔白,脉沉紧。

证候分析　风寒邪气客于胞宫,与血相搏,血为寒凝致瘀,瘀阻冲任,气血不通,故经闭不行;寒性收引拘急,滞阻于冲任督带脉,则腰腹冷痛拒按,得热后血脉暂通,故腹痛得以缓解;寒伤阳气,阳气不得外达,故四肢不温,面色苍白;舌脉均为寒凝血瘀之征。

治疗法则　温经散寒,活血通经。

方药举例　温经汤(方见月经后期)。

若见小腹隐隐作痛,喜温喜按,大便溏薄,小便清长,属阳虚生内寒,寒凝经脉者,酌加制附子、肉苁蓉、淫羊藿。

(六) 痰湿阻滞证

主要证候　月经由稀发量少,渐至停闭不行,带下量多,质黏如痰;形体肥胖,胸胁满闷,眩晕心悸,神疲倦怠,纳少口腻多痰;舌淡胖,苔白腻,脉滑。

证候分析　痰湿流注于冲任,胞宫闭阻,气血瘀滞不行,则月经停闭,损伤带脉则带下量多,质黏如痰;痰湿内盛,则形体肥胖,阻于胸脘,则胸胁满闷;痰湿困脾,运化失常,则纳少口腻多痰;上困清窍,神疲倦怠;痰湿停于心下则眩晕心悸;舌脉为痰湿内盛之象。

治疗法则　燥湿化痰,活血通经。

方药举例　苍附导痰丸(方见月经过少)加鸡血藤、川牛膝。

【转归及预后】

若闭经时间较短,病因简单,病损脏腑单一,积极治疗,一般预后较好。若闭经时间长,病因复杂,多脏腑损伤,五脏所伤,穷必及肾,肾虚天癸竭,则难以在短期内治愈。若闭经久治不愈,可导致不孕症、带下量少等其他疾病。

【预防及调摄】

(1) 经期、产后避免过食生冷、涉水、感寒。
(2) 已婚妇女加强避孕措施,避免多次人流刮宫,预防产后大出血。
(3) 及时治疗可能导致闭经的疾病。
(4) 饮食适宜,保养脾胃,增强体质。
(5) 保持心情舒畅,劳逸结合,避免暴怒、过度紧张和压力过大。

【文献摘录】

《素问·阴阳别论》:二阳之病发心脾,有不得隐曲,女子不月,其传为风消,其传为息贲者,死不治。

《妇人良方大全·调经门·月经不调方论》:肾气全盛,冲任流通,经血既盈,应时而下,名之月水……由劳伤血气壅结,故令月水不通也。

本节复习思考题

附

多囊卵巢综合征

多囊卵巢综合征(polycystic ovarian syndrome,PCOS),是一种生殖功能障碍与糖代谢异常并存的内分泌紊乱综合征。持续性无排卵、雄激素过多和胰岛素抵抗是其重要特征,是生育期妇女月经紊乱最常见的病因,其病因至今尚未阐明。

【内分泌特征与病理生理】

(一) 内分泌特征

雄激素过多;雌酮过多;LH/FSH 比值增大;胰岛素过多。

笔记栏

(二)病理生理

下丘脑-垂体-卵巢轴调节功能异常；胰岛素抵抗和高胰岛素血症；肾上腺内分泌功能异常。

【病理】

1. 卵巢变化 双侧卵巢或单侧卵巢均匀性增大，为正常妇女的2～5倍，呈灰白色，包膜增厚、坚韧。切面见卵巢白膜均匀性增厚，较正常厚2～4倍，白膜下可见大小不等，≥10个囊性卵泡，直径<1 cm。镜下见多个不成熟阶段呈囊性扩张的卵泡及闭锁卵泡，无成熟卵泡生成及排卵迹象。

2. 子宫内膜变化 患者因无排卵，子宫内膜长期受雌激素刺激，呈现不同程度增殖性改变，如单纯性增生、复杂性增生，甚至呈不典型性增生。长期持续无排卵增加子宫内膜癌的发生概率。

【临床表现】

1. 月经失调 为最主要症状。多表现为月经稀发或闭经。闭经前常有月经过少或月经稀发。

2. 不孕 生育期妇女因排卵障碍导致不孕。

3. 多毛、痤疮 是高雄激素血症最常见表现。以性毛为主，阴毛浓密且呈男性型倾向，也有上唇细须或乳晕周围有长毛出现。油脂性皮肤及痤疮常见。

4. 肥胖 50%以上患者肥胖(体重指数≥25)，且常呈腹部肥胖型(腰围/臀围≥0.80)。肥胖与胰岛素抵抗、雄激素过多、游离睾酮比例增加及与瘦素抵抗有关。

5. 黑棘皮症 阴唇、颈背部、腋下、乳房下和腹股沟等处皮肤皱褶部位出现灰褐色色素沉着，呈对称性，皮肤增厚，质地柔软。

【辅助检查】

1. 内分泌测定 血清雄激素睾酮(T)不超过正常范围上限2倍；FSH偏低，LH升高，LH/FSH比值≥2～3；血清雌激素：雌酮(E_1)升高，雌二醇(E_2)正常或轻度升高，$E_1/E_2>1$。

腹部肥胖患者，应检测空腹血糖及口服葡萄糖耐量试验及胰岛素测定。

2. B超检查 卵巢增大，包膜回声增强，一侧或双侧卵巢有10个以上直径为2～9 mm无回声区，围绕卵巢边缘，呈项链征排列。

另外，基础体温测定表现为单相型基础体温曲线。月经来潮6小时行诊断性刮宫，内膜呈不同程度增殖改变，无分泌期变化。

【诊断】

根据临床表现和辅助检查不难诊断。目前采用的标准：

(1) 稀发排卵或无排卵。

(2) 高雄激素的临床表现和(或)高雄激素血症。

(3) 卵巢多囊性改变：超声提示一侧或双侧卵巢的卵泡≥12个，直径2～9 mm 和(或)卵巢体积≥10 cm^3。

3项中符合2项并排除其他高雄激素病因，如先天性肾上腺皮质增生、库欣综合征、分泌雄激素的肿瘤。血LH增高、LH/FSH比值≥2～3是非肥胖型多囊卵巢综合征特征。对肥胖型多囊卵巢综合征，应检查有无胰岛素抵抗、糖耐量异常和异常脂质血症。

【治疗】

(一)一般治疗

对肥胖型多囊卵巢综合征患者，应控制饮食和增加运动降低体重和腰围，可增加胰岛素敏感性，降低胰岛素、睾酮水平，从而恢复排卵和生育功能。

(二)中医药治疗

中医学虽无多囊卵巢综合征病名，但可根据其临床症状和体征，按闭经、月经失调、不孕等病辨证论治。

(三)西药治疗

1. 调节月经周期 定期合理应用药物，对抗雌激素作用并控制月经周期，非常重要。

(1) 口服避孕药：为雌孕激素联合周期疗法，常用口服短效避孕药，周期性服用，疗程一般为3～6个月，可重复使用。能有效抑制毛发生长和治疗痤疮。

(2) 激素后半周期疗法：可调节月经并保护子宫内膜。对LH过高分泌同样有抑制作用。亦可达到恢复排卵效果。

2. 降低血雄激素水平

(1) 糖皮质类固醇：适用于多囊卵巢综合征的雄激素过多为肾上腺来源或肾上腺和卵巢混合来源者。常用药

物为地塞米松，每晚 0.25 mg 口服，能有效抑制脱氢表雄酮硫酸盐浓度。

（2）环丙孕酮：具有很强的抗雄激素作用，能抑制垂体促性腺激素的分泌，使体内睾酮水平降低。与炔雌醇组成口服避孕药，对降低高雄激素血症和治疗高雄激素体征有效。

（3）螺内酯：是醛固酮受体的竞争性抑制剂，抗雄激素机制是抑制卵巢和肾上腺合成雄激素，增强雄激素分解，并有在毛囊竞争雄激素受体作用。剂量每日 40～200 mg，治疗多毛需用药 6～9 个月。

3. 改善胰岛素抵抗 对肥胖或胰岛素抵抗患者常用胰岛素增敏剂。二甲双胍可通过降低血胰岛素纠正患者高雄激素状态，改善卵巢排卵功能，提高促排卵治疗效果。常用剂量为每次 500 mg 口服，每日 2～3 次。

4. 诱发排卵 对有生育要求的患者在生活方式调整、抗雄激素和改善胰岛素抵抗等基础治疗后，进行促排卵治疗。氯米芬为一线促排卵药物，氯米芬抵抗患者可给予二线促排卵药物。诱发排卵时易发生卵巢过度刺激综合征，需严密监测，加强预防措施。

（四）手术治疗

1. 腹腔镜下卵巢打孔术 对 LH 和游离睾酮升高者效果较好，可获得 90% 排卵率和 70% 妊娠率。

2. 卵巢楔形切除术 将双侧卵巢楔形各切除 1/3 可降低雄激素水平，减轻多毛症状，提高妊娠率。术后卵巢周围粘连发生率较高，临床已不常用。

第十节 痛　　经

凡在经期或经行前后，出现周期性小腹疼痛或痛引腰骶，严重影响女性的正常生活，甚则剧痛伴恶心呕吐、晕厥者，称为"痛经"（clysmenorrhea），又称"经行腹痛"。痛经分为原发性痛经与继发性痛经，本节讲述原发性痛经，即生殖系统无明显器质性病变者。

西医学的子宫内膜异位症及盆腔炎性疾病等导致的继发性痛经亦可参照本病诊治。

【病因病机】

本病的发生与经行前后气血、冲任、胞宫的周期性生理变化密切相关。经前气血下注冲任，冲任气血充盛，若因气滞血瘀、寒湿凝滞、湿热蕴结，致冲任、胞宫壅滞，气血运行不畅，"不通则痛"，故痛经发作；或因先天肾气不足，后天肝肾虚损、脾胃虚弱，致精亏血少，值经期及经后，经血下泄，胞宫由盈转亏，冲任、胞宫失于濡养，"不荣则痛"，故痛经发作。如果实邪未祛，虚损未补，则形成周期性痛经。

1. 气滞血瘀 素性抑郁，或郁怒伤肝，肝气郁结，逢经前期、经期气血下注冲任，气机阻滞，瘀滞冲任、胞宫，气滞血瘀，"不通则痛"。

2. 寒湿凝滞 经期产后，血室正开，居处不慎，冒雨涉水，寒湿直中；或久居湿地，寒湿客于下焦，或过食寒凉生冷之品，寒湿内生；或素体阳虚，阴寒内盛，寒湿客于冲任、胞宫，值经前经时气血下注，寒湿与气血相搏结，以致气血凝滞不畅，"不通则痛"。

3. 气血虚弱 素体虚弱，气血不足，或大病久病，耗伤气血，或脾胃虚弱，化源不足，气虚血少，经行血泄，冲任、胞宫气血愈虚，胞脉失于濡养，"不荣则痛"。

4. 肝肾亏损 先天肾气不足，或房劳多产，耗伤精血，或久病虚损，伤及肾气，精亏血少，冲任失于充盈，经行血泄，血海愈虚，失于濡养，"不荣则痛"。

5. 湿热蕴结 素体湿热，或经期产后，感受湿热之邪，湿蕴热蒸，与血搏结，稽留于冲任、胞宫，气血凝滞，经前经行之际，冲任、胞宫气实血盛，壅滞更甚，"不通则痛"。

【诊断与鉴别诊断】

（一）诊断

1. 病史 注意经期产后有无冒雨涉水、情志刺激史、感受寒湿热邪等病史。

2. 症状 妇女在经期或行经前后，出现周期性下腹疼痛或痛引腰骶，甚则剧痛难忍伴恶心呕吐、晕厥，以致影响其正常的学习、工作和生活。

3. 检查

（1）妇科检查：多无明显阳性体征。

（2）辅助检查：B 超检查、宫腔镜、腹腔镜检查等有助于明确痛经的病因。

（二）鉴别诊断

1. 继发性痛经　与原发性痛经的症状类似，原发性痛经多见于青春期和未婚女性，继发性痛经多见于已婚女性和经产妇。两者鉴别的关键点在于继发性痛经往往伴随有生殖系统的器质性病变。可以通过妇科检查，B 超，宫、腹腔镜检查将原发性痛经与子宫内膜异位症及盆腔炎性疾病等导致的继发性痛经进行鉴别。

2. 异位妊娠、胎动不安、堕胎、小产　与原发性痛经的相似之处在于这类疾病往往也都有阴道流血伴下腹疼痛连及腰骶的症状，关键在于仔细询问月经史及寻找妊娠依据，可以通过妇科检查、尿或血 HCG 及妇科 B 超检查等与原发性痛经进行鉴别。

3. 黄体破裂　常发生在经前期，易与痛经混淆。黄体破裂时，腹痛为经前期突发一侧下腹剧痛，无周期性，可伴有肛门坠胀，一般无阴道流血。黄体破裂常有明显诱因，如剧烈运动、性交等。可以通过妇科检查、阴道后穹窿穿刺、妇科 B 超检查等与原发性痛经进行鉴别。

4. 肠痈　腹痛特点是转移性右下腹疼痛，疼痛发生的时间与月经周期无相关性，往往伴有发热、白细胞增高等感染征象，而痛经则无。

【辨证论治】

痛经的辨证主要根据疼痛发生的时间、程度、部位、性质，结合月经的期、量、色、质及兼证、禀赋，结合舌脉象等辨其虚实寒热。一般疼痛发生在经前、经期者属实，发生在经后者属虚；剧痛者属实，隐痛者属虚；痛在少腹，兼有经前两胁乳房胀痛者，多责之肝郁，痛连腰骶，兼有头晕、耳鸣者多责之肾虚；胀痛伴经行不畅者多属气滞，刺痛伴经血色暗，有血块者多属血瘀；冷痛，得热痛减者属寒，灼痛者属热。

痛经之病位在冲任、胞宫，变化在气血，表现为经行腹痛。痛经的治疗原则，以调理冲任气血为主。治疗时，根据冲任气血的周期性变化而因势利导，还需结合急则治标，缓则治本的原则。平时审因辨证以治本，痛时缓急止痛以治标；经前、经期冲任、胞宫气血充盛，易生阻滞，治宜理气活血以行滞；经后血随经去，冲任、胞宫空虚，治宜益气养血以补虚。痛经的治疗宜经前 1 周给药至经期。对于经前期就诊的痛经患者，如果有生育要求，又未采取避孕措施者，应先进行尿或血 HCG 等检查，排除妊娠后再辨证论治。

（一）气滞血瘀证

主要证候　经前或行经第一、二日，小腹胀痛，拒按，甚则剧痛而恶心呕吐，伴胸胁作胀，或经量少，或经行不畅，经色紫暗有块，血块排出后痛减，经净疼痛消失；舌质紫暗或有瘀点，苔薄白，脉弦或弦滑。

证候分析　肝藏血，主血海，肝主疏泄，肝气条达，则血海通调。因素性抑郁，或郁怒伤肝，肝气郁结，肝失条达，兼之经前、经行之际，冲任、胞宫气实血盛，遂致冲任气血不利，胞宫、胞脉瘀滞，经血涩滞，"不通则痛"，故见经前或行经第一、二日，小腹胀痛，拒按，经量少或经行不畅，经色紫暗有块；行经后，血块排出，瘀滞随经血而外泄，故血块排出后痛减，经净疼痛消失；舌质紫暗或有瘀点，脉弦，均为气滞血瘀之征象。

治疗法则　活血化瘀，行气止痛。

方药举例　膈下逐瘀汤（《医林改错》）酌加皂角刺、荔枝核、潼蒺藜。

当归　川芎　桃仁　红花　赤芍　牡丹皮　枳壳　延胡索　五灵脂　乌药　香附　甘草

若肝郁化热，瘀热互结，症见经期延长，经血色紫暗，质黏稠，兼见口苦咽干，目涩，舌红苔黄，脉弦数者。治宜清泄肝热，上方加连翘、栀子、夏枯草。

若肝郁乘脾，肝脾不和，症见胸胁满闷，纳呆者。治宜健脾益气，上方酌加鸡内金、茯苓、陈皮、砂仁。若肝气挟冲气上逆犯胃，症见痛经甚伴恶心呕吐者。治宜和胃降逆，上方加吴茱萸、生姜。

（二）寒湿凝滞证

主要证候 经前数日或经期小腹冷痛，得热痛减，按之痛甚，经量少，经色暗黑或有血块，或肢冷身疼；舌暗淡，苔白腻，脉沉紧。

证候分析 寒湿为阴邪，性重浊凝滞，易阻遏气机，损伤阳气。经前冲任、胞宫气血壅盛，寒湿内客，与气血相搏结，经血运行不畅，故经前数日或经期小腹冷痛；经血为寒湿凝滞，故经色暗黑或有血块，经量少；寒湿为阴邪，故腹痛得热则痛减；寒性收引，湿性浊腻，阻遏阳气，故见肢冷身疼；舌暗淡，苔白腻，脉沉紧，均为寒湿凝滞之征象。

治疗法则 温经散寒，化瘀止痛。

方药举例 少腹逐瘀汤（《医林改错》）酌加紫石英、川椒、乌药、巴戟天、仙灵脾、苍术、白芷。

小茴香 干姜 延胡索 没药 当归 川芎 肉桂 赤芍 蒲黄 五灵脂

（三）气血虚弱证

主要证候 经后一两日或经期小腹隐隐作痛，或小腹及阴部空坠，喜揉按，月经量少，色淡质稀，或神疲乏力，或面色不华，或纳少便溏；舌质淡，苔薄白，脉细弱。

证候分析 气血本虚，行经经血外泄，血海愈亏，冲任、胞宫失于濡养，"不荣则痛"，故经后一两日或经期小腹隐隐作痛，或小腹及阴部空坠，喜揉按；血海亏虚，胞宫满盈失度，故月经量少，色淡质稀；气虚中阳不振，故见神疲乏力，纳少便溏；血虚不能上荣头面，故面色不华；舌质淡，苔薄白，脉细弱，均为气血虚弱之征象。

治疗法则 益气补血，和营止痛。

方药举例 圣愈汤（《兰室秘藏》）去生地，酌加鸡血藤、玫瑰花、龙眼肉、阿胶。

当归 川芎 熟地黄 生地黄 人参 黄芪

（四）肝肾亏虚证

主要证候 经净后一两日小腹绵绵作痛，腰酸，经色暗淡，量少，质稀薄，或有潮热，或耳鸣；舌淡红，苔薄白或薄黄，脉细弱。

证候分析 肝肾不足或虚损，冲任不充，精血乏源，经行之后，血海益亏，冲任、胞宫失于濡养，"不荣则痛"，故有经净后一两日小腹绵绵作痛，经色暗淡，量少，质稀薄；肾主骨，腰为肾之外府，肾虚，故腰酸；肾开窍于耳，肝肾亏虚，精血乏源，阴虚生内热，故有耳鸣，潮热，舌苔薄黄；脉细弱为肝肾亏虚之征。

治疗法则 益肾养肝，缓急止痛。

方药举例 调肝汤（《傅青主女科》）酌加紫河车、黄精、女贞子、墨旱莲。

山药 阿胶 当归 白芍 山茱萸 巴戟天 甘草

若肝肾亏虚日久，累及肾阳，症见经期或经后小腹冷痛，喜按，得热则舒，经量少，经色暗淡，或经下膜块，腰膝酸软，小便清长，舌质淡胖，边有齿印，苔白润，脉沉者。治宜温经扶阳，暖宫止痛，方选温经汤（《金匮要略》）。

人参 当归 芍药 川芎 吴茱萸 生姜 桂枝 半夏 麦冬 牡丹皮 阿胶 甘草

（五）湿热蕴结证

主要证候 经前或经期，小腹灼痛拒按，痛及腰骶，月经过多或经期延长，经色紫暗，质稠或夹有血块，平素带下量多，黄稠异味，或伴低热，小便黄赤；舌红，苔黄腻，脉滑数或濡数。

证候分析 湿热内伏冲任，经前、经期冲任、胞宫气血壅盛，湿蕴热蒸，与气血相搏结，胞宫、胞脉气血运行不畅，"不通则痛"，故见经前或经期，小腹灼痛拒按；胞脉者系于肾，湿热瘀结胞脉，故见腰骶疼痛；湿热伏于冲任，热邪迫血妄行，可见月经过多或经期延长，血为热灼，故经色紫暗，质稠或夹有血块；湿热下注，伤于带脉，带脉失约，故带下量多，黄稠异味；湿蕴热蒸，故低热起伏，小便黄赤；舌红，苔黄腻，脉滑数或濡数，均为湿热蕴结之征象。

治疗法则 清热除湿，化瘀止痛。

方药举例　清热调血汤(《古今医鉴》)酌加连翘、红藤、败酱草、薏苡仁、白花蛇舌草。

当归　川芎　白芍　生地黄　黄连　香附　桃仁　红花　延胡索　牡丹皮　莪术

【转归及预后】

(1) 本病经中医辨证施治,疗效较好。坚持治疗 3 个月经周期,基本上能够达到缓解疼痛的目的。

(2) 若经期腹痛剧烈,伴面色苍白,四肢逆冷,大汗淋漓,甚则晕厥,病势较急,应积极抢救。

【预防及调摄】

(1) 畅情志:对患者进行必要的医学科普知识及生理卫生宣教,消除其对痛经的恐惧与忧虑;对于素性抑郁的患者,建议其自我心理松绑或接受正规的心理健康指导,以畅达气机,调畅情志。

(2) 调饮食:告诫患者不过食生冷、寒凉、辛辣、油腻之品,以防脾胃虚弱,气血生化乏源,或致寒湿凝滞、湿热内蕴。

(3) 适劳逸:经期、产褥期及计划生育手术操作后,应避免重体力劳动或剧烈的体育活动。

(4) 慎起居:经期、产褥期及计划生育手术操作后应避风寒,忌冒雨涉水,以免血室正开,风寒直中。

(5) 节房事:经期、产褥期及宫腔操作后 1 个月,应禁止性交。

【文献摘录】

《傅青主女科·调经·经水将来脐下先疼痛》:"妇人有经水将来三五日前而脐下作疼,状如刀刺者;或寒热交作,所下如黑豆汁,人莫不以为血热之极,谁知是下焦寒湿相争之故乎!……方用温脐化湿汤。"

《妇人大全良方·月水行或不行心腹刺痛方论第十二》:夫妇人月经来腹痛者,有劳伤气血,致令体虚;风冷之气客于胞络,损于冲任之脉,手太阳、少阴之经……故月水将行之际,血气动于风冷,风冷与血气相击,故令痛也。若经道不通,绕脐寒疝痛彻,其脉沉紧,此由寒气客于血室,血凝不行,积血为气所冲,新血与故血相搏,所以发痛。

附

子宫内膜异位症

具有生长功能的子宫内膜组织[包括腺体和(或)间质]在子宫腔以外身体的其他部位出现、生长、浸润、反复周期性出血,形成结节及包块,引起痛经和不孕等病变时,称子宫内膜异位症(endometriosis,EM),简称"内异症"。异位内膜增殖力强,具有黏附性强及侵蚀性生长的特点,被称为良性肿瘤(benign cancer)。生育年龄妇女多发,发病率为 10%～15%,近年来,发病率呈明显上升趋势。异位病灶最常见于盆腔脏器和腹膜,其中以侵犯卵巢最常见,也可出现在身体其他部位,如膀胱、肾、输尿管、肺、胸膜、乳腺、脐、淋巴结、腹部手术切口,甚至在手、臂、大腿等处。其病理特点表现为:① 症状及体征与疾病的严重性不成比例;② 病变广泛、形态多样;③ 浸润性,可形成广泛而严重的粘连;④ 激素依赖性,易复发。

中医学无子宫内膜异位症这一病名记载,根据其临床表现可归属于"痛经""癥瘕""不孕症"等范畴。

【病因病机】

本病的主要病机为血瘀,但病因复杂,可因先天肾气不足,瘀血阻于冲任、胞宫,气血运行不畅而发病;或七情过度,忧思郁怒,肝失条达,气滞血瘀而发病;或堕胎、小产及手术创伤,致血溢胞外成离经之血,而发病。

【诊断与鉴别诊断】

(一) 诊断

1. 病史　无明显病史,或有情志刺激,经期性交,经期剧烈运动,宫腔操作、剖宫产等手术病史。

2. 症状　主要表现为继发性痛经进行性加重,性交痛,月经失调,不孕,急性腹痛,大便困难等,也有一小部分患者无症状。

3. 检查

(1) 妇科检查:内异症的早期体征不明显,盆腔检查往往无特殊表现。其典型体征为妇科检查发现子宫多后倾,活动度差,子宫大小一般正常,合并子宫腺肌病时可增大;阴道后穹隆、宫骶韧带及子宫直肠陷凹可扪及痛性结节,质地坚硬,界限分明;一侧或两侧附件可扪及囊性包块,活动度差,可有轻度压痛。

(2)体格检查:除巨大的卵巢子宫内膜异位囊肿在腹部扪及包块和囊肿破裂时,出现腹膜刺激征外,一般腹部检查均无明显异常。

(3)辅助检查

1)实验室检查:血常规、血清肿瘤标志物CA125、抗子宫内膜抗体(EMAb)。

2)B超检查、MRI检查、腹腔镜检查。

(二)鉴别诊断

1. 子宫腺肌病 痛经程度往往较子宫内膜异位症更剧烈,子宫呈球形增大,质地较硬且压痛明显。

2. 盆腔炎性包块 多有盆腔炎性疾病病史,腹痛与经期无明显相关性,抗炎治疗后腹痛可缓解或治愈。

3. 卵巢恶性肿瘤 与卵巢子宫内膜异位囊肿的不同在于其包块多为实性,病程进展快,多伴有腹水,CA125及其他卵巢肿瘤标志物的值明显升高,MRI有助于进一步鉴别,不能明确诊断者尽早剖腹探查。

4. 卵巢囊肿蒂扭转 与卵巢子宫内膜异位囊肿破裂都有突发性腹痛及腹膜刺激征。前者无进行性加重的痛经史,其发生与月经周期无关,往往由剧烈运动、性交、发热等诱发;后者有继发性痛经进行性加重的病史,多发生在经前或经期。

【辨证论治】

内异症总的治疗原则是减灭和消除病灶,缓解并解除疼痛,改善和促进生育,减少和避免复发。其辨证主要根据疼痛发生的时间、性质,包块的大小、质地,结合月经的期、量、色、质及兼证、禀赋,综合舌脉等辨其虚实寒热。尚需辨别疾病的轻重缓急。一般疼痛轻、包块小者,属轻、属缓;疼痛剧、包块大,全身情况差者,属重、属急。证属轻缓者治疗以活血化瘀,消癥散结为主,再根据病性的寒、热、虚、实不同而散寒、清热、补肾、行气。卵巢子宫内膜异位囊肿破裂是妇科的急腹症之一,应迅速诊断,立即采取积极有效的措施,以免引发不良后果。

(一)气滞血瘀证

主要证候 经前或经期小腹胀痛,逐渐加重,或经行不畅,经色紫暗有块,或经期延长,淋漓不尽;婚久不孕,腹中拘急结块,经前胸胁乳房胀痛;舌质紫暗或有瘀点、瘀斑,脉弦涩。

证候分析 肝主疏泄,主血海,肝气条达,则血海通调。情志不畅,肝气郁结,木失条达,则瘀滞冲任,行经之时,冲任、胞宫经血涩滞,"不通则痛",故见经行腹痛,经行不畅,经色紫暗有块;冲任、胞宫瘀滞日久,藏泻失度,故见经期延长,淋漓不尽,婚久不孕,腹中结块;舌质紫暗有瘀点、瘀斑,脉弦涩,均为气滞血瘀之征象。

治疗法则 行气破瘀,散结消癥。

方药举例 大黄䗪虫丸(《金匮要略》)。

大黄 水蛭 虻虫 蛴螬 干漆 桃仁 苦杏仁 黄芩 干地黄 白芍 甘草 䗪虫

若郁久化热,瘀热互结,症见经期延长,淋漓不尽,经血色紫暗,质黏稠,兼见口苦,舌红苔黄,脉弦数者。治宜清肝泄热,化瘀消癥,上方酌加牡丹皮、赤芍、三七、连翘、栀子、延胡索、蒲黄、川牛膝、浙贝母、泽兰、芫蔚子。

(二)寒凝血瘀证

主要证候 经来小腹冷痛,得热痛减,按之痛甚,逐渐加重,经量少,经色暗黑或有血块,或下腹结块,畏寒肢冷,头痛身痛;婚久不孕,带下量多;舌暗,苔白腻,脉沉紧。

证候分析 寒为阴邪,性凝滞、收引,易阻遏气机,损伤阳气。经前冲任、胞宫气血壅盛,寒邪内客,与气血相搏结,经血为寒邪所凝,故经来小腹冷痛,经色暗黑或有血块,经量少;寒为阴邪,故腹痛得热则痛减;寒性收引,阻遏阳气,凝滞气血,故见畏寒肢冷,头痛身痛;寒邪客于冲任,胞宫失于温煦,不能摄精成孕,故婚久不孕;寒邪损伤带脉,带脉失约,故带下量多;舌暗淡,苔白腻,脉沉紧,均为寒凝血瘀之征象。

治疗法则 温经散寒,活血化瘀。

方药举例 膈下逐瘀汤(方见痛经)。

若寒邪缠延日久,湿浊内生,痰瘀互结,症见经来小腹冷痛,肛门坠痛,逐渐加重,经量少,经色暗淡,质黏稠,婚久不孕,带下量多黏稠,胸脘满闷,大便不爽,舌质紫暗,边有齿痕,苔白腻,脉沉细滑者。治宜豁痰除湿,活血化瘀,方选丹溪治湿痰方(《丹溪心法》)加狗脊、补骨脂、紫石英。

苍术 白术 香附 川芎 当归 半夏 滑石 茯苓

(三)肾虚血瘀证

主要证候 经前或行经小腹隐痛、刺痛或坠痛,痛连腰骶,或经量少,腹中结块;婚久不孕,腰膝酸软,头晕耳鸣,目眶黧黑;舌质暗淡或有瘀点,苔薄,脉沉细涩。

证候分析 先天肾气不足,或房劳多产,数伤于血,或大病久病,伤及肾气,精血暗耗,冲任失于充盈,冲任不固,经行血泄,血海愈虚,或血溢脉外而成离经之血,故经前或行经小腹隐痛、刺痛或坠痛,痛连腰骶,经量少,腹中结块;肾主骨,腰为肾之外府,肾虚,故腰膝酸软;肾主髓海,开窍于耳,肾精亏虚,髓海失充,故有头晕耳鸣,目眶黧黑;舌质暗淡或有瘀点,苔薄,脉沉细涩,均为肾虚血瘀之征象。

治疗法则 补肾益气,化瘀消癥。

方药举例 归肾丸(方见月经后期)合桂枝茯苓丸(《金匮要略》)加减。

桂枝　茯苓　牡丹皮　赤芍　桃仁

若偏肾阳虚,症见形寒肢冷,腰脐以下皮肤不温,性欲淡漠,带下量多清冷,毛发稀疏者。治宜温肾固冲,化瘀消癥,上方加补骨脂、金樱子、狗脊、仙茅、淫羊藿。

若偏肾阴虚,症见五心烦热,面赤唇干,舌红少津,阴部干涩,带下量少色黄者。治宜滋阴清热,化瘀消癥,上方加女贞子、墨旱莲、麦冬、连翘、知母。

若脾肾两虚,症见肛门坠痛,神疲乏力,纳呆,便溏者。治宜补肾健脾,化瘀消癥,上方加黄芪、党参、炒白术、薏苡仁、陈皮、苍术、鸡内金。

【转归及预后】

(1) 本病病势较缓,病程迁延难愈,疾病的严重程度往往与临床症状不成正相关。

(2) 内异症患者常伴不孕,不孕患者常有内异症病史。

【预防及调摄】

(1) 畅情志:避免忧思郁怒等过度的情志刺激,保持愉悦平和的心态,使气机条达,情志调畅。

(2) 适劳逸:女性经期应避免重体力劳动或剧烈的体育活动。

(3) 节房事:经期、产褥期及宫腔操作后1个月,应禁止性交。

第十一节　经行诸证

每值行经前后或经期,周期性出现诸如乳房胀痛、发热、头痛、身痛、泄泻、浮肿、口舌糜烂、吐血衄血、情志异常等一系列症状者,称为"经行诸证"。其特点是伴随月经周期性出现,多发生在经前或经期,经行或经后症状逐渐消失。根据症状不同,该类疾病包括"经行乳房胀痛""经行发热""经行头痛""经行身痛""经行泄泻""经行浮肿""经行口糜""经行吐衄""经行情志异常"。这些症状可单独出现,亦可数种并见。

西医学的经前期综合征可参照本病诊治。

一、经行乳房胀痛

每于行经前后或经期,出现乳房胀痛,甚至不能触衣,或乳头胀痒疼痛者,称为"经行乳房胀痛(menstrual distending pain of breasts)"。

【病因病机】

本病多由七情内伤,肝气郁结,气血运行不畅,乳络阻滞;或因肝肾精血不足,乳络失于濡养所致。

1. 肝气郁结 冲脉隶于阳明而所司在肝,乳头属肝,乳房属胃,经行阴血下注冲任,冲脉气盛血实,复因郁怒忧思,肝气郁结,肝失条达,乳络气血壅阻,"不通则痛",遂致经行乳房胀痛。经行之后,冲脉气血壅阻缓解,故乳房胀痛消失。

2. 肝肾阴虚 素体阴虚,或大病久病,失血耗津,经行则阴血愈虚,肝肾益亏,乳络失于濡养,"不荣则痛",遂致经行乳房胀痛。

【诊断与鉴别诊断】

(一)诊断

1. 病史 素性抑郁或经期恚怒史。

2. 症状 乳房胀痛伴随月经周期性反复发作。一般症状多见于经前，经后逐渐消失。

3. 检查

(1) 体格检查：扪诊时乳房胀满或有触痛，多无肿块，皮色不改变，经后消失。

(2) 辅助检查：乳腺红外线、乳腺彩超及钼靶检查多无阳性发现。

（二）鉴别诊断

若乳房有结节或肿块，经净不能消失者，应与乳腺增生症或肿瘤相鉴别。及时行 B 超、钼钯检查，必要时可进行乳房肿块组织病理活检。

【辨证论治】

经行乳房胀痛，辨证有虚实之分。实证胀痛多发生于经前，按之乳房饱满有块，经后乳房胀痛渐止；虚证胀痛多发生于行经之后，按之乳房柔软无块。当审证求因，分别施治。

（一）肝气郁结证

主要证候　经前乳房胀痛，甚至痛不能触衣，或乳头胀痒疼痛，胸闷胁胀，烦躁易怒，善叹息，经行不畅，色暗红，经行小腹胀痛；舌淡红，苔薄白，脉弦。

证候分析　肝藏血，主血海，冲为血海，肝司冲脉，经前冲脉气盛血实，冲气循肝经上逆，肝气郁结，疏泄失司，乳络气血壅阻，"不通则痛"，故经前乳房胀痛、乳头胀痒疼痛；肝气郁滞，肝失条达，气机不畅，克伐脾胃，乳房、胸胁及小腹为肝胃二经所布之处，故胸闷胁胀，烦躁易怒，善叹息，经行小腹胀痛；肝气郁结，冲任阻滞，故经行不畅，色暗红；脉弦为肝郁之征象。

治疗法则　疏肝解郁，理气止痛。

方药举例　柴胡疏肝散(《景岳全书》)酌加川楝子、潼蒺藜、丝瓜络。

柴胡　枳壳　芍药　川芎　香附　陈皮　炙甘草

若郁滞日久，症见乳房胀硬，结节成块者。治宜通络散结，上方加刺五加、瓜蒌、王不留行、海藻。

若肝郁化热，症见口苦口干，溲黄便艰，舌质红，苔薄黄，脉弦数者，治宜疏肝清热，方用丹栀逍遥散(方见月经先期)酌加夏枯草、连翘。

（二）肝肾阴虚证

主要证候　经行或经后两乳隐痛，腰膝酸软，两目干涩，咽干口燥，五心烦热，月经量少，色暗；舌质红，舌苔薄或少，脉细数。

证候分析　肝肾精血不足，经行血泄，阴精愈亏，乳络失于濡养，故经行或经后两乳隐痛；腰为肾之外府，肝开窍于目，肝肾精血不足，故腰膝酸软，两目干涩；阴津不足，津液不能上承咽喉，故咽干口燥；阴虚不能敛阳，故五心烦热；肝肾不足，冲任不充，故月经量少，色暗；舌红少苔，脉细数，均为肝肾阴虚之征象。

治疗法则　滋肾益肝，理气通络。

方药举例　一贯煎(《柳州医话》)酌加黄精、玉竹、女贞子、墨旱莲、龟板。

沙参　麦冬　当归　生地黄　川楝子　枸杞子

二、经行发热

每逢经期或行经前后，出现以发热为主的病证，经后其热自解者，称为"经行发热（menstrual fever）"。

【病因病机】

经行发热的主要发病机理是经期阴血下注冲任，气血变化急骤，营卫失调所致。若素有肝郁、阴虚、血瘀等病因者，经期更易诱发。

1. 肝郁　素体抑郁，或急躁恚怒，肝气郁结，郁而化火，火热伏于冲任，经行之际，冲脉气盛，气火交炽，营卫失调，以致经行发热。

2. 阴虚　素体阴虚，或久病耗阴，或房劳多产，数伤于血，或思虑忧伤，营阴暗耗，经期经后，血

随经泄,阴血益亏,阴不维阳,阳气外越,营卫失调,以致经行发热。

3. 血瘀 经期产后,余血未净,复因外感内伤,瘀血留滞胞中,积瘀化热,经行之际,血海满盈,瘀热内蕴,营卫失调,以致经行发热。

【诊断与鉴别诊断】

(一)诊断

1. 病史 或有情志内伤史、大病久病史、房劳多产史、产褥感染史、盆腔炎性疾病病史。

2. 症状 每值经期或经行前后,即出现发热,一般为低热,经后其热自退。部分患者伴小腹疼痛或月经期、量、色、质的改变。

3. 检查

(1)妇科检查:一般无明显阳性体征,部分有慢性盆腔炎病史者可有子宫增大、压痛,一侧或双侧附件区增厚、压痛、包块等。

(2)辅助检查:血常规正常或白细胞总数升高,妇科 B 超,宫、腹腔镜检查可资诊断。

(二)鉴别诊断

经期外感发热一般伴有风寒或风热表证;经期盆腔炎性疾病发作引起的发热一般为中、高度热,伴小腹疼痛。通过妇科检查、B 超检查、血细胞分析等实验室检查以相互鉴别。

【辨证论治】

经行发热以伴随月经来潮而周期性发热为其辨证要点,治疗以调气血,和营卫为总则。

(一)肝郁证

主要证候 经前或经期发热,烦躁易怒,面红唇赤,口干口苦,尿黄便结,胸胁、乳房、小腹胀痛,或见月经先期,色暗红,夹有血块;舌质红,苔黄或黄腻,脉弦数或弦滑。

证候分析 肝郁化火,经前或经期冲脉气盛,气火交炽,营卫失调,故经前或经期发热,烦躁易怒,面红唇赤;肝胆相表里,肝经入颅颠,循乳,布两胁及小腹,肝郁不舒,火热扰内,故胸胁乳房、小腹胀痛,口干口苦;肝火内扰冲任,血海不宁,血为热灼,故见月经先期,色暗红夹有血块;肝火内盛,热灼阴津,故尿黄便结;舌质红,苔黄或黄腻,脉弦数或弦滑,均为肝郁化火之征象。

治疗法则 疏肝解郁,凉血清热。

方药举例 丹栀逍遥散(方见月经先期)酌加车前子、黄芩、钩藤、龙胆草。

若胸胁乳房胀痛甚者,上方加川楝子、延胡索以加强行气止痛之力;月经先期者,上方去当归、煨姜,加生地黄、麦冬、夏枯草清热凉血调经;口苦便结者,上方去白术、煨姜,加肉苁蓉、玄参、生地黄滋阴润燥。

(二)阴虚证

主要证候 经期或经后,午后发热,两颧潮红,口干咽燥,五心烦热,少寐,月经量少,色暗红;舌体瘦,舌质红,苔少,脉细数。

证候分析 素体阴虚,经期或经后,阴血随经外泄,阴虚益甚,阴不敛阳,阳气外越,故见午后发热,两颧潮红,五心烦热;阴虚津亏,故口干咽燥;阴血虚损,心神失养,心神不宁,故见少寐;阴虚冲任不充,血为热灼,故月经量少,色暗红;舌体瘦,舌质红,苔少,脉细数,均为阴虚内热之征象。

治疗法则 滋阴清热,凉血调经。

方药举例 两地汤(方见月经先期)酌加丹参、银柴胡、白薇。

生地黄 地骨皮 玄参 白芍 阿胶 麦冬

(三)血瘀证

主要证候 经前或经期发热,小腹疼痛拒按,经色紫暗,挟有血块;舌质暗,或边尖有瘀点、瘀斑,苔薄,脉沉弦或弦涩。

证候分析 经前或经期,冲任气盛血实,瘀阻冲任,瘀热内蕴,营卫失调,故经前或经期发热,小腹疼痛拒按;瘀滞冲任,热灼阴血,故经色紫暗,挟有血块;舌质暗,或边尖有瘀点、瘀斑,脉沉弦或弦

涩,均为血瘀之征象。

治疗法则　养血活血,化瘀清热。

方药举例　血府逐瘀汤(方见闭经)酌加牡丹皮、连翘、夏枯草。

三、经行头痛

每逢经期或行经前后,出现以头痛为主要病证者,称为"经行头痛"(menstrual headache)。

【病因病机】

本病的主要发病机制是气血失调。若素体血虚,行经时,血随经泄,益感不足,血不上荣,"不荣则痛";或因瘀血内阻,脉络不通,"不通则痛";或因情志内伤,气郁化火,清窍受扰。

1. 血虚　素体血虚,或大病久病,或房劳多产,数伤于血,或脾胃虚弱,化源不足,经行时,精血下注冲任,阴血愈感不足,脑失所养,头痛乃作。

2. 肝经郁火　情志内伤,气机郁滞,气郁化火,而足厥阴肝经循巅络脑,经行时,冲脉气盛,气火随冲气上扰,头痛乃作。

3. 血瘀　宿有瘀血,或头部损伤,瘀血内停,或情志不畅,肝气郁结,木失条达,气滞血瘀,行经时,冲气挟瘀血上逆,脉络不通,头痛乃作。

【诊断与鉴别诊断】

(一)诊断

1. 病史　或有情志内伤史、大病久病史、房劳多产史、头部外伤史。

2. 症状　每值经期或经行前后,即出现明显的头痛或偏头痛,伴随月经而周期性发作、轻重不一、部位不固定,头痛已严重影响女性的正常生活,经净则头痛消失。

3. 检查

(1)体格检查:一般无明显阳性体征。

(2)辅助检查:血常规及颈椎正侧位片、颅脑彩色多普勒检查、颅脑CT或MRI检查无明显异常。

(二)鉴别诊断

器质性病变引起的头痛及内科头痛。发病均与月经周期无明显相关性。器质性病变如椎动脉狭窄、脑血管病变、颅脑肿瘤等引起的头痛,可以通过相关的影像学检查与经行头痛相鉴别;内科头痛的发病有外感与内伤的区别,外感头痛伴有风寒或风热表证,内伤头痛病因复杂,往往迁延难愈,但两者均不会因经净而缓解。

【辨证论治】

经行头痛,有虚实之辨。临床以头痛伴随月经周期性发作为辨证要点,根据疼痛的时间、性质、部位,综合舌脉及全身证候以辨其虚、实。经行头痛的治疗大法以调理气血为主,使气血调和,清窍得养,则痛自止。临床治疗经行头痛,除根据辨证论治原则外,还可根据头痛的部位,按照经络循行路线,选择引经药,可以提高疗效。临床上太阳头痛选用羌活、蔓荆子、川芎;阳明头痛选用葛根、白芷、知母;少阳头痛选用柴胡、黄芩、川芎;厥阴头痛选用吴茱萸、藁本等。

(一)血虚证

主要证候　经期或经后头痛,头晕,心悸,神疲肢倦,面色苍白,月经量少,色淡,质稀薄;舌质淡,苔薄白,脉细弱。

证候分析　因素体血虚,经行血泄,血虚愈甚,不荣则痛,四肢百骸、清窍失养,故经期或经后头痛、头晕,面色苍白,神疲肢倦;血不养心,故心悸;血虚冲任失充,故月经量少,色淡,质稀薄;舌质淡,苔薄白,脉细弱,均为血虚之征象。

治疗法则　养血益气,和络止痛。

方药举例　八珍汤(《正体类要》)酌加枸杞子、龙眼肉、鸡血藤、何首乌。

当归　川芎　白芍　熟地黄　人参　白术　茯苓　炙甘草

（二）肝经郁火证

主要证候　经前或经行头痛，甚或巅顶掣痛，烦躁易怒，头晕目眩，口苦咽干，经行不畅，量少，色红质稠；舌质红，苔薄黄，脉弦数。

证候分析　素性抑郁或恚怒伤肝，肝郁化火，经前、经期冲脉气盛，冲气挟肝火上炎，而致经前或经行头痛，甚或巅顶掣痛；肝经郁火，肝火上扰，故见头晕目眩，烦躁易怒，口苦咽干；肝经郁火，疏泄失常，热灼阴液，冲任瘀滞，故见经行不畅，量少，色红，质稠；舌质红，苔薄黄，脉弦数，均为肝经郁火之征象。

治疗法则　疏肝解郁，凉血清热。

方药举例　丹栀逍遥散（方见月经先期）。

若证属阴虚阳亢者，治当养阴清热，柔肝息风，选用杞菊地黄丸（《医级》）酌加夏枯草、白蒺藜、栀子、车前子、当归。

熟地黄　山茱萸　山药　泽泻　牡丹皮　茯苓　枸杞子　菊花

（三）血瘀证

主要证候　每值经前、经期头痛，伴小腹疼痛拒按，经色紫暗，经血有块；舌质暗，或边尖有瘀点、瘀斑，苔薄白，脉沉弦或弦涩。

证候分析　经行气血调和，自无疼痛之虞。因瘀血内停，逢行经冲脉气血旺盛，冲气挟瘀血上逆，阻滞脉络，故值经前、经期头痛；瘀血阻于冲任、胞宫，故小腹疼痛拒按，经色紫暗，有块；舌质暗，或边尖有瘀点、瘀斑，脉沉弦或弦涩，均为血瘀之征象。

治疗法则　活血化瘀，通络止痛。

方药举例　通窍活血汤（《医林改错》）。

赤芍　川芎　桃仁　红花　老葱　麝香　红枣　生姜

四、经行身痛

每值经期或行经前后，出现以身体酸楚疼痛为主要病证者，称为"经行身痛"（menstrual body pain）。

【病因病机】

本病的主要发病机理是气血失调。可因素体营血不足，兼经行之际阴血下注冲任，阴血益虚，肢体筋脉失养，"不荣则痛"；或因宿有寒湿留滞，值经期气血壅塞，血为寒凝，经脉阻滞，"不通则痛"。

1. 血虚　素体血虚，或大病久病，或房劳多产，数伤于血，或脾胃虚弱，化源不足，行经时精血下注冲任，阴血愈感不足，筋脉失养，遂致经行身痛。

2. 血瘀　素有寒湿之邪留滞经络、关节，血为寒湿凝滞，行经时冲任气血壅盛，经脉阻滞，寒湿与瘀血相搏结，气血运行不畅，遂致经行身痛。

【诊断与鉴别诊断】

（一）诊断

1. 病史　或有禀赋不足、大病久病史、房劳多产史、经期产后触冒风寒湿邪史。

2. 症状　每遇经期或经行前后，全身肢体关节酸痛，经净后渐减。伴随月经而周期性发止。

3. 检查

（1）体格检查：一般无明显阳性体征。

（2）辅助检查：血常规、红细胞沉降率及抗链球菌溶血素 O 正常，关节 X 线摄片无异常。

（二）鉴别诊断

1. 痹证疼痛　发作与月经周期无关，且疼痛游走不定，关节屈伸不利，甚至变形。血液检查可有红细胞沉降率及抗链球菌溶血素 O 增高，或类风湿因子阳性。

2. 外感身痛　与月经周期无关,且兼有风寒或风热表证。

【辨证论治】

经行身痛辨证有虚、实之分。一般痛在经期或经后,伴肢体麻木,酸楚无力者属虚;痛在经前,伴肢体重着,得热痛减者为实。治疗以调气血、和筋脉为主,或益气和血以濡养筋脉,或活血化瘀以通络止痛。

(一) 血虚证

主要证候　经期或经后,肢体疼痛、麻木,酸楚无力,头晕,面色苍白,心悸,月经量少,色淡,质稀薄;舌质淡,苔薄白,脉细弱。

证候分析　素体血虚,不能濡养筋脉,经行之际气血愈发不足,筋脉失养,故经期或经后,肢体疼痛、麻木,酸楚无力;血虚不能上荣,髓海失养,故见头晕,面色苍白;血虚心神失养,故心悸;血虚冲任失充,血海空虚,故月经量少,色淡,质稀薄;舌质淡,苔薄白,脉细弱,均为气血虚弱之征象。

治疗法则　益气养血,柔筋止痛。

方药举例　黄芪桂枝五物汤(《金匮要略》)酌加鸡血藤、当归、香附。

黄芪　桂枝　白芍　生姜　大枣

(二) 血瘀证

主要证候　经前或行经时肢体关节疼痛,屈伸不利,得热痛减,经行量少色暗,或有血块;舌紫暗,或有瘀点、瘀斑,苔薄白,脉沉紧。

证候分析　寒湿之邪内宿,肢体关节瘀滞,遇经前、经期冲任气血壅滞,两因相感,气血不畅,筋络阻滞,故经前或行经时肢体关节疼痛,屈伸不利;血得热则行,遇寒则凝,故得热痛减;瘀阻冲任,气血不畅,故经行量少,色暗有块;舌紫暗,或有瘀点、瘀斑,脉沉紧,均为寒凝血瘀之征象。

治疗法则　散寒通络,化瘀止痛。

方药举例　身痛逐瘀汤(《医林改错》)。

秦艽　羌活　川芎　当归　香附　桃仁　红花　牛膝　地龙　没药　五灵脂　甘草

若以腰膝疼痛为甚者,上方酌加杜仲、续断、桑寄生、艾叶、乌药、小茴香,以温肾壮腰,散寒止痛;若以四肢关节疼痛为甚者,上方酌加姜黄、桑枝、海风藤,以加强通络止痛之效。

五、经行泄泻

每值经前或经期,大便溏薄,次数增多,经行即作,经净即止者,称为"经行泄泻"(menstrual diarrhea)。

【病因病机】

经行泄泻主要责之于脾、肾二脏。主要发病机理是肾失气化,脾失运化。肾藏元阳,司二便,脾统血,主运化,经前、行经时气血下注冲任,脾肾益虚,遂致泄泻。

1. 脾虚　素体脾虚,或饮食不节,或忧思疲倦,或木旺乘土,兼之经前或经行时,气血下注冲任,脾气愈虚,运化失司,湿浊内停,泄泻乃作。

2. 肾虚　禀赋不足,或房劳多产,或大病久病,命门火衰,经前、经行时,气血下注冲任,肾阳愈虚,脾失温煦,肾之气化、脾之运化失职,湿浊内停,泄泻乃作。

【诊断与鉴别诊断】

(一) 诊断

1. 病史　或有饮食不节史、大病久病史、房劳多产史或忧思恚怒等情志刺激史。

2. 症状　每值行经前后,大便溏薄,甚至呈水样,大便次数增多,经来复发,经净自止。

3. 检查　大便常规及肠镜检查均无阳性发现。

(二) 鉴别诊断

1. 内科之泄泻　与月经周期无关,常伴有大便性状异常,或夹有黏液,或夹脓血。且多有腹痛,

里急后重,或发热、呕吐等症状。

2. 肠道肿瘤之泄泻 与月经周期无关,常有便血,大便性状改变,多伴贫血、消瘦等恶病质表现。直肠指诊、大便常规、肠镜检查等可协助鉴别。

【辨证论治】

经行泄泻有脾虚、肾虚之别。若大便溏薄,次数增多,脘腹胀满者,多为脾虚之证;若大便稀薄,次数增多,畏寒肢冷者,多为肾虚之证。治疗分别以健脾、温肾为法。

(一)脾虚证

主要证候 月经来潮前或正值经期,大便溏薄,次数增多,脘腹胀满,神疲倦怠,或面浮肢肿,经行量多,色淡质稀,平素带下量多;舌质淡,或舌体胖大,有齿痕,苔白或白腻,脉濡缓。

证候分析 因脾气本虚,经前或经期,气血下注冲任,脾气益虚,运化失职,水湿内停,下走大肠,故大便溏薄,脘腹胀满;水湿泛溢肌肤,故面浮肢肿。脾阳不振,清阳不升,故神疲倦怠;胞脉属心,阳虚不能奉心化赤,故经血色淡质稀;脾统血,脾虚不能摄血,故见月经量多;水湿流注,带脉失约,故见带下量多;舌质淡,或舌体胖大,有齿痕,苔白或白腻,脉濡缓,均是脾虚之征象。

治疗法则 健脾益气,化湿调经。

方药举例 参苓白术散(《太平惠民和剂局方》)。

人参 白术 扁豆 茯苓 甘草 山药 莲子肉 桔梗 薏苡仁 砂仁

若肝郁脾虚,症见经前或经行之际,腹痛即泻,伴两胁乳房胀痛。治宜疏肝健脾,方选痛泻要方(《丹溪心法》)酌加柴胡、木香、白扁豆、薏苡仁、莲子肉、茯苓。

白术 白芍 陈皮 防风

(二)肾虚证

主要证候 经期或经后,大便溏薄,次数增多,或天亮前即泄泻,大便清稀呈水样,腰膝酸软,头晕耳鸣,畏寒肢冷,面色晦暗,月经量少,经血色淡质稀,平素带下量多,清冷质稀;舌质淡或暗淡,苔薄白,脉沉迟无力。

证候分析 肾阳虚损,命门火衰,经前或行经时气血下注冲任,肾阳愈虚,不能上温脾土,气化不利,运化失司,水湿下注,而成泄泻,故大便溏薄,次数增多,或天亮前即泄泻;命门火衰,则四肢百骸失于温煦,故畏寒肢冷,面色晦暗;腰为肾之外府,肾主骨、生髓,脑为髓海,肾虚,故见腰膝酸软,头晕耳鸣;肾阳虚衰,脏腑失于温养,气血生化乏源,故月经量少,经色淡而质清稀;命门火衰,固摄失司,温煦无力,带脉失约,故平素带下量多,清冷质稀;舌质淡或暗淡,苔薄白,脉沉迟无力,均为肾阳虚衰之征象。

治疗法则 温肾扶阳,暖土固肠。

方药举例 四神丸(《校注妇人良方》)合健固汤(《傅青主女科》)酌加芡实、金樱子。

四神丸

补骨脂 吴茱萸 肉豆蔻 五味子

健固汤

人参 白术 茯苓 薏苡仁 巴戟天

六、经行浮肿

每逢经期或经行前后,出现头面四肢浮肿,或自觉头面四肢肿胀者,称为"经行浮肿(menstrual edema)"。

【病因病机】

笔记栏

本病的主要发病机理是脾肾阳虚,气化不利,运化失司,或肝郁气滞,水湿宣泄不畅,逢行经,气血下注冲任,脾肾益虚或气血壅滞,水湿泛溢肌肤,停滞而作肿胀。

1. 脾肾阳虚 禀赋不足,或思虑劳倦过度,或房劳多产,或大病久病,损及脾肾。经水将行,精血下注于冲任,脾肾益虚,阳气不运,水湿不化,溢于肌肤,浮肿乃作。

2. 气滞湿郁 情志内伤,肝气郁结,木失条达,疏泄无权,气行不畅,血行受阻。经水将行,冲任气盛血壅,气滞更甚,水湿宣泄不利,浮肿乃作。

【诊断与鉴别诊断】

（一）诊断

1. 病史 或有情志内伤史或房劳多产史。

2. 症状 经期或行经前后,四肢面目或遍身浮肿,或患者仅自感四肢面目肿胀,并伴随月经而周期性发作,经净则浮肿自消。

3. 检查

（1）体格检查：可有眼睑浮肿或下肢凹陷性水肿。

（2）辅助检查：血常规及心、肝、肾、甲状腺功能检查无明显异常。

（二）鉴别诊断

本病应与心、肝、肾疾病,甲状腺功能低下及营养不良而引起的浮肿相鉴别。心力衰竭、肝硬化、肾炎、肾病综合征及甲状腺功能低下等疾病与营养不良所引起的浮肿,其发作与月经周期无关,同时伴有相应的其他症状、体征以及实验室检查指标的改变。而经行浮肿只是在经行时出现,经净则浮肿消失,且无其他任何明显阳性体征。

【辨证论治】

本病重在辨其虚实。若经行面浮肢肿,按之没指,为脾肾阳虚之证;若经行肢体肿胀,按之随起,则为气滞湿郁之证。治疗应审证求因,分别施治。

（一）脾肾阳虚证

主要证候 经行面浮肢肿,尤以下肢肿胀为甚,腹胀纳呆,腰膝酸软,大便溏薄,畏寒肢冷,经行量多,色淡质稀,带下量多,质稀清冷；舌质淡,边有齿痕,舌苔白腻,脉沉迟缓,或濡细。

证候分析 脾肾阳虚,阳气不运,水湿不化,流注于肌肉四末,故见经行面浮肢肿,尤以下肢肿胀为甚；中阳不振,脾失运化,故腹胀纳呆,大便溏薄；肾主骨,腰为肾之外府,肾虚,则腰膝酸软；肾虚阳气不布,四肢百骸失于温养,故畏寒肢冷；脾肾阳虚,冲任不固,带脉失约,故经行量多,色淡质薄,带下量多,质稀清冷；舌淡,边有齿痕,苔白腻,脉沉迟缓或濡细,均为脾肾阳虚之征象。

治疗法则 温肾健脾,利水消肿。

方药举例 苓桂术甘汤(《伤寒论》)加补骨脂、川芎、香附、巴戟天。

茯苓 白术 桂枝 甘草

（二）气滞湿郁证

主要证候 经行面浮肢肿,小腹胀痛,胸胁乳房胀闷不舒,善叹息,月经后期,量少,色暗红有块；舌质红,边有瘀斑或瘀点,苔薄白,脉弦细。

证候分析 气机本滞,经前冲任气血壅盛,气机愈加不畅,气滞,则水湿运化不利,泛溢肌肤,故经行面浮肢肿；气机不利,肝气不舒,故经行小腹胀痛,胸胁乳房胀闷不舒,善叹息；气滞血瘀,冲任阻滞,气血运行不畅,故月经后期,色暗红有块；舌有瘀斑或瘀点,脉弦细,均为气滞湿郁之征象。

治疗法则 理气行滞,祛湿消肿。

方药举例 八物汤(《济阴纲目》)加柴胡、泽兰、茯苓皮。

当归 川芎 芍药 熟地黄 延胡索 川楝子 木香 槟榔

七、经行口糜

每逢经前或经期,口舌糜烂生疮、疼痛,随月经而反复发作者,称为"经行口糜"(menstrual oral ulcer)。

【病因病机】

本病的主要发病机理是火热内蕴,每遇行经,冲脉气盛,气火上炎,灼伤口舌,而发病。

1. 阴虚火旺 素体阴虚，或久病耗阴，或房劳多产，数伤于血，或思虑忧伤，营阴暗耗，行经时，阴血随月水而外泄，营阴愈虚，虚火内炽，兼之经期冲脉气盛，冲气挟虚火乘于心、胃，灼伤口舌，遂致口糜。

2. 胃热熏蒸 平素嗜食辛辣香燥或膏粱厚味，肠胃蕴热，冲脉隶于阳明，经前冲气偏盛，循经挟胃热上逆，灼伤口舌，遂致口糜。

【诊断与鉴别诊断】

（一）诊断

1. 病史 有过劳或热性病史。

2. 症状 伴随月经周期性出现口舌糜烂生疮、疼痛，反复发作，经净渐愈。

3. 检查

（1）妇科检查：外阴无溃疡，亦无其他阳性体征。

（2）体格检查：经前或经期在舌体、齿龈、颊黏膜或口唇等部位发生痛性溃疡，严重时可影响发音与进食。

（3）辅助检查：血常规、血红细胞沉降率检查，皮肤穿刺实验。

（二）鉴别诊断

狐惑病 类似西医学的贝赫切特综合征（Behcet syndrome），又称眼-口-生殖器综合征，反复发作的口腔黏膜溃疡与本病类似，但它同时伴有外阴溃疡、虹膜睫状体炎或其他皮肤损害，还可能伴有心血管、关节甚至中枢神经系统损害。狐惑病的发生与月经无关，而经行口糜仅发生口腔溃疡且与月经周期相关。两者可借助血常规、血红细胞沉降率检查，皮肤穿刺实验等相鉴别。

【辨证论治】

经行口糜以热证居多，或因虚热，或因实热。治疗以清热泻火为总则，虚者滋阴泻火，实者清热泻火。

（一）阴虚火旺证

主要证候 经前、经期口舌糜烂生疮、疼痛，手足心热，两颧潮红，潮热盗汗，头晕目涩，耳鸣咽干口燥，月经量少，色暗红；舌质红，苔少或花剥苔，脉细数。

证候分析 素体阴虚火旺，值经期冲脉气盛，虚火随冲气上乘心、胃，灼伤口舌，故经前、经期口舌糜烂生疮、疼痛；阴虚内热，故手足心热，两颧潮红，潮热盗汗；阴津亏乏，不能上濡清窍，故头晕目涩，耳鸣，口燥咽干；阴血不足，冲任不充，热灼血海，故月经量少、色暗红；舌质红，苔少或花剥苔，脉细数，均为阴虚内热之征象。

治疗法则 滋阴补肾，清热降火。

方药举例 知柏地黄汤（《医宗金鉴》）酌加麦冬、川牛膝、五味子、石斛、延胡索、白及。

知母 黄柏 熟地黄 山茱萸 山药 泽泻 茯苓 牡丹皮

（二）胃热熏蒸证

主要证候 经前、经期口舌糜烂生疮、疼痛，口臭，口干喜冷饮，溲黄便结；舌质红，苔黄厚，脉滑数。

证候分析 口者，胃之门户，冲脉隶于阳明，经行冲脉气盛，上扰于胃，胃热炽盛，熏蒸于上，故经前、经期口舌生疮糜烂、疼痛，口臭；热盛灼伤阴津，故口干喜冷饮，溲黄便结；舌质红，苔黄厚，脉滑数，均为胃热炽盛之征象。

治疗法则 清热泻火，荡涤胃热。

方药举例 凉膈散（《太平惠民和剂局方》）酌加石斛、麦冬、天花粉、白及。

大黄 朴硝 甘草 栀子 薄荷 黄芩 连翘 竹叶

若兼脾经湿热者，症见口糜或口唇疱疹，疼痛异常，脘腹胀满，纳呆，大便黏腻臭秽。治宜芳香化浊，清热利湿，方用甘露消毒丹（《温热经纬》）。

滑石　茵陈　黄芩　石菖蒲　川贝母　木通　藿香　射干　连翘　薄荷　白豆蔻

八、经行吐衄

每逢经前或正值经期，出现周期性的衄血或吐血者，称为"经行吐衄"（menstrual hematemesis and epistaxis），亦称"倒经""逆经"。临床上以衄血最为常见。

【病因病机】

本病的主要发病机理是火热炎上，值经行之际，冲脉气盛，冲气挟火热上逆，灼伤血络而发吐血、衄血。

1. 肝经郁火　素性抑郁，或恚怒伤肝，肝郁化火，冲脉隶于阳明而附于肝，行经时，冲脉气盛，冲气挟肝火上逆，灼伤血络，遂发吐血、衄血。

2. 肺肾阴虚　素体阴虚，或久病耗阴，或房劳多产，数伤于血，或思虑忧伤，营阴暗耗，行经时，阴血随月水而外泄，阴血更虚，冲脉气盛上逆，挟虚火上炎，灼伤血络，遂发吐血、衄血。

【诊断与鉴别诊断】

（一）诊断

1. 病史　或有禀赋不足、大病久病史、房劳多产史、情志刺激史。

2. 症状　本病主要特点随月经而发衄血或吐血，经净后出血自止，呈周期性发作。

3. 检查

（1）体格检查：鼻咽部查体一般无明显阳性体征。

（2）辅助检查：血常规、喉镜、支气管镜及胃镜等检查无异常。

（二）鉴别诊断

1. 内科有关疾病　血液病、消化性溃疡、肝硬化、支气管扩张、肺结核等可出现吐血、衄血，但与月经周期无明显关系，可通过询问病史及相关的辅助化验检查（如血常规，喉镜、支气管镜及胃镜等内镜检查，X线摄片等）以鉴别。

2. 鼻咽部疾病　与月经周期无明显关系，可借助鼻咽部专科检查协助鉴别。

【辨证论治】

本病以热为患，证分虚实。本着"热者清之""逆者降之"的原则，以清热降逆，引血下行为治疗大法。

（一）肝经郁火证

主要证候　经前或经期吐血、衄血，量较多，色深红，经行提前；烦躁易怒，头晕目眩，或胸胁、乳房、小腹胀痛，口苦咽干，溲黄便结；舌质红，苔黄，脉弦数。

证候分析　肝经郁火，值经前或行经之际，冲气挟肝火上逆，灼伤阳络，故经前或经期吐血、衄血，量较多，色深红；肝郁化火，疏泄失常，肝火炎上，故烦躁易怒，头晕目眩；肝胆相表里，肝经入颃颡，循乳，布两胁及小腹，肝郁不舒，火热内扰，故胸胁乳房、小腹胀痛，口干口苦；热灼阴津，故溲黄便结；热伏冲任，经血妄行，故经行提前；舌质红，苔黄，脉弦数，均为肝经郁火之征象。

治疗法则　疏肝清热，引血下行。

方药举例　丹栀逍遥散（方见月经先期）酌加车前子、黄芩、川牛膝、槐米、白茅根、大小蓟、龙胆草。

（二）肺肾阴虚证

主要证候　经前或经期吐血、衄血，量少，色暗红，甚或闭经；头晕耳鸣，手足心热，两颧潮红，潮热盗汗，咽干口渴；舌质红或绛，苔花剥或少苔，脉细数。

证候分析　素体阴虚，虚火上炎，经期冲脉气盛，冲气挟虚火上逆，灼伤血络，故经前或经期吐血、衄血，量少，色暗红；阴虚内热，故头晕耳鸣，手足心热，两颧潮红，潮热盗汗；虚火灼肺伤津，故咽干口渴；阴血不足，冲任不充，虚热内扰，故月经量少，色暗红，甚或闭经；舌质红或绛，苔花剥或少

苔,脉细数,均为阴虚内热之征象。

治疗法则　滋肾润肺,引血下行。

方药举例　顺经汤(《傅青主女科》)加川牛膝、侧柏叶、麦冬、白茅根、墨旱莲。

当归　熟地黄　沙参　白芍　茯苓　黑荆芥　牡丹皮

九、经行情志异常

每值经期或行经前后,出现烦躁易怒,或情志抑郁,悲伤欲啼,或情绪亢奋,妄言妄行,彻夜不寐,经后又复如常人者,称为"经行情志异常"(menstrual mental disorder)。

【病因病机】

本病的主要发病机理是郁热、痰火内伏,或素体气血虚弱,值经期气血变化急骤之时,扰动心神或心神失养而发病。

1. 肝经郁火　素性抑郁,或恚怒伤肝,肝郁化火,冲脉隶于阳明而附于肝,行经时冲脉气盛,冲气挟肝火上逆,扰乱心神,遂致情志异常。

2. 痰火上扰　素体痰盛,或情志内伤,湿浊内生,聚久成痰,痰积日久化热,痰火内蕴,经前冲脉气盛,挟痰火上扰,蒙蔽清窍,扰乱神明,遂致情志异常。

3. 气血虚弱　素体气血不足,或大病久病,耗伤气血,或房劳多产,数伤气血,或脾胃虚弱,化源不足,行经时,气血下注冲任,愈发不足,心神失养,遂致情志异常。

【诊断与鉴别诊断】

(一)诊断

1. 病史　或有禀赋不足、大病久病史、房劳多产史、情志刺激史。

2. 症状　本病主要特点是情志异常随月经周期反复发作,多数病人在行经前即出现情志改变。也可发生在经期,经净后情志逐渐恢复正常。

3. 检查

(1)体格检查:无明显阳性体征。

(2)辅助检查:可行心理测试与心理咨询。

(二)鉴别诊断

1. 热入血室　系经期感受邪毒所致,症见经期或经期前后,除谵语外,寒热如疟,或胸胁、少腹满痛,而经行情志异常者则以情志、精神症状为主,且伴随月经来潮而周期性发作。

2. 郁证及癫狂病发作　与月经周期无相关性,患者不能自控,往往要药物控制,经净后症状仍不能消失。

【辨证论治】

本病辨证首分虚、实,以经前或经期周期性出现情志异常为辨证要点。治疗以养心安神为总则,或养心血或泄肝热,或涤痰火,据证之虚实而施治。

(一)肝经郁火证

主要证候　经前或经期,精神郁郁寡欢,情绪不宁,或烦躁易怒,胸胁、乳房、小腹胀痛,口苦咽干,入夜不寐,月经先后无定期,量或多或少,夹有小血块;舌质红,苔黄,脉弦数。

证候分析　情志内伤,肝气郁结,木失条达,故精神郁郁寡欢,情绪不宁;肝郁化火,肝火内扰,故烦躁易怒,入夜不寐;足厥阴肝经入颠顶,循乳,布两胁及小腹,肝郁不舒,火热内扰,故胸胁、乳房、小腹胀痛,口苦咽干;肝经郁火,疏泄失度,热伏冲任,血海蓄溢失调,故月经先后无定期,量或多或少,夹有小血块;舌质红,苔黄,脉弦数,均为肝经郁火之征象。

治疗法则　疏肝理气,解郁安神。

方药举例　丹栀逍遥散(方见月经先期)酌加钩藤、首乌藤、生牡蛎、泽泻、川牛膝、龙胆草、泽兰、桔梗。

(二) 痰火上扰证

主要证候 经前或经期,狂躁不安,头痛失眠,面红目赤,语无伦次,心胸烦闷,或神情呆滞,郁郁寡欢;月经或前或后,经量多;舌质红,苔黄腻,脉弦滑数。

证候分析 痰蕴日久而化火,经期冲气挟痰火上逆,扰乱神明,故狂躁不安;痰火上扰清窍,故头痛,面红目赤;痰火结于胸中,则心胸烦闷;痰火扰于冲任,迫血妄行,故月经量多;舌红,苔黄腻,脉弦滑数,均为痰火内盛之征象。

治疗法则 清热涤痰,清心安神。

方药举例 生铁落饮(《医学心悟》)。

天冬 麦冬 贝母 胆南星 橘红 远志 连翘 茯苓 茯神 玄参 钩藤 丹参 辰砂 石菖蒲 生铁落

(三) 气血虚弱证

主要证候 经前或经期,情志抑郁,悲伤欲啼,头晕,面色苍白,心悸,入夜难寐;月经后期,量少,色淡质稀;舌淡,苔薄白,脉缓细弱。

证候分析 素体气血虚弱,经行气血愈发不足,心神失养,故经前或经期,情志抑郁,悲伤欲啼,心悸,入夜难寐;血虚不能上荣,髓海失养,故见头晕,面色苍白;气血虚弱,冲任失充,血海空虚,故月经量少,色淡质稀;舌质淡,苔薄白,脉缓细弱,均为气血虚弱之征象。

治疗法则 补气养心,安神定志。

方药举例 八珍汤(方见月经前后诸证·经行头痛)酌加黄芪、肉桂、酸枣仁、龙眼肉、远志、陈皮。

【文献摘录】

《医宗金鉴·妇科心法要诀·调经门》:经行发热,时热潮热之病,若在经前则为血热之热;经后则为血虚之热。发热时热,多是外感,须察客邪之热。午后潮热,多属里热,当审阴虚之热也。

《张氏医通·卷十·妇人门上·经候》:经候欲行,身体先痛,气血不足也,桂枝汤加芎、归,稍用熟附二三分,经后痛者,虽曰虚寒当补,然气散亦能作痛,须视其受补否,不受补,四物加炮姜、艾、附,受补者,八物加炮姜、艾、附。

经行时先泄泻者,此脾虚也,脾统血而恶湿,经水将动,脾血先注血海,然后下流为经,脾血既亏,不能营运其湿,所以必先作泻,补中益气加炮姜,有热,兼黄连,若饮食减少,六君、理中选用。

《医宗金鉴》:妇女经血逆行,上为吐血、衄血,及错行下为崩血者,皆因热盛也,伤阴络则下行为崩,伤阳络则上行为吐衄也。

第十二节 绝经前后诸证

妇女在绝经期前后,围绕月经紊乱或绝经出现烘热汗出、头晕耳鸣、烦躁易怒、心悸失眠、五心烦热、口干纳差、浮肿便溏、腰酸腿软、倦怠乏力,足跟疼痛、行步不正,或骨脆易折等症状,称为"绝经前后诸证"(menopausal syndrome),亦称"经断前后诸证"。上述症状参差出现,病程长短不一,短者仅数月,长者迁延数年。甚者可影响正常生活和工作,降低生活质量,危害妇女身心健康。古代医籍对本病无专篇记载,多散见于"年老血崩""百合病""脏躁"及内科的"心悸""不寐""眩晕""骨痹""骨痿"等病证中。

西医学的围绝经期综合征、卵巢早衰、双侧卵巢切除或理化因素致卵巢功能衰竭而出现绝经前后诸证,绝经妇女骨质疏松症可参照本病辨证论治。

【病因病机】

本病的发生与妇女绝经前后的生理特点有密切的关系。妇女年届七七,肾气渐衰,天癸将竭,

冲任二脉虚衰,月经将断至绝经,生殖能力降低至消失。此本是妇女生理衰退的自然规律,多数妇女可以顺利渡过,但部分妇女受内、外环境的影响,使肾的阴阳失衡,进一步累及心、肝、脾等多脏,则难以迅速适应这一阶段的过渡,出现围绕绝经前后诸多证候。

1. 肾精亏虚 肾藏精,主骨生髓,绝经之年,肾精衰少;或由于先天禀赋不足,或后天失养,或房事不节,精血耗伤,肾水不足,不能养骨生髓。肝肾同居下焦,乙癸同源,肾精亏虚,肝血亦不足,肝主筋,精亏血虚,筋骨失于精血的填充和濡养,出现绝经妇女骨质疏松症。

2. 肾阴虚 绝经之年,天癸渐竭,肾阴渐虚,若素体阴虚,或房劳多产,或数脱于血,或大病久病,致精血耗伤,或忧思多虑,营阴暗耗,出现肾阴益亏,阳失潜藏之证。若肾水不足以涵养肝木,肝肾阴虚,肝失柔养,易致肝阳上亢;若肾水不足,不能上济于心,心火独亢,热扰心神,神明不安,可出现心肾不交证。

3. 肾阳虚 绝经之年,肾气渐衰。若素体阳虚,或过度贪凉,或房事不节,可致肾阳虚惫;若命门火衰,不能温煦脾阳,或劳累过度,耗损脾阳,可出现脾肾阳虚之候。若气不化水,水湿内停,久则痰湿内生;若肾阳虚,行血无力,则又可为肾虚血瘀。

4. 肾阴阳两虚 肾藏元阴而寓元阳,年届七七,天癸渐竭,精血不足,阴损及阳,或真阴真阳不足,失司濡养、温煦脏腑功能,遂致绝经前后诸证丛生。

总之,本病以肾虚为本,常可累及心、肝、脾等多脏,多兼夹气滞、血瘀、痰湿,从而发生一系列病理变化,出现诸多证候。因妇女经、孕、产、乳,数伤于血的生理特点,易处于"阴常不足,阳常有余"的状态,而且绝经前后,肾气渐衰,天癸将竭,所以临床以肾阴虚者居多。

【诊断与鉴别诊断】

(一)诊断

1. 病史 发病多在45~55岁,或40岁前卵巢早衰,或手术切除双侧卵巢或理化因素损伤卵巢功能。尚需了解既往有无高血压、心血管疾病或精神神经疾病,有无轻微外伤或用力即引起骨折等病史。

2. 症状 月经停闭或出现紊乱,随之出现烘热汗出、烦躁易怒、悲伤欲哭、眩晕耳鸣、头昏头痛、失眠心悸、腰背酸楚、足跟痛、关节不利、脱发、牙齿松动、口干纳差、浮肿便溏、倦怠乏力、皮肤或会阴干燥发痒等症状。

3. 检查

(1)妇科检查:早期阴道、子宫无明显改变,晚期可有阴道、子宫不同程度的萎缩。

(2)辅助检查

1)实验室检查:血清FSH及雌二醇(E_2)值测定了解卵巢功能。血清FSH>10 U/L,提示卵巢储备功能下降。FSH>40 U/L且E_2<10~20 pg/mL,提示卵巢功能衰竭。

2)其他检查:盆腔B超检查排除生殖器官器质性病变,必要时行子宫内膜组织或子宫颈组织活检术。贫血患者除血常规检查外,必要时作血小板计数、出凝血时间等检查;还可行血压测定、心电图、骨密度测定、X线检查等。

(二)鉴别诊断

绝经前后诸证的症状涉及全身,很容易与发生在围绝经期的其他疾病混淆,因此,鉴别诊断十分重要。

1. 妇科恶性肿瘤 经断前后的年龄亦为子宫颈癌、子宫内膜癌好发之际,如出现赤白带下,气味臭秽;月经过多或经断复来,或有身体浮肿、骤然消瘦,应特别注意。通过妇科检查、阴道镜、宫腔镜、子宫颈和子宫内膜活体组织病理检查以鉴别。

2. 原发性高血压与冠心病、心绞痛 绝经前后出现头晕、头痛、心悸、胸闷等不适,容易与高血压、冠心病、心绞痛混淆,但本病围绕月经紊乱或绝经出现诸证,且发病年龄在绝经前后,再通过体格检查、心电图、心脏超声可鉴别。

3. 甲状腺功能亢进 绝经前后出现潮热、汗出、烦躁易怒、心悸失眠等症状与甲状腺功能亢进

相似,通过甲状腺功能测定以鉴别。

4. 精神疾病 主要与绝经前后出现情志异常时相鉴别。可先用雌激素治疗观察,若症状明显改善,则属经断前后诸证。

5. 继发性骨质疏松 绝经妇女骨质疏松症当与内分泌障碍如甲状腺功能亢进或低下、糖尿病或肝肾疾病等引起的骨质疏松相鉴别,通过病史、体检及实验室检查不难鉴别。

【辨证论治】

绝经前后诸证以肾虚为本,治疗上应注重平调肾中阴阳,并注意有无心肝郁火、脾虚、痰湿、瘀血之兼夹证而综合论治。用药宜选用得当,补阴不可过用滋腻,温阳不可过用辛燥,清热不宜过于苦寒,祛寒不宜过于辛热,更不可妄用克伐,以免犯虚虚之戒。若见月经紊乱或崩中漏下可参照月经病论治。

（一）肾精亏虚证

主要证候　经断前后,月经停闭或量少,腰背疼痛,胫酸膝软,耳鸣耳聋,性欲淡漠,牙齿松动,发枯或脱,头晕头痛,健忘失眠,神疲乏力,小便清长或余沥不尽,阴道干涩,皮肤干燥或瘙痒,易骨折;舌质淡,苔薄白,脉沉弱。

证候分析　经断前后天癸渐竭,肾精愈虚,不能生髓充骨,滋养腰肾,故见腰背疼痛,胫酸膝软,易骨折;肾精不足,髓海空虚,则头晕头痛,健忘失眠,神疲乏力;肾开窍于耳,其华在发,齿为骨之余,肾精虚衰,则耳鸣耳聋,牙齿松动,发枯或脱;精亏血少,阴津不足,不能润泽阴户,故带下量少,阴道干涩;血燥生风,故皮肤干燥或瘙痒;小便清长或余沥不尽,舌质淡,苔薄白,脉沉弱,均为肾精不足之候。

治疗法则　补肾填精,益髓养血。

方药举例　左归丸(方见崩漏)加鳖甲、制何首乌。

若腰背疼痛甚者,加杜仲、桑寄生、川续断;皮肤瘙痒者,可酌加蝉蜕、防风、玉竹、麦冬以疏风润燥。

（二）肾阴虚证

主要证候　经断前后,月经先期或先后不定,或崩或漏,经量或多或少,经色鲜红,带下量少,阴道干涩,头晕耳鸣,腰酸腿软,头部面颊阵发性烘热汗出,五心烦热,口燥咽干,或皮肤瘙痒,大便干结,小便短赤;舌红,苔少,脉细数。

证候分析　经断前后,肾虚天癸渐竭,冲任失调,血海蓄溢失常,故月经先期或先后不定,或崩或漏,经量或多或少,经色鲜红;肾阴不足,精血衰少,不能上荣于头目脑髓,故头晕耳鸣;肾主骨生髓,腰为肾之府,肾阴虚,故腰酸腿软;肾阴不足,阴不敛阳,虚阳上越,故头部面颊阵发性烘热汗出,五心烦热;肾阴不足,阴虚生内热,灼伤津液,故口燥咽干,大便干结,小便短赤;舌红,苔少,脉细数,也是肾阴虚之征。

治疗法则　滋阴益肾,佐以清热。

方药举例　知柏地黄汤(方见月经前后诸证·经行口糜)加黄精、制何首乌。

若肾水不足,心火独亢,心肾不交,症见烘热汗出,心烦失眠、健忘、心悸怔忡者,加五味子、龟板、牛膝、莲子心;双目干涩者,加枸杞子、菊花;若肝肾阴虚,肝阳上亢,症见头痛、眩晕较甚,耳鸣耳聋者,治宜滋肾养阴,平肝潜阳,加天麻、钩藤、石决明;若情志不遂,气郁化火,症见心烦、胸胁胀痛、口渴喜冷饮、大便干结、小便短赤、舌红、苔黄、脉弦数,治宜疏肝解郁清热,方用丹栀逍遥散(方见月经先期)。

（三）肾阳虚证

主要证候　经断前后,经行量多,或崩中漏下,色淡或暗,有块,带下清稀、量多;形寒肢冷,精神萎靡,肢体浮肿,面色晦暗,头晕耳鸣,腰酸膝软,小便清长,夜尿增多;舌淡,苔白滑,脉沉细无力。

证候分析　经断前后,肾气渐衰,肾虚封藏失职,冲任不固,故经行量多,或崩中漏下,色淡或

暗,有块;肾虚精关不固,故带下清稀、量多。肾阳虚惫,命门火衰,中阳不振,故形寒肢冷,精神萎靡,脾失健运,水湿内停,故肢体浮肿;肾阳虚,水气上泛,故面色晦暗,肾主骨生髓,腰为肾之外府,肾虚则头晕耳鸣,腰酸腿软;肾阳不足,膀胱气化无力,水道莫制,故使小便清长,夜尿增多;舌淡,苔白滑,脉沉细而迟,也为肾阳虚衰之征。

治疗法则　温阳补肾益气。

方药举例　右归丸(方见崩漏)加仙茅、仙灵脾。

若月经量多,或崩中漏下者,加赤石脂、补骨脂以增温肾固冲止崩之功;若腰背冷痛明显者,加鹿角片、川椒以增温肾扶阳,温补督脉之功。

若兼见纳呆便溏,甚或五更泻,面浮肢肿、倦怠乏力,舌淡或胖嫩,边有齿印,苔白润,脉沉迟等脾肾阳虚证时。治宜温补脾肾,方用健固汤(方见月经前后诸证·经行泄泻)加山药、补骨脂、仙灵脾。

(四)肾阴阳俱虚证

主要证候　已近绝经或绝经之后,月经停闭或有紊乱,头晕耳鸣,健忘,时而烘热汗出,五心烦热,时而畏寒恶风,腰背冷痛,齿摇骨痛,倦怠乏力,大便时结时溏,小便时黄时清;舌淡,苔薄,脉沉弱。

证候分析　肾阴阳俱虚,天癸将竭或竭,冲任失约,月经停闭或有紊乱,肾阴阳不足,骨髓、筋骨失养,则头晕耳鸣,健忘,腰背冷痛,齿摇骨痛;气血不达,则四肢倦怠乏力;肾阴阳俱虚,平衡失调,营卫不和,则时而烘热汗出,五心烦热,时而畏寒恶风,大便时结时溏,小便时黄时清,诸证错杂并见;舌淡,苔薄,脉沉弱为肾阴阳俱虚之征。

治疗法则　补肾扶阳,填精养血。

方药举例　二仙汤(《中医方剂临床手册》)合二至丸(方见经期延长)加川续断、杜仲、狗脊。

仙茅　仙灵脾　当归　巴戟天　黄柏　知母

【转归及预后】

绝经前后诸证的症状涉及全身,或轻或重,或久或暂,短则数月,长可达十余年,本病治疗得当,调理适宜,诸证可愈;若未能足够重视,或因长期失治及误治等易引起心悸、胸痹、虚劳、情志异常、肥胖症、骨质疏松等病。

【预防及调摄】

(1)定期进行健康体检、围绝经期健康教育,了解围绝经期知识,建立良好心态,正确对待这一生理时期。

(2)进行盆腔手术时,应尽量保留或不损伤无病变的卵巢组织。

(3)指导患者生活规律,注意劳逸结合。适当体育锻炼,根据自身体质及爱好选择健身运动,增强体质。

(4)饮食少吃动物脂肪,禁烟酒辛辣之物,多吃新鲜水果蔬菜及注意补充钙、钾、维生素等。

【文献摘录】

《素问·脉要精微论》:腰者,肾之府,转摇不能,肾将惫矣……骨者,髓之府,不能久立,行则振掉,骨将惫矣。

《金匮要略·妇人杂病脉证并治》:妇人脏躁,喜悲伤欲哭,象如神灵所作,数欠伸,甘麦大枣汤主之。

(景彦林　宋素英　毛　惠)

本节复习思考题

笔记栏

第八章 带下病

导 学

带下病是妇科领域中仅次于月经病的常见病、多发病,其发病率有上升的趋势,故专立一章予以阐述。

通过学习,掌握带下病的定义及辨证论治;熟悉带下病的主要病因病机及其治疗原则;了解其诊断与鉴别诊断。

带下的量异常变化(增多或减少),色、质、气味发生异常,或伴全身、局部症状者,称为"带下病"(leucorrhea diseases),古人又称"流秽物""下白物""赤白沥"等。

带下一词,首见于《素问·骨空论》:"任脉为病……女子带下瘕聚。"带下有广义、狭义之分。广义带下泛指经、带、胎、产、杂等妇产科疾病,因其多发生在带脉之下,故称为"带下"病,古人称妇产科医生为带下医。狭义带下又有生理、病理之别。正常女子自青春期开始,肾气充盛,脾气健运,任脉通调,带脉健固,阴道内即有少量白色或无色透明无臭的黏性液体,特别是在经期前后、月经中期及妊娠期量增多,以润泽阴户,防御外邪,此为生理性带下,即《沈氏女科辑要笺正》引王孟英所说:"带下,女子生而即有,津津常润,本非病也。"若带下量明显增多,或色、质、气味异常,即为病理性带下。在《诸病源候论》中有青、赤、黄、白、黑五色带下的记载,指出五脏俱虚损者,为五色带俱下。临床上以白带、黄带、赤白带为常见,但也有阴中流出物为五色稠杂及腥秽者,称为"五色带"或"杂色带",此为病候,应予重视。还有带下过少者,常与月经过少、月经后期、闭经等病相并兼见,其治疗可参照相应病证进行辨证施治,这里不予赘述。

本章带下病以带下量的变化为主要症状,临床必须辨证与辨病相结合进行诊治。西医妇科疾病如各类阴道炎、子宫颈炎、盆腔炎及生殖器肿瘤等均可见到带下量多,而西医妇科中席汉氏综合征、卵巢功能早衰等均可见到带下量少,应明确诊断后按本病辨证施治。若出现"五色带"或"杂色带",必须进行妇科检查及排癌检查,以免贻误病情。

第一节 带下过多

带下过多是指带下量明显增多,色、质、气味异常,或伴有局部及全身症状者。

在西医又分为炎症性带下和非炎症性带下。一般来说,炎症性带下包括细菌性阴道炎、滴虫性阴道炎、霉菌性阴道炎、宫颈炎、子宫内膜炎、盆腔炎等;非炎症性的带下过多与某些原因导致的内分泌失调、盆腔充血疾病及精神因素有关。

【病因病机】

本病的主要病因为湿邪,湿邪又有内外之分。外湿指外感之湿邪,如经期产后淋雨涉水,感受寒湿;或产后胞脉空虚,摄生不洁,湿毒邪气乘虚内侵胞宫,以致任脉损伤,带脉失约,引起带下量多。内湿则与脏腑气血功能失调有着密切关系。脾虚运化失职,水湿内停,下注任带;肾阳不足,气化失常,水湿内盛,损伤任带二脉;肾气虚损,关门不固,精液滑脱;素体阴虚,感受湿热之邪,伤及任带等,均可致使带下量多。总之,带下过多系湿邪为患,而脾肾功能失常是发病的内在条件;病位主要在胞宫、前阴;任脉损伤,带脉失约是带下过多的核心机制。

1. 脾虚 饮食不节,劳倦过度;或忧思气结,损伤脾气,运化失职,湿浊停聚,流注下焦,伤及任带,任脉不固,带脉失约,而致带下量多。

2. 肾虚 素禀肾虚或恣情纵欲,肾阳虚损,气化失常,水湿内停,下注冲任,损伤任带,而致带下过多;或肾气虚损,精关失固,精液滑脱而下,亦可致带下量多。

3. 阴虚挟湿 素体阴虚,相火偏旺,阴虚失守,下焦感受湿热之邪,损及任带,约固无力,而致带下量多。

4. 湿热下注 脾虚湿盛,郁久化热;或情志不畅,肝郁化火,肝热脾湿,湿热互结,流注下焦,损及任带,约固无力,而使带下量多。

5. 湿毒蕴结 经期产后,胞脉空虚,摄生不洁;或房事不禁;或手术损伤,以致感染邪毒,湿毒蕴结,损伤任带,约固无力,而致带下量多。

【诊断与鉴别诊断】

(一) 诊断

1. 病史 经期、产后余血未尽,摄生不洁,房事不禁,或妇科手术后感染邪毒病史。

2. 症状 带下量多,色白或淡黄,或赤白相兼,或黄绿如脓,或浑浊如米泔;质清稀如水,或黏稠如脓,或如豆渣凝乳,或如泡沫状;气味无异,或有臭气,或臭秽难闻;可伴有外阴、阴道灼热瘙痒,坠胀或疼痛等。

3. 检查

(1) 妇科检查:可见各类阴道炎、宫颈炎、盆腔炎的炎症体征,或可发现生殖系统肿瘤。

(2) 辅助检查

1) 实验室检查:急性或亚急性盆腔炎,检验血白细胞计数增高。阴道炎患者阴道分泌物清洁度Ⅲ度以上。镜检可查到滴虫、白色念珠菌及其他特异性或非特异性病原体。

2) B超检查:对盆腔炎症及盆腔肿瘤有诊断意义。

(二) 鉴别诊断

带下呈赤色时,应与漏下、经间期出血鉴别。

1. 漏下 漏下是指经血非时而下,淋漓不断,月经周期紊乱。而赤带者,月经周期正常。

2. 经间期出血 经间期出血是指两次月经之间有周期性的阴道少量出血。而赤带则是绵绵不断,无周期性。

3. 阴道炎的鉴别 见表8-1。

表8-1 阴道炎的鉴别诊断与治法

病 名	滴虫阴道炎	念珠菌阴道炎	细菌性阴道炎	老年性阴道炎
带下特点	灰黄或黄绿色,稀薄泡沫状,或呈脓性,腥臭味	凝乳状或豆腐渣样,质稠厚,有气味	灰白色或呈血样脓性,均匀一致,质稀薄,有恶臭味	淡黄色,质稀薄,甚者呈血样脓性,有臭味
局部症状	外阴瘙痒,灼热,性交痛	外阴奇痒,灼痛	外阴瘙痒,灼热感	外阴瘙痒,烧灼感,干痛
妇科检查	阴道与宫颈黏膜充血水肿,散见出血斑点	阴道及阴道前庭黏膜水肿,附有白色薄膜,呈点状或片状	分泌物易从阴道壁擦去,阴道黏膜无充血,无红肿	阴道黏膜薄、光滑、充血,散见出血点或浅表溃疡
白带镜检	可查见滴虫	可见白色念珠菌	可查到线索细胞	
内外治法	甲硝唑400 mg,每日2~3次,口服 替硝唑2 g,顿服 甲硝唑泡腾片,外用	氟康唑150 mg,顿服 伊曲康唑200 mg,每日1次,口服 硝酸咪康唑栓,外用	甲硝唑400 mg,每日2~3次,口服 甲硝唑400 mg,每日1次,外用	甲硝唑200 mg或氧氟沙星100 mg,每日1次,外用

【辨证论治】

带下过多辨证要点,主要根据带下量、色、质、气味的异常辨其虚实寒热。一般而言,带下色淡、质稀者,为虚寒;色黄、质稠、有秽臭者,为实热。带下量多色白或淡黄,质清稀如涕,多属脾虚;色白,质清稀如水,有冷感者,属肾虚;量不甚多,色黄或赤白相兼,质稠或有臭气,为阴虚挟湿;带下量多色黄,质黏稠,有臭气,或如泡沫状,或色白如豆腐渣状,为湿热下注;带下量多,色黄绿如脓,或浑浊如米泔,质稠,恶臭难闻,多属湿毒重证。临证时尚需结合全身症状及病史等进行综合分析,方能确定病性。本病治疗以除湿为主。一般治脾宜运、宜升、宜燥;治肾宜补、宜固、宜涩;湿热及热毒宜清、宜利。阴虚挟湿则清补兼施。实证及虚实夹杂证的治疗还需结合外治法。

（一）脾虚证

主要证候　带下量多,色白或淡黄,质稀薄如涕,绵绵不断,无臭气;神疲倦怠,四肢不温,纳少便溏,两足跗肿,面色㿠白;舌质淡胖,苔白或腻,脉缓弱。

证候分析　脾气虚弱,运化失职,水湿内停,湿邪下注,损伤任带,致使任脉不固,带脉失约,则带下量多,色白或淡黄,质稀薄如涕,绵绵不断,无臭气;脾虚中阳不振,则神疲倦怠,四肢不温;脾虚失运,则纳少便溏;湿浊内盛,则两足跗肿;脾虚清阳不升,则面色㿠白;舌淡胖,苔白或腻,脉缓弱,均为脾虚湿困之征象。

治疗法则　健脾益气,升阳除湿。

方药举例　完带汤(《傅青主女科》)。

人参　白术　山药　白芍　苍术　甘草　陈皮　黑芥穗　柴胡　车前子

若脾虚及肾,兼腰痛者,酌加杜仲、续断、菟丝子温补肾阳,固任止带;若寒凝腹痛者,酌加香附、艾叶温经理气止痛;若带下日久,滑脱不止者,酌加龙骨、牡蛎、乌贼骨、芡实、金樱子等固涩止带之品。若脾虚湿郁化热,带下色黄黏稠,有臭味者,宜健脾除湿,清热止带,方选易黄汤(《傅青主女科》)。

黄柏　山药　车前子　芡实　白果

（二）肾虚证

主要证候　带下量多,色白清冷,稀薄如水,绵绵不断;头晕耳鸣,腰痛如折,畏寒肢冷,小腹冷感,小便频数,夜间尤甚,大便溏薄,面色晦暗;舌淡润,苔薄白,脉沉细而迟。

证候分析　肾阳不足,命门火衰,气化失常,寒湿内盛,致任脉不固,带脉失约,故带下量多,色白清冷,稀薄如水,绵绵不断;肾虚髓海不足,故头晕耳鸣;腰为肾之府,肾虚,外府失荣,故腰痛如折;阳气不能外达,则畏寒肢冷,面色晦暗;肾阳不足,胞络失于温煦,故小腹冷感;膀胱失于温煦,气化失常,故小便频数,夜间尤甚;火不温土,则大便溏薄;舌淡润,苔薄白,脉沉细而迟,为肾阳不足,虚寒内盛之征象。

治疗法则　补肾培元,固精止带。

方药举例　内补丸(《女科切要》)。

鹿茸　肉苁蓉　菟丝子　潼蒺藜　黄芪　白蒺藜　紫菀茸　肉桂　桑螵蛸　制附子

若腹泻便溏者,去肉苁蓉,酌加补骨脂、肉豆蔻。若精关不固,精液下滑,带下如崩,谓之"白崩",治宜补脾肾,固奇经,佐以固涩止带之品,方选固精丸(《济阴纲目》)。

煅牡蛎　桑螵蛸　龙骨　白石脂　白茯苓　五味子　菟丝子　韭子

（三）阴虚夹湿证

主要证候　带下量多,色黄或赤白相兼,质稠,有气味,阴部干涩不适,或有灼热感;腰膝酸软,头晕耳鸣,五心烦热,咽干口燥,或烘热汗出,失眠多梦;舌红,苔少或黄腻,脉细数。

证候分析　肾阴不足,相火偏旺,损伤血络,复感湿邪,伤及任带二脉,故带下量多,色黄或赤白相兼,质稠,有气味,阴部有灼热感;阴精亏虚,阴部失荣,故干涩不适;肾阴亏损,髓海不足,则腰膝酸软,头晕耳鸣;阴虚内热,则五心烦热,咽干口燥;虚阳上扰,则烘热汗出,失眠多梦;舌红,苔少或黄腻,脉细数,为阴虚挟湿之征象。

治疗法则　滋阴益肾,清热祛湿。

方药举例　知柏地黄汤(方见月经前后诸证·经行口糜)。

（四）湿热下注证

主要证候　带下量多,色黄或呈脓性,有臭气,或带下色白质黏稠,呈豆渣样,或伴阴部瘙痒;胸闷心烦,口苦咽干,纳呆,小腹或少腹作痛,小便短赤;舌红,苔黄腻,脉濡数。

证候分析　湿热蕴积于下,损伤任带二脉,故带下量多,色黄或如脓,质黏稠,臭秽;湿热熏蒸,则胸闷心烦,口苦咽干;湿热内阻,则纳呆;湿热蕴结,瘀阻胞脉,则小腹或少腹作痛;湿热伤津,则小便短赤;舌红,苔黄腻,脉濡数,均为湿热之征象。

治疗法则　清热利湿止带。

方药举例　止带方(《世补斋医书·不谢方》)。

茯苓　猪苓　泽泻　车前子　黄柏　栀子　茵陈　赤芍　牡丹皮　牛膝

若肝经湿热下注者,症见带下量多,色黄或黄绿如脓,质黏稠或呈泡沫状,有臭气,伴阴部痒痛,头晕目眩,口苦咽干,烦躁易怒,尿赤便结,舌红,苔黄腻,脉弦滑而数,治宜泻肝清热除湿,方用龙胆泻肝汤(《医宗金鉴》)。

龙胆草　柴胡　山栀子　黄芩　车前子　木通　泽泻　生地黄　当归　甘草

若湿浊偏甚者,症见带下量多,色白,如豆渣状或凝乳状,阴部瘙痒,脘闷纳差,舌红,苔黄腻,脉滑数。治宜清热利湿,疏风化浊,方用萆薢渗湿汤(《疡科心得集》)加苍术、藿香。

萆薢　黄柏　薏苡仁　泽泻　赤茯苓　牡丹皮　滑石　通草

(五)湿毒蕴结证

主要证候　带下量多,黄绿如脓,或赤白相兼,或五色杂下,状如米泔,臭秽难闻;小腹疼痛,腰骶酸痛,口苦咽干,小便短赤,大便干结;舌红,苔黄腻,脉滑数。

证候分析　湿毒内侵,损伤任带二脉,秽浊下注,故带下量多;热毒蕴蒸,损伤脉络,则色黄绿如脓,或赤白相兼,甚或五色杂下,状如米泔,秽臭难闻;湿毒蕴结,瘀阻胞脉,故小腹疼痛,腰骶酸痛;湿浊毒热上蒸,故口苦咽干;湿热伤津,则尿黄便秘;舌红,苔黄腻,脉滑数,为湿毒蕴结之征象。

治疗法则　清热解毒除湿。

方药举例　五味消毒饮(《医宗金鉴》)加败酱草、土茯苓、鱼腥草、薏苡仁。

蒲公英　金银花　野菊花　紫花地丁　天葵子

若腰骶酸痛,带下恶臭难闻者,酌加半枝莲、穿心莲、椿根皮清热解毒除秽。

【外治法】

带下病应结合白带检查结果配合外治法,以提高疗效。

1. 外洗法　蛇床子30 g,地肤子30 g,苦参30 g,黄柏15 g,白鲜皮15 g,百部15 g。煎汤先熏后坐浴,每日1次,1周为1个疗程。亦可酌情选用洁尔阴、肤阴洁等洗液。

2. 阴道纳药法　洁尔阴泡腾片、甲硝唑泡腾片、复方莪术油栓等,适用于阴道炎。

3. 热熨法　激光、电灼、火熨等,致使病变组织凝固、坏死、脱落、修复、愈合,而达到治疗的目的,适用于因宫颈糜烂而致带下者。术后禁房事2个月。

【转归及预后】

带下过多经过及时治疗多可痊愈,预后良好。若未及时或彻底治疗,或病程迁延日久,致使邪毒上客胞宫、胞脉,可导致盆腔炎、月经不调、癥瘕和不孕症等病证。若带下日久不愈,且五色带下秽臭,伴癥瘕或形瘦者,应注意排除恶性肿瘤病变。

【预防及调摄】

(1) 保持外阴清洁,注意经期、产后卫生,禁止盆浴。

(2) 经期、产后勿淋雨涉水和久住阴湿之地,防止寒湿侵袭。不宜过食油腻辛辣之品,以免滋生湿热之邪。

(3) 治疗期间需禁止性生活,性伴侣应同时接受治疗。并禁止游泳和使用公共洁具,避免再度交叉感染。

(4) 做好计划生育工作,避免早婚多产及多次人工流产。

(5) 进行妇科检查或手术操作时,要严格执行无菌操作,防止交叉感染。

【文献摘录】

《万氏妇人科·卷一》：带下之病，妇女多有之。赤者属热，兼虚兼火治之；白者属湿，兼虚兼痰治之。年久不止者，以和脾胃为主，兼升提。大抵瘦人多火，肥人多痰，要知此候。

《医学心悟·妇人门》：带下之症，方书以青、黄、赤、白、黑，分属五脏，各立药方。其实不必拘泥，大抵此症不外脾虚有湿……夫带症似属寻常，若崩而不止，多至髓竭骨枯而成损。治此者，岂可忽诸！

《女科证治约旨》：若外感六淫，内伤七情，酝酿成病，致带脉纵弛，不能约束诸脉经，于是阴中有物，淋漓下降，绵绵不断，即所谓带下也。

第二节 带下过少

带下过少是指带下量明显减少，甚至全无，阴中干涩，伴有全身、局部症状者。

带下过少的相关记载见于《女科证治准绳·调经门·赤白带下篇》："带下久而枯涸者濡之。凡大补气血，皆所以濡之。"古籍记载甚少，现本病较为多见，故列为专病论述。

本病的特点，阴道分泌物极少，甚或全无，阴道干涩，影响性生活，严重者外阴、阴道萎缩。

与西医学的卵巢功能早衰、绝经后卵巢功能下降、手术切除卵巢后、盆腔放疗后、严重卵巢炎及席汉氏综合征、长期服用某些药物抑制卵巢功能等导致雌激素水平低落而引起的阴道分泌物减少相类似。

【病因病机】

带下过少者，主要责之于肝肾不足、癸水不充，同时亦与心肝郁火、脾胃虚弱、后天生化之源不足、瘀血内阻相关。

1. 肝肾不足，阴亏津伤 是带下过少最主要的原因，其常因先天禀赋不足、房劳多产、大病久病之后导致肝肾阴精匮乏，不能充实天癸，天癸衰少，津液不足，故而带下过少。需要注意的是在多次刮宫流产，损伤子宫亦可亏及于肾，形成肝肾不足；其次心情不畅、烦躁忿怒、心理紧张过度、思虑过度，导致心肝气郁，气郁化火，亦可形成阴亏津伤之势，从而使带下更少。

2. 脾胃虚弱，化生乏源 因素体脾胃较弱，或因饮食不当，或因劳倦过度，或因寒暖不调，损伤脾胃，脾胃虚弱，水谷之精不能涵养先天天癸之阴精，不仅天癸不充，津液匮乏，从而导致带下过少；而且脾虚生化之源不足，气血不足，脾虚血少，血不养阴，亦可致肝肾亏损，但源在脾胃，故以脾胃虚弱为主。

3. 血枯瘀阻，润泽无常 因经产感寒，或气郁滞血，血滞久则成瘀，或湿邪外侵，流注于子宫冲任，湿阻气滞，经血留阻成瘀，瘀血内阻，气机愈发不畅，阻滞阴阳运动，影响津液敷布，故亦可能导致带下过少。

【诊断与鉴别诊断】

（一）诊断

1. 病史 有卵巢早衰、手术切除卵巢、盆腔放疗、盆腔炎症、反复流产史、产后大出血或长期服用某些药物抑制卵巢功能等病史。

2. 症状 女子阴道内白带过少，甚则全无，阴内干枯，甚则干涩疼痛，尤其是经后中末期和经间排卵期，带下偏少，或伴有头昏腰酸，胸闷心烦，性功能减退，月经后期，量少等。

3. 检查

（1）妇科检查：阴道黏膜皱褶明显减少或消失，阴道壁菲薄充血，分泌物极少，宫颈、宫体或有萎缩。

（2）辅助检查：阴道脱落细胞涂片提示雌激素水平较低；内分泌激素测定，卵巢功能低落者，促

笔记栏

卵泡激素(FSH)、黄体生成激素(LH)升高,而 E_2 下降;席汉氏综合征者,激素水平均下降;测量BBT,常可见低温相延长,或低温相偏高,或单温相体温等。

(二)鉴别诊断

1. 围绝经期综合征带下过少(包括卵巢功能早衰带下过少) 伴有烘热出汗、烦躁失眠、心情忧郁、焦虑、急躁、恐惧、神疲乏力等症状,以及血 FSH 升高、LH 升高、E_2 下降、雄性激素下降等辨别之。

2. 多囊卵巢综合征 带下虽亦过少,但有多脂、多毛表现,可通过血查内分泌激素、B超探测卵巢等鉴别之。

3. 席汉氏综合征 一般可通过病史,产时或产后大出血、昏迷病史,及闭经血枯证候,以及脑垂体检查以鉴别之。

4. 其他 有手术切除大部分卵巢或全部卵巢,或有盆腔放疗史;严重卵巢炎病史,破坏卵巢组织,使卵巢功能减退。

【辨证论治】

(一)肝肾亏损证

主要证候 带下过少,甚至全无,阴部干涩灼痛,或伴阴痒,阴部萎缩,性交疼痛;头晕耳鸣,腰膝酸软,烘热汗出,烦热胸闷,夜寐不安,小便黄,大便干结;舌红少苔,脉细数或沉弦细。

治疗法则 滋补肝肾,养精益血。

方药举例 左归丸加减。

熟地黄　菟丝子　牛膝　龟板胶　鹿角胶　山药　山茱萸　枸杞子

若伴头昏头痛、胸闷烦躁,或夜寐甚差,甚则失眠,或口苦咽干、小便黑少、大便干结,或脉象细弦、舌质红、苔黄燥,为心肝气郁,气郁化火,形成阴亏津伤,应滋阴养血、清肝解郁为主,选用滋水清肝饮(《医宗己任编》)加减。

(二)脾胃虚弱证

主要证候 带下过少,甚至全无,阴部干涩,时有阴痒、阴部萎缩,伴纳欠神疲、脘腹作胀,或矢气频频、大便易溏,或则经行前后便溏,脉象细弱,舌质淡红,苔薄白腻。

治疗法则 健脾和胃、滋阴生津

方药举例 参苓白术散(《太平惠民和剂局方》)加减。

人参　白术　茯苓　白扁豆　桔梗　莲子　砂仁　山药　薏苡仁　甘草

(三)血瘀内阻证

主要证候 带下过少,甚至全无,阴中干涩或干痒;或伴面色无华、头晕眼花、心悸失眠、神疲乏力,或伴经行腹痛、经色紫暗、有血块、肌肤甲错,或伴下腹有包块;舌质暗,边有瘀点瘀斑,脉细涩。

治疗法则 活血化瘀,滋阴生津。

方药举例 活血润燥生津汤(《医方集解》)加减。

当归　赤白芍　生地黄　天冬　麦冬　天花粉　桃仁　红花　炙鳖甲　山楂

若瘀热偏甚,口苦,大便干结者,加大黄、牡丹皮;若瘀阻气滞,胸闷腹胀者,加广木香、香附、炒柴胡;若瘀阻脉络不通,小腹疼痛明显者,加五灵脂、延胡索;若寒瘀交阻,津液不得输化,可见小腹冷痛,肢节不舒者,可用《妇人大全良方》的桂枝桃仁汤。

【外治法】

(1)可适当选取雌激素类药物用于阴道干痒症状的缓解。

(2)可参照阴痒等相关疾病的外治方法。

【转归及预后】

带下过少因非器质性病变导致的,经过及时、正确的治疗,一般预后较好;如果失治误治则可变生他病,如月经过少、闭经、不孕等。因器质性病变导致的带下过少,则一般预后较差。

【预防及调摄】

(1) 调畅情志,保持良好心态。

(2) 饮食有节,注意养护脾胃。

(3) 及早治疗,预防原发病症。预防并及时治疗产后大出血、防治脑垂体前叶急性坏死,早诊断早治疗可能导致卵巢功能降低的原发疾病。

(齐　峰　宋素英　毛　惠)

第九章 妊 娠 病

导 学

妊娠病是常见的妇科疾病,对母体及胎儿的影响较大,应注意预防和发病后的调治。

通过学习,掌握妊娠病的定义、总的治疗原则与用药宜忌,妊娠常见病恶阻、妊娠腹痛、胎漏、胎动不安、堕胎、小产、滑胎、子满、子肿、子晕、子痫的定义及辨证论治,掌握胎萎不长的辨证论治;熟悉妊娠病的主要发病机理,熟悉恶阻、异位妊娠、胎漏、胎动不安、滑胎的病因病机及诊断,胎萎不长、子满、子嗽、妊娠小便淋痛及妊娠身痒的定义及诊断;了解难产的定义、范围。

妊娠期间,发生与妊娠有关的疾病,称"妊娠病"(pregnancy diseases),亦称"胎前病"。妊娠病可影响孕妇的身体健康和胎儿的正常发育,甚或导致堕胎、小产,因此,必须重视妊娠病的预防和发病后的治疗。

常见的妊娠病有恶阻、妊娠腹痛、胎漏、胎动不安、堕胎、小产、滑胎、胎萎不长、子满、子肿、子晕、子痫、子嗽、妊娠小便淋痛、妊娠身痒、难产等。

妊娠病的发病机理,一是孕后阴血聚于冲任以养胎,使阴血偏虚,阳气偏亢而发病。二是胎体渐长,影响气机的升降,形成气滞、气逆、痰郁。三是素体脾肾虚弱,脾虚气血生化之源不足,胎失所养;肾气不足,胞失所系,以致胎元不固。

妊娠病的诊断,首先要明确妊娠诊断。根据停经史、早孕反应、脉滑等临床表现,结合妊娠试验、基础体温、B超等辅助检查判断是否妊娠。妊娠病的诊断,自始至终要注意活胎与死胎的鉴别,注意胎儿的发育情况及母体的健康状况,并注意与激经、闭经、癥瘕等鉴别。

妊娠病的治疗原则,胎元正常者,宜治病与安胎并举。如因母病而致胎不安者,重在治病,病去则胎自安;如因胎不安而致母病者,重在安胎,胎安则病自愈。安胎之法,以补肾培脾为主,补肾为固胎之本,培脾为益血之源,本固血充,则胎可安。若胎元异常,胎堕难留,或胎死腹中,或孕妇有病,不宜继续妊娠者,则宜从速下胎以益母。

妊娠期间,凡峻下、滑利、祛瘀、破血、耗气、散气及一切有毒之品,都应慎用或禁用,以免伤阳气、耗阴血、损胎元。如病情需要亦可适当选用,但须严格把握剂量,掌握"衰其大半而止"的原则,以免伤胎。

第一节 恶 阻

妊娠早期出现恶心呕吐,头晕厌食,或食入即吐者,称为"恶阻"(morning sickness),又称"子病""病儿""阻病"。本病是妊娠早期最常见的病证之一。若妊娠早期仅见恶心择食,嗜酸,头晕,或晨起偶有呕吐痰涎者,为早孕反应,不属病态,一般3个月后即可逐渐消失。

西医学的妊娠剧吐可参照本病辨证论治。

【病因病机】

恶阻的主要发病机理是冲气上逆,胃失和降。常见的有脾胃虚弱和肝胃不和,并可继发气阴两虚的恶阻重证。

1. 脾胃虚弱 素体脾胃虚弱,受孕之后,血聚冲任以养胎,冲脉之气较盛,又冲脉隶于阳明,冲气上逆则犯胃,胃气虚则失于和降,反随冲气上逆而发为恶阻。若脾虚不运,痰饮内生,痰饮亦随冲气上逆,而致恶心呕吐。

2. 肝胃不和 素性抑郁,或恚怒伤肝,肝郁化热,孕后阴血聚于下以养胎,肝血不足,则肝火愈旺。且冲脉气盛,冲脉附于肝,肝脉挟胃贯膈,肝火上逆犯胃,胃失和降,而发恶阻。

呕吐日久,气阴两虚。胃阴伤不能下润大肠,便秘益甚,腑气不通,加重呕吐;肾阴伤,肝气急,则呕吐愈剧,如此因果相干,则出现气阴两虚的恶阻重证。

【诊断与鉴别诊断】

(一) 诊断

1. 病史 有停经史,可有早孕反应。

2. 症状 孕后出现恶心、呕吐频繁,厌食,头晕,甚则恶闻食气,食入即吐,不食亦吐。严重者可出现全身乏力,精神萎靡,消瘦,皮肤黏膜干燥,双眼凹陷。甚至可见血压降低,体温升高,脉搏加快,黄疸,嗜睡或昏迷。

3. 检查

(1) 妇科检查:子宫增大与停经月份相符,子宫变软。

(2) 辅助检查:尿妊娠试验阳性。为辨别病情轻重及判断预后,还应测定尿量、尿比重、尿酮体,测定红细胞数、血红蛋白含量、血细胞比容、全血及血浆黏度,动脉血气分析、二氧化碳结合力、血钾、血钠、血氯含量及肝、肾功能。

(二) 鉴别诊断

1. 葡萄胎 除剧烈呕吐外,有不规则阴道出血,偶有水泡状胎块排出,子宫增大与停经月份不符,多数比停经月份大,质软。血 HCG 水平明显升高,B 超检查显示宫腔内充满不均质密集状或短条状回声,呈"落雪状"图像,而无妊娠囊、胎儿结构及胎心搏动。

2. 妊娠合并急性胃肠炎 多有饮食不节史,除恶心呕吐外,伴有上腹部或全腹阵发性疼痛,肠道受累时伴有腹泻,大便检查可见白细胞及脓细胞。

3. 妊娠合并病毒性肝炎 有与肝炎患者密切接触史,或接受输血、注射血制品的病史,恶心呕吐、食欲减退的同时,伴有厌油腻、腹胀腹泻及肝区疼痛等症状,或伴高热、黄疸;体格检查,肝大,有压痛;肝功能检查等可资鉴别。

4. 妊娠合并急性阑尾炎 急性阑尾炎开始于脐周或中上腹部剧烈疼痛,伴有恶心呕吐,24 小时内腹痛转移到右下腹部,有压痛、反跳痛,伴肌紧张,出现体温升高和白细胞增多。

5. 妊娠合并急性胆囊炎 急性胆囊炎有饱餐病史,右上腹绞痛,向右肩放射,伴有恶心呕吐,并可有高热、寒战;右上腹肌紧张、反跳痛;血常规示,白细胞增多。

6. 妊娠合并急性胰腺炎 急性胰腺炎可有饱餐病史,或饮酒史,突然上腹部剧痛,向左肩或腰部放射,伴有恶心呕吐、发热等症状,测定血清淀粉酶有意义。

【辨证论治】

本病的辨证主要依据呕吐物的性状(色、质、气味)和患者的口感,结合全身证候、舌脉进行综合分析,以辨虚实。如口淡,呕吐清水、清涎者,多为脾胃虚弱;口中淡腻,呕吐痰涎者,多为脾虚痰湿;口苦,呕吐酸水或苦水,多为肝胃不和。

本病的治疗,以调气和中,降逆止呕为主。用药当兼固胎元,汤药宜浓煎,服药少量频频饮服,并宜注意饮食和情志的调节。中、重度患者,可采用中西医结合治疗,给予输液,纠正酸中毒及电解质紊乱。如病情仍不见好转,应考虑治疗性终止妊娠。

(一) 脾胃虚弱证

主要证候 妊娠早期,恶心呕吐不食,甚则食入即吐,口淡或呕吐清水痰涎,脘腹胀闷,不思饮食,头晕体倦,神疲思睡;舌淡苔白,脉缓滑无力。

证候分析　脾胃素虚,孕后血聚于下以养胎,冲气偏盛而上逆犯胃,胃失和降,则恶心呕吐不食,或食入即吐;脾胃虚弱,运化失职,水湿内停随胃气上逆,因而口淡,吐出清水痰涎,脘腹胀闷,不思饮食;脾胃虚弱,中阳不振,清阳不升,则头晕体倦,神疲思睡;舌淡苔白,脉缓滑无力,均为脾胃虚弱之征。

治疗法则　健脾和胃,降逆止呕。

方药举例　香砂六君子汤(《名医方论》)。

人参　白术　茯苓　甘草　半夏　陈皮　木香　砂仁　生姜　大枣

若脾胃虚寒,脘腹冷痛,加丁香、白豆蔻以增强温中降逆之力;若吐甚伤阴,口干,便秘者,宜去木香、砂仁,加石斛、玉竹、黄芩以养阴清热。若脾虚挟痰湿,而胸脘满闷,呕吐痰涎者,方用小半夏加茯苓汤(《金匮要略》)加白术、砂仁、陈皮以理气和胃,化痰止呕。

半夏　生姜　茯苓

(二) 肝胃不和证

主要证候　妊娠早期,恶心,呕吐酸水或苦水,胸胁满闷,嗳气叹息,头胀而晕,烦渴口干口苦;舌淡红,苔微黄,脉弦滑。

证候分析　素性抑郁,或恚怒伤肝,肝郁化热,孕后阴血聚于下以养胎,肝血不足,肝火愈旺。且肝脉挟胃贯膈,肝火上逆犯胃,胃失和降,则恶心呕吐;肝胆互为表里,肝气上逆,则胆火亦随之上升,胆热液泄,故呕吐酸水或苦水,烦渴口干口苦;肝郁气滞,气机不利,所以胸胁满闷,嗳气叹息;肝火上逆,逆走空窍,则头胀而晕;舌淡红,苔微黄,脉弦滑,为肝胃不和之征。

治疗法则　清肝和胃,降逆止呕。

方药举例　苏叶黄连汤(《温热经纬》)酌加半夏、陈皮、竹茹、乌梅。

苏叶　黄连

如吐甚伤津,五心烦热,舌红口干者,加沙参、石斛、玉竹以养阴清热。便秘者,加胡麻仁、生何首乌润肠通便。

以上两证,经治未愈,均可因呕吐不止,饮食少进,而导致阴液亏损,精气耗散,出现精神萎靡,形体消瘦,眼眶下陷,双目无神,四肢乏力。如呕吐剧烈,甚则呕吐带血样物,发热口渴,尿少或无尿,大便秘结,唇舌干燥,舌质红,苔薄黄而干或光剥,脉细滑数无力等气阴两亏的严重证候(病情严重者,尿液检查酮体常呈阳性反应)。治宜益气养阴,和胃止呕,方用生脉散(方见崩漏)合增液汤(《温病条辨》)加陈皮、竹茹、天花粉。

玄参　麦冬　生地黄

若经治疗仍无好转,或体温升高达38℃以上,心率每分钟超过120次,出现黄疸或持续蛋白尿,精神萎靡不振等,应及时考虑终止妊娠。

【转归及预后】

恶阻经及时治疗,大多可治愈。若见体温升高,脉搏加快,出现黄疸等现象,应及时考虑终止妊娠。

【预防及调摄】

(1) 保持乐观愉快的情绪,解除顾虑,避免精神刺激。

(2) 饮食宜清淡而富有营养,易消化,少食多餐,忌肥甘厚味、辛辣及生冷之品。

(3) 尿酮体阳性者,宜卧床休息,暂禁食,给予输液,记液体出入量,好转后进少量流食。

【文献摘录】

《胎产新书·女科秘旨》云:怀孕三月,恶心而阻膈饮食是也。亦有六七个月,尚病呕者治同。然肥人责之痰,瘦人责之火,俱宜二陈汤加白术、黄芩,或加香附、砂仁、姜汁、竹茹,与吐家同,如或因气者,脉必沉,治兼舒郁,加抚芎、香附,不可过用辛药。

《景岳全书·妇人规》:凡恶阻多由胃虚气滞,然亦有素本不虚,而忽受胎妊,则冲任上壅,气不下行,故为呕逆等证。及三月余而呕吐渐止者,何也?盖胎元渐大,则脏气仅供胎气,故无暇上逆矣。凡治此者,宜以半夏茯苓汤、人参橘皮汤之类,随宜调理,使之渐安,必俟及期,方得贴然也。

第二节 妊娠腹痛

妊娠期,因胞脉阻滞或失养,气血运行不畅而发生小腹疼痛者,称为"妊娠腹痛"(abdominal pain during pregnancy),亦称"胞阻"。在中医文献中也有称"痛胎""胎痛""妊娠小腹痛"者。

妊娠腹痛属于西医学先兆流产的症状之一。

【病因病机】

本病的主要发病机理是血虚、虚寒、气郁、血瘀,以致胞脉、胞络阻滞或失养,气血运行失畅,"不通则痛"或"不荣则痛"。其病位在胞脉、胞络,尚未损及胎元。但病情严重者,因胞脉阻滞或失养而影响到胎元,可发展为胎漏、胎动不安。

1. 血虚　素体血虚或因劳倦思虑、饮食不节内伤脾土化源不足,或因孕前失血过多,妊娠后血聚养胎,阴血益虚,气血运行无力,胞脉失养致小腹疼痛。

2. 虚寒　素体阳虚,妊娠后,胞脉失于温煦,有碍气血畅行而致腹痛。

3. 气滞　素性忧郁,孕后血以养胎,肝血偏虚,肝失血养,而疏泄失司;或孕后为情志所伤,肝失条达;或胎体渐长,阻碍气机升降,而生郁滞。气郁,则血行不畅,胞脉阻滞,以致小腹疼痛。

4. 血瘀　孕妇宿有癥瘕痼疾,瘀阻胞脉,孕后冲任气血失调,不通则痛,而致腹痛。

【诊断与鉴别诊断】

(一)诊断

1. 病史　有停经史,可有早孕反应。

2. 症状　妊娠期出现小腹部疼痛,一般痛势较缓,程度不甚。或小腹绵绵作痛,或冷痛不适,或小腹连及胁肋胀痛,或刺痛固定不移。

3. 检查

(1)妇科检查:为妊娠子宫,大小与停经月份相符,腹部柔软不拒按,或得温痛减。

(2)辅助检查:

1)实验室检查:尿妊娠试验阳性。

2)B超检查:提示宫内妊娠、活胎。

(二)鉴别诊断

本病应与能引起腹痛的其他妊娠疾病和发生于妊娠期间的内、外科性的腹痛疾病相鉴别。

1. 异位妊娠　输卵管妊娠未破裂前,一侧下腹隐痛或伴有阴道不规则出血;附件区有软性包块、有压痛;妊娠试验阳性,B超检查、血HCG测定可资鉴别。输卵管妊娠破裂或流产后,则突然出现一侧下腹部撕裂样剧痛,可波及全腹,常伴昏厥或休克;下腹压痛、反跳痛明显,尤以患侧为甚,内出血多时,腹部叩诊有移动性浊音;可通过B超、阴道后穹窿穿刺等检查以鉴别。

2. 胎动不安　除小腹疼痛外,常有腰酸、腹坠,且其腹痛常与腰酸并见,或伴阴道少量流血。

3. 妊娠合并卵巢囊肿蒂扭转　多发生于中期妊娠,以突然出现一侧下腹部绞痛,甚者痛至昏厥,恶心呕吐为主症。与妊娠腹痛有明显差异。询问病史,结合腹部检查、妇科检查、B超检查可作出鉴别。

4. 妊娠合并急性阑尾炎　详见恶阻节。

【辨证论治】

本病辨证主要根据腹痛的性质、结合兼证及舌脉辨其虚实。一般以腹痛绵绵按之痛减者属虚,小腹胀痛或刺痛不喜揉按者属实。

治法应本着虚则补之,实则行之,寒者温之的原则,以调理气血为主,佐以补肾安胎。使胞脉气血流畅,则其痛自止。处方用药需注意孕期疾病的特殊性,调理气血用药宜平和,调气不宜过于香燥,活血不可过用行血动血,散寒不应过辛热温补,以免耗气伤阴、内动胎元。若病情发展,出

胎漏、胎动不安甚至堕胎、小产时,则须按胎漏、胎动不安或堕胎、小产处理。

(一)血虚证

主要证候 妊娠后小腹绵绵作痛,按之痛减,面色萎黄,头晕目眩,失眠多梦,或心悸怔忡;舌淡,苔薄白,脉细滑弱。

证候分析 素体血虚,孕后血聚养胎,阴血愈虚,胞脉失养,故小腹绵绵作痛,按之痛减;血虚不能上荣于面,故面色萎黄;血虚髓海失养,则头晕目眩;血不养心,则心悸怔忡,心神失养,则失眠多梦;舌淡,苔薄白,脉细滑弱,均为血虚之征。

治疗法则 补血养血,止痛安胎。

方药举例 当归芍药散(《金匮要略》)加何首乌、桑寄生。

当归 芍药 川芎 茯苓 白术 泽泻

若血虚甚者,加枸杞子、阿胶、熟地黄滋补精血,濡养胞脉;心悸失眠者,酌加酸枣仁、龙眼肉、五味子养血宁心安神。

(二)虚寒证

主要证候 妊娠后小腹冷痛,绵绵不止,喜温喜按,形寒肢冷,面色㿠白,纳少便溏,倦怠乏力;舌淡,苔薄白,脉沉细滑。

证候分析 素体阳虚,阴寒内生,孕后胞脉失于温煦,气血运行不畅,故小腹冷痛,绵绵不止;血得热则行,寒遇热而散,气血暂通,腹痛缓解,故喜温喜按;阳虚不能外达,则形寒肢冷,头面失煦,而面色㿠白;脾阳失煦,故纳少便溏;舌淡,苔薄白,脉沉细滑,均为虚寒之征。

治疗法则 暖宫止痛,养血安胎。

方药举例 胶艾汤(《金匮要略》)加巴戟天、杜仲、补骨脂。

阿胶 艾叶 当归 川芎 白芍 干地黄 甘草

若食少便溏者,加白术、砂仁以健脾除湿。

(三)气郁证

主要证候 妊娠后小腹胀痛,情志抑郁,或烦躁易怒,嗳气叹息,胸胁胀满;舌红,苔薄黄,脉弦滑。

证候分析 素性抑郁,孕后肝血偏虚,肝失条达,气机不畅,胞脉气血阻滞,故小腹胀痛;肝脉布胁肋,肝气郁结,故胸胁胀满;肝郁化火,则烦躁易怒,嗳气叹息;舌红,苔薄黄,脉弦滑均,为气郁化热之征。

治疗法则 疏肝解郁,止痛安胎。

方药举例 逍遥散(方见月经先后无定期)加苏梗、陈皮。

郁而化热者,加栀子、黄芩清热除烦;如肝血偏虚而气滞者,宜加枸杞子、何首乌、桑寄生以养血柔肝,香附疏肝解郁,行气止痛。

(四)血瘀证

主要证候 妊娠后小腹常感隐痛不适,或刺痛,痛处不移,或素有癥瘕;舌暗有瘀点,脉弦滑。

证候分析 素有癥瘕痼疾,孕后胞脉气血运行不畅,故小腹隐痛不适,或刺痛,痛处不移;舌暗有瘀点,脉弦滑,为血瘀之征。

治疗法则 养血活血,补肾安胎。

方药举例 桂枝茯苓丸(《金匮要略》)合寿胎丸(《医学衷中参西录》)。

桂枝茯苓丸

桂枝 茯苓 牡丹皮 芍药 桃仁

寿胎丸

菟丝子 桑寄生 续断 阿胶

【转归及预后】

妊娠腹痛,病位在胞脉,尚未损及胎元,病势亦多较轻,经及时有效治疗,一般预后良好。若痛

久不止,病势日进,也可损伤胎元,变生胎漏、胎动不安,甚则继续发展为堕胎、小产。

【预防及调摄】

(1) 孕后注意休息,避免劳累、持重、登高、剧烈运动,保证充足睡眠,禁止性生活。

(2) 保持心情舒畅,避免精神刺激。

(3) 饮食宜清淡、易消化,勿过食生冷,保持大便通畅。

【文献摘录】

《金匮要略·妇人妊娠病脉证并治》:妇人有漏下者,有半产后因续下血都不绝者,有妊娠下血者,假令妊娠腹中痛,为胞阻,胶艾汤主之。

《圣济总录·妊娠门》:妊娠脏腑虚弱,冒寒湿之气,邪气与正气相击,故令腹痛。病不已,则伤胞络,令胎不安。治法宜祛散寒湿,安和胎气,则痛自愈。

《胎产新书·女科秘旨》:孕妇腹中不时作痛,或小腹重坠,名曰胎痛,宜地黄当归汤主之。如不应,加人参、白术、陈皮。如因血气,加砂仁。因中气虚下坠而作痛,则服补中益气汤。

第三节 异位妊娠

孕卵在子宫体腔以外着床发育,称为"异位妊娠"(ectopic pregnancy),习称"宫外孕"。但两者含义稍有不同,宫外孕指子宫以外的妊娠,包括输卵管妊娠、卵巢妊娠、腹腔妊娠、阔韧带妊娠等;异位妊娠指孕卵位于正常着床部位之外的妊娠,还包括宫颈妊娠、间质部妊娠及子宫残角妊娠,因此,异位妊娠含义更广。

中医文献中没有"异位妊娠"和"宫外孕"的病名记载,但在"妊娠腹痛""胎漏""胎动不安"及"癥瘕"等病证中有类似症状的描述。

异位妊娠是妇产科常见的急腹症,发病率约1%,发生部位较多,其中以输卵管妊娠最常见,占95%左右,故本节以此为例叙述。当输卵管妊娠破裂后,可造成急性腹腔内出血,发病急,病情重,处理不当或治疗不及时,可危及生命。过去此病一经确诊,立即手术治疗,近几十年来,我国开辟了一条中西医结合非手术治疗的新路,使部分患者免除了手术之苦,保存了生育能力。

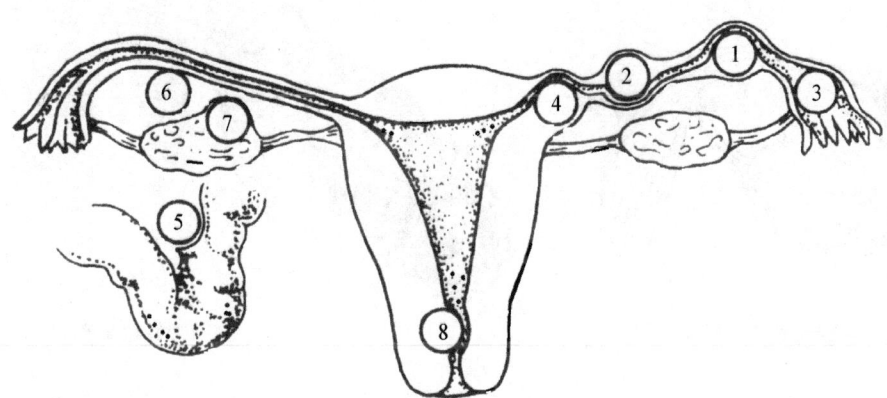

图 9-1 异位妊娠的发生部位

① 输卵管壶腹部妊娠;② 输卵管峡部妊娠;③ 输卵管伞部妊娠;④ 输卵管间质部妊娠;⑤ 腹腔妊娠;⑥ 阔韧带妊娠;⑦ 卵巢妊娠;⑧ 宫颈妊娠

【病因病机】

异位妊娠的发病与少腹素有瘀滞,冲任、胞脉、胞络不畅,或先天肾气不足,冲任虚损等有关。由于孕卵未能及时移行至胞宫,在输卵管内发育,以致胀破脉络,阴血内溢于少腹,而发生血瘀、血虚、厥脱等一系列证候,其本质属少腹血瘀实证。

1. 气虚血瘀 素禀肾气不足，或早婚、房事不节、人流堕胎，损伤肾气；或素体虚弱，饮食劳倦伤脾，中气不足，气虚运血无力，血行瘀滞，以致孕卵不能及时运达胞宫而成异位妊娠。

2. 气滞血瘀 素性抑郁，或忿怒过度，或经期产后，余血未尽，不禁房事，或感染邪毒，以致气滞血瘀，胞脉不畅，孕卵阻滞，不能运达胞宫，而成异位妊娠。

西医学认为本病的主要病因是慢性输卵管炎。炎症可造成输卵管黏膜粘连、管腔变窄、纤毛缺损、管形扭曲及管壁肌肉蠕动减弱等，均妨碍受精卵的通过和正常运行。此外，输卵管发育不良或畸形、输卵管术后瘢痕形成、输卵管子宫内膜异位症、输卵管周围的肿瘤压迫或牵引，孕卵外游及输卵管结扎后再通等，均可使受精卵的正常运行受阻或输送延迟，不能按时到达宫腔，而在输卵管内着床，形成输卵管妊娠。

输卵管妊娠时，由于管壁薄且缺乏黏膜下组织，管腔狭小，胚胎绒毛直接侵蚀输卵管肌层，当孕卵生长发育到一定程度时，即可发生输卵管妊娠流产或破裂。

输卵管妊娠流产，多见于妊娠8～12周的输卵管壶腹部妊娠。孕卵种植在输卵管皱襞内，囊胚在发育中常向管腔突出，最终突破包膜而出血，囊胚与管壁分离，若整个囊胚剥离落入管腔，刺激输卵管逆蠕动经伞端排出到腹腔，形成输卵管妊娠完全流产，出血不多。若囊胚剥离不完全，妊娠产物部分排出到腹腔，部分附着于输卵管壁，形成输卵管妊娠不全流产，滋养细胞继续侵蚀输卵管壁，导致反复出血，形成输卵管内、盆腔、腹腔血肿。

输卵管妊娠破裂，多见于妊娠6周左右的输卵管峡部妊娠。孕卵着床于输卵管黏膜皱襞间，囊胚生长发育时绒毛向管壁方向侵蚀肌层及浆膜，最终穿破浆膜，形成输卵管妊娠破裂。发生大量腹腔内出血，严重时可引起休克，危及生命。

输卵管妊娠流产或破裂，若长期反复内出血形成的盆腔血肿不散，血肿机化变硬并与周围组织器官粘连，临床上称为陈旧性宫外孕。

输卵管妊娠流产或破裂后，囊胚掉入腹腔多已死亡，偶有存活者，继续在腹腔内生长发育，形成继发性腹腔妊娠。

当输卵管妊娠时，子宫可增大变软，小于停经月份，子宫内膜呈蜕膜样变，当胚胎死亡时，蜕膜可整块脱落如三角形，称为蜕膜管型。

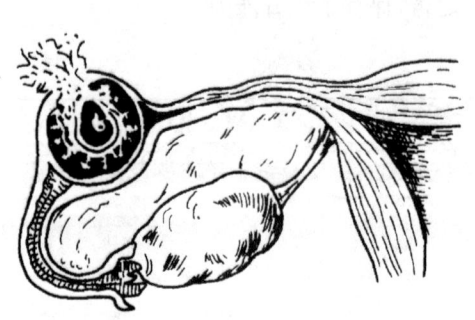
图9-2 输卵管峡部妊娠破裂

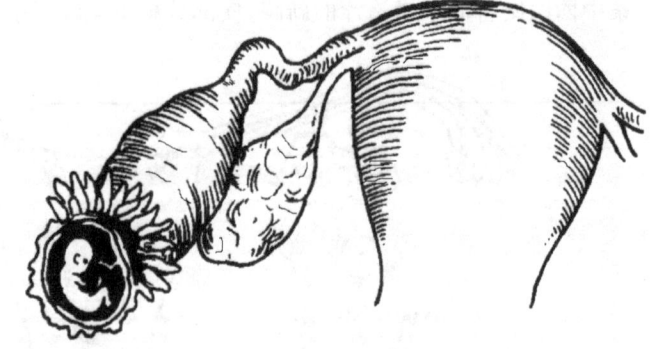
图9-3 输卵管妊娠流产

【诊断与鉴别诊断】

（一）诊断

1. 未破损期

（1）病史：多有停经史，早孕反应。可有盆腔炎病史或不孕史。

（2）症状：可无明显腹痛，或有一侧下腹隐痛，停经后阴道少量出血。

（3）检查：

1）妇科检查：子宫颈摇举痛，子宫增大而软，但常小于停经月份，一侧附件可触及软性包块，压痛明显。

2）辅助检查：妊娠试验阳性或弱阳性。B超检查提示宫腔内未见妊娠囊，而于一侧附件区可见混合性包块，或包块中可见胎心搏动。

2. 已破损期

（1）病史：同未破损期。

（2）症状：

1）停经：多有停经史，除输卵管间质部妊娠停经时间较长外，大多在6～8周。亦有20%～30%患者无停经史。

2）腹痛：患者突感一侧下腹部撕裂样疼痛，持续或反复发作，常伴有恶心呕吐。腹痛可波及下腹或全腹，有的还引起肩胛部放射性疼痛。当血液积聚在子宫直肠窝时，可引起肛门坠胀和排便感。

3）阴道不规则出血：输卵管妊娠中止后，内分泌发生变化，随之，子宫内膜分离呈碎片或完整排出，表现为不规则阴道流血，量少，色暗。

4）晕厥与休克：腹腔内急性出血及剧烈腹痛可导致晕厥与休克，其程度与腹腔内出血量与出血速度有关，但与阴道外流血不成比例。

（3）检查：

1）腹部检查：下腹部有明显的压痛及反跳痛，以患侧为甚，但腹肌紧张不明显，出血多时，叩诊可有移动性浊音。

2）妇科检查：阴道后穹窿饱满，有触痛，子宫颈有明显的摇举痛，子宫稍大变软，但比停经月份小；内出血多时，子宫有飘浮感，子宫一侧或后方可触及肿块，边界不清，触痛明显。陈旧性宫外孕时，可在子宫直肠窝处触到半实质性压痛包块，边界较清楚，但不易与子宫分开。

3）辅助检查：妊娠试验阳性或弱阳性。B超检查提示宫腔内未见妊娠囊，于一侧附件区可见混合性包块，甚至于包块中可见胎心搏动，破损时子宫直肠陷窝有液性暗区。后穹窿穿刺可抽出不凝血。

（二）鉴别诊断

1. 宫内妊娠流产 两者均有腹痛和阴道流血，但宫内妊娠流产之腹痛系下腹中央阵发性坠痛，腹部无压痛、反跳痛；B超检查提示宫内可见妊娠囊。

2. 黄体破裂 两者均可见下腹一侧突发性疼痛，压痛及反跳痛，内出血多时可有移动性浊音，甚至休克，后穹窿饱胀，穿刺可抽出不凝血等症状和体征。但黄体破裂多发生于排卵后期，尤以经前1周多见，子宫大小正常，一侧附件压痛，但无肿块扪及；HCG阴性，与异位妊娠可鉴别。

3. 急性阑尾炎 无停经史，右下腹持续疼痛，多由上腹部转至右下腹，伴恶心呕吐。子宫附件无异常，HCG阴性。

4. 急性输卵管炎 无停经史，下腹一侧或两侧持续性疼痛，伴体温升高，白细胞明显升高，后穹窿穿刺可抽出渗出液或脓液，HCG阴性。妇科检查、妊娠试验、后穹窿穿刺术及B超检查有助诊断。

5. 卵巢囊肿蒂扭转 两者均可见下腹一侧突发性疼痛，甚至晕厥，压痛，宫颈举痛等症状和体征，但卵巢囊肿蒂扭转多有卵巢囊肿病史，常于体位改变时发病，伴恶心呕吐，体温升高，HCG阴性，B超检查有助诊断。

6. 急性盆腔炎 两者均有腹痛，但急性盆腔炎下腹疼痛多为双侧，伴高热，阴道分泌物增多，有异味，白细胞明显升高，后穹窿穿刺可抽出脓液，HCG阴性。

【辨证论治】

（一）保守治疗

异位妊娠主要是少腹血瘀之实证，临床分未破损期和已破损期，治疗始终以活血化瘀为主。

本病辨证治疗的重点是随着病情的发展，动态观察治疗，并在有输血、输液及手术准备的条件下进行服药治疗。

1. 未破损期 指输卵管妊娠尚未破损者。

主要证候 停经后可有早孕反应，或下腹一侧有隐痛，或阴道流血淋漓；双合诊可触及一侧附件有软性包块、有压痛，尿妊娠试验为阳性或弱阳性；舌象正常，脉弦滑。

证候分析 停经妊娠，故可有早孕反应，尿妊娠试验为阳性或弱阳性；孕卵于输卵管内种植发育，尚未破裂，胞络阻滞，故患侧有包块、压痛及下腹患侧隐痛；孕卵滞于宫外，生长受阻，则阴道流血淋漓；脉弦滑为妊娠瘀阻之征。

治疗法则 活血化瘀，消癥杀胚。

方药举例 宫外孕Ⅱ号方(山西医学院附属第一医院)加蜈蚣、全蝎、紫草。

丹参 赤芍 桃仁 三棱 莪术

未破损期，保守治疗的关键是杀死胚胎，故在服用本方的同时，可加天花粉针剂，以提高杀胚效果，但必须严格遵守使用程序，防止过敏反应。也可用西药甲氨蝶呤(MTX)、5-FU、米非司酮杀胚。

2. 已破损期 指输卵管妊娠流产或破裂者。临床有休克型、不稳定型及包块型。

(1) 休克型：输卵管妊娠破损后引起急性大量出血，临床有休克征象者。

主要证候 停经数日，突发一侧下腹部撕裂样剧痛，疼痛可由下腹转向全腹，伴有肛门坠胀感。面色苍白，四肢厥逆，或冷汗淋漓，恶心呕吐，血压下降或不稳定，有时烦躁不安，阴道流血，脉微欲绝或细数无力，并有腹部及妇科检查的体征。

证候分析 孕卵停滞于胞宫之外，胀破脉络，故突发下腹剧痛；血液流至腹腔、积聚于子宫直肠陷凹处，故疼痛可转向全腹，肛门有坠胀感；络伤内崩，阴血暴亡，气随血脱，则面色苍白，四肢厥逆，冷汗淋漓，恶心呕吐；亡血心神失养，故烦躁不安；脉微欲绝或细数无力，为阴血暴亡，阳气暴脱之象。

治疗法则 益气固脱，活血祛瘀。

方药举例 生脉散(方见崩漏)合宫外孕Ⅰ号方(山西医学院附属第一医院)。

丹参 赤芍 桃仁

对于休克型患者，应立即吸氧、输液，必要时输血，配合中药生脉散积极抢救，补足血容量，纠正休克后，加服宫外孕Ⅰ号方活血化瘀，并早防治兼证。若四肢厥逆者，酌加附子回阳救逆；大汗淋漓不止者，酌加山茱萸敛汗涩津；内出血不止者，酌加三七化瘀止血。患者需绝对卧床，严格控制饮食，禁止灌肠和不必要的盆腔检查。若经处理病情不能控制，应立即手术治疗。

(2) 不稳定型：输卵管妊娠破损后时间不长，病情不够稳定，有再次发生内出血的可能。

主要证候 腹痛拒按，腹部有压痛及反跳痛，但逐渐减轻，可触及界限不清的包块．兼有少量阴道出血，血压平稳，头晕神疲；舌正常或舌质淡，苔薄白，脉细缓。

证候分析 脉络破损，伤络而血溢，血不循经成瘀，瘀阻少腹，不通则痛，故腹痛拒按，可触及包块；瘀血内阻，新血不得归经，故有阴道流血；气随血泄，气血虚弱，故头晕神疲；气血骤虚，脉道不充，故脉细缓。

治疗法则 活血祛瘀，佐以益气。

方药举例 宫外孕Ⅰ号方(方见休克型)加党参、黄芪。

此型患者兼有虚象，用药宜和缓，免伤正气。若后期有血块形成，可加三棱、莪术消癥散结，但用量应由少到多，逐渐增加。又因此型病情不稳定，可再次出现内出血，故需作好抢救休克的准备。

(3) 包块型：指输卵管妊娠破损时间较长，腹腔内血液已形成血肿包块者。

主要证候 腹腔血肿包块形成，腹痛逐渐减轻或消失，可有下腹坠胀或便意感，阴道出血逐渐停止；舌质暗，苔薄白，脉细涩。

证候分析 络伤血溢于少腹成瘀，瘀积成癥，故腹腔血肿包块形成；癥块阻碍气机，则下腹胀痛或坠胀；舌质暗，脉细涩，为瘀血内阻之征。

治疗法则 破瘀消癥。

方药举例 宫外孕Ⅱ号方(见未破损期)。

为加快包块吸收，可辅以消癥散(经验方)或双柏散(经验方)外敷下腹部，并可用20%复方毛冬青灌肠液保留灌肠。

消癥散

千年健60 g　续断120 g　追地风、花椒各60 g　五加皮、白芷、桑寄生各120 g　艾叶500 g　透骨草250 g　羌活、独活各60 g　赤芍、归尾各120 g　血竭、乳香、没药各60 g

上药共为末,每250 g为一份,纱布包裹,蒸30分钟,趁热外敷,每日1~2次,10日为1个疗程。

双柏散

侧柏叶、大黄各60 g　黄柏、薄荷、泽兰各30 g

水蜜各半,加热调匀,趁热外敷,每日2次,10天为1个疗程。

外敷或灌肠的治疗,一定要在包块形成、内出血已停止的前提下进行。

3. 兼证的处理　最多见及最重要的兼证是腑实证,表现为腹胀便秘,胃脘不舒,腹痛拒按,肠鸣音减弱或消失。

(1) 属热实者:于主方中加大黄、芒硝清热泻下。

(2) 属寒实者:九种心痛丸(《金匮要略》)。

附子　人参　干姜　吴茱萸　狼牙　巴豆霜

(3) 寒热夹杂者:可用大黄、芒硝,佐以适量肉桂。

(4) 在疏通胃肠的同时加枳实、厚朴,以宽胸理气消胀。

(二) 手术治疗

输卵管妊娠确诊后,可以考虑手术治疗,手术治疗止血迅速。如有下列情况,应立即进行手术。

(1) 停经时间较长,疑为输卵管间质部或残角子宫妊娠。

(2) 内出血多,休克严重,经抢救而病情不易控制者。

(3) 妊娠试验持续阳性,包块继续长大,而杀胚药无效者。

(4) 愿意同时施行绝育者。

【转归及预后】

异位妊娠因妊娠部位、就诊时间、诊断处理及时与否,预后吉凶不一。输卵管妊娠早期诊断,可保守治疗,免除手术之苦,保存生育能力。如果输卵管妊娠破裂,严重的可危及生命,必须手术治疗。不稳定型,必须在严密观察下保守治疗。子宫颈、间质部妊娠必须手术治疗。

输卵管妊娠以后,10%患者可再次发生输卵管妊娠,50%~60%患者继发不孕症。

【预防及调摄】

(1) 作好计划生育,减少人流等手术,避免产后及流产后的感染。

(2) 注意个人卫生,积极治疗慢性盆腔炎、盆腔肿瘤等疾病。

(3) 有盆腔炎、不孕史、放置宫内节育器而停经者,应警惕异位妊娠的发生。

(4) 急性内出血时,绝对卧床休息,宜头低卧位,以增加脑血流量及氧的供给,给予吸氧、输液、保暖,并作好输血及手术准备。

(5) 不稳定型患者,应卧床休息,减少体位改变和腹压增加的因素;严格控制饮食,保持大便通畅;避免不必要的妇科检查。

(6) 包块型患者,适当下床活动,促进包块吸收,减少粘连。

(7) 对有生育要求的异位妊娠术后患者,应积极治疗盆腔炎性疾病以通畅输卵管。

【文献摘录】

《妇产科理论与实践》:中西医结合治疗的优点在于能够避免手术的创伤,缓解病人及家属的恐惧心理,为治疗输卵管妊娠创出了一条新路。中药治疗输卵管妊娠能保留患侧输卵管,有的还能恢复功能……还可同时治疗并存的炎症、粘连……输卵管妊娠属血瘀少腹,痛则不通的实证。因此,应以活血化瘀止痛为治则。

《现代中西医妇科学》:宫外孕多为早期胚胎种植于输卵管,这种病变可视为血瘀。瘀血日久化

热,热入血分,迫血妄行,引起出血,离经之血瘀于盆腔、腹腔,从而加重了瘀血,导致恶性循环,出现了一系列内出血的临床表现。因此,本病的实质为瘀血证。

第四节　胎漏、胎动不安

妊娠期阴道少量出血,时下时止,或淋漓不断,而无腰酸腹痛者,称为"胎漏"(vaginal bleeding during pregnancy),亦称"胞漏"或"漏胎"。妊娠期出现腰酸腹痛,胎动下坠,或阴道少量出血者,称为"胎动不安"(restless movement of the fetus)。

西医学的先兆流产、先兆早产可参照本病辨证论治。胎漏发生在妊娠中、晚期,多见于西医学的前置胎盘,诊疗中当予以高度重视。

【病因病机】

本病病因有母体和胎元两方面,终致冲任气血失调,胎元不固而发病。

胎元方面：夫妇之精气不足,两精虽能结合,但胎元不固以致发生胎漏、胎动不安。若因胎元有缺陷,胎多不能成实而易殒堕。

母体方面：主要有以下几方面的因素。

1. 肾虚　素禀肾气不足,或孕后房事不节,或因多产,损伤肾气,肾虚冲任不固,胎失所系,以致胎漏、胎动不安。

2. 气虚　孕妇素体虚弱,或饮食不节、过劳损伤脾气,或大病损伤正气,气虚冲任不固,胎失所载,以致胎漏、胎动不安。

3. 血虚　素体阴血不足,或久病耗血伤阴,或孕后脾胃虚弱,恶阻较重,化源不足而血虚。血虚则冲任血少,胎失所养,而致胎漏、胎动不安。

4. 血热　素体阳盛,孕后过食辛燥动阳之品,或外感热邪,或肝郁化热,以致阳盛血热,热扰冲任,损伤胎气,而致胎漏、胎动不安。

5. 外伤　孕后跌仆闪挫或登高持重,使气血紊乱,冲任失调,不能载胎养胎,而致胎漏、胎动不安。

6. 癥瘕伤胎　孕妇有癥瘕痼疾,瘀阻胞脉,孕后冲任气血失调,血不归经,胎失所养,而致胎漏、胎动不安。

【诊断与鉴别诊断】

(一) 诊断

1. 病史　有停经史,可有早孕反应。常有孕后不节房事史,人工流产、自然流产史,或素有癥瘕史。

2. 症状　妊娠期腰酸腹痛,小腹坠胀,或伴有少量阴道出血等。

3. 检查

(1) 妇科检查：子宫颈口未开,子宫大小与停经月份相符。

(2) 辅助检查：

1) 实验室检查：尿妊娠试验阳性。或必要的激素测定。

2) B超检查：提示活胎(有胎心及胚芽)。

(二) 鉴别诊断

1. 激经　激经是指妊娠早期(妊娠2~3个月),在相当于月经期时,仍有少量阴道出血,到4~5个月后自行停止,无损于胎儿的生长、发育,俗称"垢胎""盛胎""妊娠经来"等。激经是妊娠后按月而有规律的下血现象,无腰酸腹痛;胎漏出现的阴道出血,时下时止,无一定规律或淋漓不尽,常伴腰酸腹痛等胎动不安现象。

2. 妊娠腹痛　妊娠腹痛是指妊娠期胞脉阻滞或失养,气血运行不畅,而发生小腹疼痛的病证,并无腰酸,也无阴道出血。

3. 胎堕难留 胎殒难留者,阴道出血增多,腹痛加重,妇科检查子宫颈口已扩张,有时胚胎组织堵塞于子宫颈口,子宫与停经月份相符或略小。B 超检查无胎心、胎动反射,血 HCG 值下降。

4. 异位妊娠 以输卵管妊娠为例,可有少量不规则阴道出血及少腹隐痛,B 超检查宫内无孕囊,宫外(多在附件区)有包块或孕囊,输卵管妊娠破裂突然出现剧烈的下腹部撕裂样疼痛,多限于一侧,约 1/3 患者伴有晕厥和休克。妇科检查、妊娠试验、后穹窿穿刺术及 B 超检查有助诊断。

5. 葡萄胎(鬼胎) 葡萄胎常有不规则阴道出血,有时可大量出血,偶尔在血中发现水泡状物。多数患者子宫大于相应月份的正常妊娠子宫。B 超检查有助诊断。

6. 胎死不下 胎死不下者,可伴阴道出血,孕中期不见小腹增长,未觉胎动,或已觉胎动者胎动消失。妇科检查子宫小于妊娠月份,B 超检查无胎心、胎动反射,或胎头不规则变形。

【辨证论治】

本病辨证中应注意腰腹疼痛的性质、程度,阴道出血的量、色、质等征象,以及出现的兼证、舌脉进行综合分析,指导治疗。对有外伤史、他病史、服药史者,应在诊察胎儿状况的基础上确定安胎或去胎的原则。安胎大法以补肾固冲为主,并根据不同情况辅以益气、养血、清热等法。若经治疗后腰酸腹痛加重,阴道出血增多,以致胎堕难留者,又当去胎益母。

(一)肾虚证

主要证候　妊娠期阴道少量出血,色暗淡,腰酸腹痛,胎动下坠,伴头晕耳鸣,两膝酸软,小便频数,或曾屡有堕胎;舌淡,苔白,脉沉细而滑。

证候分析　肾虚冲任不固,胎失所系,因而阴道少量出血,色暗淡,腰酸腹痛,胎动下坠;头晕耳鸣,两膝酸软,小便频数,均为肾虚所致,肾虚冲任不固,无力系胎,故屡有堕胎;舌淡,苔白,脉沉细而滑,为肾气虚之征。

治疗法则　补肾益气,固冲安胎。

方药举例　寿胎丸(方见妊娠腹痛)加党参、白术。

若肾阴虚兼有手足心热,面赤唇红,口燥咽干,舌红,少苔,脉细滑而数。治宜滋阴补肾,固冲安胎。方用寿胎丸加熟地黄、山茱萸、地骨皮;阴道出血者,酌加女贞子、旱莲草。

若肾阳虚者,兼有腰痛如折,畏寒肢冷,小便清长,面色晦暗,舌淡,苔白滑,脉沉细而迟,治宜补肾助阳,固冲安胎,方用寿胎丸加补骨脂、杜仲、鹿角霜。

(二)气虚证

主要证候　妊娠期阴道少量出血,色淡质稀,腰酸腹痛,小腹空坠,精神倦怠,气短懒言,面色㿠白;舌淡,苔薄,脉缓滑。

证候分析　气虚冲任不固,胎失摄载,故孕后阴道少量出血,色淡质稀,腰酸腹痛;气虚下陷,提挈无力,故小腹空坠;精神倦怠,气短懒言,面色㿠白,舌淡,苔薄,脉缓滑,为气虚之征。

治疗法则　补益中气,固冲安胎。

方药举例　举元煎(方见经期延长)加续断、桑寄生、阿胶。

若阴道下血量多者,酌加乌贼骨、艾叶炭以固冲止血。

(三)血虚证

主要证候　妊娠期阴道少量出血,腰酸腹痛,胎动下坠,头晕眼花,心悸失眠,面色萎黄;舌淡,苔薄,脉细滑。

证候分析　血虚冲任血少,不能养胎,以致阴道少量下血,腰酸腹痛,胎动下坠;血虚不能上荣清窍,则头晕眼花;血不养心,则心悸失眠;血虚不能充养肌肤,故面色萎黄;舌淡,苔薄,脉细滑,也为血虚之征。

治疗法则　补血固冲安胎。

方药举例　苎根汤(《妇人大全良方》)加续断、桑寄生。

干地黄　苎麻根　当归　芍药　阿胶　甘草

若气血两虚者,症见孕后腰腹坠痛,阴道少量出血,色淡质稀,头晕眼花,气短心悸,面色苍白,

舌淡,苔薄白,脉细滑。治宜补气养血,固肾安胎,方用胎元饮(《景岳全书》)。

人参 当归 杜仲 白芍 熟地黄 白术 陈皮 炙甘草

(四)血热证

主要证候 妊娠期阴道少量出血,血色深红或鲜红,腰酸腹痛,胎动下坠,或心烦少寐,渴喜冷饮,便秘溲赤;舌红,苔黄,脉滑数。

证候分析 热伤冲任,迫血妄行,损伤胎气,而致阴道少量出血,血色紫红或鲜红,腰酸腹痛,胎动下坠;热扰心神,故心烦少寐;热伤津液,故口渴喜冷饮,便秘溲赤;舌红,苔黄,脉滑数,为血热之征。

治疗法则 清热凉血,固冲安胎。

方药举例 保阴煎(方见月经过多)。

若下血较多者,酌加阿胶、旱莲草、地榆炭凉血止血;腰痛甚者,酌加菟丝子、桑寄生固肾安胎。

(五)外伤证

主要证候 妊娠期跌仆闪挫,或劳力过度,继发阴道出血,腰腹疼痛,胎动下坠,精神倦怠;舌正常,脉滑无力。

证候分析 孕后跌仆闪挫,或劳力所伤,以致气血紊乱,气乱则胎失所载,血乱则胎失所养,是以胎元内失摄养而不固,故腰腹疼痛,胎动下坠;气血紊乱,冲任不固,故阴道下血;气耗血伤,则精神倦怠,脉滑无力。

治疗法则 益气养血,固肾安胎。

方药举例 加味圣愈汤(《医宗金鉴》)。

当归 白芍 川芎 熟地黄 人参 黄芪 杜仲 续断 砂仁

若阴道出血量多者,去当归、川芎辛窜动血之品,酌加阿胶、艾叶炭止血安胎。

(六)癥瘕伤胎证

主要证候 素有癥瘕,孕后阴道不时少量下血,色红或暗红,甚则腰酸胎动下坠,皮肤粗糙,口干不欲饮;舌暗红,或边尖有瘀斑,苔白,脉沉弦或沉涩。

证候分析 妇人素有癥疾,瘀血内滞小腹或胞脉,孕后新血不得下归血海以养胎元,反离经而走,故阴道不时少量下血,色红或暗红;损伤胎气,则腰酸胎动下坠;瘀血内阻,气机不畅,故胸腹胀满,少腹拘急;瘀血内阻,肌肤失荣,故皮肤粗糙;瘀血内阻,津液不得上承,故口干不欲饮;舌暗红,或边尖有瘀斑,苔白,脉沉弦或沉涩,为癥病而有瘀血内滞之征。

治疗法则 祛瘀消癥,固冲安胎。

方药举例 桂枝茯苓丸(方见妊娠腹痛)加续断、杜仲、菟丝子。

【转归及预后】

胎漏、胎动不安者,若胎元未殒,经过安胎治疗,腰酸腹痛消失,出血停止,多能继续妊娠,分娩出健康婴儿。若胎元已殒,则进一步发展为堕胎、小产。若发现胚胎死亡者,应迅速下胎以益母。若为父母遗传基因的缺陷或子宫畸形等,非药物所能奏效。

【预防及调摄】

(1)卧床休息,禁止性生活。

(2)尽量减少不必要的阴道检查。

(3)流产后,必须检查夫妇双方的原因,预防滑胎的发生。

【文献摘录】

《妇人大全良方》:妊娠胎动不安者,由冲任经虚,受胎不实也。

《景岳全书·妇人规》:凡妊娠胎气不安者,证本非一,治亦不同,盖胎气不安,必有所因,或虚、或实,或寒,或热,皆能为胎气之病。去其所病,便是安胎之法。故安胎之方,不可执……但当随证、随经,因其病而药之,乃为至善。

《医宗金鉴·妇科心法要诀》:孕妇气血充足,形体充实,则胎气安固。若冲任二经虚损,则胎不

成实,或因暴怒伤肝,房劳伤肾,则胎气不固,易致不安;或受孕之后,患生他疾,干犯胎气,致胎不安者亦有之;或因跌仆筑磕,从高坠下,以致伤胎、堕胎者亦有之。

第五节 堕胎、小产

妊娠12周内,胚胎自然殒堕者,称为"堕胎",首见于《脉经》;妊娠12～28周,胎儿已成形而自然殒堕者,称为"小产",亦称"半产",首见于《金匮要略》。还有怀孕1个月不知其已受孕而殒堕者,称为"暗产",如《叶氏女科证治·暗产须知》所言:"惟一月堕胎,人皆不知有胎,但谓不孕,不知其已受孕而堕也。"

西医学的早期流产、晚期流产可参照本病辨证论治。

【病因病机】

堕胎、小产常由胎漏、胎动不安发展而来,故其病因病机与胎漏、胎动不安基本相同,也有不经过此阶段而直接成为堕胎、小产的。其发病机理主要是冲任损伤,胎结不实,胎元不固而致胚胎、胎儿自然殒堕。究其病因,主要有肾气虚弱、气血不足、热病伤胎和跌仆伤胎。

1. 肾气虚弱 禀赋素弱而肾气不盛;或孕后房事不节,肾气暗耗,肾虚无力系胎,胎元不固,以致堕胎、小产。

2. 气血不足 素体气血虚弱;或饮食劳倦损伤脾胃,气血化源不足;或大病久病,损伤气血;或孕期呕恶太甚,耗气太多,以致气血两虚,气虚不能载胎,血虚不能养胎,而胎元不固,发生堕胎、小产。

3. 热病伤胎 素体阳盛或阴虚,体内蕴热;或摄生不慎,感受时疫邪毒或热病温疟,热移冲任;或七情过极,肝郁化热;或过食温热之食物,过用温补之药物,酿生内热,热伏冲任,扰动血海,损伤胎元,以致堕胎、小产。

4. 跌仆伤胎 孕后不慎跌仆闪挫;或腹部受压、撞击;或过度劳累、负重,致使气血紊乱,冲任损伤,而发生堕胎、小产。

【诊断与鉴别诊断】

(一)诊断

1. 病史 有停经史,可有早孕反应,或曾有胎漏、胎动不安病史,或有妊娠期热病史、外伤史等。

2. 症状 堕胎、小产的主要症状是阴道流血和腹痛。堕胎是妊娠12周内,先出现阴道流血,且血量增多超过月经量,继之阵发性小腹疼痛,胚胎自然殒堕。小产是妊娠12～28周,先出现阵发性腹痛,继而阴道流血,或有羊水溢出,胎儿自然殒堕。

3. 检查

(1)妇科检查:子宫颈口已开大,血自宫腔流出,或见羊水流出,有时尚可见胚胎组织堵塞于子宫口,子宫大小与停经月份相符或略小,此属胎动欲堕,相当于西医学的难免流产;若已有部分妊娠物排出,尚有部分残留在子宫腔内,使阴道持续大量出血,甚至休克,子宫小于停经月份,此属胎堕不全,相当于西医学的不全流产;若妊娠物全部排出,阴道流血逐渐减少或停止,子宫颈口略松弛,子宫明显小于妊娠月份或接近正常,腹痛消失,此属胎堕完全,相当于西医学的完全流产。

(2)辅助检查:

1)实验室检查:尿妊娠试验阳性或阴性。大量失血者,血常规检查示贫血。

2)B超检查:有助诊断。

(二)鉴别诊断

1. 异位妊娠 两者均有停经史,早孕反应,妊娠试验阳性,腹痛,阴道不规则出血。但异位妊娠破裂时突感一侧下腹撕裂样疼痛,内出血多时可见休克。通过妇科检查、后穹窿穿刺、B超检查可明确诊断。

2. 葡萄胎 两者均有停经史,早孕反应,妊娠试验阳性,阴道不规则出血。但葡萄胎早孕反应较重,血HCG值异常升高。妇检子宫体大而软,大多超过停经月份,触不到胎体。B超检查宫内无

妊娠囊或胎儿形象。

【辨证论治】

堕胎、小产的主症是阴道出血与腹痛，辨证中应严密观察病程进展而果断采取相应的措施。治疗以下胎益母为主。若胎堕难留或胎堕不全者，应速去其胎，或于严密观察中辨证用药下胎，或在严格消毒下行吸宫术、钳刮术或引产术，清除宫内容物，以防发生大出血。若堕胎、小产不全，突然阴血暴下，出现气随血脱的危象，当益气固脱，必要时需配合输血、抗休克等急救措施。若胎堕完全者，应按产后处理，以调养气血为主。

（一）胎堕难留证

主要证候　妊娠早期出现阴道流血量多，色红有块，小腹坠胀疼痛；或妊娠中晚期，小腹疼痛，阵阵紧逼，会阴坠胀，或有羊水溢出，继而阴道下血量多，伴面色苍白，头晕目眩，心悸气短；舌质正常或紫暗，舌边尖有瘀点，脉滑或涩。

证候分析　孕后因故伤胎，胞脉受损，故阴道流血量多；殒胎阻滞胞宫，不通则痛，则小腹坠胀疼痛，胎膜破损，则羊水外溢；面色苍白，头晕目眩，心悸气短，均为失血后气血亏虚之象；舌紫暗，脉滑或涩，乃为胎堕难留，瘀血内阻之征。

治疗法则　祛瘀下胎。

方药举例　脱花煎（《景岳全书》）加益母草或生化汤（《傅青主女科》）加益母草。

脱花煎

当归　川芎　肉桂　牛膝　红花　车前子

生化汤

当归　川芎　桃仁　炮姜　炙甘草

若腹痛阵作，血多有块者，酌加炒蒲黄、五灵脂以祛瘀下胎，止痛止血。

胎堕难留，应尽快终止妊娠，速去其胎。若服药后殒胎不下，须立即行清宫术，以防发生大出血。

（二）胎堕不全证

主要证候　胎殒之后，尚有部分组织残留于子宫，阴道流血持续不止，甚至大量出血，腹痛阵阵紧逼；舌淡红，苔薄白，脉沉细无力。

证候分析　胎殒已堕，堕而未尽，瘀阻胞中，新血不得归经，故阴道流血持续不止，甚则大量出血；胎堕不全，留而成瘀，胞脉受阻，不通则痛，故腹痛阵阵紧逼；舌淡红，苔薄白，脉沉细无力，乃为气虚血瘀之征。

治疗法则　活血化瘀，佐以益气。

方药举例　脱花煎（方见胎堕难留证）加人参、益母草、炒蒲黄。

若胎堕不全，伴有发热、腹痛、阴道排液臭秽，加银花、连翘、红藤、败酱草、蒲公英、赤芍、牡丹皮等清热解毒，凉血化瘀，同时尽快清宫，并予以抗感染治疗。

若为死胎稽留不下，而无明显邪毒感染者，按"胎死不下"处理。

【转归及预后】

堕胎、小产发生在孕8周之前和12周之后者，由于胚胎小或胎盘已经形成，胚胎或胎儿、胎盘容易全部排出，故阴道出血和腹痛较轻，预后良好。发生在孕8～12周者，由于胎盘没有完全形成，往往不能完全剥离与胎儿同时排出，常有胎儿排出而胎盘不下，或胎儿和部分胎盘排出，使宫腔内有部分组织残留，故阴道出血持续不止，甚至发生阴血暴亡，阳气欲脱危重之证。

【预防及调摄】

(1) 堕胎、小产一旦发生，需立即到医院就诊，以防止大出血造成失血性休克。

(2) 堕胎、小产发生后，可按产后处理，取半卧位，有利于妊娠物排出。

(3) 保持外阴清洁，禁房事，以防感染。

(4) 饮食宜清淡而富有营养，忌食肥腻、生冷、辛辣刺激之物。

【文献摘录】

《女科撮要·小产》：小产重于大产，盖大产如粟熟自脱，小产如生采，破其皮壳，断其根蒂，岂不重于大产？

《景岳全书·妇人规》：若腹痛血多，腰酸下坠，势有难留者，无如决津煎、五物煎助其血而落之，最为妥当……若胎已死，当速去其胎以救其母……凡气血衰弱，无以滋养其胎，或母有弱病，度其终不能成者，莫若下之，以免他患。

第六节　滑　胎

凡堕胎或小产连续发生3次或3次以上者，称为"滑胎"（recurrent spontaneous abortion），亦称"数堕胎""屡孕屡堕"。本病以连续性、自然性和应期而下为特点。西医学称为"复发性流产"。明代以前有些医著所言滑胎，是指在临产前用药令胎滑易产的一种催生法，不属本节讨论范围。

【病因病机】

本病病因有母体和胎元两方面，终需导致冲任气血失调，胎元不固而发病。

胎元方面：夫妇之精气不足，两精虽能结合，但胚胎不能成形或成形易损，胎多不能成实而易殒堕，故而发生屡孕屡堕。

母体方面：主要有以下几方面的因素。

1. 肾虚　素禀肾气不足，或孕后房事不节，或因多产损伤肾气，肾虚冲任不固，胎失所系，遂致滑胎。

2. 脾肾虚弱　父母先天脾肾虚弱，或屡孕屡堕损伤脾肾，肾主先天，脾主后天，脾肾虚弱，不能养胎，遂致滑胎。

3. 气血虚弱　孕妇素体气血不足，或饮食、过劳损伤脾气，或久病耗血伤阴，以致气虚冲任不固，胎失所载，血虚则冲任血少，胎失所养，遂致滑胎。

4. 血热　素体阳盛，孕后过食辛燥动阳之品，或外感邪热，或肝郁化热，以致阳盛血热，热扰冲任，损伤胎气，遂致滑胎。

5. 血瘀　孕妇素有癥瘕之疾，瘀阻胞脉，孕后冲任气血失调，血不归经，胎失所养，遂致滑胎。

西医学认为，导致复发性流产的病因甚为复杂，且多与遗传、内分泌、感染、生殖器畸形、免疫因素等有关。对于免疫因素引起滑胎的治疗，目前还在进一步研究中，而且中医药安胎已显示出显著疗效。遗传因素中，父母染色体严重异常者，绝大多数难以治疗。由于引起本病的原因很多，所以对于曾发生过堕胎或小产的患者，再次受孕之前，夫妇双方应进行生殖器官、遗传因素、内分泌、免疫因素四大原因的检查，作好预防，确保优生优育。

【诊断】

诊断要点

1. 病史　堕胎或小产连续发生3次或3次以上，多数具有连续性、自然性和应期而下的特点。

2. 检查

（1）妇科检查：了解子宫发育，有无子宫畸形、子宫肌瘤及盆腔肿物等。

（2）实验室检查：查男女双方染色体。而且，男方需查精子数目、活动力、畸形率等；女方查黄体功能、胎盘内分泌功能、ABO抗原、血清抗体效价、抗心磷脂抗体等。

（3）辅助检查：B超或子宫输卵管造影观察子宫大小、形态、有无肿物及宫颈内口情况。大月份小产者，若宫颈内口达1.9cm以上即可诊断为宫颈内口松弛。

【辨证论治】

在本病的治疗中，首先根据相关检查，排除男方因素或女方非药物所能奏效的因素后针对病因辨证论治。"虚则补之"是滑胎病证的主要施治原则，并应掌握"预防为主，防治结合"的阶段性原

则。孕前宜以补肾健脾、益气养血、调固冲任为主。孕后应积极进行保胎治疗,并应坚持超过以往滑胎时间2周以上;对于胎堕难留者,参照堕胎、小产辨证论治。

对某些临床表现不典型的病例,可借助妇科检查和有关实验室检查找出病因,以便采取有针对性的治疗措施。

(一) 肾虚证

1. 肾气不足

主要证候　屡孕屡堕,甚或应期而堕;孕后腰膝酸软,头晕耳鸣,夜尿频多,舌淡,苔白,脉沉细而滑。

证候分析　头晕耳鸣,腰膝酸软,夜尿频多,均为肾虚所致,肾虚冲任不固,无力系胎,故屡有堕胎;舌淡,苔白,脉沉细而滑,亦为肾虚之征。

治疗法则　补肾益气,固冲安胎。

方药举例　补肾固冲丸(《中医学新编》)。

菟丝子　巴戟天　杜仲　当归　鹿角霜　枸杞子　阿胶　熟地黄　续断　党参　白术　大枣　砂仁

腰酸明显者,加桑寄生、狗脊。

本方治肾气不足,气血两虚,冲任失固,胎元不实之滑胎。1981年,此方稍作加减,研制成滋肾育胎丸(《罗元恺女科述要》),用于防治先兆流产和复发性流产。

2. 肾阳亏虚

主要证候　屡孕屡堕,孕后腰膝酸软,甚或腰痛如折,头晕耳鸣,畏寒肢冷,夜尿频多,小便清长,大便溏薄;舌淡,苔薄而润,脉沉迟或沉弱。

证候分析　命火不足,冲任失于温煦,胞宫虚寒,故胎元不固,屡孕屡堕;肾阳不足,阳气不达四末,畏寒肢冷;命火不能温煦脾土,脾失健运,则大便溏薄;头晕耳鸣,腰膝酸软,夜尿频多,舌淡,苔薄而润,脉沉迟或沉弱,均为肾阳亏虚之征。

治疗法则　补肾益气,固冲安胎。

方药举例　肾气丸(《金匮要略》)。

干地黄　山药　山茱萸　牡丹皮　泽泻　茯苓　附子　桂枝

少腹有冷感,阴道下血淋漓者,加阿胶、姜炭、黑艾叶、升麻。

3. 肾阴亏虚

主要证候　屡孕屡堕,孕后腰膝酸软,甚或足跟痛,头晕耳鸣,手足心热,两颧潮红,大便秘结;舌红,少苔,脉细数。

证候分析　肾之阴精不足,胎失所养,故胎元不固,屡孕屡堕;足少阴肾脉斜走足跟,肾虚,则足跟疼痛;阴虚内热,虚阳浮越,故手足心热,两颧潮红,大便秘结,脉数;头晕耳鸣,腰膝酸软,舌红,少苔,脉细数,均为肾阴亏虚之征。

治疗法则　滋阴补肾,固冲安胎。

方药举例　育阴汤(《百灵妇科》)。

熟地黄　续断　白芍　桑寄生　杜仲　山茱萸　山药　海螵蛸　龟甲　牡蛎　阿胶

兼肝郁化火者,症见胸闷烦躁,乳房胀痛,脉弦,舌苔黄腻者,加入钩藤、醋炒柴胡;兼心火偏旺,症见心烦失眠,情绪紧张,脉细数,舌质偏红,去当归,加入钩藤、黄连、炒枣仁、茯神。

(二) 脾肾虚弱证

主要证候　屡孕屡堕,腰膝酸软,小腹隐痛下坠,纳呆便溏,头晕耳鸣,夜尿频多,眼眶暗黑,面色晦黄,面颊部暗斑;舌淡胖,苔薄,脉沉细滑,尺脉弱。

证候分析　脾肾虚弱,胎元不固,故屡孕屡堕;脾虚中气不足,则小腹下坠,纳呆便溏;头晕耳鸣,面色晦黄,面颊部暗斑,舌淡胖,苔薄,脉沉细滑,尺脉弱,均为脾肾虚弱之候。

治疗法则　补肾健脾,养血安胎。

方药举例　安奠二天汤(《傅青主女科》)。

人参　熟地黄　白术　山药　炙甘草　山茱萸　杜仲　枸杞子　扁豆

体虚者,重用人参,加黄芪。

(三)气血虚弱证

主要证候　屡孕屡堕,精神倦怠,气短懒言,面色㿠白,心悸失眠;舌淡,苔薄,脉细滑。

证候分析　精神倦怠,气短懒言,面色㿠白,为气虚之征;血虚不能上荣清窍,则头晕眼花;血不养心,则心悸失眠;舌淡,苔薄,脉细滑,为气血虚弱之征。

治疗法则　益气养血,固冲安胎。

方药举例　泰山磐石散(《景岳全书》)。

人参　黄芪　当归　续断　黄芩　川芎　白芍　熟地黄　白术　砂仁　糯米　炙甘草

若仅出现精神倦怠,气短懒言,小腹空坠,面色㿠白,舌淡,苔薄,脉缓滑,为脾气虚弱证,用举元煎(方见经期延长)加续断、桑寄生、阿胶;若仅出现腰酸腹痛,胎动下坠,头晕眼花,心悸失眠,面色萎黄,舌淡,苔薄,脉细滑,为血虚证,用苎根汤(方见胎漏、胎动不安)加续断、桑寄生。

(四)血热证

主要证候　屡孕屡堕,或有妊娠期阴道少量出血,血色深红或鲜红,腰酸腹痛,胎动下坠,心烦少寐,渴喜冷饮,便秘溲赤;舌红,苔黄,脉滑数。

证候分析　热伤冲任,迫血妄行,损伤胎气,而致阴道少量出血,血色紫红或鲜红,腰酸腹痛,胎动下坠;热扰心神,故心烦少寐;热伤津液,故口渴喜冷饮,便秘溲赤;舌红,苔黄,脉滑数,为血热之征。

治疗法则　清热凉血,固冲安胎。

方药举例　保阴煎(方见月经过多)合二至丸(方见经期延长)加白术。

若下血较多者,酌加阿胶、旱莲草、地榆炭凉血止血;腰痛甚者,酌加菟丝子、桑寄生固肾安胎。

(五)血瘀证

主要证候　素有癥疾,屡孕屡堕,孕后阴道不时少量下血,色红或暗红,甚则腰酸,胎动下坠,皮肤粗糙,口干不欲饮;舌暗红,或边尖有瘀斑,苔白,脉沉弦或沉涩。

证候分析　妇人素有癥疾,瘀血内滞小腹或胞脉,孕后新血不得下归血海以养胎元,反离经而走,故阴道不时少量下血,色红或暗红;损伤胎气,则腰酸胎动下坠;瘀血内阻,气机不畅,故胸腹胀满,少腹拘急;瘀血内阻,肌肤失荣,故皮肤粗糙;瘀血内阻,津液不得上承,故口干不欲饮;舌暗红,或边尖有瘀斑,苔白,脉沉弦或沉涩,为瘀血内滞之征。

治疗法则　祛瘀消癥,固冲安胎。

方药举例　桂枝茯苓丸(方见妊娠腹痛)合寿胎丸(方见妊娠腹痛)。

小腹作痛明显者,加入木香、延胡索;腹痛,有阴道下血者,去川芎、赤芍,加入炒蒲黄(包煎)、茜草炭;神疲乏力,腹胀,大便不实者,去当归、熟地黄,加入炒白术、焦山楂、黄芪、党参、煨木香、砂仁(后下)。

【转归及预后】

对于滑胎患者,必须查明病因所在,排除各种非药物所能奏效的因素。非器质性病变引起的滑胎,经过系统的中医治疗,预后可望良好。

【预防及调摄】

(1)重视孕前调理,预培其损。

(2)孕后及早安胎,并卧床休息,注意饮食调养。

(3)孕早期禁止性生活,作好围产期保健。

【文献摘录】

《女科百问》:妊娠三月,曾经堕胎,至其月日,复堕者何也?答曰:……若血气虚损……不能荫养其胎,故数堕也。假令妊娠三月,当手心主包络经养之,不善摄生伤经,则胎堕,后虽再有妊,至其月日,仍前犯之,所以复堕也。

《景岳全书》:凡妊娠之数见堕胎者,必以气脉亏损而然。而亏损之由,有禀质之素弱者,有年力之衰

残者,有忧怒劳苦而困其精力者,有色欲不慎而盗损其生气者,此外如跌仆、饮食之类,皆能伤其气脉。

第七节 胎萎不长

妊娠四五个月后,孕妇腹型与宫体增大明显小于正常妊娠月份,胎儿存活而生长迟缓者,称为"胎萎不长"(embryonic diapause),亦有称"妊娠胎萎燥""妊娠胎不长"。

西医学的胎儿生长受限可以参照本病辨证论治。

【病因病机】

本病多因夫妇双方禀赋不足,胞脏虚损,或因孕后调护失宜,以致脏腑气血不足以荣养其胎,胎儿宫内生长迟缓。

1. 气血虚弱 因孕妇素体气血不足,或素患宿疾,气血暗损,或因胎漏下血时间太长,血不养胎,以致胎不长养。

2. 脾肾不足 素体脾肾气虚,或因孕后房事不节伤及肾气,或劳倦过度损伤脾气,或过食寒凉生冷之品,损及阳气,致精血化源不足,胞脉失养,遂致胎萎。

3. 血寒宫冷 素体阳气不足,或孕后过食生冷寒凉,戕伐阳气,或大病久病,损伤肾阳,寒自内生,生化之机被遏,致血寒宫冷,胎失温养,以致胎萎不长。

4. 阴虚内热 素体阴虚,或孕后房事不节,真阴耗损,或孕后过服辛辣燥热食品及温补药物,以致热盛伤阴耗血,阴血不足,胎失所养,而成胎萎。

【诊断与鉴别诊断】

(一)诊断

1. 病史 孕妇往往有胎漏、胎动不安的病史,或素有痼疾而复孕者。

2. 临床表现 妊娠四五个月后,孕妇腹部增大缓慢,胎儿明显小于正常妊娠月份,胎动、胎心微弱。

3. 检查

(1)孕期检查:宫高、腹围明显小于孕周。宫高测定是筛选胎儿生长受限的基本方法,宫高明显小于相应孕周是最明显、最易识别的体征。

(2)B超检查:胎儿存活,双顶径、股骨长度等小于孕周。双顶径测定,孕36周前每2周增长<2 mm,则为宫内发育迟缓;如增长>2 mm,可排除宫内发育迟缓。

(二)鉴别诊断

1. 胎死不下 两者均有宫体小于妊娠月份的特点。但胎死不下或有阴道反复出血,或有胎动不安病史,B超检查示胎儿无胎心音、胎动。

2. 羊水过少 腹部检查宫高、腹围小于正常。B超检查示妊娠晚期最大羊水池深度≤2 cm,或羊水指数≤5 cm,可诊断为羊水过少;羊水指数<8 cm,为可疑羊水过少。亦有学者认为羊水过少亦可参照本病辨证论治。

【辨证论治】

本病辨证以虚证为多。证型以气血虚弱、脾肾阳虚、血寒宫冷、阴虚内热为主。治疗重在补脾肾,益气血,使其精充血足,则胎有所养。在治疗过程中,动态观察胎儿长养的情况,若发现畸胎、死胎,则应从速下胎益母,以防变生他病,治疗越早越好。

(一)气血虚弱证

主要证候 妊娠四五个月后,腹形和宫体增大明显小于妊娠月份,胎儿存活,但孕妇面色萎黄或㿠白,身体羸弱,头晕心悸,少气懒言;舌质淡嫩,苔少,脉稍滑细弱无力。

证候分析 "胎气本乎血气",孕后血虚气弱,则胎元内失气血濡养而生长迟缓,故孕母腹形小于妊娠月份;气血亏虚,机体失于充养,故身体羸弱;血虚心脑失养,故头晕心悸;气虚阳气不布,故

笔记栏

少气懒言;血虚气弱,肌肤失荣,故面色苍白;舌淡,苔少,脉细弱,为气血不足之征。

治疗法则　补气益血养胎。

方药举例　胎元饮(方见胎漏、胎动不安)。

（二）脾肾阳虚证

主要证候　妊娠四五个月后,腹形明显小于妊娠月份,胎儿存活,倦怠乏力,纳呆便溏,腰膝酸软,畏寒肢冷,尤以下肢为甚;舌淡,苔白腻,脉沉缓。

证候分析　胞脉系于肾,脾肾阳虚,精血不足,胎失所养,故胎萎不长;脾阳不振,运化无力,故见倦怠乏力,纳呆腹胀,大便稀溏;腰为肾府,肾虚则腰膝酸软;舌淡苔白腻,脉沉缓,乃为阳虚不足之候。

治疗法则　补益脾肾,养胎长胎。

方药举例　寿胎丸(方见妊娠腹痛)合四君子汤(《太平惠民和剂局方》)。

人参　白术　茯苓　甘草

（三）血寒宫冷证

主要证候　妊娠腹形明显小于妊娠月份,胎儿存活,腰腹冷痛,畏寒肢冷;舌淡苔白,脉沉迟滑。

证候分析　血为寒凝,冲任阻滞,血行不畅,而胎赖血养,胎失所养,故胎萎不长;寒客胞脉,则小腹冷痛,寒伤阳气,则畏寒肢冷;舌淡苔白,脉沉迟滑,为寒邪在里之征。

治疗法则　温肾扶阳,养血育胎。

方药举例　长胎白术散(《叶氏女科证治》)加巴戟天、艾叶。

白术　川芎　川椒　干地黄　阿胶　黄芪　当归　牡蛎　茯苓

（四）阴虚内热证

主要证候　妊娠中晚期腹形明显小于妊娠月份,胎儿存活,颧赤唇红,手足心热,烦躁不安,口干喜饮;舌质嫩红,少苔,脉细数。

证候分析　阴精不足,胎失所养,故胎萎不长;阴虚内热,故颧赤唇红,手足心热,烦躁不安,口干喜饮;舌质嫩红,少苔,脉细数,为阴虚内热之征。

治疗法则　清热凉血,养阴育胎。

方药举例　保阴煎(方见月经过多)。

【转归及预后】

本病经过正确调治,胎儿可望正常发育,足月分娩;本病直接影响新生儿质量,故应及早诊断与治疗。本病如不及时治疗,可导致过期不产,甚或胎死腹中。

【预防及调摄】

(1) 忌烟、酒、吸毒,保持心情舒畅。

(2) 加强营养,食用高热量、蛋白、维生素、叶酸、钙等营养丰富易于消化的食物。

(3) 孕妇左侧卧位,增加子宫血流量,改善胎盘灌注,定期吸氧。

(4) 定期产前检查,及早发现,及早治疗,若胎儿有畸形及早终止妊娠。

(5) 适时分娩。

【文献摘录】

《女科百问》:答曰:胎之在胞,以气血滋养,若寒温节适,血气强盛,则无伤,若冷热失宜,气血损弱,则胎痿燥而不育.或过年久而不产。

《胎产心法》:凡治此病,则宜补、宜固、宜温、宜清,因其病而随机应之。胎气渐充,自无不长。然又有妊母气血自旺而胎不长者,此必父气孱弱,又当大剂保元,专补其气,不得杂一味血药助母,则子气方得受益。

附

胎　死　不　下

妊娠期胎死胞中,不能自行产出者,称为胎死不下(retention of dead fetus),又称"胎死腹中""子死腹中""胎死不能出"。

西医学的"死胎""胎儿死亡综合征""稽留流产"可参照本病辨证论治。

【病因病机】

本病病机主要有虚实两端,虚者气血虚弱,无力运胎外出;实者瘀血、痰湿阻滞气机,碍胎排出。

1. 气血虚弱 素体虚弱,或孕后久病体虚,气血亏损,胎失所养而胎死腹中;又因气虚失运,血虚不润,不能促胎排出。

2. 气滞血瘀 孕期跌扑损伤,或寒凝血滞,瘀阻冲任,损及胎元,胎死腹中,复因瘀血内阻,产道不利,碍胎排出。

3. 湿浊瘀阻 孕妇素体脾虚,孕后饮食劳倦伤脾,脾虚失运,湿浊内停,困阻气机,胎失所养。气机不畅,则死胎涩滞不下。

【诊断与鉴别诊断】

(一)诊断

1. 病史 有不良妊娠史,本次妊娠后有胎漏、胎动不安史。或没有特别病史。

2. 临床表现 妊娠中晚期,孕妇自觉胎动停止,腹部不再继续增大或缩小,胎死日久,可有口中恶臭,腰酸腹坠,阴道出血色黑,脉涩等。

3. 检查

(1)妇科检查:子宫小于妊娠月份,但宫口未开。乳房变松软。

(2)辅助检查:妊娠试验阴性、B超示无胎心胎动反射。

(二)鉴别诊断

与胎萎不长相鉴别。二者均有孕妇腹型变小,但胎萎不长患者有胎心胎动,而胎死不下没有。

【辨证论治】

死胎一经确诊,立即下胎益母。要注意母体的气血虚实。中西医结合、药物与手术结合。要预防变证(凝血机制障碍)。

(一)气血虚弱型

主要证候 妊娠中晚期,孕妇自觉胎动停止,腹部不再继续增大,小腹疼痛或有冷感,或阴道流血,色淡质稀,面色苍白,心悸气短,精神倦怠,食欲不振,或口有恶臭,舌淡,苔白,脉细涩无力。

证候分析 孕妇气血虚弱,气虚运送无力,血虚产道失于濡润,故胎死腹中,不能自下;死胎内阻,气血运行不畅,胞脉失于温养,故小腹疼痛或有冷感;气血虚弱,冲任不固,则阴道流血;气血不足,不能外荣于面,故面色苍白;中气不足,故神疲气短;气虚不运,则食欲不振;胎死日久,腐臭之气随冲气上逆,则口出恶臭;舌淡,苔白,脉细涩无力,亦为气虚血少,运行不畅之象。

治疗法则 补益气血,活血下胎。

方药举例 救母丹(《傅青主女科》)。

当归 川芎 人参 荆芥穗(炒黑) 益母草 赤石脂

出血多者,加血余炭、炒蒲黄、茜草根以祛瘀止血。

(二)气滞血瘀型

主要证候 妊娠中晚期,孕妇自觉胎动停止,腹部不再继续增大,小腹疼痛,或阴道流血,紫暗有块,口气恶臭,面色青暗,口唇色青,舌紫暗,苔薄白,脉沉或弦涩。

证候分析 瘀血内阻,碍胎排出,则胎死不下;瘀血阻滞冲任,故小腹疼痛;瘀血内阻,血不循经而外溢故阴道出血,色紫暗或有血块;胎死日久,秽气上冲则口臭;面青唇暗,舌质暗脉涩,均为气滞血瘀之征。

治疗法则 理气行血,祛瘀下胎。

方药举例 脱花煎(《景岳全书》)。

当归 肉桂 川芎 牛膝 车前子 红花

(三)湿浊瘀阻型

主要证候 胎死腹中,小腹疼痛或有冷感,或阴道流血,色暗滞,胸腹满闷,精神疲倦,口出秽气,舌苔厚腻,脉濡细。

证候分析 脾虚失运,水湿内停,湿浊困阻气机,则胎死不下;小腹疼痛,胸腹满闷,脾气虚弱,则精神疲倦;胎死日久,死胎已为湿浊瘀邪化腐,腐气上冲,则口出秽气;苔白腻,脉濡细,均为脾虚湿困之证。

治疗法则 运脾燥湿,活血下胎。

方药举例 平胃散(《和剂局方》)加芒硝。

苍术 厚朴 陈皮 甘草

【转归预后】

本病及早处理,预后大多良好。若死胎稽留时间超过3周以上仍不能自行排出者,可发生宫内感染,和弥漫性

血管内凝血,甚至危及产妇生命。

【预防和调摄】

(1) 定期做产前检查,若胎儿大小与妊娠月份不符,要密切观察。及早确诊和处理。

(2) 孕后应慎劳逸,节房事,调情志,多食有营养而易于消化的食物,避免感染外邪,积极治疗对胎儿有影响的痼疾。

(3) 胎死腹中,一经确诊,应立即住院,速下死胎。

【文献选录】

《景岳全书·妇人规·产育类》凡子死腹中者,多以触伤,或犯禁忌,或以胎气薄弱不成而陨,或以胞破血干持久困败,但察产母腹胀舌黑者,其子已死。若非产期而觉腹中阴冷重坠,或为呕恶,秽气上冲,而舌见青黑者,皆子死之症,宜速用下死胎方下之。

第八节 子 满

妊娠五六个月后出现腹大异常,胸膈满闷,甚则遍身俱肿,喘息不得卧者,称"子满"(gestational edema),又称"胎水肿满"。

西医学"羊水过多"的部分情况可参照本病辨证论治。

【病因病机】

子满多由脾胃虚弱,土不制水,水渍胞中所致,或因胎元缺陷,发展为畸胎。

1. 脾气虚弱 素体脾虚,孕后贪食生冷,血气下聚冲任养胎,脾气益虚,水湿莫制,湿渗胞中,发为胎水肿满。

2. 气滞湿郁 素多抑郁,孕后胎儿渐大,阻塞气机,气机不畅,气滞湿郁,蓄积于胞,以致胎水肿满。

【诊断】

诊断要点

1. 病史 有早孕史,病毒感染或孕妇糖尿病史,或有畸胎、双胎史。

2. 临床表现 妊娠中期后,腹大异常,腹部胀满,腹皮绷紧而发亮,胸胁满闷,甚至喘息不得卧,行动艰难,或伴有腹部、下肢、外阴水肿,小便短少,甚至不通。

3. 检查 腹部检查有明显液体震荡感,胎位不清,胎心音遥远或听不清,B超检查可测羊水平段,并可测出双胎或部分畸形。

【辨证论治】

本病为本虚标实证,治宜标本兼顾。若胎元正常,本着治病与安胎并举的原则,健脾利水,行气除湿而不伤胎。辨证中注意肢体和腹皮肿胀特征,如皮薄光亮,按之有凹陷,为脾虚;皮色不变,按之压痕不显,为气滞。还应结合全身症状、舌象、脉象综合分析,正确辨证论治。若急性羊水过多,压迫症状显著,妊娠难以继续,或慢性羊水过多因胎儿畸形者,需终止妊娠。

(一)脾气虚弱证

主要证候 妊娠中后期胎水过多,腹大异常,腹皮紧而发亮,下肢及阴部水肿,严重时全身浮肿,小便短少,甚至不通,胸膈满闷,呼吸短促,食少腹胀,神疲肢软,面色淡黄;舌淡,苔白,脉沉滑无力。

证候分析 脾虚失运,水湿留聚,浸淫胞中,发为胎水过多,腹大异常,腹皮急而发亮;水湿泛溢肌肤,故下肢及阴部水肿,严重者则遍身浮肿;水湿上迫胸膈,则胸膈满闷,呼吸短促;脾虚中阳不振,则食少腹胀,神疲肢软;面色淡黄,舌淡,苔白,脉沉滑无力,均为脾虚湿困之征。

治疗法则 健脾渗湿,养血安胎。

方药举例 鲤鱼汤(《备急千金要方》)。

鲤鱼 白术 生姜 白芍 当归 茯苓

若喘甚不得卧,加杏仁、苏叶宣肺平喘;尿少甚至尿闭者,加车前子、泽泻利尿消肿;若阳虚兼畏寒肢冷者,酌加黄芪、桂枝以温阳化气行水;若腰痛甚者,酌加杜仲、续断、菟丝子固肾安胎。

(二)气滞湿郁证

主要证候 孕期胎水过多,腹大异常,胸膈胀满,甚则喘不得卧,肢体肿胀,皮色不变,按之压痕不显;苔薄腻,脉弦滑。

证候分析 气机郁滞,水湿停聚,蓄积胞中,故胎水过多,腹大异常;湿浊上迫心肺,则胸膈胀满,甚则喘不得卧;气滞湿郁,泛溢肌肤,故肢体肿胀,皮色不变,按之压痕不显;苔薄腻,脉弦滑,为气滞湿郁之征。

治疗法则 理气行滞,利水除湿。

方药举例 茯苓导水汤(《医宗金鉴》)去槟榔。

茯苓 槟榔 猪苓 砂仁 木香 陈皮 泽泻 白术 木瓜 大腹皮 桑白皮 苏叶

腹胀甚者,酌加枳壳理气消胀;喘甚不得卧者,酌加葶苈子泻肺行水,下气定喘;下肢肿甚者,酌加防己除湿消肿。

【转归及预后】

本病一部分是由胎儿畸形所致,若确诊为胎儿畸形,应及早引产终止妊娠。

【预防及调摄】

(1) 孕后注意饮食调节,休息,定期检查。饮食以少食多餐,营养丰富,清淡易消化为原则,不宜饮酒及过食生冷、辛辣食物,切忌粗硬饮食、暴饮暴食或饥饱无常。

(2) 应保持精神愉快,避免忧思恼怒及情绪紧张。

(3) 注意劳逸结合,避免劳累,病情较重时,需适当休息。

(4) 发病后低盐饮食,适当休息,每周测一次体重。

【文献摘录】

《胎产心法》:所谓子满者,妊娠至五六个月,胸腹急胀,腹大异常,或遍身浮肿,胸胁不分,气逆不安,小便艰涩,名曰子满,又为胎水不利。若不早治,生子手足软短有疾,甚至胎死腹中,宜服千金鲤鱼汤治其水。如脾虚不运,清浊不分,佐以四君、五皮,亦有用束胎饮以治子满证,甚效。

《叶氏女科证治》:妊娠至五六月间,腹大异常,胸膈胀满,小水不通,遍身浮肿,名曰子满。此胞中蓄水也,若不早治,生子手足必然软短,形体残疾,或水下而死。

(郝海霞 宋素英 毛 惠)

第九节 子 肿

妊娠中晚期,孕妇出现肢体面目肿胀者称"子肿"(gestational edema),又称"妊娠肿胀"。根据肿胀的部位及程度的不同,中医古籍又有子气、子肿、皱脚、脆脚等病名。若在妊娠晚期,仅足部或双膝下轻度浮肿,无其他不适,且多能于平卧休息后自消者,不作子肿病论。

【病因病机】

脾居中焦,主运化水湿;肾居下焦,主化气行水。妊娠肿胀发生的病因病机是脾肾功能失调,加之妊娠中晚期胎体渐大,气机升降不利,导致水湿不化,泛溢肌肤四末而为妊娠肿胀。子肿临床上多因脾虚、肾虚、气滞所致。

1. 脾虚 孕妇脾气素弱,或过食生冷,内伤脾阳,脾虚运化失职,不能制约水分,水湿停留,溢于四末,则为子肿。

2. 肾虚 素体肾阳不足,孕后胎阻气机,有碍肾阳敷布,膀胱气化失职,不能化气行水。且肾为胃之关,肾阳不布,则关门不利,聚水而从其类,水遂泛溢,而为子肿。

3. 气滞 素多忧郁,气机不畅,当妊娠四月以后,胎体渐大,更碍气机升降,遂致气滞湿郁,泛溢肌肤,而成肿胀。

【诊断与鉴别诊断】

(一)诊断

1. 病史 素体脾虚、肾虚、情志抑郁史;严重贫血、原发性高血压、慢性肾炎、糖尿病等,或多胎妊娠等。

2. 症状 主要特征为浮肿,多发生在妊娠20周以后,开始由踝部肿起,渐延至小腿、大腿、外阴部、腹部甚至全身。警惕隐性水肿,即水肿不明显,但体重增加＞0.5 kg/周,或＞2.7 kg/月。

3. 检查

(1)体格检查

1)观测患者水肿情况,同时关注血压、体重变化。

根据水肿的程度分为四度:

Ⅰ°(+)足部及小腿有明显凹陷性水肿,休息后不消退。

Ⅱ°(++)水肿延及大腿。

Ⅲ°(+++)水肿延及外阴及腹部。

Ⅳ°(++++)全身水肿或伴有腹水。

2)定期测定血压。如两次以上血压≥140/90 mmHg,间隔时间≥6小时可确诊妊娠期高血压;若较基础血压升高30/15 mmHg,亦须密切观察。

(2)辅助检查:主要包括尿检、血糖监测、肝肾功能检查、眼底检查、B超检查等。

1)尿检:尿检显示尿中少许红、白细胞及管型,24小时蛋白尿定量≥0.5 g为异常。

2)血糖检测:必要时行OGTT。

3)肝肾功能检查:判定肝肾功能是否异常,以作鉴别诊断。

4)眼底检查:观察眼底小动脉痉挛情况。

5)B超检查:了解有无畸胎、双胎及羊水情况。

(二)鉴别诊断

1. 妊娠期高血压 子肿中较多见,是妊娠与血压升高并存的一级疾病,常伴有水肿、尿蛋白的异常,严重者可能发生子痫。

2. 妊娠合并慢性肾炎 孕前有急、慢性肾炎病史,孕前浮肿,孕后逐渐加重,浮肿首先发生在眼睑,24小时蛋白尿定量≥0.5 g,尿中有各种管型及红、白细胞,血中尿素氮增高,内生肌酐清除率下降。

3. 妊娠合并心脏病 孕前有心脏病史,通过心电图、心功能检查可确诊。此病仍然为威胁孕产妇生命的重要疾病之一。

【辨证论治】

肿胀性质有水病和气病之分。首先辨水病和气病:病在有形之水,皮薄,色白光亮,按之凹陷即时难起;病在无形之气,皮厚而色不变,随按随起。其次辨病变脏腑:病在脾,四肢面目浮肿,皮薄光亮,伴脾虚证;病在肾,面浮肢肿,下肢尤甚,伴肾虚证。

治疗原则为治病与安胎并举,治疗上以运化水湿为主,佐以养血安胎。慎用温燥、寒凉、峻下、滑利之品,择用皮类利水药,以免伤胎。

(一)脾虚证

主要证候 妊娠数月,四肢面目浮肿或遍及全身,皮薄光亮,按之凹陷不起,面色㿠白无华,神疲气短懒言,口淡而腻,脘腹胀满,食欲不振,小便短少,大便溏薄;舌淡体胖,边有齿痕,苔白润而腻,脉缓滑。

证候分析 素体脾虚,加之妊娠数月,胎体上升阻碍中焦,机括不利,脾主肌肉四肢,脾阳不运,水湿停聚,浸渍四肢肌肉,故面目四肢浮肿;脾虚中阳不振,脘腹胀满,少气懒言,尿少便溏;舌体胖,边有齿痕,苔白润而腻,脉缓滑,为脾虚生湿之象。

治疗法则　健脾利水。

方药举例　白术散(《全生指迷方》)加砂仁。

白术　茯苓　大腹皮　生姜皮　橘红

如水肿明显,小便短少者,加猪苓、车前子;脾病及肾,兼肾阳不足者,加桂枝、补骨脂、淫羊藿;若胸闷气促者,加桑白皮、北杏仁、厚朴、苏梗。

(二)肾虚证

主要证候　妊娠数月,面浮肢肿,下肢尤甚,按之如泥,腰酸乏力,下肢逆冷,小便不利;舌淡,苔白润,脉沉迟。

证候分析　肾气素虚,上不能温煦脾阳,运化水湿,下不能温煦膀胱,化气行水,水湿停滞,泛溢肌肤,故面浮肢肿;湿性重浊,故肿势下肢尤甚;腰酸乏力,下肢逆冷,小便不利,舌苔白润,脉沉迟,为肾虚之象。

治疗法则　补肾温阳,化气行水。

方药举例　真武汤(《伤寒论》)。

茯苓　芍药　生姜　白术　附子

方中附子大辛大热,温阳化气行水为君,病势危重,非此莫属,但其有毒,故用时必须遵循以下两点:① 用量不宜太重,一般6～9 g;② 入药先煎、久煎。一般病情可用桂枝代替。

脾肾阳虚者,加补骨脂以温脾肾,加川椒以温行利水,加陈皮以健脾行气。

(三)气滞证

主要证候　妊娠三四个月后,肢体肿胀,始于两足,渐延于腿,皮色不变,随按随起,胸闷胁胀,头晕胀痛;舌苔薄腻,脉弦滑。

证候分析　妊娠数月胎体上升,气机为之不利,肺气壅塞,不能通调水道,或素性抑郁,气滞水停,加之脾胃受累,中州水湿停滞,发为妊娠肿胀。

治疗法则　理气行滞,除湿消肿。

方药举例　天仙藤散(《校注妇人良方》)。

天仙藤　香附　乌药　陈皮　甘草　生姜　紫苏叶　木瓜

如肺气壅塞,气逆不安,头面浮肿者,加桑白皮、北杏仁、桔梗;脾胃气滞,脘腹胀满者,加白术、茯苓、陈皮、大腹皮;头晕且胀,胸胁胀痛,情怀不畅者,加柴胡、佛手、枳壳。

【转归及预后】

子肿往往是子痫早期症状之一,早期发现,早期治疗,对控制病情发展、防止向子痫转化有重要意义。

【预防及调摄】

要重视孕期保健,定期产检,注意体重、水肿、血压、蛋白尿的变化。发病后,低盐饮食,控制饮水量,忌生冷油腻;患者应避免久站久坐,休息时两腿适当抬高以促进静脉血液的回流,并注意保暖。

【文献摘录】

《妇人大全良方》:妊娠自三月成胎之后,两足自脚面渐肿腿膝以来,行步艰辛,以至喘闷,饮食不美,似水气状。至于脚趾间有黄水出者,谓之子气,直至分娩方消。

《胎产心法》:妊娠子肿,与子气相类,但子气在下体,子肿在头面。若子满证,又名为胎水,则在五六月以后,比子气、子肿不同。盖胎大则腹满,遍身浮肿。凡子气、子肿、子满,由脏气本弱,或因泄泻下利,耗伤脾胃,或寒热疟疾,烦渴加饮,湿渍脾胃,使头面手足浮肿也。

第十节　子　晕

妊娠期出现以头晕目眩,状若眩冒,甚或眩晕欲厥,称为"子晕"(dizziness in pregnancy),也称

"妊娠眩晕""子眩"。子晕有轻重之分,发生在妊娠中后期,多属重证,患者往往出现视物模糊、恶心欲呕、头痛等,为子痫先兆。因此,及时治疗子晕是预防子痫发生的重要措施之一。

【病因病机】

本病发生的主要机理是阴血不足、肝阳上亢,痰浊上扰或气血虚弱。

1. 阴虚肝旺　素体阴虚阳亢,孕后血聚养胎,阴血更感不足,肝阳更亢,上扰清窍,故发眩晕。

2. 脾虚肝旺　痰浊上扰素体脾虚,运化失职,水湿停聚;孕后阴血养胎,肝失濡养,阴不足而阳有余,肝阳夹痰浊上扰清窍,发为眩晕。

3. 气血虚弱　素体气血不足,孕后气以载胎,血以养胎,气血因孕更虚,气虚清阳不升,血虚脑失所养,故发眩晕。

【诊断与鉴别诊断】

(一) 诊断

1. 病史　患者或有严重贫血、原发性高血压、慢性肾炎、糖尿病、双胎、羊水过多、美尼埃病等病史。

2. 临床表现　头晕目眩为主证,重证多发生在妊娠中晚期,出现头痛、耳鸣、视物模糊、浮肿胸闷、心烦呕恶等不适,往往是子痫的先兆症状,应引起重视。

3. 检查

(1) 体格检查:测血压:收缩压高出基础血压 30 mmHg,舒张压高出基础血压 15 mmHg,或基础血压不高,孕 20 周后血压升高至 140/90 mmHg 以上。观测患者水肿情况及血压、体重变化:水肿多由踝部开始,渐延至小腿、大腿、外阴部、腹壁,甚至全身水肿或有腹水,为凹陷性水肿。

(2) 辅助检查:尿常规检查可出现蛋白尿;眼底检查观察眼底小动脉痉挛情况;B超检查了解胎儿情况。

(二) 鉴别诊断

(1) 与妊娠合并慢性肾炎相鉴别(见子肿)。

(2) 美尼埃病:妊娠期出现眩晕、耳聋、耳鸣及耳内胀满感,排除其他疾病引起的眩晕,即可考虑本病,临床上亦可见到。

【应急处理】

应住院密切观察病情变化,及时控制病情,做好床边护理,防止发生子痫。

【辨证论治】

本病以眩晕为主证,其实质是因孕而虚,属本虚标实证,应依据临床证候辨证。阴虚肝旺者,以头目眩晕为主;脾虚肝旺者,头晕胀重,伴肢肿呕恶;气血虚弱者,头晕眼花,神疲乏力。治疗大法主要是育阴潜阳或调补气血。慎用辛散温燥之品,以免重伤其阴而反助风火之邪。

(一) 阴虚肝旺证

主要证候　妊娠中后期,头晕目眩,视物模糊,耳鸣失眠,心中烦闷,颜面潮红,口干咽燥,手足心热;舌红或绛,少苔,脉弦数。

证候分析　素体肝肾阴虚,孕后阴血下注养胎,阴虚肝旺,水不涵木,风阳易动,上扰清窍,故头晕目眩,视物模糊,耳鸣失眠;颜面潮红,口燥咽干;舌红,少苔,脉弦数,均为阴虚火旺之象。

治疗法则　育阴潜阳。

方药举例　杞菊地黄丸(方见月经前后诸证·经行头痛)加石决明、龟甲、钩藤、白蒺藜、天麻。

肝肾阴虚,腰膝酸软,加杜仲、桑寄生、白芍以补肾柔肝;大便秘结,加肉苁蓉、火麻仁、枳壳以润肠行气通便。

(二) 脾虚肝旺、痰浊上扰证

主要证候　妊娠中晚期,头晕头重目眩,胸闷心烦,呕逆泛恶,面浮肢肿,倦怠嗜睡;苔白腻,脉弦滑。

证候分析　脾虚湿聚,孕后阴血养胎,阴血易虚,肝失滋养,肝阳挟痰浊上扰清窍,故头重目眩,如眩冒状;面浮肢肿,胸闷泛恶,纳差便溏,苔白腻,脉弦滑,均为脾虚痰阻之象。

治疗法则　健脾化湿,平肝潜阳。
方药举例　半夏白术天麻汤(《医学心悟》)加钩藤、丹参。
半夏　白术　天麻　陈皮　茯苓　甘草　生姜　大枣　蔓荆子
若肿甚,加猪苓、泽泻;若胸闷呕恶者,加旋覆花。

(三)气血虚弱证

主要证候　妊娠中晚期,头晕眼花,心悸健忘,少寐多梦,神疲乏力,气短懒言,面色苍白或萎黄;舌淡,脉细弱。

证候分析　血气不足,清气不升,髓海失养,故孕后头昏眼花;血虚,心神失养,则心悸健忘,少寐多梦;气虚,中阳不振,则神疲乏力,气短懒言;气血不足,不能充养荣润于面,故面色苍白或萎黄;舌淡,脉细弱,为气血不足之征。

治疗法则　调补气血。
方药举例　八珍汤(方见月经前后诸证·经行头痛)加何首乌、钩藤、石决明。

若头晕眼花甚者,酌加菊花、枸杞子、蔓荆子以养血平肝;心悸健忘,少寐多梦者,酌加远志、酸枣仁、龙眼肉以养心安神。

【转归及预后】

本病在发展至先兆子痫之前,经及时、正确的治疗,控制病情,预后大多良好。否则病情发展可导致子痫,则预后差,甚至影响母子生命。

【预防及调摄】

(1)调情志,保持心情舒畅,避免精神刺激。
(2)注意营养。
(3)休息,充足睡眠,安静环境,左侧卧位。
(4)重视孕期检查,监测体重、血压、胎盘功能及蛋白尿。

【文献摘录】

《金匮要略·妊娠病脉证并治》:妊娠有水气,身重,小便不利,洒淅恶寒,即起头眩。

《女科证治约旨》:妊娠眩晕之候,名曰子眩。如因肝火上升,内风扰动,致昏眩欲厥者,宜桑丹杞菊汤主之……如因痰涎上涌,致眩昏欲呕者,宜加味二陈汤主之。

《郑氏家传女科万金方》:妊娠头眩躁闷,不能举动,心震不安,名曰子眩。

第十一节　子　痫

妊娠晚期或临产时或新产后,眩晕头痛,突然昏不知人,两目上视,手足抽搐,全身强直,少顷即醒,醒后复发,甚至昏迷不醒者,称为"子痫"(eclampsia),又称"妊娠痫证"。本病是由先兆子痫病情加重发展而来的,属于产科的危急重症。子痫可发生于妊娠期、分娩期或新产后,被分别称为产前子痫、产时子痫和产后子痫。临床以产前子痫多见,目前仍是孕产妇及围产儿死亡的原因之一。

【病因病机】

本病往往由子晕、子肿治不及时,发展而来,其病机主要是肝阳上亢、肝风内动或痰火上扰。

1. 肝风内动　素体阴虚,孕后肾精更亏,肝失所养,肝风内动,风火相煽而致。

2. 痰火上扰　原有气郁痰滞,久而化火,痰火交炽,上蒙清窍而致抽搐、昏迷。

【诊断与鉴别诊断】

(一)诊断

1. 病史　患者病前往往有先兆子痫、高血压、肾病、糖尿病等病史或双胎、多胎、羊水过多、葡萄胎等病史。

2. 症状 妊娠晚期或临产时或新产后，眩晕头痛，突然昏不知人，两目上视，手足抽搐，全身强直、少顷即醒，醒后复发，甚至昏迷不醒。

3. 检查 妊娠前或妊娠20周前可有或无高血压史，妊娠20周后血压升高到140/90 mmHg，或较基础血压升高30/15 mmHg，伴蛋白尿，即可诊断为妊娠期高血压中的子痫前期。

（1）血液检查：红细胞比容增高、血液黏稠度、全血黏度异常，处在高凝状态。

（2）肝肾功能检查：可能出现尿酸、尿素氮、肌酐、谷丙转氨酶异常。

（3）测 CO_2 结合力，或有酸中毒。

（4）眼底检查：可有视网膜小动脉痉挛。

（二）鉴别诊断

主要与妊娠合并癫痫发作相鉴别。癫痫既往有类似发作史。发作前一般无头痛、头晕、眼花、胸闷等症，亦无高血压、蛋白尿、水肿等症状和体征。

【辨证论治】

本病以脏腑虚损、阴血不足为本，风、火、痰、瘀为标。子痫重在预防，在子满、子肿、子晕阶段应积极治疗，防止病情进一步加重。子痫一旦发生，立即住院治疗，充分注意昏迷与抽搐的发作程度与频率，治疗以清肝息风，安神定痉为主，因病情危急，必须中西医结合抢救治疗。

（一）肝风内动证

主要证候　孕晚期或正值产时或产后1～2日，头晕头痛，视物不清，烦躁不安，颜面潮红，突发全身抽搐，牙关紧闭，甚则昏不知人；舌红或绛，苔薄黄，脉弦滑数。

证候分析　素体肝肾阴虚，孕后血聚养胎，阴血愈虚，肝阳上亢，故头痛眩晕，颜面潮红，临产前或分娩时及新产后，阴血暴虚，阴虚风动，筋脉挛急，故手足抽动，腰背反张；风火相煽，扰犯神明，以致昏仆不知人；阴虚内热，故颜面潮红，口燥咽干；舌红或绛，苔少，脉细而数，均为阴虚阳亢之证。

治疗法则　平肝息风止痉。

方药举例　羚角钩藤汤（《重订通俗伤寒论》）加减。

菊花　桑叶　羚羊角　钩藤　川贝母　鲜竹茹　生地黄　白芍　茯神　生甘草

若抽搐不止，昏不识人者，配合针灸急救，抽搐不止，针曲池、承山、太冲；昏不识人，针人中、内关、百会、风池、涌泉；牙关紧闭，针下关、颊车。

（二）痰火上扰证

主要证候　妊娠晚期或产时或新产后，头晕头痛，胸闷泛恶，忽然倒仆，全身抽搐，口噤，昏不知人，气粗痰鸣；舌红，苔黄腻，脉弦滑。

证候分析　阴虚于下，火旺于上，临产前或分娩时及新产后，阴血下聚或阴血暴亡，心肝火旺，灼伤津液，炼液成痰，痰郁化火，痰火上扰清阳，故头晕头痛，昏不知人；痰热互结，则胸闷烦热，气粗痰鸣；脉滑数，苔黄腻，均为痰热内盛之征。

治疗法则　清热豁痰，开窍止痉。

方药举例　牛黄清心丸（《痘疹世医心法》）加减。

牛黄　朱砂　黄连　栀子　郁金　黄芩

若痰涎壅盛，喉中痰鸣，目吊口噤者。治宜清热涤痰，上方加竹沥、胆南星；胸闷烦热者，加郁金。

【转归及预后】

子肿、子晕（先兆子痫）、子痫可视为同一疾病的不同阶段，子肿、子晕为中医药治疗的有效时期，若此时治疗不及时，病情可进一步发展为子痫。子痫一旦发生，需中西医结合抢救，若治疗及时，处理得当，可控制抽搐，母子平安；若抽搐反复发作，抽搐时间长，往往预后不良，危及母子生命。所以，病情控制后，应适时终止妊娠，以减小母子围产期的死亡率。

【预防及调摄】

对于子痫要树立防重于治的思想，早期诊治对控制病情发展有重要意义。护理与治疗同样重

要,需注意以下几点。

(1) 患者必须单人病房,保持绝对安静,避声光刺激;一切治疗与护理动作要轻柔。

(2) 专人负责,床边加护档。

(3) 有义齿要取出,放压舌板。

(4) 昏迷期间禁食。

【文献摘录】

《诸病源候论·妊娠痉候》:体虚受风,而伤太阳之经,停滞经络,后复遇寒湿相搏,发则口噤背强,名之为痉。妊娠而发者,闷冒不识人,须臾醒,醒复发,亦是风伤太阳之经作痉也。亦名子痫,亦名子冒。

程国彭《医学心悟》:妊娠中,血虚受风,以致口噤,腰背反张,名曰子痫。其症最暴且急。审其果挟风邪,宜用羚羊角散定之。若兼怒动肝火,佐以逍遥散加人参。若兼胎气上逆,佐以紫苏饮。若兼脾虚挟痰,佐以六君子汤。若因中寒而发者,宜用理中汤,加防风、钩藤。此症必须速愈为善,若频发无休,非惟胎妊骤下,将见气血随胎涣散,母命亦难保全。

附

妊娠期高血压疾病

妊娠期高血压疾病(hypertensive disorders in pregnancy)是妊娠期特有的疾病,也是产科十分重要的危急重症。本病的命名强调生育年龄妇女发生高血压、蛋白尿等症状与妊娠之间的因果关系。多数病例在妊娠期出现一过性高血压、蛋白尿等症状,在分娩后随即消失。该病严重影响母婴健康,是孕产妇和围生儿死亡的主要原因之一。

【发病机制】

妊娠期高血压疾病的发病原因,至今尚未完全阐明,现简介与发病有关的因素及主要的发病机制。

(一) 妊娠期高血压疾病发病的有关因素

根据流行病学调查发现,妊娠期高血压疾病的发病可能与以下几种因素有关:年轻初孕妇或高龄初孕妇(大于35岁);有慢性高血压、肾炎、糖尿病等病史的孕妇;营养不良,如低蛋白血症者;子宫张力过高,如羊水过多、双胎、糖尿病、巨大儿及葡萄胎等;家庭成员有高血压史,尤其是孕妇之母有妊高征病史者。

(二) 发病机制

1. 免疫机制 妊娠被以为是成功的自然同种异体移植。如免疫适应不良,则补体系统处于激活状态;巨噬细胞活化,多种细胞因子和炎症介质增加,这些变化在妊娠期高血压疾病的发病中起着重要的作用。

2. 胎盘形成不良和氧化应激 胎盘形成不良主要为绒毛滋养细胞侵蚀不良。若滋养细胞侵蚀不完全,则会导致螺旋小动脉管腔狭窄,胎盘血流不足,灌注不良。胎盘的缺血、缺氧可促使胎盘释放炎性因子,可导致氧化应激和血管内皮细胞受损,引起系统炎症反应,出现子痫前期的一系列病理变化。

3. 遗传因素 妊娠期高血压疾病的家族多发性提示该病的发生受遗传因素影响。

4. 营养缺乏 已发现多种营养缺乏,如以白蛋白减少为主的低蛋白血症及钙、镁、锌、硒、维生素 E、维生素 C 等欠缺与先兆子痫的发生发展有关。

5. 胰岛素抵抗 近年来有学者研究发现,高胰岛素血症可招致 NO 分解下降及脂质代谢紊乱,影响前列环素 E 的分解,增加外周血管的阻力,升高血压。其他要素如血清抗氧化剂活性、血浆高半胱氨酸浓度等对妊娠期高血压疾病的影响正在研究之中。

【病理】

全身小动脉痉挛为本病的基本病理变化。全身各系统各脏器血流灌注减少,对母儿造成危害,甚至导致母儿死亡。主要脏器病理组织学变化有:① 脑:缺血,水肿,充血,血栓形成,出血。② 肝:肝内小动脉痉挛持续过久,肝细胞缺血,发生不同程度坏死,出现肝功能异常。③ 肾:肾小球内皮细胞肿胀,血管狭窄,肾血流量下降,肾小球滤过率下降,致少尿,肾衰竭。④ 心血管:冠状小动脉痉挛引起心肌缺血、点状出血和坏死。外周阻力增加致血压升高,肺水肿,心力衰竭。⑤ 子宫胎盘血灌注:绒毛浅着床及血管痉挛导致胎盘灌注流量下降。胎盘功能下降,导致胎儿宫内发育迟缓,胎儿窘迫。若胎盘血管破裂可致胎盘早剥。蜕膜血管动脉粥样硬化,胎盘绒毛变性、出血、梗死,胎盘早剥。⑥ 血液:主要表现为血液浓缩、凝血障碍及溶血。重症患者可发生微血管病性溶血,表现有:血小板计数持续性低下$<1\times10^{11}$/L,肝酶升高,溶血,即 HELLP 综合征。

笔记栏

【诊断】

根据病史、临床表现及辅助检查可作出诊断,同时应注意有无并发症。

1. 病史 有本病的好发因素及头痛、视力改变、上腹不适等病史。

2. 高血压 至少出现两次以上临床表现血压升高≥140/90 mmHg,其间隔时间≥6小时才能确诊。血压较基础血压升高≥30/15 mmHg,但低于140/90 mmHg,不作为诊断依据,需密切观察。

3. 尿蛋白 由于在24小时内尿蛋白的浓度波动很大,单次尿样检查可能导致误差。应留取24小时尿作定量检查;也可取中段尿测定,避免阴道分泌物污染尿液,造成误诊。

4. 水肿 最初可表现为体重的异常增加(隐性水肿),每周体重增加超过0.5 kg或每月体重增加超过2.7 kg。若体内积液较多,则导致临床可见的水肿。水肿多由踝部开始,渐延至小腿、大腿、外阴部、腹部,按之凹陷,为指陷性水肿。

根据水肿的程度分为四度:

"+":踝部及小腿有明显凹陷性水肿,经休息后不消退。

"++":水肿延及大腿。

"+++":水肿延及外阴和腹部,肿势较前明显。

"+++":全身水肿或伴有腹水。

5. 主要检查

(1)血压检查:多数孕妇在未孕前或20周前,血压(即基础血压)不高,而至妊娠20周后血压开始升高,血压越高,病情越重。

(2)尿液检查:测尿比重≥1.020表示尿液浓缩,反映血容量不足,血液浓缩。重点查尿蛋白,定量≥0.5 g/日,表明病情严重。镜检应注意有无红细胞及管型,如有则表明肾脏损害严重。

(3)血液检查:包括血常规、血液黏稠度、红细胞压积,血清电解质K^+、Na^+、Cl^-、Ca^{2+},CO_2结合力、肝肾功及凝血功能(血小板计数、试管法凝血时间、纤维蛋白原、凝血酶原时间等)。

(4)眼底检查:可作为了解全身小动脉痉挛程度的窗口,是反映妊娠期高血压疾病严重程度的一个重要参数,对估计病情和决定处理具有重要意义。可发现视网膜小动脉痉挛,动静脉比例失常,视乳头水肿、渗出、出血等改变。严重者视网膜剥离。

(5)心电图检查:重症患者应作为常规检查,以了解心肌损害程度。必要时作超声心动图测定,以了解心功能情况。

(6)B超检查:一是了解胎儿发育情况,二是了解胎盘功能情况,对妊娠期高血压疾病患者的产科处理具有重要参考价值,妊娠期高血压疾病患者B超检查的特征是胎盘提前成熟、老化,以羊水过多者多见。

(7)其他检查:如脑血流图、CT检查,对重症妊娠期高血压疾病患者是否有颅内出血等亦有帮助,通过胎动计数、胎心监护、胎儿成熟度及胎盘功能测定,可了解疾病对胎儿的影响并判断预后。

妊娠期高血压疾病的诊断要点如下表9-1。

表9-1 妊娠期高血压疾病诊断要点表

分 类	诊 断 要 点
妊娠期高血压	妊娠20周后首次出现高血压,收缩压≥140mmHg和(或)舒张压≥90 mmHg,于产后12周内恢复正常;尿蛋检测白阴性。 重度妊娠期高血压:收缩压≥160 mmHg和(或)舒张压≥110 mmHg
子痫前期	妊娠20周后首次出现高血压,收缩压≥140 mmHg和(或)舒张压≥90 mmHg,且伴有下列任何一项:尿蛋白≥0.3 g/日,或随机尿蛋白(+)。无尿蛋白但伴有以下任何一种器官或系统受累:心、肺、肝、肾等重要器官,或血液系统、消化系统、神经系统的异常改变,胎盘-胎儿受到累及等。血压和(或)尿蛋白水平持续升高,发生母体器官功能受损或胎盘-胎儿并发症是子痫前期病情向重度发展的表现。 重度子痫前期:子痫前期孕妇出现下述任一表现。① 血压持续升高:收缩压≥160mmHg和(或)舒张压≥110 mmHg;② 持续性头痛、视觉障碍或其他中枢神经系统异常表现;③ 持续性上腹部疼痛及肝包膜下血肿或肝破裂表现;④ 肝酶异常;⑤ 肾功能受损;⑥ 低蛋白血症伴腹水、胸水或心包积液;⑦ 血液系统异常:血小板计数持续低下<$1×10^{11}$/L,及微血管内溶血;⑧ 心功能衰竭;⑨ 肺水肿;⑩ 胎儿生长受限或羊水过少、胎死宫内、胎盘早剥等
子痫	子痫前期基础上发生不能用其他原因解释的抽搐
妊娠合并慢性高血压	既往存在的高血压或在妊娠20周前发现收缩压≥140 mmHg和(或)舒张压≥90 mmHg,妊娠期间无明显加重;或妊娠20周后首次诊断高血压持续到产后12周以后
慢性高血压并发子痫前期	慢性高血压孕妇,孕20周无蛋白尿,孕20周以后出现尿蛋白≥0.3 g/日,或随机尿蛋白(+);或孕20周前有蛋白尿,孕20周后尿蛋白定量明显增加;或出现血压进一步升高等上述重度子痫前期的任一表现

笔记栏

【治疗】

妊娠期高血压疾病治疗的基本原则为镇静、解痉、降压、扩容或利尿,必要时抗凝,适时终止妊娠。病情不同,治疗原则略有不同。如为妊娠期高血压,一般采用休息、镇静、对症等处理后,病情可得到控制,若血压升高,可予以降压治疗;如为子痫前期,除了一般处理,还要进行解痉、降压治疗,必要时终止妊娠;若为子痫,需要及时控制抽搐的发作,防治并发症,经短时间控制后及时终止妊娠;为妊娠合并慢性高血压,以降血压为主。

(一) 一般治疗

(1) 左侧卧位休息:休息对妊娠期高血压疾病极为重要,左侧卧位具有重要治疗意义。

(2) 饮食:给予高蛋白、高维生素、低脂肪、低碳水化合物、低钠盐饮食。

(3) 精神和心理治疗:解除思想顾虑,避免一切不良刺激。

(4) 密切监护母儿状态。

(5) 间断吸氧:增加血氧含量,改善全身重要脏器和胎盘的氧供。

(二) 药物治疗

(1) 解痉治疗:可以很好地控制和预防子痫的发作。国内外临床实践证明,硫酸镁是子痫治疗的一线药物,但镁离子浓度过高可出现中毒症状,可用拮抗药葡萄糖酸钙抢救。

(2) 镇静治疗:轻度患者一般不需要药物治疗,但对于重度的子痫前期或子痫患者,需要应用镇静剂来控制子痫发作,常用的药物有地西泮、氯丙嗪、异丙嗪等。

(3) 降压治疗:目的为延长孕周,改变围生期结局。对于收缩压≥160 mmHg 或舒张压≥110 mmHg 或平均动脉压≥140 mmHg 以及原发性高血压妊娠前已用降压药物者,须应用降压药物。降压药物选择原则:对胎儿无毒副作用,不影响心输出量、肾血流量及子宫胎盘灌注量,不致血压急剧下降或下降过低。常用的药物有拉贝洛尔、硝苯地平等。

(4) 扩容治疗:一般不主张应用扩容剂,仅用于严重的低蛋白血症、贫血。可选用人血白蛋白、血浆和全血。

(5) 利尿药物:一般不主张利尿,但以下几种情况可以酌情利尿:妊娠高血压疾病并发心衰、肺水肿;全身水肿或伴有腹水;血容量过多者且伴有潜在性肺水肿者。

(三) 适时终止妊娠

妊娠期高血压疾病孕妇,如无产科剖宫产指征,原则上考虑阴道试产,但若不能短时间内分娩,可适当放宽剖宫产指征。根据母体胎儿情况进行个性化评估。

(四) 子痫的紧急处理

子痫系产科急症,一旦发生,母儿并发症及死亡率明显增加,故应特别重视,紧急处理。

(1) 迅速控制抽搐:25%硫酸镁约 20 mL 加于 25%葡萄糖液 20 mL 中静脉推注,继之以 1~2 g/小时静脉滴注,维持血药浓度。地西泮10~20 mg 静脉推注,一般即可控制抽搐。20%甘露醇 250 mL 静脉滴注,降低颅内压。

(2) 血压过高时给予降压药。

(3) 纠正缺氧和酸中毒。

(4) 终止妊娠:子痫患者抽搐控制后即可考虑终止妊娠。

(5) 专人特护:子痫患者的护理和治疗同样重要,应派有经验的护士专人护理。抽搐发作时,加床栏以防坠伤。加开口器或用缠有纱布之压舌板置于上下白齿间以防唇舌咬伤。如有呕吐,应及时清除,避免窒息或吸入性肺炎。置单人房间,保持安静,避免声光等一切刺激。操作应轻柔,相对集中,避免时常干扰。严密观察,定时监测血压、脉搏、呼吸、体温,留置尿管、记出入量,勤听胎心。

【预防及调摄】

(1) 建立健全三级妇幼保健网,开展妊娠期及围生期保健工作。

(2) 坚持定期作产前检查;测身高、体重、血压、验血、尿常规。如发现易诱发因素应采取相应措施,定期随访。

(3) 注意饮食、营养,应进食富含蛋白质、维生素、铁、镁、硒、锌等微量元素的食物及新鲜蔬果,减少动物脂肪及过量盐的摄入,但不限制盐和液体摄入。每日补钙 1~2 g 有预防妊娠高血压疾病的作用。

(4) 注意足够的休息,保持心情愉快。

(5) 妊娠期应多采取左侧卧位休息,可改善子宫胎盘的血流量。

第十二节 子 嗽

妊娠期间,咳嗽不已,称为"子嗽"(pregnant coughing),亦名"妊娠咳嗽"。若剧烈咳嗽或久咳不愈,可损伤胎气,导致堕胎、小产。

【病因病机】

咳不离于肺,亦不止于肺;肺不伤不咳,脾不伤不久咳。妊娠咳嗽,久咳不已,病变部位在肺,关系到脾,总与肺、脾有关。

1. 阴虚肺燥　素体阴虚,肺阴不足,孕后阴血下聚养胎,阴虚更盛,虚火上炎,火盛克金,灼伤肺络,而致咳嗽。

2. 脾虚痰饮　素体脾虚,内有停痰积饮,孕后气以载胎,脾虚更盛,或暴饮暴食,生冷伤脾,脾虚聚湿停饮,饮邪射肺等而致。

【诊断与鉴别诊断】

(一)诊断

1. 病史　孕前有慢性咳嗽史,或孕后贪凉饮冷。

2. 症状　多见于妊娠期间,咳嗽不已,或干咳无痰,口干咽燥,日久不止,或有胸闷气促,痰稀色白。或伴有胎动不安。

3. 检查　妊娠早期原则上不宜作X线胸透。中晚期妊娠咳嗽者,必要时作X线胸透或摄片检查,了解肺部情况。

(二)鉴别诊断

抱儿痨　孕前有痨病史,未治愈即孕或孕后复发,表现为久嗽不愈,潮热盗汗,痰中带血,精神倦怠,形体消瘦,必要时作X线胸透或摄片检查,以资鉴别。

【辨证论治】

本病病因不同,症状各异。阴虚肺燥者,干咳少痰或痰中夹血丝,口燥咽干;脾虚痰饮者,咳嗽痰多,胸闷气喘。本病治疗以清热润肺,化痰止咳为主,重治肺,兼顾脾。本病发生于妊娠期间,而久咳伤气,气虚不能载胎,有碍胎气之嫌,故本病应及时诊治,并时时注意胎孕情况,治疗上注意止嗽与安胎并举。如有动胎之兆,须酌加安胎之品,对过于降气、豁痰、滑利等碍胎药物必须慎用。

(一)阴虚肺燥证

主要证候　妊娠咳嗽,干咳少痰或痰中夹血丝,咽干口燥,手足心热,大便干结;苔薄舌红,脉细滑数。

证候分析　阴虚精亏,虚火内生,灼伤肺津,故干咳无痰,口干咽燥;肺经受损,则痰中带血;五心烦热,则为阴虚阳浮之象;舌红少苔,脉细滑数,乃为阴虚内热之征。

治疗法则　养阴润肺,止咳安胎。

方药举例　百合固金汤(《医方集解》)去当归、熟地黄,加桑叶、阿胶、炙百部、黑芝麻。

百合　熟地黄　生地黄　归身　白芍　生甘草　桔梗　玄参　贝母　麦冬

痰中带血者,加山栀、黄芩、白茅根;若咯血较多,酌加藕节、仙鹤草、白茅根;若潮热较甚者,酌加地骨皮;胎动不安者,加苎麻根、南瓜蒂。

(二)脾虚痰饮证

主要证候　妊娠期间,咳嗽痰多,胸闷气喘,甚至喘不得卧,神疲纳呆,舌质淡胖;苔白腻,脉濡滑。

证候分析　素体脾虚,孕后气以载胎,脾虚更甚,运化失职,水湿停聚,聚湿成痰;痰饮射肺,肺失肃降,故咳嗽痰多,胸闷气促,喘不得卧;神疲纳呆,舌质淡胖,苔白腻,脉濡滑,均为脾虚痰饮之象。

治疗法则　健脾除湿,化痰止咳。

方药举例　六君子汤(《校注妇人良方》)加苏梗、紫菀。

人参　白术　茯苓　甘草　半夏　陈皮　生姜　大枣

若痰郁化火,方用清金化痰汤(《统旨方》)。

黄芩　山栀　桔梗　麦冬　桑皮　贝母　知母　瓜蒌仁　橘红　茯苓　甘草

【转归及预后】

子嗽经过适当的治疗和休息,一般预后良好;若咳嗽经久不愈,反复发作,或素体脾肾不足,或

有流产甚至习惯性流产病史患者,病情进一步发展损伤胎气,导致胎漏、胎动不安甚至堕胎、小产。

【预防及调摄】

妊娠期间勿贪凉或取暖太过,以免招致外邪犯肺。饮食宜清淡、新鲜而富有营养,勿暴饮暴食。素体阴虚孕妇,孕期禁辛辣燥热之品,可常用滋阴润肺之生梨、百合等食疗。同时保持心情舒畅。

【文献摘录】

《妇人大全良方》:夫肺感于寒,寒伤于肺,则成咳嗽也。所以然者,肺主气而外合皮毛,毛窍不密,则寒邪乘虚而入,故肺受之也。五脏六腑俱受气于肺,以其时感于寒而为嗽也。秋则肺受之,冬则肾受之,春则肝受之,夏则心受之。其诸脏嗽不已,则传于腑。妊娠病久不已者,则伤胎也。

《医宗金鉴·妇科心法要诀》:妊娠咳嗽名子嗽,阴虚痰饮感风寒。注:妊娠咳嗽,谓之子嗽,嗽久每致伤胎。有阴虚火动痰饮上逆,有感冒风寒之不同。

第十三节 妊娠小便淋痛

妊娠期间出现尿频、尿急、淋漓涩痛者,称为"妊娠小便淋痛"(pregnancy painful stranguria urination),又称"妊娠小便难""子淋"。

西医学的妊娠合并尿道炎、膀胱炎、肾盂肾炎等泌尿系统感染可参照本病来辨证论治。

【病因病机】

妊娠小便淋痛主要机理是膀胱郁热,气化失司。常见的有阴虚津亏、心火偏亢、下焦湿热三种。

1. 阴虚津亏 素体阴虚,孕后阴血愈亏,阴虚火旺,下移膀胱,灼伤津液,则小便淋漓涩痛。

2. 心火偏亢 素体阳盛,孕后嗜食辛辣,热蕴于内,引动心火,心火偏亢,移热小肠,传入膀胱,灼伤津液,则小便淋漓涩痛。

3. 下焦湿热 孕期摄生不慎,感受湿热之邪,湿热蕴结,灼伤膀胱津液,发为小便淋漓涩痛。

【诊断与鉴别诊断】

(一)诊断

1. 病史 孕前有尿频、尿急、尿道刺痛病史或有不洁性生活史。

2. 症状 妊娠期间,尿频,尿急,尿道刺痛、灼热或伴小腹坠胀、腰部酸痛。

3. 检查 尿液分析提示有红细胞、白细胞及少量蛋白。必要时检查肾功能。

(二)鉴别诊断

1. 妊娠小便不通 妊娠小便不通,系妊娠期间以小便不通,淋漓点滴而下,甚则小腹胀急疼痛为特点,亦称"妊娠尿闭"。

2. 妊娠遗尿 妊娠期间,小便不能控制而自遗为妊娠遗尿。此病也可出现小便淋漓不尽与妊娠小便淋痛相似,但患者无尿痛,尿道无灼热感,尿液常规检查基本正常。

【辨证论治】

妊娠小便淋痛,多因于热,但有实热、虚热之分。应根据患者的证候辨别虚实。实热者小便艰涩不利,灼热疼痛,溺短赤;虚热者小便淋漓不爽,溺后尿道疼痛不适,色淡黄。治疗上均以清润为主,注意不宜过于苦寒通利,以免耗伤阴液,损伤胎元。

(一)阴虚津亏证

主要证候 妊娠数月,小便频数淋漓,灼热刺痛,量少、色深黄,形体消瘦,两颧潮红,午后潮热,手足心热,心烦不寐,大便不畅;舌红,苔薄黄而干,脉细滑数。

证候分析 肾阴不足,命火偏旺,津液亏耗,膀胱不利,故小便淋漓而痛,量少、色深黄;津伤不能濡润肠道,则大便不畅;虚火上炎,故颧红,心烦不寐;阴虚内热,故潮热,五心烦热;舌红,苔薄黄,脉细滑数,均为阴虚内热之象。

治疗法则　滋阴润燥,通淋。

方药举例　知柏地黄汤(方见月经前后诸证·经行口糜)加麦冬、五味子、车前草。

失眠者,加入莲子心、炒枣仁、青龙齿(先煎);腰酸,胎动不安者,加入炒续断、桑寄生、白芍、甘草。

（二）心火偏亢证

主要证候　妊娠期间,尿少色深黄,艰涩而痛,面赤心烦,甚者口舌生疮;舌边尖有红刺,少苔或无苔,脉细滑数。

证候分析　心火偏亢,心火上炎,则面赤心烦,口舌生疮;心火下移膀胱,则尿少色深黄,艰涩而痛;舌边尖有红刺,少苔或无苔,脉细滑数,均为心火偏亢之象。

治疗法则　泻火通淋。

方药举例　导赤散(《小儿药证直诀》)加玄参、麦冬。

木通　生地黄　淡竹叶　甘草梢

失眠烦躁甚者,加钩藤、青龙齿(先煎)、炒枣仁;大便秘结者,加玄参、柏子仁、炒枳实,必要时加大黄(后下);伴有发热者,加金银花、连翘、大青叶。

（三）湿热下注证

主要证候　妊娠期间,突感小便频数而急,尿黄赤,艰涩不利,灼热刺痛,面色垢黄,口干不多饮,胸闷食少;舌红,苔黄腻,脉滑数。

证候分析　湿与热搏,蕴结膀胱,气化不行,水道不利,故小便频数而短,尿黄,灼热刺痛;脾胃湿热,熏蒸于上,故面色垢黄,口干不多饮;湿困脾胃,则胸闷食少;舌质红,苔黄腻,脉滑数,皆为湿热内盛之象。

治疗法则　清热利湿,通淋。

方药举例　加味五淋散(《医宗金鉴》)。

黑栀子　赤茯苓　当归　白芍　黄芩　甘草　生地黄　泽泻　车前子　滑石　木通

肾虚明显者,加入黄柏、知母、肉桂(后下)。

【转归及预后】

妊娠小便淋痛是常见的妊娠并发症,如能及时正确地治疗,则预后良好。严重者可出现寒战、高热、体温升高可达39～40℃,甚至可有高热引起流产、早产,如反复发作,可发展成慢性肾盂肾炎,必要时可中西医结合治疗。

【预防及调摄】

(1)孕前有淋证要彻底治疗。

(2)妊娠期间,注意阴部卫生,节制性生活,预防湿热秽浊之邪上犯膀胱;注意外阴或阴道的无菌操作。

(3)妊娠小便淋痛患者多饮开水,饮食宜清淡,不吃煎炒燥热辛辣之品。

(4)有发热者在治疗时宜卧床休息。

(5)注意左侧卧位或左右轮换以减少子宫对输尿管的压迫。

(6)治疗应及时、彻底,三次尿液培养均无细菌生长才可停药,可酌情结合西药治疗,但对抗生素的选择一定要慎重,尤其在孕早期,不能用对胎儿有不利影响的药物。

【文献摘录】

《胎产心法》:肾开窍于二阴,与膀胱为表里。热则小便淋漓,甚者心烦闷乱,用子淋散主之。如肾虚热,不能司化,用六味汤加车前子,或加知柏治之。又有安乐散、葵子汤,皆可选用。

《妇人大全良方》:夫妇人淋者,由肾虚而膀胱热也。膀胱与肾为表里,俱主于水,行于脬者,为小便也。脏腑不调,为邪所乘,肾虚则小便数;膀胱热则小便涩。其状小便疼痛、涩数、淋漓不宣,故谓之淋也。

笔记栏

第十四节 妊娠身痒

妊娠期间,孕妇出现与妊娠有关的皮肤瘙痒,称为"妊娠身痒"(pregnancy itch)。

西医学的"妊娠合并荨麻疹""妊娠肝内胆汁淤积症"等引起的全身瘙痒,可参阅本节论治。

【病因病机】

皮肤瘙痒是一个自觉症状,可以由风、湿、热、虫邪客于肌肤,气血不和或血虚生风化燥,肌肤失于濡养等原因引起。本病的发生与妊娠特殊生理有密切关系。

1. 血虚 素体阴血不足,妊娠之后,阴血下聚以养胎,阴血愈亏,不能濡养肌肤,化燥生风,风盛则痒。

2. 风热 素体阳盛,血分蕴热,妊娠之后,阴血下聚以养胎,阴分必亏,风热之邪乘机侵入肌肤与血热相合,生风化燥,发为身痒。

3. 肝经湿热 素体肝肾不足,妊娠之后,阴血下聚以养胎,肝失血养,肝之藏血与疏泄的功能均受影响。肝血不足则肝气易郁,郁久化火,肝胆相表里,肝火内炽,则胆热液泄,流入营血,故肌肤发黄,身痒。

【诊断与鉴别诊断】

(一)诊断

1. 病史 患者为过敏体质,或有过食鱼虾,或有肝内胆汁淤积等病史。

2. 症状 妊娠中、晚期,出现四肢瘙痒,甚或全身瘙痒,伴局部红疹或隆起风团,或伴目珠、皮肤、小溲色黄。

3. 检查

(1)荨麻疹等皮肤病,检查一般无特殊变化。

(2)妊娠肝内胆汁淤积症,可见血清总胆汁酸浓度升高,部分患者血清胆红素轻、中度升高,尿胆素阳性,转氨酶轻、中度升高。

(二)鉴别诊断

1. 风疹 由风疹病毒引起的全身出疹性疾病。起病1~2日即出疹,为细小稀疏淡红色斑丘疹,1~2日退疹,无色素沉着及脱屑。耳后、枕后、颈部淋巴结肿大是其显著特点。风疹病毒有致畸作用,如在孕早期感染,应及早终止妊娠。

2. 妊娠疱疹 属自身免疫性疾病,可发生于妊娠的任何阶段,皮疹为红斑、丘疱疹或疱疹样皮炎样皮疹。直接免疫荧光抗体检查,取母体病变及其周围皮肤,可见基底膜带有线状 C3 及 IgG 沉积。

3. 疱疹样脓疱病 好发于中年孕妇,皮损常发生于腋窝、腹股沟、乳房下、脐部等皱褶处,在红斑上出现小脓包,排列成环状、多环状,脓包干燥结痂,周围有新脓包出现,痂皮脱落留色素沉着,本病起病急,常有高热等全身症状。组织病理示表皮内海绵状脓包形成,不具备皮肤基膜带荧光标记抗体沉积。

【辨证论治】

本病既要辨证求因,同时还应结合西医检查辨病治疗。血虚者应养血润燥;感受风热者应疏风清热,养血和营;肝经湿热者宜清肝解郁,利湿止痒。

(一)血虚证

主要证候 妊娠期皮肤干燥瘙痒,无疹或有疹,疹色淡红,日轻夜深或劳累加重,也有全身剧痒,坐卧不安,抓破流血,心悸怔忡或烦躁失眠;舌淡,苔白,脉细滑弦。

证候分析 素体阴血虚,孕后阴血养胎,阴血益虚不能濡养肌肤,则皮肤干燥;血虚化燥生风,

笔记栏

风盛,则瘙痒难忍;心悸怔忡,舌淡,苔白,脉细,均为血虚之象。

治疗法则　养血祛风,滋养肝肾。

方药举例　当归饮子(《证治准绳》)合二至丸(方见经期延长)。

当归　川芎　白芍　生地黄　防风　荆芥　黄芪　白蒺藜　何首乌　甘草

（二）风热证

主要证候　妊娠期全身皮肤瘙痒,出现大小不等的风团,上半身尤甚,疹块色红有灼热感,剧痒,遇热加剧,伴咽喉疼痛,头痛;舌红,苔黄,脉浮滑数。若因鱼腥虾蟹等过敏,可伴腹胀、纳呆、泄泻等。

证候分析　素体阳虚,血分蕴热,孕后阴血养胎,阴分必亏,风热之邪乘虚侵入肌表,阻于皮肤,发为身痒;热为阳邪,其性上炎,故红疹身痒以上身为甚;热邪致病,故红疹灼热,遇热加剧;咽喉肿痛,头痛,舌红,苔黄,脉浮滑数,均为风热之征。

治疗法则　疏风清热,养血安胎。

方药举例　消风散(《外科正宗》)去木通、石膏,加桑叶、龙骨、牡蛎。

荆芥　防风　当归　生地黄　蝉蜕　牛蒡子　苍术　苦参　知母　石膏　胡麻仁　生甘草　木通

（三）肝经湿热证

主要证候　妊娠中、晚期,出现四肢瘙痒,甚或全身瘙痒,入夜尤甚,或目珠、皮肤、小溲色黄;舌红,苔黄腻,脉弦滑数。

证候分析　妊娠中、晚期,肝血不足,则肝气易郁,郁久化火,肝胆相表里,肝火内炽,则胆热液泄,流入营血,故肌肤发黄,身痒;入夜阴分更为不足,故身痒入夜尤甚;若素体脾虚,湿浊偏盛,孕后脾气养胎,则脾气易虚,湿浊更胜,湿热相合,故患者舌红,苔黄腻,脉弦滑数。

治疗法则　清肝解郁,利湿止痒。

方药举例　丹栀逍遥散(方见月经先期)合茵陈蒿汤(《伤寒论》)加地肤子。

茵陈　栀子　大黄

如偏于郁火,以火热为主者,加生地黄、黄连;如偏于湿热,以湿为主者,加苍术、防风、藿香、佩兰等;如肝肾阴虚,藏血不足,待郁火湿热解除后,应侧重滋阴养血柔肝。

【转归及预后】

妊娠身痒宜早期诊断,一般瘙痒症,可按中医辨证治疗,多无大碍。凡属病毒感染,影响胎儿生命或致畸作用明显的一类疾病,应考虑终止妊娠。妊娠期肝内胆汁淤积症,若延误治疗,可能造成孕妇凝血功能障碍,胎儿窘迫,不能预测的胎儿死亡,需及时就治,中西医结合治疗。

【预防及调摄】

孕期饮食以清淡为宜;避免病毒感染;若是妊娠期肝内胆汁淤结症,应列为高危妊娠,定期对患者胎盘功能及胎儿情况进行测定。

【文献摘录】

《妇科秘方》:妇人胎产遍身生疮,此症乃因内受风热之故。

《妇科指归》:胎前遍身痒甚者,此因皮毛中风湿,不必服药。先用炒荆芥穗擦之,不愈,再用樟水调烧酒擦之即愈。

第十五节　难　产

妊娠足月,临产时胎儿不能顺利娩出者,称为"难产"(difficult labor),古称"产难"。

中医学关于难产的论述,与西医学产力异常、产道异常、胎位胎儿异常引起的难产一致,阴道手术助产及剖宫产是处理难产的重要手段。本节主要讨论产力异常的难产。

【病因病机】

产力是促使胎儿从宫内娩出的动力,包括子宫收缩力,腹肌及肛提肌收缩力等,以子宫收缩力为主。当子宫收缩力的强度、频率和节律发生异常时,就会影响到产程的顺利进展而发生滞产,甚至难产。

产力异常导致难产的机理主要为气血失调,有虚、实两方面。虚者是气虚不运而难产,实者是湿瘀阻滞而难产。

1. 肾气虚弱　孕妇先天不足,早婚多产或房事不节,损伤肾气,冲任不足,胞宫无力运胎,以致难产。

2. 气血虚弱　孕妇素体虚弱,气血不足,产时用力汗出,或用力过早,耗气伤津,气血大伤,冲任不足,胞宫无力运胎,以致难产。

3. 气滞血瘀　孕妇素多忧郁,或安逸过度,气血运行不畅,或临产忧虑紧张,气结血滞,或产时感寒,寒凝血滞,气机不利,皆使冲任失畅,胞宫瘀滞,不能运胎,以致难产。

4. 气滞湿郁　孕妇素多忧郁,气机不畅,或孕后胎体渐大,阻碍气机升降,易致气滞湿郁,湿停冲任,壅塞胞宫,不能运胎,以致难产。

【诊断与鉴别诊断】

(一) 诊断

1. 病史　妊娠足月,宫缩规律进入产程,但进展缓慢。

2. 症状　虚者,子宫收缩虽协调,但乏力,临产后宫缩时间短,力量弱,间歇时间长,患者神疲乏力;实者,子宫收缩不协调,持续腹痛,产妇烦躁不安。

3. 检查　妇科检查:虚证表现为宫缩乏力,子宫收缩时宫壁不硬,子宫颈口不能如期扩张,先露下降缓慢;实证表现为宫缩不协调,子宫收缩时宫壁坚硬,但子宫颈口不能扩张,出现痉挛性狭窄环时,紧箍胎体,碍胎下降,胎心持续过速。

(二) 鉴别诊断

主要是通过B超检查及骨盆测量,与由产道异常、胎位异常和胎儿异常引起的难产相鉴别。

【辨证论治】

本病的处理原则是促进和协调子宫的收缩,促进产程进展,尽量减少创伤,以恰当而安全的方式结束分娩。临证中分虚、实两证,治疗上,虚者补气行血以运胎,实者行气活血,催生下胎。但补虚不可过用滋腻之药,以防滞产;化瘀不可过用破血耗气之品,以防伤胎。

(一) 肾气虚弱证

主要证候　产时阵痛微弱,宫缩不强,产程过长,腰酸痛重,头晕耳鸣;舌淡,苔薄润,脉细滑。

证候分析　肾气虚弱,冲任不足,故使阵痛微弱;胞宫无力运胎,故使宫缩不强,产程过长;肾主骨生髓,腰为肾之府,肾虚,故腰酸痛重,头晕耳鸣;舌淡,苔薄润,脉细滑,为肾气虚弱之征。

治疗法则　补肾降气,开窍催产。

方药举例　神效催生丹(《卫生家宝产科备要》)。

腊月兔脑髓(去皮膜,研如泥)　冰片(另研,代麝香)　乳香末(另研)　母丁香(极细末)

(二) 气血虚弱证

主要证候　产时阵痛微弱,宫缩时间短而弱,间歇长,产程进展缓慢,或下血量多,色淡,神倦乏力,心悸气短,面色苍白;舌淡,苔薄,脉虚大或细弱。

证候分析　气血虚弱,且又用力过早,冲任不足,故使阵痛微弱;胞宫无力运胎,故宫缩时间短而弱,间歇长,产程进展缓慢;气血两虚,不能上荣,故面色苍白;气虚不摄血,则下血量多,色淡;气虚中阳不振,故神倦乏力,气短;血虚心失所养,则心悸;舌淡,苔薄,脉虚大或细弱,为气血虚弱之征。

治疗法则　补气养血,润胎催产。

方药举例　送子丹(《傅青主女科》)。

笔记栏

黄芪　当归　麦冬　熟地黄　川芎

（三）气滞血瘀证

主要证候　产时腰腹持续胀痛,疼痛剧烈,宫缩虽强,但无规律,久产不下,下血量少,色暗红,精神紧张,烦躁不安,胸闷脘胀,时欲呕恶,面色紫暗;舌暗红,苔薄白,脉弦大或至数不匀。

证候分析　气机不利,冲任失畅,瘀滞胞宫,故使产时腰腹持续胀痛,疼痛剧烈;胞宫瘀滞,故宫缩虽强,但无规律,久产不下;气滞血瘀,故下血量少,色暗红;素多忧郁,气机不利,故使精神紧张,烦躁不安,胸闷脘胀;气机逆乱,升降失调,则时欲呕恶;面色紫暗,舌暗红,苔薄白,脉弦大或至数不匀,为气机逆乱,气滞血瘀之征。

治疗法则　行气化瘀,滑胎催产。

方药举例　催生立应散（《济阴纲目》）。

车前子　当归　冬葵子　白芷　牛膝　大腹皮　枳壳　川芎　白芍药

若血瘀甚者,症见临产腰腹持续疼痛不止,呼喊不已,剧痛难忍,面色紫暗,脉滑大。治宜活血化瘀,滑胎催产为主,方用陈氏七圣散（《妇人大全良方》）。

延胡索　没药　白矾　白芷　姜黄　当归　桂心

（四）气滞湿郁证

主要证候　产时腰腹持续胀痛,疼痛难忍,宫缩虽强,但无规律,久产不下,面浮肢肿,头晕目眩,心悸气短,胸膈满闷,恶心呕吐;舌暗,苔白腻,脉弦滑或滑大。

证候分析　气滞湿郁,湿停冲任,壅塞胞宫,故腰腹持续胀痛,疼痛难忍;湿浊壅塞胞宫,故宫缩虽强,但无规律,久产不下;湿浊内停,泛溢肌肤,则面浮肢肿;膈间有水气,则心悸气短,胸膈满闷,恶心呕吐;湿浊中阻,清阳不升,头晕目眩;舌暗,苔白腻,脉弦滑或滑大,为气滞湿郁之征。

治疗法则　理气化湿,滑胎催产。

方药举例　神效达生散（《达生篇》）。

苏梗　当归　白芍　甘草　川芎　枳壳　白术　陈皮　贝母　大腹皮　冬葵子　葱白

【转归及预后】

难产贵在及时诊断,正确处理。如处理得当,可顺利分娩。如处理不当或不及时,可能危及母婴生命或留下后遗症。如采用药物或其他疗法治疗效果不佳,产程停滞无进展或胎心发生变化,则应根据宫口扩张及先露下降情况,及时进行手术助产或剖宫产,以保母子平安。对产道异常、胎位异常、巨大胎儿或胎儿畸形等所致之难产,应按西医产科学原则处理。一般产力异常引起的难产,运用药物和针灸,产力常可恢复正常。经过系统的中医治疗,预后可望良好。

【预防及调摄】

在导致难产的因素中,唯有产力和产妇的心理因素可以在临产时进行改善。作好产前宣教,解除产妇思想顾虑,消除紧张情绪,鼓励产妇多进饮食,做到"睡、忍痛、慢临盆",使产妇适当地休息和睡眠,保持充沛的精力,临产时指导产妇正确运用腹压。

【文献摘录】

《妇人大全良方》：凡妇人以血为主,惟气顺则血顺,胎气安而后生理和。今富贵之家,往往保惜产母,惟恐运动,故羞出入、专坐卧。曾不思气闭而不舒快,则血凝而不流畅,胎不转动。以致生理失宜,临产必难,甚至闷绝,一也。且如贫者生育,日夕劳苦,血气舒畅,生理甚易,何俟乎药！

《保产要旨》云：难产之故有八,有因子横、子逆而难产者;有因胞水沥干而难产者;有因女子矮小,或年长遣嫁,交骨不开而难产者……有因体肥脂厚,平素逸而难产者;有因子壮大而难产者;有因气虚不运而难产者。

附

纠正胎位法

胎位不正,是指妊娠后期,胎儿在母腹内位置不正常而言。亦称胎位异常。常见的有臀位、横位和后位,古称

"倒产""横产""偏产"。

胎位不正是引起难产原因之一,故在怀孕六七个月以后,如发现有胎位异常情况,应设法及时纠正,以免分娩时发生难产。

一般于28周开始行转胎法。

(一)针灸转胎位

1. 针刺 取平卧或取坐位,针刺双侧至阴穴(小足趾外侧)。患者取正坐垂足位,或取仰卧屈膝位,放松裤带,排空小便,用75%乙醇棉球局部消毒,然后用5分毫针,斜刺向上,进针1~2分深,中等强度刺激,得针感为佳,留针15分钟。

2. 艾灸 放松裤带,仰卧屈膝,由治疗者点燃艾条,对准双侧至阴穴距离0.4~0.6寸,以温热感为度,灸10~15分钟,每日1~2次,7日为1个疗程,胎位转正后停灸。

以上治疗后,配合胸膝卧位(要领是解尽小便,放松裤带,跪于床上,双手前臂伸直,胸部尽量与床贴紧,臀部上翘,大腿与小腿成直角)效果更好。如此每日2次,开始时每次3~5分钟,以后增至每次10~15分钟。胸膝卧位可使胎臀退出盆腔,增加胎臀转为头位机会。

(二)药物转胎

方药 保产无忧散(《傅青主女科》)。

炙黄芪 荆芥穗 当归 川贝母 白芍 川芎 菟丝子 厚朴 艾叶 枳壳 羌活 甘草 生姜

功用 益气升阳,养血活血。

适应证 胎位不正气血虚弱证。

本方既有保胎之功,又有催生之力,能促进气血运行、经络畅通,增强胎儿活动,从而达到纠正胎位的目的,实为保生效方。服后宽松腰带,于房内慢步。一般孕7~8个月时服用效果好。

(刘声乐 宋素英 毛 惠)

第十章 产后病

导 学

本章主要阐述常见产后病——产后发热、产后血晕、产后腹痛、产后身痛、产后小便不通、产后大便难、产后恶露不绝、缺乳、产后乳汁自出、产后抑郁的诊疗规律。

通过学习,掌握产后发热、产后血晕、产后腹痛、产后身痛、产后小便不通、产后大便难、产后恶露不绝、缺乳、产后乳汁自出、产后抑郁的定义、辨证论治;熟悉上述各个疾病的病因病机、诊断与鉴别诊断;了解其转归及预后、预防及调摄。

产妇在产褥期内发生与分娩或产褥有关的疾病,称为"产后病"(postpartum diseases)。产妇从胎盘娩出至全身各器官(除乳腺外)恢复至孕前状态的一段时间,一般约需6周,称为"产褥期"。产后1周称为"新产后",产后1个月称为"小满月",产后百日称为"大满月"。

常见的产后病有产后发热、产后血晕、恶露不绝、产后身痛、缺乳、产后乳汁自出、产后抑郁、产后腹痛、产后大便难、产后小便不通等,上述诸病多数发生在新产后。历代医家对新产疾病非常重视,在古籍中不但论述了亡血伤津的情况下产生的"新产三病",如《金匮要略》所云:"新产妇人有三病,一者病痉,二者病郁冒,三者大便难";而且指出了急重证"三冲""三急"的危害性,如《张氏医通》所论的"三冲",即冲心、冲肺、冲胃,其临床表现:冲心者,心中烦躁,卧起不安,甚则神志不清,语言颠倒;冲肺者,气急,喘满,汗出,甚则咯血;冲胃者,腹满胀痛,呕吐,烦乱。张氏还指出:"大抵冲心者,十难救一;冲胃者,五死五生;冲肺者,十全一二。"该书又提出产后"三急",曰:"产后诸病,惟呕吐、盗汗、泄泻为急,三者并见必危。"

产后病的发病机理可以概括为三个方面:一是亡血伤津。由于分娩用力、出汗、产后失血等,使阴血暴亡,虚阳浮散,或血虚火动,易致产后发热、产后大便难等。二是瘀血内阻。产后余血浊液易致瘀滞,气机不利,血行不畅,或气机逆乱,可致产后腹痛、产后发热、产后身痛、恶露不绝等。三是外感六淫或饮食、房劳所伤。产后气血俱伤,元气受损,百节空虚,腠理不实,卫表不固,摄生稍有不慎,均可导致产后腹痛、产后发热、产后身痛、产后恶露不绝等疾病。

产后疾病的诊断,在运用四诊的基础上,根据新产特点,还须注意"三审",即先审小腹痛与不痛,以辨有无恶露的停滞;次审大便通与不通,以验津液之盛衰;三审乳汁的行与不行及饮食之多少,以察胃气的强弱。同时,运用八纲、脏腑、气血辨证,参以舌脉,结合产妇体质,了解产前、产时、产后情况,进行综合分析,才能作出正确的诊断。

产后病的治疗应根据亡血伤津、瘀血内阻、多虚多瘀的特点,本着"勿拘于产后,亦勿忘于产后"的原则,临证时细心体察,结合病情进行辨证论治。即产后多虚应以大补气血为主,但其用药须防滞邪、助邪之弊;产后多瘀,当以活血行瘀之法,然产后之活血化瘀,又须佐以养血,使祛邪而不伤正,化瘀而不伤血,选方用药,必须照顾气血。开郁勿过于耗散,消导必兼扶脾,祛寒勿过于温燥,清热勿过用苦寒。同时,应掌握产后用药"三禁",即禁大汗,以防亡阳;禁峻下,以防亡阴;禁通利小便,以防亡津液。另外,对于产后病中的危急重证,如产后痉病、产后血晕、产后发热等,临证时详察四诊情况及辅助检查,及时作出诊断,必要时中西医结合救治,以免延误病情。

笔记栏

第一节 产后发热

产褥期内,高热寒战或发热持续不退,并伴有其他症状者,称为"产后发热"(postpartum fever)。如产后1～2日,由于阴血骤虚,阳气外浮,出现轻微发热,而无其他症状,为营卫暂时失于调和,一般可自行消退,属正常生理现象。

本病感染邪毒证,相当于西医学"产褥感染";外感发热包含了西医学"产褥中暑",两者之重症可危及产妇生命,应予高度重视。

【病因病机】

引起产后发热的原因颇多,与本病关系密切的主要病因病机有感染邪毒,正邪交争;外邪袭表,营卫不和;阴血骤虚,阳气外散;败血停滞,营卫不通。

1. 感染邪毒 产后胞脉空虚,血室正开,若产时接生不慎,或护理不洁,或不禁房事,致使邪毒乘虚而入,稽留于冲任、胞脉,正邪交争,因而发热;若邪毒炽盛,与血相搏,则传变迅速,热入营血,甚则逆传心包,出现危急重证。

2. 外感 产后百脉空虚,腠理不密,卫阳不固,以致风寒之邪乘虚而入,营卫不和,因而发热;或正值暑天,猝中暑邪,而致发热。

3. 血虚 产时产后失血过多,阴血暴虚,阳无所附,以致虚阳浮于外,而发热,血虚伤阳,相火偏旺,亦致发热。

4. 血瘀 产后恶露不下,败血停滞,瘀阻冲任,阻碍气机,营卫不通,而致发热。

【诊断与鉴别诊断】

(一)诊断

产后发热诊断的关键是早期诊断,以排除感染邪毒证,因其最急最重,甚至可危及生命。

1. 病史 妊娠晚期有性生活史;或产程不顺(滞产、难产),接生不慎;或产后失血过多;或感受风寒;或冒暑受热;或有情志不遂等。

2. 症状 产褥期内,新产后,出现持续发热,或突然寒战高热,或发热恶寒,或乍寒乍热,或低热缠绵等。若为产褥感染者,常伴有小腹疼痛,恶露异常。

3. 检查

(1) 全身及妇科检查:产后24小时后至10日内测体温≥38℃;查腹部压痛,子宫、附件压痛,恶露秽臭,局部伤口可见红肿化脓等。

(2) 辅助检查:血常规可见白细胞总数及中性粒细胞升高;宫腔分泌物或血培养可找到致病菌;彩色多普勒超声、CT、MRI等检查能对炎性包块、脓肿及静脉血栓作出定位及定性诊断。

(二)鉴别诊断

1. 蒸乳发热 产后3～4日泌乳期见低热,可自然消失,而无其他症状,不属病理范畴。

2. 乳痈发热 乳痈发热表现为乳房胀硬、红肿热痛,甚则溃腐化脓。发热并伴有乳房局部症状是其特点,而产后发热不伴有乳房局部症状。

3. 产后小便淋痛 产后出现尿频、尿急、淋漓涩痛,尿黄或赤,同时伴有发热恶寒,尿常规检查可见红细胞、白细胞,尿培养可见致病菌。

其他如产后痢疾、产后肠痈、产后疟疾所致的发热,虽然也可发生在产褥期,但此类发热与产褥生理无密切关系,应按内科诊治。

【辨证论治】

产后发热有虚有实,临证应根据发热的特点,恶露、小腹痛等情况以及全身症状、舌脉等综合分析。在注意多虚多瘀的基础上,治疗应以调气血,和营卫为主。感染邪毒者,其证危笃,变化多端,需中西医结合治疗。

（一）感染邪毒证

主要证候　产后发热恶寒，或高热寒战，小腹疼痛拒按，恶露初时量多，继则量少，色紫暗，或如败酱，其气臭秽，心烦口渴，小便短赤，大便燥结；舌红，苔黄而干，脉数有力。

证候分析　邪毒感染，直伤胞宫，正邪交争，故现发热恶寒；邪毒入胞，与瘀血互结，以致小腹疼痛拒按，恶露量多或少，色紫黑如败酱，有臭味；热盛于内，灼伤津液，故烦躁口渴，小便短赤，大便燥结；舌红苔黄而干，脉数有力，均为邪毒感染，热盛于内之征。

治疗法则　清热解毒，凉血化瘀。

方药举例　解毒活血汤（《医林改错》）加银花、黄芩。

连翘　葛根　柴胡　枳壳　当归　赤芍　生地黄　红花　桃仁　甘草

若高热不退，大汗出，烦渴引饮，脉虚大而数者，属热盛津伤之候。治宜清热除烦，益气生津，方用白虎加人参汤（《伤寒论》）。

石膏　知母　粳米　甘草　人参

若高热不退，烦渴引饮，大便燥结，恶露不畅，秽臭如脓，小腹疼痛拒按，甚则全腹满痛，神昏谵语，舌紫暗，苔黄而燥，脉滑数者，为热毒与瘀血互结胞中。应清热逐瘀，排脓通腑，方用大黄牡丹皮汤（《金匮要略》）加红藤、败酱草、益母草。

大黄　牡丹皮　桃仁　冬瓜子　芒硝

若高热汗出，心烦不安，斑疹隐隐，舌红绛，苔黄燥，脉弦细数者，乃为热入营分。治宜清营解毒，散瘀泻热，方用清营汤（《温病条辨》）。

玄参　麦冬　生地黄　金银花　连翘　丹参　黄连　竹叶心　水牛角

若壮热不退，神昏谵语者，四肢厥冷，脉微而数，可配服安宫牛黄丸（《温病条辨》），或紫雪丹（《太平惠民和剂局方》），或清开灵注射液（每日 40 mL，加入 5% 葡萄糖液 500 mL 中，静脉滴注）。

本证患者宜中西医结合治疗，给予足量有效的抗生素，高热不退者加用糖皮质激素，纠正电解质紊乱，抗休克，及时处理伤口，有盆腔脓肿者切开引流，有胎盘残留宫腔者，在抗感染下行清宫术。

（二）外感证

主要证候　产后恶寒发热，头痛身痛，鼻塞流涕，无汗；舌苔薄白，脉浮紧。

证候分析　产后气血虚弱，卫外之阳失固，风寒之邪乘虚侵袭，正邪交争，则见恶寒发热；外邪侵袭，首及太阳之表，太阳经络于头目项背，故头痛，身痛；腠理为寒邪所束，则无汗；风寒之邪袭肺，肺气失宣，故有鼻塞流涕；舌苔薄白，脉浮紧，均为风寒袭表之征。

治疗法则　养血祛风，散寒解表。

方药举例　荆防四物汤（《医宗金鉴》）加苏叶。

荆芥　防风　川芎　当归　白芍　地黄

若感冒风热者，症见发热，微恶风寒，头痛身痛，咽喉肿痛，咳嗽，痰黄，苔薄黄，脉浮数。治宜辛凉解表，疏风清热，方用银翘散（《温病条辨》）。

金银花　连翘　竹叶　荆芥穗　薄荷　牛蒡子　桔梗　淡豆豉　甘草　芦根

若外感暑热者，症见身热多汗，口渴心烦，倦怠乏力，舌红少津，脉虚数，此乃外感暑热，气津两伤。治宜清暑益气，养阴生津，方用清暑益气汤（《温热经纬》）。

西洋参　石斛　麦冬　黄连　竹叶　荷梗　知母　甘草　粳米　西瓜翠衣

（三）血虚证

主要证候　产后失血过多，低热不退，小腹绵绵作痛，喜按，恶露或多或少，色淡质稀，自汗，头晕眼花，心悸少寐；舌淡红，苔薄白，脉细弱。

证候分析　产后失血伤津，阴血骤虚，阴不敛阳，虚阳外浮，故身有低热自汗；胞脉失养，则腹痛绵绵，喜揉喜按；气随血耗，冲任不固，故恶露量多；血虚，冲任不足，则量少，色淡质稀；血虚，清窍失养，则头晕眼花；血不养心，则心悸少寐；舌淡红，苔薄白，脉细弱，也为血虚之征。

治疗法则　补血益气,和营退热。

方药举例　八珍汤(方见月经前后诸证·经行头痛)加黄芪、地骨皮。

若阴亏火旺者,症见午后潮热,两颧红赤,口渴喜饮,小便短黄,大便秘结,舌嫩红,脉细数。治宜滋阴养血清热,方用加减一阴煎(方见闭经)加白薇。

(四)血瘀证

主要证候　产后乍寒乍热,恶露不下,或下亦甚少,色紫暗有块,小腹疼痛拒按,口燥而不欲饮;舌紫暗,或有瘀点、瘀斑,脉弦涩有力。

证候分析　由于产后恶露当下不下,或下之甚少,瘀血内阻,营卫失调,故寒热时作;气机不畅,故恶露色紫暗有块,小腹疼痛拒按;瘀血阻滞,津液不得上承,故现口燥而不欲饮,舌紫暗,或有瘀点、瘀斑,脉弦涩,亦为血瘀之征。

治疗法则　活血祛瘀,和营退热。

方药举例　生化汤(方见堕胎、小产)加牡丹皮、益母草。

【转归及预后】

产后发热的预后由于病因不同而各异。若属血虚、血瘀、外感发热者,病情较缓,一般通过积极治疗即可痊愈。中暑发热,病势较急,若治疗不及时,可导致阴阳离决,危及生命。感染邪毒发热是产后发热的危急重证,及时抢救,可痊愈;若失治、误治,以致邪毒内传,热入营血,逆传心包,甚则热深厥脱,可危及生命,预后不良,即使抢救成功亦可造成多器官功能损伤而成产后虚损。

【预防及调摄】

(1)加强孕期保健,注意均衡营养,增强体质,孕晚期应禁房事。

(2)正确处理各产程,严格无菌操作,尽量避免产道损伤和产后出血,有损伤者应及时仔细缝合。

(3)产后取半卧位,有利于恶露排出。

(4)产褥期应避风寒,慎起居,保持外阴清洁,严禁房事,以防外邪入侵。

(5)预防感染,凡有产道污染、产道手术、胎膜早破、产后出血等有感染可能者,可适当给予抗生素或清热解毒之品以预防病邪入侵。

【文献摘录】

《景岳全书·妇人规》:产后发热,有风寒外感而热者,有邪火内盛而热者,有水亏阴虚而热者,有因产劳倦虚烦而热者,有去血过多头晕闷乱烦热者。诸证不同,治当辨察。

《医宗金鉴·妇科心法要诀》:产后发热之故,非止一端。如食饮太过,胸满呕吐恶食者,则为伤食发热;若早起劳动,感受风寒,则为外感发热;若恶露不去,瘀血停留,则为瘀血发热。若去血过多,阴血不足,则为血虚发热……

第二节　产后血晕

产妇分娩后突然头晕眼花,不能起坐,或心胸满闷、恶心呕吐,或痰涌气急,心烦不安,甚则神昏口噤,不省人事,称为"产后血晕",又称"产后血运"。

本病始见于《诸病源候论》,该书列有"卷之四十三",指出产后血运闷候:"运闷之状,心烦气欲绝是也。亦有去血过多,亦有下血极少,皆令运。"

产后血晕多发生在产后数小时内,由产后大出血,致心气不足,或出血量少,血瘀气逆,属急危重症之一。若救治不及时,往往危及产妇生命。

西医学产后出血引起的虚脱、休克,妊娠合并心脏病,产后心衰,或羊水栓塞出现本病证候者,可参照本病辨证治疗。

【病因病机】

本病主要病机不外虚实两端,阴血暴亡,心神失养,或瘀血停滞,气逆攻心。常由血虚气脱和血瘀气逆所致。

1. 血虚气脱 新产元气虚惫,或因分娩伤损胞宫,冲任不固,血去过多,营阴下夺,气随血脱,心神失养,致令血晕。

2. 血瘀气逆 产后胞脉空虚,寒邪乘虚内侵,血为寒凝,或情志不遂,气滞血瘀,冲任瘀滞,恶露涩少,血瘀气逆,扰乱心神,而致血晕。

【诊断与鉴别诊断】

(一)诊断

1. 病史 发病在分娩后数小时内。结合多胎妊娠、羊水过多、滞产、产时失血过多、妊娠合并心脏病、妊娠高血压综合征等病史,有助诊断。

2. 症状 头晕目眩,不能起坐;或晕厥,不省人事,心胸满闷,恶心呕吐;或痰涌气急,甚者昏迷不醒。

3. 检查

(1)产科检查:胎盘、胎膜是否完整,子宫收缩情况,软产道有无损伤,阴道出血过多(分娩后,尤其在24小时内的大量出血),或恶露甚少。

(2)实验室检查:血常规,以及血小板计数、凝血酶原时间、纤维蛋白原定量、纤维蛋白降解产物(FDP)等有关凝血功能的实验室检查,有助诊断。

(3)其他检查:心电图、心脏功能检测、血压测量等可辅助诊断。

(二)鉴别诊断

1. 产后子痫 两者均发于新产之际,症急势危。子痫者产前每有肢体、面目浮肿,头晕目眩,高血压、蛋白尿等病史可参。产后血晕以晕厥、不省人事、口噤、昏迷不醒为特征;而子痫以抽搐、昏迷为主症。二者虽均可出现神志不清,但子痫者有典型抽搐,可资鉴别。

2. 产后郁冒 两者都均发于新产后,都有眩晕症状。产后血晕多由产后阴血暴亡,心神失养,或瘀血停滞,气逆攻心所致,晕来势急,病情严重,临床诊断以不省人事,口噤,甚则昏迷不醒为特点。产后郁冒因产后亡血复感寒邪所致,症见头眩目瞀,郁闷不舒,呕不能食,大便反坚,但头汗出。

3. 产后痉病 两者均发于新产后,均可有口噤不开。产后血晕多由产后阴血暴亡,心神失养,或瘀血停滞,气逆攻心所致晕来势急,病情严重,临床以不省人事,口噤,甚则昏迷不醒为特点。产后痉病多由产时创伤,感染邪毒,或产后亡血伤津,筋脉失养所致,其发病时间较产后血晕缓慢,其症状以四肢抽搐、项背强直、角弓反张为主。

【急症处理】

本着"急则治其标,缓则治其本"的治疗原则,产后血晕发生休克时,应首先抗休克,促其复苏。具体措施如下。

(1)立即将产妇置于去枕平卧位,同时予保温。

(2)针刺眉心、人中、涌泉等穴,强刺激以促速醒。

(3)参麦注射液、参附注射液静推或点滴,迅速补充血容量。

(4)结合西医"产后出血"原因,中西医结合抢救。

【辨证论治】

产后血晕的治疗,首当辨其虚实,分清脱证与闭证,闭为实证,脱为虚证。本病属"三冲"证范围,无论虚实都属危急重症,均须及时救治,必要时行中西医结合抢救。

(一)血虚气脱型

主要证候 产时或产后失血过多,突然昏晕,面色苍白,心悸愦闷,甚则昏不知人,眼闭口开,手撒肢冷,冷汗淋漓,舌淡,苔少,脉微欲绝或浮大而虚。

证候分析　因产损伤元气及胞宫，冲任不固，血去过多，心失所养，神明不守，则令昏晕，心悸愦闷，或昏不知人；阴血暴脱，不能上荣于目，则瞑冒眼闭；气随血脱，脾阳衰微，故面色苍白，口开，手撒肢冷；营阴暴虚，孤阳外泄，则冷汗淋漓。舌淡，苔少，脉微欲绝或浮大而虚，为血虚气脱之征。

治疗法则　益气固脱。

方药举例　清魂散（《丹溪心法》）。

人参　荆芥　泽兰叶　川芎　甘草

方中人参、甘草补气固脱；荆芥理血升散以达清空；川芎活血，上行头目，合泽兰叶辛散芳香以醒神。全方共奏益气固脱醒神之效。

心清神醒之后，继之则应大补气血，方用加味当归补血汤（《医理真传》）去葱白、甜酒，加人参、熟地黄；

黄芪　当归　鹿茸　麦芽　炮姜　炙甘草　葱白　甜酒

（二）血瘀气逆型

主要证候　产后恶露不下，或下也甚少，小腹疼痛拒按，甚则心下满闷，气粗喘促，痰涌气急，恶心呕吐，神昏口噤，不省人事，两手握拳，面色青紫，唇舌紫暗，脉涩有力。

证候分析　新产感寒，内侵胞中，余血浊液遇寒则凝滞，或气滞血瘀，冲任瘀滞，瘀血停蓄，不得下出，故恶露不下，或下也甚少；瘀血内阻，故小腹疼痛拒按；败血停留，气机不畅，逆上攻心、攻肺、攻胃，攻心则扰乱神明，清窍闭塞，以致神昏口噤，不省人事；攻肺则肺失清肃之职，症见心下满闷，气粗喘促，痰涌气急；攻胃则胃失和降，而见恶心呕吐；瘀血内停，筋脉失养而拘急，故两手握拳，为闭证之象。面色青紫，唇舌紫暗，脉涩有力，为血瘀之征。

治疗法则　活血逐瘀。

方药举例　夺命散（《妇人大全良方》）加当归、川芎。

没药、血竭

方中没药、血竭活血理气，逐瘀止痛；加当归、川芎以增强活血行瘀之力。瘀去则气机调畅，逆气可平，晕厥除则神自清。

若血瘀里实，症见大便燥结，腹满胀痛，神昏谵语者，宜祛瘀通腑，方用牡丹散（《三因极一病证方论》）。

牡丹皮　大黄　芒硝　冬瓜子　桃仁

方中大黄、桃仁、牡丹皮活血行瘀；芒硝软坚散结，与大黄配伍能通腑泻热；冬瓜子清利湿热排脓。

【转归及预后】

产后血晕为产后危急重症之一，《万氏妇人科·产后血晕》指出："产后血晕，此恶候也，不可救者多"。其中脱证常见于产后出血，是产科常见的并发症，为产妇死亡的主要原因。由于阴血暴亡，气随血脱，阳气随微稍有延误，则可危及性命，即使不致死亡，亦可因气血虚衰，冲任亏损而致产后缺乳、闭经、虚羸，或气血虚弱，元气虚弱，元气亏损，易感外邪而致邪毒感染引起产后发热。若病情较轻或抢救及时，迅速止血，气血得以恢复，则多痊愈。其中闭证，因瘀滞而昏厥者，类似产后三冲，其冲心者常见于妊娠合并心脏病的产后心衰，亦为孕产妇死亡的主要原因之一，抢救及时，预后良好，否则预后不良。

【预防及调摄】

(1) 注意作好孕期保健。

(2) 提高助产技术，正确处理分娩三个产程。

(3) 注意子宫收缩及阴道出血情况，同时观察血压、脉搏及全身情况。

(4) 一旦发生产后出血量多，迅速查明出血原因，及时纠正失血引起的低血容量，进行针对性治疗。

【文献选录】

《妇人大全良方·卷之十八》：产后血晕者……然其由有三，有用心使力过多而晕者，有下血多而晕者，有下血少而晕者。其晕虽同，其治特异，当详审之。下血多而晕者，但昏闷烦乱不已，当以补血清心药治之；下血少而晕者，乃恶露不下，上抢于心，心下满急，神昏口噤，绝不知人，当以破血行血药治之。

《景岳全书·妇人规》：血晕之证本有气虚，所以一时昏晕，然血壅痰盛者，亦或有之。如果形气脉气俱有余，胸腹胀痛上冲，此血逆证也，宜失效散；若痰盛气粗，宜二陈汤；如无腹胀、气粗之类，悉属气虚，宜大剂芎归汤、八珍汤之类主之。

《陈素庵妇科补解·产后众疾门》：产后血晕，有虚有实，有寒有热。然虚而晕，热而晕者，十之六七；实而晕，寒而晕者，十之二三。

附

产后出血失血量的测定和估计

(1) 称重法：失血量(mL)＝[分娩后敷料(g)－分娩前敷料(g)]/1.05。
(2) 容积法：使用弯盘。
(3) 面积法：血湿面积按 10 cm×10 cm＝10 mL。
(4) 根据失血性休克程度估计出血量。

休克指数(SI)＝脉率/收缩压。

1) SI＝0.5，正常。
2) SI＝1，失血量 10%～30%(500～1 500 mL)。
3) SI＝1.5，失血量 30%～50%(1 500 mL～2 500 mL)。
4) SI＝2，失血量 50%～75%(2 400 mL～3 500 mL)。

(5) 血色素：每下降 1 g 约失血 500 mL。
(6) 红细胞下降 100 万，血色素下降＞3 g(1500 mL)。
(7) 血球压积：下降 3% 约失血 500 mL。

第三节 产后腹痛

产妇在产褥期内，发生与分娩或产褥有关的小腹疼痛，称为"产后腹痛"(postpartum abdominal pain)，又称"儿枕痛"。

产妇在产后 1～2 日，可由子宫的缩复作用而致小腹阵阵作痛，持续 2～3 日自然消失，西医学称"宫缩痛""产后痛"，属生理现象，一般不需治疗。若腹痛阵阵加剧，难以忍受，或虽然痛势较轻，但持续不已，则为病态，应予治疗。

【病因病机】

产后腹痛的发病机理主要是气血运行不畅，不荣则痛或不通则痛，即分为虚实两种，虚者以血虚多见，实者以血瘀为主。

1. 血虚 素体血虚，复因产时、产后失血过多，冲任血虚，胞脉失养，气血运行无力，而使血流运行迟缓，滞而腹痛。

2. 血瘀 产后元气亏损，血室正开，起居不慎，感受寒邪，血为寒凝；或胎盘、胎衣残留，而成瘀血；或情志不畅，肝气郁结，疏泄失常，气滞血瘀，瘀阻冲任、胞宫，不通则痛。

【诊断与鉴别诊断】

(一) 诊断

1. 病史 素体虚弱，产时产后失血过多，或当风感寒，或情志不畅等。

2. 症状 表现为新产后至产褥期内出现小腹部阵发性剧烈疼痛，或小腹隐隐作痛，持续数日不

解,不伴寒热,常伴有恶露量少,色紫暗有块,排出不畅;或恶露量少,色淡红。

3. 检查

(1) 腹部触诊:腹痛时,下腹部可触及子宫呈球状硬块,或腹部柔软,无块。

(2) 辅助检查:实验室检查多无异常。B超检查示宫腔正常或有少量胎盘、胎膜残留。

(二) 鉴别诊断

1. 与产后伤食腹痛鉴别 常有伤食病史,疼痛部位在脘腹,常伴有胃脘满闷,嗳腐吞酸,呕吐腹泻,大便秽臭,舌苔垢腻等,而无恶露异常改变。

2. 与产褥感染引起的腹痛鉴别 感染腹痛者伴发热,恶露时多时少,色紫暗如败酱,伴秽臭气味,血常规显示白细胞升高。

【辨证论治】

产后腹痛辨证以腹痛的性质,恶露的量、色、质、气味为主,结合兼证、舌脉综合分析。治宜补虚化瘀,调畅气血为主。虚者补而调之,实者通而调之。

(一) 血虚证

主要证候 产后小腹隐隐作痛,数日不止,喜温喜按,腹部柔软无块,恶露量少,色淡质稀;伴头晕眼花,面色苍白,心悸怔忡,或大便燥结;舌质淡,苔薄白,脉细弱。

证候分析 产时失血过多,血室空虚,冲任不足,胞脉失养,而致腹痛绵绵,喜温喜按;非瘀致痛,故腹部柔软,无块;气血不足,故恶露量少,色淡;血虚,头目失养,则头晕眼花,面色苍白,心失所养,则心悸怔忡;肠道失润,则大便燥结;舌质淡,苔薄白,脉细弱,为血虚之征。

治疗法则 补血益气,缓急止痛。

方药举例 肠宁汤(《傅青主女科》)。

当归 熟地黄 阿胶 人参 山药 续断 麦冬 肉桂 甘草

若大便干燥者,去肉桂,加麦冬、肉苁蓉、火麻仁,润肠滋液通便;若腹痛兼有下坠感,为血虚兼气不足,加黄芪、白术益气升提;若腹痛喜热敷者,加艾叶、小茴香、吴茱萸等,温阳行气暖宫止痛。

(二) 血瘀证

主要证候 产后小腹疼痛拒按,得热痛减,小腹触之有块;恶露量少,色紫暗有块,块下痛减;面色青白,四肢不温,或伴胸胁胀痛;舌质正常或紫暗,脉沉紧或弦涩。

证候分析 产后血室正虚,如摄生不慎,风寒之邪乘虚入侵胞脉,血为寒凝,阻滞气机,凝滞而病;或因情志所伤,肝气郁结,气机不畅,气滞血瘀,而致腹痛;瘀血阻滞,则小腹疼痛拒按,触之有块,恶露量少,不畅,色紫暗;若为寒邪所致,可有小腹冷感,如系肝郁气滞,则胸胁胀痛;舌质紫暗,脉沉紧或弦涩,为寒凝或气滞血瘀之征。

治疗法则 活血化瘀,温经止痛。

方药举例 生化汤(方见堕胎、小产)。

【转归及预后】

产后腹痛经积极治疗大多能痊愈。若失治误治,瘀血日久而成瘀热;或瘀血不去,新血不生,血不归经,致产后恶露淋漓不尽,造成严重的后果。

【预防及调摄】

产后腹痛多见于经产妇,故应做好计划生育工作。产妇在产后应注意调摄,注意保暖,切忌饮冷受寒;同时注意调节情志,消除恐惧与精神紧张,并且密切观察子宫缩复情况,注意子宫底高度及恶露变化。若有胎盘、胎衣残留,应及时检查处理。

【文献摘录】

《妇人良方·产后儿枕心腹刺痛方论》:夫儿枕者,由母胎中宿有血块,因产时其血破散与儿俱下,则无患也。若产妇脏腑风冷,使血凝滞,在于小腹不能流通,则令结聚疼痛,名曰儿枕也。

《景岳全书·妇人规·产后腹痛》:产后腹痛,最当辨察虚实。血有留瘀而痛者,实痛也;无血而痛者,虚痛也。大都痛而且胀,或上冲胸胁,或拒按而手不可近者,皆实痛也。宜行之、散之。若无胀满,或喜揉按,或喜热熨,或得食稍缓者,皆属虚痛,不可妄用推逐等剂。

第四节 产后身痛

产褥期内,出现肢体或关节酸痛、麻木、重著者,称为"产后身痛"(postpartum pantalgia),亦称"产后遍身疼痛""产后关节痛",俗称"产后痛风"。

西医学产褥期中因风湿、类风湿引起的关节痛、产后坐骨神经痛、多发性肌炎、产后血栓性静脉炎出现类似症状者,可参照本病辨证施治。

【病因病机】

本病的发生与产后营血亏虚,经脉失养或风寒湿邪稽留关节、经络有关。常见的病因有血虚、外感、血瘀、肾虚。

1. 血虚 素体血虚,产后失血过多,或产后虚损未复,阴血亏虚,四肢百骸、经脉关节失养,则肢体麻木、酸痛。

2. 外感 产后百节空虚,卫表不固,腠理不密,若起居不慎,风寒湿邪乘虚而入,稽留于经络、关节。

3. 血瘀 产后余血未净,瘀血留滞于经络、筋骨之间,或因难产手术,伤气动血,瘀阻经脉、关节,故使身痛。

4. 肾虚 素体肾虚,复因产伤动肾气,耗伤精血,致肾之精气血亏虚,失于濡养,而致腰膝疼痛、腿脚乏力或足跟痛。

【诊断与鉴别诊断】

(一)诊断

1. 病史 产时产后失血过多,产褥期调摄不慎,感受风寒湿邪,或居住环境潮湿阴冷。

2. 症状 产褥期间出现肢体关节酸楚、疼痛、麻木、重着、畏寒,甚至关节肿胀不能行走。本病多突发,常见于冬春严寒季节分娩者。

3. 检查

(1)查体:关节活动不利,或关节肿胀。病久不愈者可见肌肉萎缩、关节变形。

(2)实验室检查:血红细胞沉降率、抗链球菌溶血素O均正常。必要时可查血钙、类风湿因子、X线摄片等。

(二)鉴别诊断

1. 痹证 本病与痹证的发病机理相近,临床表现也类似,两者的病位都在关节。但本病只发生在产褥期,与产褥生理有关,痹证则在任何时候均可发病。若产后身痛日久不愈,迁延至产褥期后,则不属本病,当按痹证论治。

2. 痿证 产后身痛以肢体、关节疼痛、重着、屈伸不利为特点,有时亦兼麻木不仁或肿胀,但无瘫痪的表现,痿证则以肢体痿弱不用、肌肉瘦削为特点,肢体关节一般不痛。

【辨证论治】

本病辨证以疼痛的部位、性质为主要依据,结合兼证与舌脉综合分析,以辨寒热虚实。若肢体关节酸楚疼痛,麻木,伴面色萎黄,头晕心悸,舌淡,脉细弱,属血虚;若肢体关节肿胀,麻木、重着,疼痛剧烈,宛如针刺,屈伸不利或痛无定处,或遇热则舒,伴恶寒畏风,舌苔薄白腻,脉濡细,属外感风寒湿;若疼痛较重,痛有定处,按之甚,伴恶露量少,舌暗,苔白,脉弦涩,属血瘀;若产后腰酸、足跟疼痛,伴头晕耳鸣,舌淡暗,脉沉细弦,属肾虚。

(一)血虚证

主要证候 产褥期内遍身关节酸楚,肢体麻木,甚则疼痛,面色萎黄,头晕心悸;舌淡苔薄,脉细弱。

证候分析　素体气血虚弱,产时产后失血过多,百骸空虚,血虚经脉失养,则遍身关节酸楚、疼痛,肢体麻木;血虚不能荣面,则面色萎黄,头晕;血虚不能养心,则心悸;舌淡苔薄,脉细弱,均为血虚之征。

治疗法则　养血益气,温经通络。

方药举例　黄芪桂枝五物汤(方见月经前后诸证·经行身痛)加当归、秦艽、丹参、鸡血藤。

（二）外感证

主要证候　产后肢体关节疼痛,屈伸不利,或痛无定处,或冷痛剧烈,宛如针刺,得热则舒,或关节肿胀、麻木、重着,伴恶寒怕风;舌苔薄白腻,脉濡细。

证候分析　产后元气亏损,卫阳不固,腠理不密,起居不慎,风寒湿邪乘虚而入,留滞经络关节,气血受阻,痹阻不通,则肢体关节疼痛,屈伸不利;若风邪偏盛,则痛无定处;寒邪偏盛,则冷痛剧烈,宛如针刺,得热则舒;湿邪偏盛,则关节肿胀、麻木、重着;恶寒怕风,舌苔薄白腻,脉濡细,则为产后气血虚弱,兼有风寒之征。

治疗法则　养血祛风,散寒除湿。

方药举例　独活寄生汤(《备急千金要方》)。

独活　桑寄生　秦艽　防风　细辛　当归　川芎　干地黄　杜仲　牛膝　人参　茯苓　甘草　桂心　芍药

（三）血瘀证

主要证候　产后身痛,尤下肢疼痛、麻木、发硬、重着、肿胀明显,屈伸不利,按之痛甚,恶露量少,色紫暗,夹血块,小腹疼痛,拒按;舌暗,苔白,脉弦涩。

证候分析　产后多瘀,瘀阻经脉,关节失荣,则四肢关节疼痛、麻木、发硬、重着、屈伸不利;瘀血停滞皮肉之间,故肿胀明显;瘀阻胞宫,故恶露量少,色紫暗夹血块,小腹疼痛拒按;舌暗,苔白,脉弦涩,均为瘀血之征。

治疗法则　养血活血,化瘀祛湿。

方药举例　身痛逐瘀汤(方见月经前后诸证·经行身痛)加忍冬藤、毛冬青、益母草、木瓜。

（四）肾虚证

主要证候　产后腰膝关节或足跟疼痛,头晕耳鸣,夜尿多;舌淡暗,苔薄白,脉沉细。

证候分析　素体肾虚,因产伤损肾气,耗伤精血,腰为肾之府,膝属肾,足跟为肾经所过,因精血虚,失于濡养,则有腰膝关节或足跟疼痛;清窍失养,则头晕耳鸣,膀胱气化失司,则夜尿多;舌淡暗,苔薄白,脉沉细,均为肾气亏损,精血亏虚的表现。

治疗法则　补肾养血,强腰壮骨。

方药举例　养荣壮肾汤(《叶氏女科证治》)加秦艽、熟地黄。

当归　川芎　独活　肉桂　杜仲　川续断　桑寄生　防风　生姜

【转归及预后】

本病的转归及预后与病情轻重、体质差异、治疗调摄是否得当等有关,若积极治疗,大多可治愈,预后较好。若失治、误治,日久不愈,正气愈虚,经脉气血瘀阻愈甚,转为虚实夹杂之证,可导致关节肿胀,屈伸不利,甚至僵硬变形、肌肉萎缩、筋脉拘紧,进而痿痹残疾。

【预防及调摄】

(1) 重在预防,注意产褥期护理,要慎起居,避风寒,注意保暖,避免居住在寒冷潮湿的环境。

(2) 加强营养,适当活动,增强体质,调节情志。

【文献摘录】

《校注妇人良方·产后遍身疼痛方论第一》:产后遍身疼痛者,由气虚百节开张,血流骨节,以致肢体沉重不利,筋脉引急,发热头痛,宜用趁痛散治之。陈无择云:若兼感寒伤食宜用五积散,若误作伤寒发汗,则筋脉抽搐,手足厥冷,则一变为痉,当大补气血为主。

《叶天士女科》:产后遍身疼痛,因气血走动,升降失常,留滞于肢节间,筋脉引急,或手足拘挛不能屈伸,故遍身肢节走痛,宜趁痛散。若瘀血不尽,流于遍身,则肢节作痛,宜如神汤。

第五节　产后小便不通

新产后,产妇小便点滴而下,甚或闭塞不通,小腹胀急疼痛者,称为"产后小便不通"(puerperal retention of urine),又称"产后癃闭"。

本病相当于西医学的产后尿潴留,多发生于产后3日内,尤其在产后12小时内最常见,以初产妇、难产、产程长及手术助产者多见,是产后常见疾病之一。

【病因病机】

小便的正常排出,有赖膀胱气化的调节,膀胱气化不利,可致小便不通。同时膀胱的气化功能,还与肺、脾、肾三脏密切相关。

1. 气虚　素体虚弱,产时劳力伤气,或失血过多,气随血耗,以致脾肺气虚,无力通调水道,膀胱气化不利,而致小便不通。

2. 肾虚　禀赋薄弱,元气不足,复因分娩损伤肾气,以致肾阳不振,气化失司,膀胱气化不利,致令小便不通;若素体肾阴不足,产时耗血伤津,阴虚更甚,虚热内生,虚热移于膀胱,令其气化失常,亦致溺不得出。

3. 血瘀　多因产程过长,膀胱受压过久,气血运行不畅,膀胱气化不利,而致小便不通;若瘀久化热,瘀热互结,使膀胱气化失司,而致小便不通。

【诊断与鉴别诊断】

(一)诊断

1. 病史　有产程过长、手术助产、会阴侧切或产时产后出血过多等病史。

2. 症状　新产后,尤以产后6~8小时后或产褥期中,产妇发生排尿困难,小便点滴而下,甚则癃闭不通,小腹胀急疼痛。

3. 检查

(1)查体:下腹膨隆,可扪及充盈的膀胱,时有触痛。

(2)辅助检查:尿常规检查多无异常。

(二)鉴别诊断

产后小便淋痛　产后小便淋痛在产后出现尿频、尿急、淋漓涩痛,尿黄或赤,可伴有发热恶寒,尿常规检查可见红细胞、白细胞,尿培养可见致病菌。产后小便不通表现为排尿困难,小便点滴而下,甚则癃闭不通,尿常规检查多无异常。

【辨证论治】

产后小便不通有虚、实之别,辨证重在全身症状及舌脉。治疗以通利小便为主。虚者宜补气温阳以化之,实者宜化瘀行气以通之。

(一)气虚证

主要证候　产后小便不通,小腹胀急疼痛,或小便清白,点滴而下,精神萎靡,气短懒言,面色少华;舌淡,苔薄白,脉缓弱。

证候分析　素体气虚或产时失血耗气,或新产后忧思劳累过度,致脾肺气虚,不能通调水道,下输膀胱,膀胱气化不利,则产后小便不通;脬中尿液滞留而不得下行,则小腹胀急疼痛,甚则点滴而下;气虚中阳不振,故精神萎靡,气短懒言;清阳不升,则面色少华;舌淡,苔薄白,脉缓弱,为气虚之征。

治疗法则　补气升清,宣肺行水。

方药举例　补中益气汤(方见月经先期)加桔梗、通草、茯苓。

若汗多不止,咽干口渴者,酌加沙参、葛根以生津益肺。

(二) 肾虚

主要证候　产后小便不通,小腹胀急疼痛,或小便色白而清,点滴而下,腰膝酸软,面色晦暗;舌淡,苔白,脉沉细无力。

证候分析　素体肾虚,因产肾气受损,肾阳不振,不能化气行水,膀胱气化不利,故令小便不通;尿蓄膀胱不得出,故令小腹胀急疼痛,甚则点滴而下;腰为肾之外府,肾主骨,肾虚失养,则腰膝酸软;面色晦暗,舌淡,苔白,脉沉细无力,为肾虚之征。

治疗法则　补肾温阳,化气行水。

方药举例　济生肾气丸(《济生方》)。

熟地黄　炮附子　茯苓　泽泻　山茱萸　炒山药　车前子　牡丹皮　官桂　川牛膝

若腰痛甚者,酌加巴戟天、炒杜仲、续断以补肾强腰;小腹下坠者,酌加黄芪、党参、升麻以益气升阳。若头晕耳鸣者,加当归、鹿角胶、菟丝子补肾益精养血。

(三) 血瘀证

主要证候　产程较长,产后小便不通或点滴而下,小腹胀满刺痛;舌暗,苔薄白,脉沉涩。

证候分析　因难产、产程过长,膀胱受压,气血循行受阻,瘀血阻滞,气机不畅,则膀胱气化不利,小便不通;尿潴膀胱不得出,则令小腹胀满刺痛;舌暗,苔薄白,脉弦涩,为血瘀之征。

治疗法则　活血化瘀,行气利水。

方药举例　加味四物汤(《医宗金鉴》)。

熟地黄　白芍　当归　川芎　蒲黄　瞿麦　桃仁　牛膝　滑石　甘草梢　木香　木通

【其他治疗】

(1) 针刺关元、气海、三阴交、阴陵泉、水道穴。

(2) 灸百会穴。

(3) 耳针膀胱穴。

【转归及预后】

本病经及时治疗,大多可以治愈。若延误治疗,可导致膀胱破裂,或肌肉失去张力而难以恢复;膀胱积尿过久,易感染邪毒致产后尿淋,严重影响产妇产褥期的恢复,必要时中西医结合治疗。

【预防及调摄】

产后应鼓励产妇尽早自解小便,产后4小时即让产妇排尿。排尿困难者,应消除产妇紧张情绪,多饮水;鼓励产妇坐起排尿;可用温开水冲洗外阴及尿道口周围,诱导排尿;下腹部放置热水袋或按摩,刺激膀胱肌肉收缩。注意产褥期卫生,避免外邪入侵而加重本病或变生他证。

【文献摘录】

《诸病源候论·产后小便不通候》:因产动气,气冲于胞,胞转屈辟,不得小便故也。亦有小肠本挟于热,因产水血俱下,津液竭燥,胞内热结,则小便不通也。然胞转则小腹胀满,气急绞痛;若虚热津液竭燥者,则不甚胀急,但不通。津液生,气和,则小便也。

《万氏妇人科·产后小便不通》:膀胱者,州都之官,津液藏焉,气化则能出矣。产后气虚,不能运化流通津液,故使小便不通,虽通而亦短少也。勿作淋秘,轻用渗利之药,其气益虚,病亦甚,宜加味四君子汤主之。

第六节　产后大便难

产后饮食如常、大便不畅数日不解,或大便干结难以解出者,称为"产后大便难"(postpartum

constipation），又称"产后大便不通"。西医学的产后便秘可参考本病辨证治疗。

【病因病机】

本病多因肠道燥结，失于滋润或脾肺气虚，传导不利所致。

1. 血虚津亏 产后失血过多，或产时用力汗出，营虚津亏，肠道失于濡润而致大便艰涩，数日不解。

2. 肺脾气虚 素体气虚，复因产时失血耗气，脾肺之气益虚，脾虚则升降无力，肺气虚则肃降失司，大肠无力传送，而致大便不解或难解。

【诊断与鉴别诊断】

（一）诊断

1. 病史 滞产或难产，产时或产后失血多或汗出多。

2. 症状 产妇饮食如常，大便数日不解，或艰涩难下，或大便不坚，努责难下。

3. 检查 腹软无压痛，或可触及肠型。

（二）鉴别诊断

伤食脘结，大便不畅或秘结　伤食所致大便不畅，常伴有脘腹胀满、口中秽臭等症状。

【辨证论治】

辨证重在辨其在气、在血。大便干燥，艰涩难下者，多属血虚；大便不坚，努责难解者，多属气虚。治疗上，血虚者，以养血润燥通便为主；气虚者，以补气润燥通便为主。

（一）血虚津亏证

主要证候　产后大便干燥，数日不解，面色萎黄，心悸少寐，皮肤不润，腹无胀痛；舌质淡，苔薄白，脉细弱。

证候分析　产后失血伤津，液少津亏，则肠道失于濡润，以致大便干燥，数日不解；非里实之证，则腹无胀痛；血虚不能养心，则心悸少寐；血虚不荣于外，则面色萎黄，皮肤不润，舌淡，脉细弱，为血虚之征。

治法治则　养血润燥，润肠通便。

方药举例　四物汤（《太平惠民和剂局方》）加肉苁蓉、生何首乌、柏子仁、火麻仁。

熟地黄　当归　川芎　白芍

若精神倦怠，气短乏力者，加黄芪、沙参、白术以益气；口燥咽干者，酌加玄参、麦冬、玉竹以养阴滋液。

（二）脾肺气虚证

主要证候　产后大便数日不解，时有便意，临厕无力努责，汗出气短，便后倦怠疲惫；舌质淡，苔薄白，脉缓弱。

证候分析　素体虚弱，因产用力耗气，其气易虚，气虚大肠传送无力，则大便数日不解，努责难出；气虚中阳不振，则神倦乏力；气虚卫气不固，腠理不密，则气短汗多；舌淡，苔薄白，脉缓弱，为气虚之征。

治疗法则　补脾益肺，润肠通便。

方药举例　润燥汤（《万氏妇人科》）。

人参　甘草　归身　生地黄　枳壳　火麻仁　桃仁泥　槟榔汁

若大便秘结难解者，重用白术、生何首乌以益气润燥通便。

【转归及预后】

产后大便难经积极治疗，一般很快治愈。但若失治误治，将导致阴亏火燥，甚至肛裂等。

【预防及调摄】

（1）产后应尽早起床活动，促进肠蠕动。

（2）多饮水，或用蜂蜜冲水饮服，多吃蔬菜水果。少食辛辣煎炸之品。

(3) 产后多亡血伤津,身体较为虚弱,苦寒峻泻之品需慎用。同时养成每日定时排便之习惯。

【文献摘录】

《金匮要略·妇人产后病脉证治》:问曰:新产妇人有三病,一者病痉,二者病郁冒,三者大便难,何谓也?师曰:新产血虚,多汗出,喜中风,故令病痉;亡血复汗,寒多,故令郁冒;亡津液,胃燥,故大便难。

《万氏妇人科·产后大便闭涩不通》:人身之中,腐化糟粕,运行肠胃者,气也;滋养津液,溉沟渎者,血也。产后气虚而不运,故糟粕壅滞而不行,血虚而不润,故沟渎干涩而不流,大便不通,乃虚秘也。不可误用下剂,反加闭涩,宜润燥汤主之。

第七节　产后恶露不绝

产后恶露持续20日以上,仍淋漓不尽者,称为"恶露不绝"(postpartum lochiorrhea),又称"恶露不尽""恶露不止"。

西医学的晚期产后出血、产后子宫复旧不全等可参照本病辨证施治。

【病因病机】

1. 气虚　素体气虚,复因产时失血耗气,或产后操劳过早,损伤脾气,中气下陷,冲任失固,血失统摄,以致恶露不绝。

2. 血热　产妇素体阴虚,复因产时伤血耗津,营阴更亏,阴虚则内热,或产后过食辛辣温燥之品,或肝气郁滞,久而化热,热扰冲任,迫血妄行,而致恶露不绝。

3. 血瘀　产后胞宫、胞脉空虚,寒邪乘虚而入,血为寒凝,结而成瘀,或七情内伤,气滞而血瘀,或因产时留瘀,瘀阻冲任,新血难安,以致恶露不绝。

【诊断与鉴别诊断】

(一)诊断

1. 病史　了解有无产程延长、组织残留及反复阴道流血的情况。

2. 症状　产后20日恶露淋漓不尽,量或多或少,色或暗红,或淡红,或紫红,或伴有恶臭味,可伴有气短乏力、神疲懒言、小腹空坠,或有小腹疼痛拒按。出血多时可合并贫血,严重者可致昏厥。

3. 检查

(1)妇科检查:了解子宫的大小、有无压痛,注意检查宫口有无残留及软产道损伤。子宫复旧不良可扪及子宫大而软,宫口松弛,有时可及残留组织和血块,伴有感染者,子宫有压痛。

(2)辅助检查:血、尿常规,了解贫血和感染情况;B超检查,了解子宫大小、宫腔有无残留物及切口愈合情况;针对有感染征象的患者做病原菌和药敏试验。

(二)鉴别诊断

1. 子宫黏膜下肌瘤　产后阴道出血淋漓不尽,B超检查提示黏膜下肌瘤,宫内无胎盘胎膜残留,HCG阴性。

2. 绒毛膜癌　本病25%发生于正常妊娠足月产2~3个月后,表现为阴道出血淋漓不尽,若发生转移,可出现咯血、阴道紫蓝色结节,可通过查尿HCG、B超检查、胸片、诊断性刮宫等协助诊断。

【辨证论治】

辨证应以恶露的量、色、质、气味及全身症状,辨其寒、热、虚、实。如恶露量多,色淡,质稀,无臭气者,多为气虚;色红或深红,黏稠而臭秽者,多为血热;色暗有块者,多为血瘀。治疗应遵循虚者补之、瘀者攻之、热者清之的原则,并随证选加止血药,标本同治。

(一)气虚证

主要证候　恶露过期不止,量多,色淡红,质稀,无臭味,神疲懒言,四肢无力,小腹空坠,面色无

笔记栏

华;舌淡,苔薄白,脉缓弱。

证候分析　平素体质虚弱;或孕期脾虚,脾气不足,产时失血耗气,正气愈虚;或产后过早操劳,劳倦伤脾,致血失统摄,冲任不固,恶露过期不尽,量多;气虚血少,血失温煦,故色淡质薄、无臭味;气虚下陷,故少腹空坠,神倦懒言;气虚中阳不升,则面色无华;舌淡,苔薄白,脉缓弱,也为气虚之象。

治疗法则　益气摄血固冲。

方药举例　补中益气汤(方见月经先期)加阿胶、艾叶、益母草。

若症见恶露日久不止,腰酸肢软,头晕耳鸣者,加金樱子、菟丝子、川续断、巴戟天补肝肾,固冲任。

（二）血热证

主要证候　产后恶露过期不止,量较多,色深红,质稠黏,有臭味,口燥咽干,面色潮红;舌红,苔少,脉细数。

证候分析　素体阴虚,复因产时失血,营阴亏耗,阴虚生内热,热扰冲任,迫血妄行,故恶露过期不止,色深红,质稠,有臭味;虚热上扰,故面色潮红;热伤阴液,故口舌干燥;舌红,少苔,脉细数,乃阴虚内热之象。

治疗法则　养阴清热,凉血止血。

方药举例　保阴煎(方见月经过多)加贯众、煅牡蛎、炒地榆。

若肝郁化热,症见恶露量多或少,色深红有块,两胁胀痛,心烦,口苦咽干,舌红苔黄,脉弦数者。治宜疏肝解郁,清热凉血。方用丹栀逍遥散(方见月经先期)加生地黄、茜草、旱莲草清热凉血止血。

（三）血瘀证

主要证候　产后恶露过期不止,量时多时少,色暗有块,小腹疼痛拒按,块下痛减;舌紫暗,或有瘀点,脉沉涩。

证候分析　产后瘀血蓄于胞宫,瘀血阻滞,新血不得归经,故恶露不绝,量时多时少,色暗夹块;瘀血阻滞,经脉不畅,故小腹疼痛拒按,块下痛减;舌紫暗,或有瘀点,脉沉涩均为瘀血内阻之象。

治疗法则　活血化瘀止血。

方药举例　生化汤(方见堕胎、小产)加益母草、茜草、三七。

若气虚夹瘀,伴小腹空坠者,加党参、黄芪;若瘀久化热,恶露臭秽,兼口干咽燥,加马齿苋、蒲公英、野菊花。

【转归及预后】

本病若能及时治疗,大多可治愈。若未及时治疗,出血过久过多,可致贫血,如有胎盘胎膜残留,可继发感染,严重者可因出血过多而休克,应积极抢救。对于产后出血淋漓不止,达2～3个月者,应高度警惕绒毛膜癌,宜作相关检查。

【预防及调摄】

(1)加强早期妊娠检查及孕期营养调护,提倡住院分娩。

(2)胎盘娩出后,必须仔细检查胎盘胎膜是否完整,有无副叶胎盘。若发现有宫腔残留,应立即清宫。

(3)产后适当休息,注意卫生,慎防风寒。加强营养,不宜过食辛燥之品。

【文献摘录】

《陈素庵妇科补解》:产后恶露宜去,但七日后,或半月内,当去尽而止……然名是恶露,则非新生之血,不可复留,若迟至一二月,犹点滴未尽,则又非恶血可比矣。

《医宗金鉴》:产后恶露,乃裹儿污血,产时当随胎而下。若日久不断,时时淋漓者,或因冲任虚损,血不收摄;或因瘀行不尽,停留腹内,随化随行者。当审其血之色……虚宜十全大补汤加阿胶、续断,以补而固之。瘀宜佛手散,以补而行之。

第八节 缺 乳

哺乳期间,产妇乳汁甚少或无乳,称为"缺乳"(hypogalactia),亦称"乳汁不行"或"乳汁不足"。西医产后缺乳、泌乳过少等病可参照本病辨证治疗。

【病因病机】

本病的主要病机分为虚实两端,一为化源不足,二为乳络不畅。

1. 气血虚弱 素体气血虚弱,复因产时失血耗气,气血亏虚,或脾胃虚弱,气血生化不足,以致气血虚弱无以化乳,则产后乳汁甚少或无乳可下。

2. 肝郁气滞 素性抑郁,或产后情志不畅,肝失条达,气机不畅,以致脉涩滞,阻碍乳汁运行,因而缺乳。

3. 痰浊阻滞 素体肥胖痰湿内盛或产后多食肥甘厚腻之品,脾失健运,致痰湿内生,阻滞乳络,则缺乳。

【诊断与鉴别诊断】

(一)诊断

1. 病史 应注意询问有无产时失血过多史,有无情志不畅以及体质情况,平素有无贫血等病史。

2. 症状 产后开始哺乳时,感乳房不胀,乳汁稀少或乳汁全无;或哺乳过程中,乳汁骤然减少,不足以喂养婴儿。

3. 检查 虚实表现不同。虚证表现为乳房柔软,不胀不痛,挤压乳汁点滴而下,质稀;实证表现为乳房胀满而痛,挤压乳汁疼痛难出,质稠;虚实夹杂者,乳房胀大而柔软,乳汁不多。此外,应注意有无乳头凹陷和乳头皲裂造成的乳汁壅塞不通而哺乳困难者。

(二)鉴别诊断

乳痈缺乳 乳痈缺乳有初起乳房红肿热痛、恶寒发热、继之化脓等临床特征。

【辨证论治】

本病应根据乳汁的稀稠、乳房有无胀痛,结合舌脉及其他症状以辨虚实。一般乳房柔软,乳汁清稀者,多为虚证;乳房胀硬而痛,乳汁浓稠者,多为实证。虚者补气养血,实者疏肝解郁或健脾化痰,均宜佐以通乳之品。

(一)气血虚弱证

主要证候 产后乳少,甚或全无,乳汁清稀,乳房柔软无胀感;神倦乏力;面色少华;舌淡,苔薄白,脉细弱。

证候分析 气血虚弱,乳汁化源不足,故乳汁较少,甚或全无,乳汁清稀;乳汁不充,故乳房柔软,无胀感;气血虚少,不能上荣四肢头面,则神倦乏力;面色少华,舌淡,苔薄白,脉细弱,均为气血虚弱之征。

治疗法则 补气养血,佐以通乳。

方药举例 通乳丹(《傅青主女科》)。

人参 黄芪 当归 麦冬 木通 桔梗 七孔猪蹄

(二)肝气郁滞证

主要证候 产后乳汁涩少,浓稠,或乳汁全无,乳房胀硬疼痛;频频嗳气或叹息,胸胁胀闷,食欲不振;舌质正常,苔薄黄,脉弦或弦滑。

证候分析 情志不舒,肝气郁结,气机不畅,乳络受阻,致乳汁不得出,而乳汁涩少,甚或全无;乳汁淤积,则乳房胀硬疼痛,乳汁浓稠;肝气不舒,则情志抑郁;肝脉布胁肋,肝气郁滞,失于条达,则

胸胁胀闷;木郁克土,脾失健运,则食欲不振;舌质正常,苔薄黄,脉弦细或弦数,为肝郁气滞或化热之征。

治疗法则　疏肝解郁,活络通乳。

方药举例　下乳涌泉散(《清太医院配方》)。

当归　川芎　白芍　生地黄　天花粉　柴胡　青皮　漏芦　桔梗　通草(或木通)　白芷　穿山甲　王不留行　甘草

(三)痰浊阻滞证

主要证候　乳汁甚少或无乳可下,乳房硕大或下垂不胀满,乳汁不稠;形体肥胖,胸闷痰多,纳少便溏,或食多乳少;舌淡胖,苔腻,脉沉细。

证候分析　素体脾虚,或肥甘厚腻伤脾,脾失健运而生痰浊,痰阻乳络,表现为乳房硕大或下垂不胀满,加之脾虚气弱,行乳无力,而致乳汁甚少或全无;胸闷纳少,舌淡胖,苔腻,均为痰浊阻滞之象。

治疗法则　健脾化痰,通乳。

方药举例　苍附导痰丸(方见月经过少)合漏芦散(《济阴纲目》)。

漏芦　蛇蜕　瓜蒌

【其他治疗】

(1) 针刺膻中、乳根、少泽、天宗、合谷。

(2) 猪蹄2只,通草24 g,炖熟,食蹄饮汤。

(3) 食鲫鱼汤。

【转归及预后】

本病若能及时治疗,脾胃功能及气血津液恢复正常,则乳汁可下;但若身体虚弱,虽经治疗,乳汁无明显增加,或先天乳腺发育不良,"本无生乳者",则预后较差;若乳汁壅滞,经治疗乳汁仍然排出不畅,可转化为乳痈。

【预防及调摄】

(1) 孕期做好乳头护理,产检时若发现乳头凹陷者,要嘱孕妇经常把乳头向外牵拉,并要常用肥皂擦洗乳头,防止乳头皲裂而造成哺乳困难。

(2) 提倡早期哺乳、定时哺乳,促进乳汁的分泌。

(3) 纠正孕期贫血,预防产后大出血。

(4) 加强产后营养,尤其是富含蛋白质食物和新鲜蔬菜以及充足的汤水。

(5) 保持情绪乐观心情舒畅;适当锻炼,维护气血和调。

【文献摘录】

《景岳全书·妇人规》:妇人乳汁乃冲任气血所化,故下则为经,上则为乳。若产后乳迟乳少者,由气血之不足,而犹或无乳者,其为冲任之虚弱无疑也。

《傅青主女科》:夫乳乃气血之所化而成也,无血固不能生乳汁,无气亦不能生乳汁,然二者之中,血之化乳,又不若气之所化为尤速……气旺则乳汁旺,气衰则乳汁衰,气涸则乳汁亦涸,必然之势也。

第九节　产后乳汁自出

妇人产后,乳汁不经婴儿吮吸而自然流出,甚或终日不绝者,称为"产后乳汁自出"(postpartum galactorrhea)。若体质壮健,乳汁充沛胀满始溢者,属气血旺盛;或本已到哺乳时间,而未哺乳以致乳汁溢出,或断乳之时,乳汁难断自出者,均不属病态。西医学产后溢乳可参照本病辨证治疗。

【病因病机】

本病发生分虚实两端。虚者胃气不固,摄纳失常;实者肝郁化热,迫乳外溢。

1. 气虚失摄 产后气血虚弱或饮食劳倦伤脾,中气不足,胃气不固,摄纳无权,乳汁随化随出,而致乳汁自出。

2. 肝经郁热 肝藏血,主疏泄,性喜条达。若因产后情志抑郁,郁久化火;或郁怒伤肝,肝火亢盛,疏泄太过,迫乳外溢,以致乳汁自出。

【诊断】

诊断要点

1. 病史 注意了解患者体质情况、情志精神状态及有无贫血等慢性病史。

2. 症状 产妇在哺乳期中,乳汁不经婴儿吸吮而自然溢出,乳汁清稀或黏稠。

3. 检查 可见双乳头或一侧乳头乳汁点滴而下,渗透衣衫。乳头未见皲裂,乳房柔软或胀满。

【辨证论治】

本病应以乳汁的稀稠及乳房有无胀痛为辨证要点。若乳汁稀薄者,乳房柔软者属虚,多为气血虚弱;乳汁质黏稠,胸胁胀满,乳房胀痛者,属实,多为肝经郁热。虚者治宜补气固摄,实者治宜疏肝清热。

(一)气虚失摄证

主要证候 产后乳汁自出,量少,质清稀,乳房柔软,无胀感;神疲气短,面色无华;舌淡苔薄,脉细弱。

证候分析 产后气血虚弱,中气不足,胃气不固,乳汁失约,故见乳房柔软,而乳汁自出,质清稀;中气不足,则神疲气短;舌淡苔薄,脉细弱,均为气血虚弱之征。

治疗法则 补气益血,佐以固摄

方药举例 补中益气汤(方见月经先期)加芡实、五味子。

(二)肝经郁热证

主要证候 产后乳汁自出,量多质稠,乳房胀痛,情志抑郁或烦躁易怒,口苦咽干,甚或心悸少寐,便秘尿黄;舌质红,苔薄黄,脉弦数。

证候分析 肝郁化热,热迫乳外溢,故乳汁自出;肝失条达,气滞不宣,故情志抑郁,乳房胀痛;肝郁化火,则烦躁易怒;热扰心胸,则心悸少寐;津被热灼,则便秘尿黄;舌质红,苔薄黄,脉弦数,均为肝郁化热之象。

治疗法则 疏肝解郁,清热敛乳。

方药举例 丹栀逍遥散(方见月经先期)去生姜、薄荷,加生地黄、生牡蛎、夏枯草。

【转归及预后】

本病一般预后良好,但若见溢出乳汁为血性液,乳房有块者,应警惕乳癌。

【预防及调摄】

(1) 加强产后营养,适当锻炼,促进脾胃健运,以补气固摄。

(2) 调节情志,保持乐观向上的情绪。

【文献摘录】

《景岳全书·妇人规》:产后乳自出乃阳明胃气之不固,当分有火、无火而治之。无火而泄不止,由气虚也,宜八珍汤、十全大补汤;若阳明血热而溢者,宜保阴煎或四君子汤加栀子;若肝经怒火上冲,乳胀而溢者,宜加减一阴煎。

《医宗金鉴·妇科心法要诀》:产后乳汁暴涌不止者,乃气血大虚,宜十全大补汤,倍用人参、黄芪。若食少乳多,欲回其乳者,宜免怀散,即红花、归尾、赤芍、牛膝也。若无儿食乳,欲断乳者,用麦芽炒熟,熬汤作茶饮之。

附

断 乳

若产后不宜哺乳,或婴儿已届断奶之时,应用药尽快断乳。常用断乳方法如下。

(1) 麦芽煎:炒麦芽 60 g,煎汤频服。

(2) 免怀散(《济阴纲目》):红花、赤芍、当归尾、川牛膝,水煎,连服3剂。

(3) 朴硝外敷:朴硝120 g,分装纱布袋内,置两乳房外敷,待湿后更换。

(4) 回乳期间,应束紧双乳,少进汤食。

第十节 产后抑郁

产后抑郁(postpartum depression)是以产妇在产后出现情绪低落、精神抑郁为主要症状的病证,是产褥期精神综合征中最常见的一种类型。

西医学称之为"产褥期抑郁症"。本病一般在产后1周开始出现症状,产后4～6周逐渐明显,平均持续6～8周,甚则长达数年。若不及时诊治,产妇可伤害婴儿或有自杀倾向,甚至影响整个家庭成员,应予重视,尽早发现、尽快治疗。

【病因病机】

本病发生在产后,与产褥多虚多瘀的特殊生理有关。产后多虚,血不养心,心神失养;或过度忧愁思虑,损伤心脾;产后多瘀,瘀血停滞,上攻于心;或情志所伤,肝气郁结,肝血不足,魂失潜藏。常见的病因病机有心脾两虚、瘀血内阻、肝气郁结。

1. 心脾两虚 产后思虑太过,所思不遂,心血暗耗,脾气受损,气血生化不足,气虚血弱,血不养心,心神失养,故致产后抑郁。

2. 瘀血内阻 产后元气亏虚,复因劳倦耗气,气虚无力运血,血滞成瘀;或产后胞宫瘀血停滞,败血上攻,闭于心窍,神明失常,致产后抑郁。

3. 肝郁气结 素性忧郁,胆怯心虚,产后复因情志所伤或突受惊恐,魂不守舍,而致产后抑郁。

【诊断与鉴别诊断】

(一) 诊断

1. 病史 素性抑郁,产时或产后失血过多,产后忧愁思虑,过度劳倦,以及既往有精神病史、难产史。

2. 症状 产后1周开始出现症状,产后2周发病,在产后4～6周症状逐渐明显。症状主要有情绪低落,精神抑郁,伤心落泪,悲观厌世,失眠多梦,易感疲乏无力;或内疚、焦虑、易怒,或默默不语。严重者处理事情的能力低下,不能照料婴儿,甚至有伤婴者。

3. 检查 无特殊体征可查。血常规检查正常或有血色素低于正常。

(二) 鉴别诊断

产后抑郁性精神病 属精神病学范畴,有精神分裂症状,如迫害妄想和幻听、躁狂和抑郁等。需采用精神病治疗之法。

产后神经衰弱 主要表现为失眠、多梦、记忆力下降及乏力等,经充分休息,可较快恢复。

【辨证论治】

根据产后多虚多瘀及气血变化的特点,结合全身症状及舌脉,辨明虚实及在气在血。产后情绪低落,忧郁焦虑,悲伤欲哭,不能自制,心神不安,失眠多梦,气短懒言,舌淡,脉细者,多属虚;产后忧郁寡欢,默默不语,失眠多梦,神志恍惚,舌暗有瘀斑,苔薄,脉弦或涩,多属实。

本病的治疗以调和气血,安神定志为主,临证分清虚实,分而治之。心脾两虚者,应健脾益气,养心安神;瘀血内停者,应活血逐瘀,镇静安神;肝气郁结者,应疏肝解郁,镇静安神。

(一) 心脾两虚证

主要证候 产后焦虑,忧郁,心神不宁,常悲伤欲哭,情绪低落,失眠多梦,健忘,精神萎靡;伴神疲乏力,面色萎黄,纳少便溏,脘闷腹胀;舌淡,苔薄白,脉细弱。

证候分析 产后失血过多,思虑太过,所思不遂,心血暗耗,心神失养,神明不守,故产后焦虑,抑郁,心神不宁;血虚不能养神,故喜悲伤欲哭,情绪低落,失眠多梦,健忘,精神萎靡;脾虚气弱,气

血不足,故神疲乏力,上不荣面,则面色萎黄;脾失运化,故纳少便溏,脘闷腹胀;舌淡,苔薄白,脉细弱,为心脾两虚之征。

治疗法则　健脾益气,养心安神。

方药举例　归脾汤(《校注妇人良方》)。

白术　茯神　黄芪　龙眼肉　酸枣仁　人参　木香　当归　远志　甘草　生姜　大枣

（二）瘀血内阻证

主要证候　产后抑郁寡欢,默默不语,失眠多梦,神思恍惚;恶露淋漓日久,色紫暗有块,面色晦暗;舌暗有瘀斑,苔白,脉弦或涩。

证候分析　产后气血虚弱,劳倦过度,气血运行无力,血滞成瘀,或情志所伤,气滞血瘀,或胞宫内败血停滞,瘀血上攻,闭于心窍,神明失常,故产后抑郁寡欢,默默不语,失眠多梦,神志恍惚;恶血不去,新血不归,则恶露淋漓日久不止,色紫暗有块;面色晦暗及舌脉均为血瘀之征。

治疗法则　活血逐瘀,镇静安神。

方药举例　调经散(《太平惠民和剂局方》)。

当归　肉桂　没药　琥珀　赤芍　白芍　细辛　麝香

（三）肝气郁结证

主要证候　产后心情抑郁,心神不安,夜不入寐,或噩梦纷纭,惊恐易醒;恶露量或多或少,色紫暗有块;胸闷纳呆,善太息;苔薄,脉弦。

证候分析　素性抑郁,产后复因情志所伤,肝郁胆虚,魂不归藏,遂心神不安,夜不入寐,或噩梦较多,而易惊醒;肝失疏泄,故恶露量多或少;肝气郁结,气机不畅,则感胸闷纳呆,喜太息,脉弦亦为肝郁之象。

治疗法则　疏肝解郁,镇静安神。

方药举例　逍遥散(方见月经先后无定期)加首乌藤、合欢皮、磁石、柏子仁。

【转归及预后】

本病初起,经过药物及心理治疗,预后良好,约76%患者于1年内治愈,但再次妊娠约有20%的复发率,其第二代的认知能力可能受一定的影响。若治疗不及时,产妇可出现自杀或杀婴倾向,影响夫妻关系,甚至殃及整个家庭。

【预防及调摄】

（1）产前检查时应注意了解孕妇的性格特征,有无精神病家族史和抑郁症表现。及时解除其致病的环境及心理因素。

（2）产后保证充足的睡眠和休息,避免过劳和过重的心理负担,并给产妇无微不至的关怀和照顾,提高产妇的信心和勇气。

【文献摘录】

《万氏妇人科》:心主血,血去太多,心神恍惚,睡眠不安,言语失度,如见鬼神,俗医不知以为邪祟,误人多矣。茯神散主之……产后虚弱,败血停积,闭于心窍,神志不能明了,故多昏愦。又心气通于舌,心气闭则舌强不语也。七珍散主之。

《傅青主女科·怔忡惊悸》:由产忧惊劳倦,去血过多,则心中跳动不安,谓之怔忡;若惕然震惊,心中怯怯,如人将捕之状,谓之惊悸。

（尤小平　陈　蓉　杜小利）

第十一章 妇科杂病

导 学

本章妇科杂病是妇科范围广,病情复杂的病证。

通过学习,掌握癥瘕、不孕症、盆腔炎性疾病、阴痒、阴疮、阴挺、脏躁的概念、辨证论治;熟悉上述各个疾病的病因病机、诊断与鉴别诊断;了解其转归及预后、预防及调摄。

妇科疾病中,凡不属于经、带、胎、产疾病范畴,但又与妇女解剖、生理、病理特点密切相关的疾病,称为"妇科杂病"。妇科杂病包括的范围较广,本章仅就癥瘕、不孕症、盆腔炎性疾病、阴痒、阴疮、阴挺、脏躁七个疾病进行讨论。

妇科杂病的病因病机较为复杂。就其病因而言,主要有三方面:① 起居不慎,感受外邪;② 情志不遂,脏阴亏少;③ 先天不足,气血虚弱。上述病因作用于机体,导致脏腑功能失常,气血不和,直接或间接造成冲任、胞宫、胞脉的损伤,而发生妇科杂病。

妇科杂病的治疗是以脏腑、气血、冲任为核心,从整体观念出发,根据不同病证进行辨证施治。杂病大多病程日久,病情缠绵难愈,治疗时必须坚持服药调治,必要时结合局部治疗及心理调护,方可提高疗效。

第一节 癥 瘕

妇女下腹有结块,或胀,或满,或痛,或有异常出血者,称为"癥瘕(abdominal mass)"。其中结块坚硬,固定不移,推揉不散,痛有定处,为"癥",属病在血分;结块不坚,推之可移,痛无定处,为"瘕",属病在气分。气与血关系密切,但临床常难以划分,故以"癥瘕"并称。

西医学的子宫肌瘤、卵巢囊肿、盆腔炎性包块、陈旧性宫外孕血肿包块、子宫内膜异位症结节包块、盆腔结核性包块等的非手术治疗,可按本病辨证论治。

【病因病机】

本病的发生机理为正气虚弱,脏腑功能失调,气、血、痰、湿、热毒互结冲任、胞宫、胞络而发为癥瘕。

1. 气滞 情志所伤,肝郁气滞,气血运行不畅,阻于冲任、胞宫、胞络,形成结块积聚于小腹,成为气滞癥瘕。

2. 血瘀 经期产后,胞脉空虚,血室正开,摄生不慎,外邪乘虚而入;或余血未净,房事不节,邪与血搏,凝滞成瘀;或恼怒伤肝,气滞血瘀;或忧思伤脾,气虚血滞,瘀血内停。瘀积日久,渐积成癥。

3. 痰湿 素体脾虚,或饮食不节,损伤脾胃,脾失健运,水湿内停,聚而成痰,痰湿下注,阻于冲任、胞宫,痰血相结,渐积成癥;痰湿日久化热,或经行产后胞脉空虚,湿热之邪入侵,与余血相结,气血循行不利,湿热瘀阻不化,滞留冲任胞宫,而发癥瘕。

【诊断与鉴别诊断】

(一)诊断

1. 病史 经期产后感受外邪、长期情志不舒、月经不调、带下病史、孕产史,或宿有癥瘕史。

2. 症状 下腹部有包块，或胀，或满，或痛，或影响经、带、胎、产，出现月经过多或过少、痛经、闭经、崩漏、带下异常、堕胎、小产、不孕等证。

3. 检查

（1）妇科检查：盆腔内可触及，通过B超等可鉴别包块。

（2）辅助检查：B超、宫腔镜、腹腔镜、CT、MRI等检查对明确诊断有意义。

（二）鉴别诊断

1. 妊娠 有停经史及早孕反应；子宫增大与停经月份相符，质地较软，形态规则；尿妊娠试验阳性；B超检查可见孕囊和胎心搏动等。

2. 癃闭 有排尿不畅的病史；小腹部胀、满、痛，导尿后症状即消失。

【辨证论治】

对于本病应根据结块性质特点，在选择非手术治疗方案后再行辨证。首先应辨明在气、在血、新病、久病。根据患者体质强弱，病之新久、虚实，结块大小以掌握其攻补的先后分寸。

本病治疗以活血消癥，软坚散结为主，佐以行气化痰，调理寒热虚实。新病体强，宜攻宜破；久病体弱，则应攻补兼施或先补后攻。皆应注意"衰其大半而止"的原则，不可峻攻猛伐，损伤正气。患者术后或恶性肿瘤化疗后可按中医辨证施治，促使早日康复或带瘤生存。

（一）气滞证

主要证候 下腹有包块，积块不坚，痛无定处，推之可移，时聚时散，或伴下腹胀满，胸闷不舒，精神抑郁，月经不调；舌暗红，苔薄白，脉沉弦。

证候分析 此乃气滞所致癥，虽有下腹积块而不坚，推之可移，或上或下；气聚痛作，气行则止，故时痛时止；肝失条达，气机不畅，故小腹胀满，胸闷不舒，精神抑郁；气滞冲任失司，则月经不调；苔薄，脉沉弦，均为气滞之象。

治疗法则 行气导滞，理气散结。

方药举例 香棱丸（《济生方》）。

木香　丁香　三棱　枳壳　莪术　青皮　川楝子　小茴香

若月经后期、量少，加丹参、香附、郁金行气活血；带下过多者，加茯苓、薏苡仁、白芷以健脾利湿；经行腹痛剧烈者，加延胡索、三七以理气止痛。

（二）血瘀证

主要证候 下腹有结块，积块坚硬，痛有定处，疼痛拒按，推之不移。面色晦暗，肌肤乏润，口干不欲饮，月经量多，色暗，夹有血块，甚则崩中漏下，或月经延后、量少，重则闭经；舌紫暗或边有瘀点，脉沉涩。

证候分析 瘀血阻滞，血行不畅，积结成癥，故小腹有包块，积块坚硬，固定不移，痛而拒按；瘀阻脉络，血运失常，上不荣面，外不荣肌肤，故面色晦暗，肌肤乏润；瘀血内阻，津液不能上承，故口干不欲饮；瘀阻胞脉，冲任失调，甚则血不归经，故月经量多或崩中漏下；瘀血内阻，血海不充，则月经延后，甚则闭经；舌紫暗或边有瘀点，其脉沉涩，均属瘀血内阻之征。

治疗法则 活血祛瘀，散结消癥。

方药举例 桂枝茯苓丸（方见妊娠腹痛）加土鳖虫、三棱、莪术。

若积块坚牢者，酌加鳖甲、水蛭以破瘀消癥；若月经过多，崩漏不止者，加蒲黄、五灵脂、三七、血竭、血余炭化瘀止血；带下多者，加薏苡仁、白芷以燥湿止带；小腹疼痛剧烈者，加延胡索、乳香、没药以行气活血，化瘀止痛。

若体质壮实而血瘀甚者，见疼痛剧烈，月经闭止，肌肤甲错，两目暗黑等症，宜攻坚逐瘀，可选用大黄䗪虫丸（《金匮要略》）。

大黄　水蛭　虻虫　蛴螬　干漆　桃仁　苦杏仁　黄芩　干地黄　白芍　甘草　䗪虫

若体质虚弱而血瘀甚者，症见身体瘦弱，面色不华，气短神疲，舌质淡暗有瘀点，脉弦细。可选

笔记栏

用补阳还五汤(《医林改错》)加党参、三棱、莪术以补气活血,通络散结。

黄芪 川芎 赤芍 归尾 桃仁 红花 地龙

(三)痰湿证

主要证候 下腹包块,按之不坚,或如囊性,固定不移,时或作痛,带下量多、色白、质黏腻;或形体肥胖,胸脘痞闷,泛恶欲呕;或经期延后,甚则闭而不行;舌淡胖,苔白腻,脉沉滑或弦滑。

证候分析 脾失健运,水湿内停,湿聚成痰,痰湿结于下腹,阻滞胞络,积成癥瘕,则小腹有包块,按之不坚;气血运行不畅,故时或作痛;痰湿下注,故带下量多,色白而质黏;痰阻中焦,胃失和降,则泛恶欲呕,胸脘痞闷;痰湿阻于冲任,则月经后期,甚则经闭不行;舌淡胖,苔白腻,脉细濡或沉滑,均为痰湿阻滞之征。

治疗法则 除湿化痰,散结消癥。

方药举例 苍附导痰丸(方见月经过少)加川芎、莪术、浙贝母。

若脾胃虚弱,纳差、神疲者,加白术、党参、苡仁以健脾益气;若形体壮实,可加金礞石、葶苈子破坚逐邪。

若为湿郁化热,带下量多,色黄如脓,或赤白兼杂,质黏腻有臭气,少腹疼痛,发热口渴,大便秘结,小便黄赤,舌质红,舌苔黄腻,脉弦滑数。治宜清热利湿,破瘀消癥,方用大黄牡丹皮汤(方见产后发热)加红藤、败酱草、桃仁等。

【其他治疗】

1. 外治法

(1)保留灌肠:对于湿热型包块,用柴胡15 g,红藤、蒲公英、败酱草、赤芍各30 g;血瘀痰阻型加莪术、乳香、没药各10 g;寒凝气滞型去蒲公英、败酱草,加肉桂10 g,乌药、小茴香各15 g。水煎成100 mL,保留灌肠,每日1次,10~15次为1个疗程。

(2)贴敷法:三品一条枪(《医宗金鉴·外科心法要诀》):白砒、白矾、雄黄、乳香,加工制成药饼及酊剂,消毒备用。贴敷宫颈外口或插入宫颈管。适用于宫颈癌早期及癌前病变或肥大性宫颈炎。

2. 针灸疗法 取双侧子宫穴,或曲骨、横骨穴,以斜刺法,平补平泻,留针5~10分钟,隔日1次,10次为1个疗程。

【转归及预后】

中医药对良性肿瘤的治疗,大多有效。盆腔炎性包块、陈旧性血肿等,可通过中医药治疗加速康复。对子宫肌瘤实质性包块,根据包块的大小、部位、类型及患者年龄、生育要求等分别对待,进行辨证施治。本病宜早诊断,早治疗。必要时采取中西医结合治疗,可获良效。

【预防及调摄】

(1)保持心情舒畅,积极治疗月经不调,注意劳逸结合。

(2)坚持定期复查,以利早期发现、早诊断、早治疗。

(3)饮食忌辛辣、生冷及肥甘厚味。

(4)注意经期、产后卫生,避免感受寒湿或热毒之邪。

(5)不可滥用激素类药物,以防止其副作用加重疾病。

【文献摘录】

《济阴纲目》:善治瘕者,调其气而破其血,消其食而豁其痰,衰其大半而止,不可猛攻峻施,以伤元气。宁扶脾正气,待其自化,此开郁正元散之由名也,愈后宜小乌鸡丸、八珍汤、交加散、交加地黄丸调之。

《景岳全书·妇人规》:瘀血留滞作癥,唯妇人有之,其证则或由经期,或由产后,凡内伤生冷,或外感风寒,或恚怒伤肝,气逆而血留,或忧思伤脾,气虚而血滞,或积劳积弱,气弱而不行,总由血动之时,余血未净,而一有所逆,则留滞日积而渐以成癥矣。

第二节 不孕症

女子婚后夫妇同居1年以上,有正常的性生活,男方生殖功能正常,未避孕而不受孕;或曾有过孕育,未避孕又1年以上不再受孕者,称为"不孕症"(infertility)。前者称"原发性不孕症",后者称"继发性不孕症";《备急千金要方》将前者称为"全不产",后者称为"断绪"。

不孕症的原因与男女双方均有关,本节讨论女性因素而不孕者。临床有先天生理缺陷和后天病理之分。凡属女性先天性生理缺陷或畸形所致不孕,即古人谓之"五不女"(螺、纹、鼓、角、脉),不属本节讨论范围。

【病因病机】

肾主生殖,肾主胞胎,"胞脉者系于肾",故肾虚是不孕症的主要原因,它与天癸、冲任、胞宫的功能失调,或脏腑气血不和,影响胞脉、胞络功能密切相关。

1. 肾虚 禀赋不足,肾气亏虚;或早婚、多产、房事不节,耗伤精血;或大病久病等伤肾。肾阳虚,命门火衰,不能温煦胞宫,致胞宫虚寒;肾阴虚,天癸乏源,冲任虚衰,胞脉失养;或阴虚生内热,热扰冲任血海,以致胞宫不能摄精成孕。

2. 肝郁 恼怒忧思,情志不畅;或因盼子心切,焦虑不安,致肝气郁结,疏泄失常,气血不和调,冲任不相资,胞宫不能摄精成孕。

3. 痰湿 素体肥胖,或嗜食膏粱厚味,体脂满溢,阻滞气机,闭塞胞宫;或饮食不节,损伤脾胃,脾失健运,痰湿内生。痰湿壅阻胞脉、胞络,阻滞气机,不能摄精受孕。

4. 血瘀 经期、产后余血未净之时,不禁房事;或感受寒邪,邪入胞宫,邪与血结,瘀阻胞脉,致两精不相结合,不能摄精受孕。

【西医病因病理】

(一)排卵功能障碍

(1)卵巢病变,如先天性卵巢发育不全、多囊卵巢综合征、卵巢子宫内膜异位症、卵巢早衰等。

(2)下丘脑-垂体-卵巢轴功能紊乱引起无排卵性月经、闭经等。

(3)全身性疾病,如重度营养不良、甲状腺功能亢进或减退,影响卵巢功能,导致不排卵。

(二)输卵管因素

输卵管发育不全,各种输卵管炎引起的输卵管阻塞、输卵管畸形等,影响输卵管运送精子、摄取卵子及把受精卵运送到宫腔的能力。

(三)子宫因素

子宫先天畸形、子宫黏膜下肌瘤均可造成不孕或孕后流产;子宫内膜炎、内膜结核、内膜息肉、宫腔粘连或子宫内膜分泌反应不良等影响受精卵着床。

(四)宫颈因素

若雌激素不足或宫颈管感染时,影响精子活力和进入数量。宫颈息肉、宫颈肌瘤阻塞宫颈管或宫颈口狭窄均可影响精子穿入。

(五)阴道因素

阴道畸形狭窄影响性交,并阻碍精子的进入。严重阴道炎时,大量白细胞消耗精液中的能量物质,降低精子活力,缩短其生存时间,而影响受孕。

(六)免疫因素

(1)同种免疫,如抗精子抗体等。

(2)自身免疫,如透明带自身抗体等。

【诊断与鉴别诊断】

（一）诊断

1. 病史 有月经不调、带下异常、异常胎产史、结核病史等。

2. 症状 夫妇同居1年以上，男方生殖功能正常，未采取避孕措施而未怀孕；或曾有孕育，未避孕又1年以上不再受孕。

3. 检查

（1）体格检查：注意第二性征的发育情况，内外生殖器官有无畸形、炎症、肿瘤及分泌物异常等。

（2）辅助检查

1）卵巢功能检查：基础体温测定、性激素水平测定、阴道脱落细胞涂片检查、宫颈黏液结晶检查、子宫内膜活组织检查、B超监测卵泡发育及有无排卵等，了解卵巢有无排卵及黄体功能状态。

2）输卵管通畅试验：输卵管通液术、子宫输卵管碘油造影术及子宫输卵管超声造影。除明确阻塞部位，了解有无子宫畸形、黏膜下肌瘤、子宫内膜和输卵管结核等病变外，还有一定的分离粘连的治疗作用。

3）生殖免疫功能检查：抗精子抗体、抗透明带抗体测定、性交后精子穿透力试验、宫颈黏液-精液相合试验等。

4）宫腔镜检查：有助于明确影响受孕的宫腔或宫腔内膜病变的诊断。

5）腹腔镜检查：对上述检查未能发现不孕原因的患者，可行腹腔镜检查，约有20%患者通过腹腔镜可以发现术前未能诊断的病变，如盆腔子宫内膜异位症、盆腔粘连所致的不孕症等。

6）其他检查：CT、MRI检查有助于排除垂体病变引起的不孕。

（二）鉴别诊断

暗产 暗产是指早早孕期，胚胎初成而自然流产者。通过基础体温（BBT）、早孕试验以及病理学检查等可明确诊断。

【辨证论治】

不孕症主要根据月经、带下、全身症状、舌脉等来辨明脏腑、气血、冲任、胞宫的寒、热、虚、实。治疗以补肾益精，调理冲任气血为基本原则。虚者宜温养肾气，填精益髓，补益冲任；实者当疏肝解郁，化痰除湿，疏通冲任。

（一）肾虚证

1. 肾阳虚

主要证候 婚久不孕，月经后期，量少色淡，或停闭，白带量多，清稀；面色晦暗，性欲淡漠，腰膝酸痛，畏寒肢冷，小便清长，大便不实；舌质淡，苔白，脉沉细或沉迟。

证候分析 肾阳虚，冲任失于温煦，胞宫虚寒，不能摄精成孕，故婚久不孕；肾阳亏虚，不能化血行血，冲任不充，血海不能如期满盈，故月经后期，量少、色淡，或闭经；阳虚水泛，水湿下注任带，故白带量多，清稀；腰为肾之府，肾阳不足，命门火衰，故面色晦暗，性欲淡漠，畏寒肢冷，腰膝痛；肾阳虚衰，不能温化膀胱，故小便清长，大便不实；舌淡、苔白，脉沉细或沉迟，均为肾阳虚衰之象。

治疗法则 补肾暖宫，温养冲任。

方药举例 毓麟珠（《景岳全书》）加香附。

人参　白术　茯苓　白芍　川芎　炙甘草　当归　熟地黄　菟丝子　杜仲　鹿角霜　川椒

如寒客胞中，见腰痛如折，小腹冷甚，脉沉迟者，可于上方加巴戟天、仙灵脾、仙茅等温肾散寒；倦怠乏力，纳差，便溏者，去熟地黄、白芍，加补骨脂、益智、芡实以温肾健脾；伴经行腹痛者，加延胡索、台乌药、小茴香以温肾行气止痛。

2. 肾阴虚

主要证候 婚久不孕，月经先期，经量少或停闭，色红，或经期延长，漏下不止；形体消瘦，头昏

笔记栏

眼花,耳聋耳鸣,五心烦热,失眠多梦,腰膝酸软;舌质红,苔少,脉沉细数。

证候分析　肾阴亏虚,精血不足,冲任空虚,故婚久不能凝精成孕;精亏血少,故经量少或停闭;精血虚损,肢体失荣,故形体消瘦;阴血不足,清窍失养,则头昏眼花,耳聋耳鸣;阴血亏虚,相火偏旺,则经期延长,漏下不止;热扰心神,则五心烦热,失眠多梦;腰为肾之府,肾精不足,故腰膝酸软;舌质偏红,苔少,脉沉细,均为肾阴虚之象。

治疗法则　滋肾益精,养血调冲。

方药举例　养精种玉汤(《傅青主女科》)加女贞子、旱莲草。

熟地黄　当归　白芍　山茱萸

若伴颧红潮热,五心烦热,可在上方加地骨皮、鳖甲、知母、龟甲以滋阴清热;若伴有月经量少,酌加紫河车、肉苁蓉、山药、鸡血藤、丹参等滋肾填精,养血活血以调经种子。

(二)肝郁证

主要证候　多年不孕,月经先后不定,量或多或少,色暗,有小血块;经前、经期乳房、小腹胀痛,精神抑郁,善叹息,或烦躁易怒;舌质暗红,苔薄白,脉弦。

证候分析　肝气不舒,气血失调,冲任不能相资,故多年不孕;冲任、气血失调,故月经先后不定,量或多或少;情志抑郁,气滞则血瘀,故经行不畅,色暗有少量血块;肝郁气滞,则乳络不畅,故经前、经期乳房或小腹胀痛;肝郁化火,则烦躁易怒;舌质暗红,脉弦,均为肝郁之象。

治疗法则　疏肝解郁,养血理脾。

方药举例　开郁种玉汤(《傅青主女科》)加柴胡、合欢皮。

香附　当归　白芍　牡丹皮　白术　茯苓　花粉

若兼经行乳胀有块者,酌加枳壳、王不留行、橘核、海藻以通络散结;如胸胁胀满甚者,去白术,加青皮、玫瑰花、枳壳、延胡索等行气解郁。

若气滞血瘀甚者,小腹胀痛拒按,经期或劳累后加重,经血有瘀块。治宜疏肝理气,活血祛瘀,方用血府逐瘀汤(方见痛经)。

(三)痰湿证

主要证候　婚久不孕,体形肥胖,月经后期,量少,甚或闭经,带下量多,质黏稠;面色㿠白,头晕心悸,胸闷泛恶;舌淡胖,苔白腻,脉滑。

证候分析　形体肥胖之人,痰湿内盛,壅阻气机,胞脉闭塞,不能摄精成孕,故婚久不孕;痰湿阻于冲任,气血运行不畅,血海不能按时满盈,故月经后期,量少,甚或闭经;痰湿内阻,升降失宜,清阳不升,故面色㿠白,头晕心悸,胸闷泛恶;湿浊下注,故带下量多,质黏稠;苔白腻,脉滑,亦为痰湿内蕴之征。

治疗法则　燥湿化痰,理气调冲。

方药举例　启宫丸(经验方)加薏苡仁。

制半夏　苍术　香附　茯苓　神曲　陈皮　川芎

若伴有心悸失眠者,加远志、石菖蒲、胆南星以利湿化痰,宁心安神;如月经延后或闭经者,酌加当归、仙灵脾、丹参、益母草、蚕沙、川牛膝以温阳化痰,活血调经;若痰瘀互结成癥瘕者,加昆布、海藻、三棱、莪术、穿山甲等软坚散结,破瘀消癥。

(四)血瘀证

主要证候　婚久不孕,月经后期,量少,色紫暗,有血块,或痛经,块下痛减;平时可有少腹作痛、拒按;舌质紫暗或舌边有瘀点,脉细弦。

证候分析　瘀阻冲任、胞宫、胞脉不通,故婚久不孕,月经后期量少,或痛经,经色紫黑,有血块;瘀阻气机不畅,不通则痛,则腹痛拒按;舌暗有瘀点,脉细弦,为血瘀之征。

治疗法则　温经化瘀,活血调经。

方药举例　少腹逐瘀汤(方见痛经)加丹参、香附。

若伴气虚者,加黄芪、党参以补益中气;胸胁胀痛,加柴胡、郁金疏肝解郁;伴阴虚有热,症见五

笔记栏

心烦热,或午后潮热者,去干姜,加生地黄、牡丹皮、知母以滋阴清热;若婚久不孕,胞络瘀阻,加王不留行、透骨草以助活血通络,调经种子。

【其他治疗】

(一)西医治疗

1. 积极治疗生殖器官局部病变

(1)输卵管慢性炎症和阻塞的治疗:减轻输卵管炎症,软化并分离粘连。可同时配合中药灌肠、超短波和离子透入等治疗。

(2)子宫病变:子宫肌瘤、子宫内膜息肉行手术切除;子宫纵隔行矫形术;宫腔粘连予以分离;慢性宫颈炎行局部用药或物理治疗等。子宫内膜异位症早期保守治疗,必要时行腹腔镜检查。

(3)卵巢肿瘤:对于性质不明的卵巢肿瘤倾向于手术探查,剔除或切除,并明确性质后进行不孕治疗。

2. 诱发排卵

(1)氯米芬:为首选促排卵药物。此外还有尿促性腺激素(HMG)、绒促性素(HCG)、促黄体激素释放激素(LHRH)、溴隐亭等的运用。

(2)促进或补充黄体分泌功能:肌内注射绒促性素、黄体酮等。

(3)改善宫颈黏液:口服戊酸雌二醇。

3. 辅助生殖技术 人工授精、体外授精—胚胎移植、配子移植技术等。

(二)外治法

1. 中药离子导入 将红藤、薏苡仁、败酱草三药配制成浓缩液,选关元、次髎穴进行直流电离子导入。适用于输卵管粘连或不通者。

2. 中药保留灌肠 三棱 15 g,莪术 15 g,鱼腥草 20 g,红花 10 g,皂角刺 20 g,蒲公英 30 g,浓煎至 100 mL,保留灌肠。每日 1 剂,每晚 1 次。经净后 3 日开始,连用 10 日,3 个月为 1 个疗程。适用于输卵管粘连不通或盆腔包块者。

3. 中药热敷法 皂角刺、乌头、艾叶、鸡血藤、防风、白芷、川椒、红花、独活、威灵仙,上药为末,布包隔水蒸,热敷小腹。每日 1~2 次,10 日为 1 个疗程。适用于盆腔包块者。

4. 肛门导入法 用康妇消炎栓纳肛门内。每次 1 栓,每日 1~2 次。适用于盆腔炎。

5. 宫腔注入法 于经净后 3~7 日,用丹参注射液,每次 20 mL,缓慢注入宫腔,连用 2~3 日为 1 个疗程。适用于治疗输卵管轻度阻塞。

(三)针灸治疗

取关元、子宫、中极、血海、三阴交、足三里、阴陵泉等。中等强度刺激,隔日 1 次,10 次为 1 个疗程。

(四)中成药

1. 五子衍宗丸 每次 10 粒,口服,每日 3 次。适用于肾虚不孕。

2. 六味地黄丸 每次 1 丸,口服,每日 2 次。适用于肾阴虚不孕。

3. 逍遥丸 每次 6 g,口服,每日 3 次。适用于肝郁不孕。

4. 血府逐瘀胶囊 每次 2 粒,口服,每日 3 次。适用于血瘀不孕。

5. 桂枝茯苓胶囊 每次 2 粒,口服,每日 3 次。适用于血瘀不孕。

6. 乌鸡白凤丸、定坤丹 每次 1 丸,口服,每日 2 次。适用于肾虚不孕。

(五)心理治疗

对功能性不孕症有较好的临床效果。

【转归及预后】

不孕症的预后与患者的年龄、发育、发病因素、病程长短等密切相关。一般来说,年龄较轻,功能性不孕,病程短,预后较好;器质性不孕当先治疗器质性疾病,审因论治,在辨证用药的基础上,治

疗多内服、外治配合。此外,加强心理治疗、指导性生活,学会预测排卵期、择氤氲的候合阴阳,有利于提高受孕率。

【预防及调摄】

(1) 提倡婚前检查,早日发现,及时治疗。

(2) 避免婚前性行为,注意经期、产后卫生,预防感染。

(3) 加强营养,增强体质,戒除烟酒,调畅情志,保持良好心态。

(4) 进行性知识教育,掌握一定的性知识和技巧,注意适度的性生活。

(5) 作好计划生育,尽量避免人工堕胎、引产造成继发性不孕。

【文献摘录】

《校注妇人良方》:窃谓妇人之不孕,亦有因六淫七情之邪,有伤冲任,或宿疾淹留,传遗脏腑,或子宫虚冷,或气旺血衰,或血中伏热,脾胃虚损,不能营养冲任。审此,更当察其男子之形气虚实何如……各当求其源而治之。

《医宗金鉴》:若为三因之邪伤其冲任之脉,则有月经不调,赤白带下、经漏、经崩等病生焉。或因宿血积于胞中,新血不能成孕,或因胞寒胞热,不能摄精成孕,或因体盛痰多,脂膜壅胞中而不孕。皆当细审其因,按证调治,自能有子也。

《证治准绳》引娄氏曰:胎前之道,始于求子。求子之法,莫先调经。每见妇人之无子者,其经必或前或后,或多或少,或将行作痛,或行后作痛,或紫或黑,或淡或凝而不调,不调则血气乖争不能成孕矣。

第三节 盆腔炎性疾病

盆腔炎性疾病(pelvic inflammatory disease, PID)是指女性上生殖道及其周围组织的炎症,主要包括子宫内膜炎、输卵管炎、输卵管卵巢炎、盆腔结缔组织炎及盆腔腹膜炎。炎症可局限于一个部位,也可同时累及几个部位,最常见的是输卵管炎和输卵管卵巢炎。临床将 PID 分为急性和慢性两类。急性炎症有可能引起弥漫性腹膜炎、败血症、感染性休克,甚者可危及生命。若急性炎症未能得到彻底治愈,则可转为慢性炎症,往往日久难愈,反复发作。盆腔炎性疾病多发生在性活跃期妇女,是妇科常见病,近年来,发病率有上升趋势,故应予以重视及积极防治。

中医古籍无盆腔炎性疾病之名。根据其临床表现,可散见于"热入血室""带下病""月经不调""妇人腹痛""癥瘕""不孕""产后发热"等病证中。

一、急性盆腔炎

女性上生殖道及其周围组织和腹膜的急性炎症,称为急性盆腔炎。

【病因病机】

本病多因经期、产后、流产后及宫腔内手术后,摄生不慎,湿热毒邪乘虚内侵,客于冲任胞宫,与气血相搏结,邪正交争所致。

1. 热毒壅盛 经期、产后、流产后或手术损伤,体弱胞虚,房室不洁,邪毒内侵,客于胞宫,滞于冲任,化热酿毒,致高热腹痛。

2. 湿热瘀结 经行产后,余血未净,湿热内侵,与余血相搏,冲任脉络阻滞,瘀结不畅,瘀血与湿热内结胞宫、胞脉,滞于少腹,致腹痛带下,缠绵难愈。

【诊断与鉴别诊断】

(一) 诊断

1. 病史 近期有经行、分娩、流产、宫腔内手术或房事不洁等致病因素。

笔记栏

2. 症状 常见症状为小腹痛难忍,发热,赤白带下,或恶露量多甚至如脓血,严重者可有寒战、高热。若有腹膜炎,可出现恶心、呕吐、腹胀、腹泻;若有脓肿形成,可出现排尿困难、尿频,或腹泻、里急后重和排便困难。

3. 检查

(1) 妇科检查:下腹部肌紧张、压痛、反跳痛;阴道充血,大量脓性分泌物,穹窿触痛明显,脓肿形成且位置较低时,可扪及后穹窿或侧穹窿饱满且有波动感;宫颈充血、水肿,举痛明显;宫体略大,有压痛,活动受限;子宫两侧压痛明显,甚至触及包块。

(2) 辅助检查:血常规检查见白细胞计数及中性粒细胞升高;宫颈管分泌物涂片及培养可查见病原体;后穹窿穿刺可抽出脓液;B超检查提示盆腔内有炎性渗出液或包块。

(二)鉴别诊断

1. 急性阑尾炎 右下腹部持续性疼痛,多由上腹部转移而至,麦氏点压痛、反跳痛。盆腔炎性疾病疼痛多在下腹部正中或两侧,常伴有月经或带下异常。妇科检查、后穹窿穿刺术及B超检查有助鉴别。

2. 输卵管妊娠流产或破裂 临床表现为腹痛,阴道流血,甚至晕厥。妇科检查、妊娠试验、后穹窿穿刺术及B超检查有助鉴别。输卵管妊娠流产或破裂者腹腔内出血,HCG(+),后穹窿穿刺可抽出不凝固的积血;盆腔炎性疾病者高热,白细胞明显升高,后穹窿穿刺可抽出脓液。

3. 卵巢囊肿蒂扭转 突发腹痛,渐进加重,甚至伴有恶心呕吐,一般体温不升高。B超检查或妇科盆腔检查可资鉴别。

【辨证论治】

急性盆腔炎发病急、病情重,病势凶险,必须及时、彻底治愈,不可迁延。否则病势加重,威胁患者生命或转为慢性盆腔炎,使病情缠绵难愈。治法以清热解毒为主,利湿化瘀为辅。

(一)热毒壅盛证

主要证候 高热,恶寒或寒战,下腹疼痛拒按,腰胀坠痛;带下量多,色黄或赤白相兼,质稠或如脓血、气臭秽;咽干口燥,小便短赤,大便干结;舌红,苔黄燥或黄腻,脉滑数而弦。

证候分析 热毒内侵,与冲任胞宫气血相搏结,邪正交争,营卫不和,故高热寒战,腹痛拒按;热毒损伤任带二脉,则带下量多如脓血、气臭秽;热毒灼伤津液,则口干渴,尿黄便结;舌红,苔黄腻,脉滑数,亦为热毒壅盛之征。

治疗法则 清热解毒,利湿排脓。

方药举例 五味消毒饮(方见带下病)合大黄牡丹皮汤(方见产后发热)。

盆腔脓肿形成,加皂角刺、白芷,或配合切开排脓;带下量多、臭秽,加椿根皮、黄柏、茵陈。

若病在阳明,见高热不退,口渴欲饮,汗多烦躁,头痛腹痛,脉洪数,宜选白虎汤(《伤寒论》)加减以清热解毒,泻火生津。

石膏 知母 粳米 甘草

若邪入营血,见高热不退,腹痛未减,神昏谵语,斑疹隐隐,舌红绛,苔黄燥,脉弦数,可选清营汤(方见产后发热)加减以清热凉营,解毒活血。

(二)湿热瘀结证

主要证候 下腹疼痛拒按,热势起伏,寒热往来,带下量多,色黄,质稠,臭秽;月经量多,经期延长,淋漓不止,小便短赤,大便溏或秘结;舌红有瘀点,苔黄腻,脉弦滑数。

证候分析 邪热侵袭冲任胞宫,与气血相搏,下焦气机阻滞,血行不畅,邪热瘀结,则身热腹痛;邪正交争,互有进退,则热势起伏,寒热往来;湿热下注,则带下量多,大便溏泄;热伤津液,则便结,小便短赤;舌红有瘀点,苔黄腻,脉弦滑数,亦为湿热瘀结之征。

治疗法则 清热利湿,化瘀止痛。

方药举例 仙方活命饮(《校注妇人良方》)加冬瓜仁、薏苡仁。

金银花　甘草　穿山甲　皂角刺　当归　赤芍　乳香　没药　天花粉　陈皮　防风　贝母　白芷

肿块形成,加三棱、莪术;大便干结,加芒硝、大黄;腹胀,加柴胡、枳实;痛甚,加红藤、川楝子;带下量多,加黄柏、椿根皮。

【转归及预后】

急性盆腔炎经及时有效的治疗,多可在短期内治愈。失治误治,病势加重,可发展为弥漫性腹膜炎、败血症、感染性休克,严重者可危及生命;未能得到及时、彻底的治疗,多转为慢性盆腔炎,可导致长期腰腹部疼痛,带下量多,甚至不孕、输卵管妊娠等,从而严重影响妇女生殖健康。

【预防及调摄】

(1) 作好经期、产褥期的卫生保健。

(2) 严格掌握妇产科手术指征,术前认真消毒,术时无菌操作,术后作好护理,预防感染。

(3) 卧床休息,半坐卧位,加强营养。

二、盆腔炎性疾病后遗症

若急性盆腔炎未得到及时正确的治疗,可能会发生一系列后遗症,即"盆腔炎性疾病后遗症"(sequelae of PID),曾被称为"慢性盆腔炎"。

【病因病机】

本病多因经期产后胞门未闭,寒湿热毒之邪乘虚内侵,余毒未清,客于冲任胞宫,与气血相搏结,冲任阻滞,血行不畅,瘀血停聚;或久病不愈,耗伤正气,虚实错杂,缠绵难愈。

1. 湿热瘀结　湿热内侵,余邪未尽,正气未复,气血阻滞,湿热瘀血内结胞宫、胞脉,缠绵日久。

2. 气滞血瘀　七情内伤,脏气不宣,肝气郁结,脉络不通;或湿热余毒未清,滞于冲任胞宫,气机不畅,瘀血内停胞宫、胞脉。

3. 寒湿凝滞　素体阳虚,下焦失于温煦,水湿不化,寒湿内结;或寒湿之邪乘虚侵袭,与胞宫内余血浊液相结,凝滞胞宫、胞脉。

4. 气虚血瘀　素体虚弱,或正气内伤,邪伏冲任,血行不畅,瘀血停聚;或久病不愈,瘀血内结,耗伤正气,以致气虚血瘀。

【诊断与鉴别诊断】

(一) 诊断

1. 病史　多有急性盆腔炎病史、妇科手术感染史或不洁性生活史。

2. 症状　下腹部坠胀、疼痛及腰骶部酸痛,常在劳累、性交后及月经前后加重。可伴有低热起伏、带下增多、月经失调,甚至不孕等。

3. 检查

(1) 妇科检查:子宫后位、压痛、活动受限或粘连固定;子宫体一侧或两侧触及条索状增粗或片状增厚或囊性包块,压痛、活动受限;宫骶韧带增粗、变硬、触痛。

(2) 辅助检查

1) B超检查:可显示盆腔一侧或两侧附件液性包块。

2) 子宫输卵管造影检查:可提示输卵管迂曲、阻塞或通而不畅。

3) 腹腔镜检查:可见盆腔粘连,输卵管积水、伞端闭锁。

(二) 鉴别诊断

1. 子宫内膜异位症　以进行性加重的痛经为特征,病程长,与本病相似,腹腔镜检查有助于确诊。

2. 卵巢囊肿　输卵管积水或输卵管卵巢囊肿需与卵巢囊肿相鉴别。卵巢囊肿多为圆形或椭圆形,周围无粘连,活动自如,常无明显自觉不适。B超检查可资鉴别。

【辨证论治】

本病多为邪热余毒残留于冲任、胞宫，与气血相搏结，凝聚成瘀，日久难愈，耗伤气血，虚实错杂。临床以湿热瘀结、气滞血瘀、寒湿凝滞、气虚血瘀证多见。治疗除辨证内治外，多以理疗、热敷、离子透入、中药保留灌肠等方法综合治疗以提高疗效。

（一）湿热瘀结证

主要证候　少腹坠胀隐痛，或疼痛拒按，痛连腰骶，低热起伏，经期、劳累后加重；带下量多，色黄，质稠；胸闷纳呆，大便溏或秘结，小便黄赤；舌质红或有瘀点，苔黄腻，脉弦数或滑数。

证候分析　湿热之余邪与气血搏结于冲任、胞宫，则少腹部疼痛；邪正交争，病势进退，则低热起伏；经行、劳累耗伤气血，正气虚衰，则病势加重；湿热下注，则带下量多、色黄；湿热瘀结内伤，则胸闷纳呆，大便溏或秘结，小便黄赤；舌质红或有瘀点，苔黄腻，脉弦数或滑数，亦为湿热瘀结之征。

治疗法则　清热利湿，活血化瘀。

方药举例　银甲丸（《王渭川妇科经验选》）。

金银花　鳖甲　连翘　升麻　红藤　蒲公英　紫花地丁　生蒲黄　椿根皮　大青叶　茵陈　琥珀末　桔梗

肿块形成，加贝母、桃仁；便溏，加白术、藿香；痛甚，加延胡索、香附。

（二）气滞血瘀证

主要证候　下腹或少腹胀痛或刺痛，经行乳房胀痛，腰腹疼痛加重，经色暗红有块；带下色白或黄，质黏稠；平时烦躁易怒，胸胁胀满，喜太息，或有嗳气，胃纳欠佳；舌暗红，苔薄，脉弦涩。

证候分析　肝气内伤，气行不畅，血行瘀阻，滞于冲任胞脉，则少腹部疼痛，经期加重；瘀血下行，则经色暗红有块；气血瘀结，带脉失约，则带下量多；肝气不疏，肝经阻滞，则胸胁胀满；舌暗红，苔薄，脉弦涩，亦为气滞血瘀之征。

治疗法则　行气活血，祛瘀止痛。

方药举例　膈下逐瘀汤（方见痛经）。

素体阳盛且经量多者，去当归易丹参；大便不畅，枳壳改为枳实或槟榔；乳房胀痛，加郁金、香附、川楝子；乏力纳差，加白术、焦山楂、鸡内金；有癥块，加皂角刺、三棱、莪术。

（三）寒湿凝滞证

主要证候　小腹冷痛或坠胀疼痛，得热则舒，经行加重，月经延后，量少色暗，带下淋漓；畏寒肢冷，面色苍白，神疲乏力，腰骶冷痛；舌暗红，苔白腻，脉沉迟。

证候分析　寒湿之邪侵袭冲任、胞宫，与气血相结，血行不畅，则小腹冷痛，经行加重；寒性凝滞，故经行错后量少；湿邪下注，则带下淋漓；寒伤阳气，阳气不振，脏腑失温，则畏寒肢冷，面色苍白，神疲乏力，腰骶冷痛；舌暗红，苔白腻，脉沉迟，亦为寒湿凝滞之征。

治疗法则　祛寒除湿，活血化瘀。

方药举例　少腹逐瘀汤（方见痛经）。

带下量多，加茯苓、苍术、椿根皮；腹中结块，加鸡内金、桃仁、莪术。

（四）气虚血瘀证

主要证候　下腹部疼痛结块，缠绵日久，痛连腰骶，经行加重，经血量多有块，带下量多；精神不振，疲乏无力，食少纳呆；舌暗红，有瘀点、瘀斑，苔白，脉弦涩无力。

证候分析　瘀血内结，留著于冲任、胞宫，则下腹部疼痛结块，痛连腰骶；经期胞宫血蓄满溢，瘀血随下，则疼痛加重，经血量多有块；气虚津液不化，水湿下注，则带下量多；病久气血耗伤，中气不足，则精神不振，疲乏无力，食少纳呆；舌暗红，有瘀点、瘀斑，苔白，脉弦涩无力，亦为气虚血瘀之征。

治疗法则　益气活血，化瘀散结。

方药举例　理冲汤（《医学衷中参西录》）。

生黄芪　党参　白术　山药　天花粉　知母　三棱　莪术　鸡内金

纳呆便溏，去知母，加佛手、藿香；身热，加生地黄、黄芩；腰酸，加桑寄生、牛膝；小便频数，加覆盆子、益智。

【转归及预后】

盆腔炎性疾病后遗症经积极、有效的治疗，大多可好转或治愈。因本病常反复缠绵，故治疗周期较长。未能得到积极、有效的治疗，可导致月经不调、不孕、输卵管妊娠、癥瘕以及炎症反复发作。

【预防及调摄】

(1) 注意个人卫生。

(2) 急性盆腔炎应彻底治愈。

(3) 锻炼身体，增强体质。

(4) 避免精神刺激，保持心情舒畅。

【文献摘录】

《景岳全书·妇人规·经脉类》：妇人伤寒，或劳役，或怒气发热，适遇经行，以致热入血室，或血不止，或血不行，令人昼则明了安静，夜则谵语如见鬼状者是也。若热因外邪由表而入者，宜一柴胡饮，或三柴胡饮，或四柴胡饮，或良方黄龙汤加生地酌而用之……若血热多滞者，宜小柴胡汤加丹皮、红花、当归。

《诸病源候论·卷三十八·无子候》：若经血未尽而合阴阳，即令妇人血脉挛急，小腹重急支满，胸胁腰痛相引，四肢酸痛，饮食不调，结牢恶血不除，月水不时，或月前或月后，因生积聚如怀胎状……瘕之聚，令人苦四肢寒热身重淋露不欲食……腰背相引痛，月水不利，令人不产，小腹下，阴中如刀刺，不得小便，时苦寒热，下赤黄病，令人无子。

《临证指南医案·热入血室》：要之热甚而血瘀者，与桃仁承气及山甲、归尾之属。血舍空而热陷者，用犀角地黄汤加丹参、木通之属。表邪未尽，而表证仍兼者，当合乎和解，热轻而清药过投，气机致钝者，不妨借温通为使。血结胸有桂枝红花汤，参入海蛤、桃仁之治；昏狂甚，进牛黄膏，调入清气化结之煎。

第四节 阴 痒

女性外阴及阴道瘙痒，甚则痒痛难忍，或伴带下增多者，称为"阴痒"(pruritus vulvae)，亦称"阴门瘙痒"。

西医学的外阴炎、阴道炎、外阴上皮内非瘤样病变等可参照本病辨证论治。

【病因病机】

本病发病机理为肝肾亏虚，精血不足，外阴失养，血燥生风作痒；或肝经湿热循经下注而作痒；或感染病虫，虫蚀阴中而痒。

1. 肝肾阴虚 素体肝肾不足，或年老体衰，精血两亏，或产乳过多，耗伤精血，血虚化燥生风。肝脉过阴器，肾主司二阴，肝肾阴亏，阴部失荣，化燥生风作痒，遂致阴痒。

2. 肝经湿热 郁怒伤肝，肝郁克脾，脾虚湿盛，加之肝郁化火，湿热互结，注于下焦，湿热浸淫阴部，遂致阴痒。

3. 湿虫滋生 脾虚湿盛，积久化热，下注任带二脉，湿热蕴积生虫；或外阴不洁，感染虫毒，虫扰阴部，遂致阴痒。

【诊断与鉴别诊断】

(一) 诊断

1. 病史 应注意询问患者有无外阴不洁接触史，或有无阴道炎，维生素 A、维生素 B 缺乏症及糖尿病病史。

2. 症状 外阴、阴道瘙痒,可波及肛门周围,奇痒难忍,或如虫行状,甚至灼热、疼痛,或伴带下量多、臭秽。

3. 检查

(1) 妇科检查：局部皮肤和黏膜外观正常或充血,或因长期搔抓引起皮肤增厚和粗糙,或仅有因搔抓过度出现的抓痕和血痂,或在阴毛间可找到阴虱。

(2) 辅助检查：阴道分泌物镜检正常,或可见阴道毛滴虫、假丝酵母菌等。

(二) 鉴别诊断

1. 湿疹 皮肤病变呈对称性分布,边界明显,易反复发作,若经用水洗或食鱼腥虾蟹后,往往病情加重,可发生于全身任何部位。

2. 股癣 皮肤真菌所致的体癣,发生于股内侧及会阴部者称为股癣,病灶边缘呈堤状,清晰可见,表面有鳞屑,有明显的炎症改变。

【辨证论治】

本病的主要症状是外阴瘙痒,辨证应根据阴部瘙痒的特点、带下性状及全身症状来辨别虚实。一般认为,实证多为肝经湿热下注,湿热蕴结生虫；虚证多见肝肾阴虚,血虚化燥生风。实者清热利湿,解毒杀虫；虚者补益肝肾,滋养气血。临证时应以局部痒痛状况,采用内外结合治疗,多能提高疗效。

(一) 肝肾阴虚证

主要证候　阴部干涩灼热,甚则疼痛,瘙痒难忍,带下量少或赤白相兼,头晕耳鸣,五心烦热,腰酸腿软,皮肤干燥；舌红少苔,脉细数。

证候分析　肝肾阴亏,精血不足,阴部失荣,则阴部干涩；血虚化燥生风作痒,则阴部灼热疼痛,瘙痒难忍；阴虚内热,热灼脉络,则带下量少或赤白,五心烦热；精血不足,清窍失养,肌肤失荣,则头晕耳鸣,皮肤干燥；外府失荣,骨失所养,则腰酸腿软；舌红少苔,脉细数,均为肝肾阴虚之征。

治疗法则　调补肝肾,滋阴降火。

方药举例　知柏地黄汤(方见月经前后诸证·经行口糜)加制何首乌、白鲜皮。

若带下量多,秽臭明显者,去茯苓,酌加土茯苓、野菊花解毒利湿；带中夹血,酌加茜草、乌贼骨凉血止带。

(二) 肝经湿热证

主要证候　阴部瘙痒,甚则疼痛,带下量多,色黄如脓,臭秽,心烦易怒,口苦而腻,头晕目眩,便秘溲赤；舌红,苔黄腻,脉弦滑而数。

证候分析　肝经湿热下注,伤及任带二脉,任脉不固,带脉失约,则带下量多色黄如脓,臭秽；湿热郁遏,气机不畅,湿盛作痒,则阴部瘙痒,甚则疼痛；湿热困阻,则头晕目眩,口苦而腻；肝郁化火,则心烦易怒；热邪伤津,则便秘溲赤；舌红,苔黄腻,脉弦滑而数,均为肝经湿热之征。

治疗法则　清肝泄热,除湿止痒。

方药举例　龙胆泻肝汤(方见带下病)。

若阴痒明显者,酌加白鲜皮、鹤虱杀虫止痒；口苦便秘者,加大黄泻火通便。

(三) 湿虫滋生证

主要证候　阴部瘙痒,如虫行状,甚则奇痒难忍,带下量多,色灰黄呈泡沫状,或色黄白呈豆腐渣样,味秽臭,心烦少寐,胸闷口苦；舌红,苔薄黄,脉弦滑。

证候分析　外感虫淫,虫蚀阴中,故阴部瘙痒,甚至奇痒难忍；湿热下注,损伤任带二脉,故带下量多,色灰黄,呈泡沫状,或色黄白,呈豆腐渣样,味秽臭；湿热瘙痒,上扰心神,则心烦少寐；湿热内蕴,则胸闷口苦；舌红,苔薄黄,脉弦滑,为湿虫滋生之征。

治疗法则　清热利湿,杀虫止痒。

方药举例　萆薢渗湿汤(方见带下病)。

若瘙痒难忍者,酌加白鲜皮、贯众、鹤虱杀虫止痒;阴部红肿疼痛者,酌加野菊花、紫花地丁清热解毒,消肿止痛。

【外治法】

1. 熏洗

(1) 塌痒汤(《疡医大全》):鹤虱30 g,苦参、威灵仙、归尾、蛇床子、狼毒各15 g,水煎趁热先熏,待温度适中后洗,临洗时加猪胆汁1～2枚疗效更佳。每日1～2次,7日为1个疗程,外阴溃疡者勿用。

(2) 蛇床子散(《中医妇科学》1979年版):蛇床子、花椒、明矾、百部、苦参各10～15 g。煎汤趁热先熏后洗,每日1次,10日为1个疗程,外阴破溃者,去花椒。

2. 外搽 珍珠散(《中国医学百科全书》):珍珠、青黛、雄黄各3 g,黄柏9 g,儿茶6 g,冰片0.03 g,共研细末外涂。

3. 阴道纳药 可选用洁尔阴泡腾片、保妇康栓等。

【转归及预后】

阴痒者,经积极治疗,多可治愈。部分患者因治疗不当,可发展为阴疮。因全身性疾病所致者,随原发病进退。少数患者可转为恶证。

【预防及调摄】

(1) 保持外阴部清洁卫生。

(2) 瘙痒者避免搔抓等强刺激损伤。

【文献摘录】

《医宗金鉴·妇科心法要诀》:妇人阴痒,多因湿热生虫,则其肢体倦怠,小便淋漓;宜服逍遥散、龙胆泻肝汤。

《外科正宗·杂疮毒门》:一妇人肝经风湿下流阴器,浮肿痒甚,致抓出血不痛。以消风散加胆草、泽泻、木通、山栀,外以蛇床子汤熏洗,搽擦银杏散,十余日痒止肿消而愈。

附

外阴上皮内非瘤样病变

外阴上皮内非瘤样病变(nonneoplastic epithelial disorders of vulva, NNEDV)是指女性外阴皮肤和黏膜组织发生变性及色素改变的一组慢性疾病,可分为外阴鳞状上皮增生、外阴硬化性苔藓及其他外阴皮肤病。由于病变部位皮肤黏膜多呈白色,故又称为外阴白色病变。

一、外阴鳞状上皮增生

外阴鳞状上皮增生(squamous cell hyperplasia of vulva)是以外阴瘙痒为主要症状但病因不明的鳞状上皮细胞良性增生为主的外阴疾病。多见于30～60岁妇女。恶变率为2%～5%。

【病因病理】

病因不明。可能与外阴局部潮湿、阴道排出物刺激及对外来刺激反应过度等有关。

主要病理变化为表皮层角化过度和角化不全,棘细胞层不规则增厚,上皮脚向下延伸,末端钝圆或较尖,上皮脚之间真皮层乳头明显,并有轻度水肿、淋巴细胞和浆细胞浸润,但上皮细胞排列整齐,保持极性,细胞大小、核形态、染色均无异常。

【诊断与鉴别诊断】

(一) 诊断

1. 病史 可有阴道排出物量多史。

2. 症状 主要症状为外阴瘙痒。甚者坐卧不安,影响睡眠。患者多因瘙痒难耐而搔抓,可加重皮损。

3. 检查

(1) 妇科检查:可见病变范围不一,主要累及大阴唇、阴唇间沟、阴蒂包皮、阴唇后联合等处,病变可呈局灶性、多发性或对称性。病变早期皮肤暗红或粉红,角化过渡部位呈白色。晚期则皮肤增厚、色素增加、皮肤纹理明显,出现苔藓样变,似皮革样增厚,且粗糙、隆起。严重者可出现抓痕、皲裂、溃疡,若溃疡长期不愈,应警惕癌变的可能。

笔记栏

(2) 辅助检查：局部活体组织病理检查可确诊。活体组织病理检查样本应在色素减退区、皲裂、溃疡、粗糙、隆起或硬结处进行采集，因此处易发生不典型增生或早期癌变，注意多点采集。

(二) 鉴别诊断

1. 外阴白癜风 是黑素细胞被破坏引起的疾病。可发生在任何年龄，青春期多见。外阴皮肤出现界限分明发白区，表面光滑润泽，质地完全正常，且无任何自觉症状。除外阴外，身体其他部位也可伴发白癜风。

2. 外阴炎 多由假丝酵母菌、阴道毛滴虫感染引起。外阴皮肤增厚，发白或发红，伴有瘙痒且阴道分泌物增多。分泌物中可查见病原体。炎症治愈后白色区逐渐消失。外阴皮肤出现对称性发红、增厚，伴有严重瘙痒，但无阴道分泌物者，应考虑糖尿病所致外阴炎的可能。

【治疗】

(一) 一般治疗

保持外阴皮肤清洁、干燥，禁用肥皂水等刺激性液体擦洗外阴，忌穿不透气化纤内裤，忌饮酒和进食辛辣食物。

(二) 药物治疗

目的在于控制局部瘙痒。主张采用糖皮质激素局部治疗。如0.025％氟轻松软膏、0.01％曲安奈德软膏、1％～2％氢化可的松软膏，每日涂擦患处3～4次。长期连续使用高效糖皮质激素类制剂，可导致局部皮肤萎缩。故止痒后，即应停用，改用作用轻微的氢化可的松软膏涂擦患处，每日1～2次。涂药前，可先用温水坐浴10～15分钟，每日2～3次。需坚持长期用药。

(三) 物理治疗

对缓解症状、改善病变有一定效果，但有复发可能。

1. 激光治疗 CO_2激光或氦氖激光治疗，破坏深达2mm皮肤层，破坏真皮层内神经末梢而止痒。

2. 冷冻治疗 可用棉签蘸液氮涂擦皮损表面，待其发白即可。也可用液氮治疗仪处理皮损表面，每次30～60秒，每周1～2次。2周至3个月愈合。

3. 聚焦超声治疗 是将超声波束经体外穿透入组织内预先选定深度，在该处产生一个生物学焦域而不损伤超声波所经过的表层组织和邻近组织的一种无创技术。超声焦域位于真皮层，使其内血管和神经末梢发生变性，而促进微血管形成及改善神经末梢营养状况。复发后可再次治疗。

(四) 手术治疗

目前，主张以药物治疗或物理治疗为主。手术治疗仅适用于不典型增生或有恶变可能者及反复应用药物治疗或物理治疗无效者。病灶局限，可行单纯病灶切除术。病变范围较广，可行单纯外阴切除术。在手术同时行皮片移植以减轻瘢痕挛缩。术后应定期随访。复发部位多在切口周围，再次手术仍难避免复发。

二、外阴硬化性苔藓

外阴硬化性苔藓(lichen sclerosus of vulva)是一种以外阴及肛周皮肤萎缩变薄、色素减退变白为主要特征的皮肤病。可发生于任何年龄，但以绝经后妇女和青春期少女最多见。

【病因病理】

病因不明。可能与自身免疫性疾病有关。睾酮不足也可能为发病因素之一。另外，有母女、姐妹等直系亲属家族性发病报道，提示发病与基因遗传有关。近年发现本病与局部组织中超氧化物歧化酶(SOD)和全血谷胱甘肽(GSH)等自由基作用密切相关。

典型的病理特征为表层角化和毛囊角质栓塞，棘层变薄伴基底细胞液化变性，黑素细胞减少，上皮脚变钝或消失。病变早期真皮乳头层水肿，晚期真皮层有淋巴细胞和浆细胞浸润带。

【诊断与鉴别诊断】

(一) 诊断

1. 病史 可有斑秃、白癜风、甲状腺功能亢进或减退等自身免疫性疾病史，或睾酮不足、直系亲属家族遗传等发病因素。

2. 症状 主要症状为轻度外阴瘙痒。幼女患者瘙痒症状多不明显，可能仅在排尿或排便后感外阴及肛周不适，至青春期多数患者的症状可自行消失。

3. 检查

(1) 妇科检查：病损位于大、小阴唇，阴蒂包皮，阴唇后联合及肛周，多呈对称性。早期皮肤发红、肿胀，出现粉红色、白色小丘疹,进一步发展,皮肤和黏膜变白、变薄、干燥易皲裂。其典型特征为外阴萎缩,小阴唇变小甚至消失,大阴唇变薄,皮肤颜色变白、发亮、皱缩、弹性差,常伴有皲裂及脱皮,皮肤变薄,阴道口挛缩狭窄。幼女患者检查时,在外阴及肛周区可见锁孔状珠黄色花斑样或白色病损坏。

(2) 辅助检查:病理检查可确诊。

(二) 鉴别诊断

老年生理性萎缩　仅见于老年妇女,其外阴部皮肤萎缩情况与身体其他部位皮肤相同,表现为外阴皮肤各层组织及皮下脂肪层均萎缩,因而,大阴唇变平,小阴唇退化,但患者无自觉症状。

【治疗】

(一) 一般治疗

同外阴鳞状上皮增生。

(二) 局部药物治疗

丙酸睾酮局部涂擦是治疗硬化性苔藓的主要方法。

(1) 丙酸睾酮:2%丙酸睾酮油膏涂擦患处后加按摩,每日3~4次,用药1个月左右始见疗效,症状缓解后改为每日1~2次。若瘙痒症状严重,可加用1%或2.5%氢化可的松软膏混合涂擦,症状缓解后逐渐减少至停用氢化可的松软膏。

(2) 黄体酮:若出现毛发增多或阴蒂增大等副反应或疗效不佳时,可改用0.3%黄体酮油膏局部涂擦,每日3次。

(3) 其他:可选用0.05%氯倍他索软膏局部治疗。瘙痒顽固、局部用药无效者,可用曲安奈德混悬液皮下注射。5 mg曲安奈德混悬液加2 mL 0.9%氯化钠液稀释后,用脊髓麻醉穿刺针在耻骨联合下方注入皮下,经大阴唇皮下直至会阴,缓慢回抽针头,将混悬液注入皮下组织。

(4) 幼女硬化性苔藓如需治疗,一般不予采用丙酸睾酮,以免引起男性化。治疗目的主要为暂时缓解瘙痒症状。可用1%氢化可的松软膏或0.3%黄体酮油膏涂抹局部,应长期随访。

(三) 物理治疗

与外阴鳞状上皮增生的治疗相同。

(四) 手术治疗

手术方法同外阴鳞状上皮增生。因恶变概率小,多不采用手术治疗。

第五节　阴　疮

妇女阴户生疮,局部红肿、热痛,或脓水淋漓,甚则溃疡如虫蚀,或者凝结成块位于阴户边侧,如蚕茧状,共称为"阴疮"(pudendal sore)、"阴蚀"或"阴茧"。

阴疮多见于西医学的急慢性外阴溃疡、前庭大腺炎、前庭大腺脓肿。

【病因病机】

阴疮多因湿热下注,蕴结成毒,或正气虚弱,寒湿凝结而成。

1. 湿热　经期、产后下焦感受湿热之邪,或郁怒伤肝,肝郁化热,木乘土,脾虚湿盛,湿热下注,蕴结成毒,化腐为脓,而成阴疮。

2. 寒湿　久居潮湿之地,或经期、产后冒雨涉水,寒湿凝滞,气机不利,或痰浊内停,痰瘀交阻,肌肤失养,日久溃腐,而成阴疮。

【诊断与鉴别诊断】

(一) 诊断

1. 病史　经期、产后外阴感染,或有外阴溃疡、前庭大腺炎病史。

2. 症状　外阴部红、肿、热、痛,积结成块,化脓腐烂,或脓水淋漓,甚则溃疡如虫蚀,或凝结成块位于阴户边侧,如蚕茧状。

3. 检查

(1) 妇科检查:外阴局部黏膜充血、糜烂、溃疡、流脓,或覆有脓苔。如有脓肿形成,则肿块有波

笔记栏

动感,溃疡则有脓性分泌物。病程长者,外阴色素减退,甚则皲裂、破溃、湿疹。

（2）辅助检查：血常规、分泌物涂片、细菌培养。

(二) 鉴别诊断

1. 阴痒 以外阴部瘙痒为主症,局部可有抓痕。

2. 梅毒、艾滋病等性传播疾病引起的外阴溃烂 有性乱史或感染史,初起为典型的硬下疳,梅毒血清试验阳性,活组织检查可查到梅毒螺旋体。

【辨证论治】

首先辨别阴阳。红肿热痛,发热急骤,脓稠臭秽,或伴全身发热者,为湿热证属阳;肿块坚硬,皮色不变,日久不消,或溃后,脓稀淋漓,形体虚羸者,为寒湿证属阴。溃疡证轻毒浅,体健者,预后尚佳;疮疡溃腐,久不收敛,脓水淋漓,恶臭难闻者,多属热毒蕴郁而气血衰败之恶候。治疗以热者清之、寒者温之、湿者化之、坚者削之、虚者补之、下陷者托之的原则处理,常采用内外合治的方法。

(一) 湿热证

主要证候 阴部红肿热痛,或溃烂流脓,黏稠臭秽,头晕目眩,口苦咽干,身热心烦,小便赤,大便干结;舌红,苔黄,脉滑数。

证候分析 下焦湿热,气血凝滞,蕴结成毒,腐肉成脓,故阴部生疮红肿热痛,溃腐流脓,黏稠臭秽;湿热上蒸,故头晕目眩,口苦咽干,心烦身热;热毒内蕴,则小便赤,大便干结;舌红苔黄,脉滑数,为湿热邪毒之征。

治疗法则 清热除湿,泻肝解毒。

方药举例 龙胆泻肝汤(方见带下病)加蒲公英、鱼腥草。

若热毒壅盛者,症见发热不退,渴喜冷饮,溃脓臭秽。治宜清热解毒,化瘀除湿,方用仙方活命饮(方见盆腔炎性疾病)。若疮久不愈,正气不足,邪毒内陷者,宜扶正托毒,方用补中益气汤(方见月经先期)。日久伤阴者,宜养阴清热解毒,方用百合地黄汤(《金匮要略》)。

百合　生地黄

(二) 寒湿证

主要证候 阴部皮肤肿块,触之坚硬,皮色晦暗,日久溃烂,脓水淋漓,疮久不愈,疼痛绵绵,神疲倦怠,食少纳呆;舌淡,苔白腻,脉细弱。

证候分析 寒湿凝滞,痰瘀交阻,肌肤失养,故阴疮坚硬,皮色晦暗,疼痛绵绵,溃后脓水淋漓;寒湿凝滞,脾阳不振,故神疲倦怠,食少纳呆;舌淡,苔白腻,脉细弱,为寒湿凝滞之征。

治疗法则 温经化湿,活血散结。

方药举例 阳和汤(《外科全生集》)加苍术、萆薢、皂角刺。

熟地黄　鹿角胶　姜炭　肉桂　麻黄　白芥子　甘草

若正虚邪盛者,症见疮久不敛,心悸气短。治宜托里消毒,方用托里消毒散(《医宗金鉴》)。

人参　当归　川芎　白芍　白术　银花　茯苓　白芷　皂角刺　甘草　桔梗　黄芪

【其他治疗】

(一) 外治法

1. 中药熏洗 以清热解毒利湿为治法。用五味消毒饮加味煎水,先熏洗后坐浴。

2. 中药外敷 阴疮初起未成脓、破溃时,可用四黄膏或四黄水蜜(大黄、黄草、黄连、黄柏)、金黄散等外敷患处。

(二) 西医治疗

1. 抗感染治疗 使用敏感抗生素。

2. 手术治疗 如脓肿形成,应行切开排脓术,取小阴唇内侧较低处做切口,切开后应每天抗生素冲洗脓腔。

【转归及预后】

阴疮治疗的预后与转归取决于毒邪轻重、正气强弱。若治疗得当,可以痊愈。若失治,气血衰

败,疮疡溃腐,久不收口,则缠绵难愈。本病内外合治效果甚好,若迁延日久,溃面不敛,坚硬肿疼,边缘不整齐者,或臭水淋漓者,应考虑恶变之可能。

【预防及调摄】

(1) 饮食起居有节。不过食生冷辛辣、肥甘厚味。避免不洁性生活。

(2) 重视经期、产后及更年期卫生。

(3) 本病宜早诊断,早治疗。必要时采取中西医结合治疗,可获良效。

【文献摘录】

《金匮要略》:少阴脉滑而数者,阴中即生疮,阴中蚀疮烂者,狼牙汤洗之。

《外科正宗》:妇人阴疮,乃七情郁火伤损肝脾,湿热下注为患。其形妇人阴疮,乃七情郁火伤损,肝脾湿热下注所致。其形固多不一,总由邪火所化也……阴户忽然肿突作痛。因劳伤血分,湿火不流。

《景岳全书·妇人规》:妇人阴中生疮,多由湿热下注,或七情郁火,或纵情敷药,中于热毒。

第六节 阴 挺

妇女子宫从正常位置沿阴道下降,甚则挺出阴户之外;或阴道壁膨出于阴户之外,统称"阴挺"(prolapse of uterus),亦称"阴脱""阴䕌"。因多发生在产后,故又称"产肠不收"。

本病西医学分别称为"子宫脱垂""阴道壁膨出"。

【病因病机】

本病的发病机理主要是冲任不固,提摄无力。临床常见有气虚、肾虚之分。

1. 气虚 素体虚弱,中气不足,在分娩时用力太过,产后过早持重或长期咳嗽、便秘、腹泻等,均可耗伤中气,致中气下陷,升举固摄无权,系胞无力,而致阴挺。

2. 肾虚 先天不足,或年老体弱,肾气亏虚,或房劳过度,或产育过多,致冲任不固,无力系胞,而发阴挺。

【诊断与鉴别诊断】

(一)诊断

1. 病史 有分娩时用力太过,产后过早持重或长期咳嗽、便秘、腹泻等,或有年老体弱,或房劳过度,或产育过多病史。

2. 临床表现 阴道有物脱出,劳动、行走、咳嗽时加重,睡卧多能自行缩复还纳,严重时不能自行回缩。伴小腹下坠,腰酸,带下量多。若伴阴道前后壁膨出时,可出现尿频、排尿困难、尿失禁或便秘。

3. 妇科检查 根据患者平卧,用力屏气时子宫下降的程度,将子宫脱垂分为三度。

Ⅰ度:子宫颈下垂至坐骨棘以下,尚未达到处女膜缘为轻型;宫颈外口达处女膜缘,在阴道口能见到宫颈为重型。

Ⅱ度:宫颈已脱出阴道口外,子宫体仍在阴道内为轻型;宫颈及部分子宫体脱出阴道口外为重型。

Ⅲ度:子宫颈及子宫体全部脱出阴道口外。

若为阴道壁膨出者,阴道前壁或后壁的黏膜向阴道口脱出,阴道壁皱襞变薄、松弛而柔软。

(二)鉴别诊断

1. 子宫颈延长症 妇科检查时未见阴道壁膨出,阴道前后穹窿和子宫体均在正常位置,仅子宫颈极度延长如柱状,甚至突出于阴道口外。

2. 子宫黏膜下肌瘤 可脱出于阴道口,但脱出物下界见不到宫颈口,阴道内可触及宫颈。

【辨证论治】

本病治疗以补虚,升提,固脱为主。在内服药物的同时,可配合针灸等方法综合治疗,采用合适的子宫托可加强疗效。若兼外感湿热者,先清利湿热以治其标,待标证缓解后再治其本。对于Ⅱ、Ⅲ度子宫脱垂患者,经药物治疗无效,可考虑手术治疗。

(一)气虚证

主要证候 子宫下移或脱出阴道口外,劳则加重,小腹下坠;面色少华,神疲乏力,少气懒言,带下量多、色白、质稀,小便频数;舌淡,苔薄白,脉缓弱。

证候分析 脾主中气。脾虚,则中气不足,气虚下陷,冲任不固,无力系胞,则子宫下脱,劳则加重;脾虚,中阳不振,化生不足,则面色少华,神疲乏力,气短懒言,小腹下坠等;舌淡,苔薄白,脉缓弱,亦为气虚之征。

治疗法则 补中益气,升阳举陷。

方药举例 补中益气汤(方见月经先期)加枳壳、杜仲、金樱子。

伴有腰骶酸痛者,加桑寄生、菟丝子以强腰壮肾;小便频数者,加桑螵蛸、益智以温阳缩尿;白带量多、色白、质稀者,加薏苡仁、芡实以除湿止带。

(二)肾虚证

主要证候 子宫下移或脱出阴道口外;头晕耳鸣,小腹下坠,腰膝酸软冷痛,带下清稀,小便频数或失禁;舌淡,苔薄,脉沉弱。

证候分析 肾藏精而系胞。肾虚,则冲任不固,带脉失约,系胞无力,故子宫下脱;肾虚,腰府失养,膀胱失约,则腰膝酸软冷痛,带下清稀,小便频数或失禁;肾虚髓窍失养,则头晕耳鸣;舌淡,脉沉弱,亦为肾虚之征。

治疗法则 补肾固脱,益气升提。

方药举例 大补元煎(方见月经后期)加黄芪、紫河车、金樱子。

伴腰痛、畏寒肢冷者,加巴戟天、鹿角胶以温补肾阳;若子宫脱出阴道口外,因摩擦损伤,外感湿热之邪,症见局部红肿溃烂,黄水淋漓,带下量多、色黄、味臭,小便黄赤者,加黄柏、败酱草、薏苡仁、车前子、苍术、土茯苓以清热除湿止带,或加用龙胆泻肝汤(方见带下病)以清泻肝经湿热。

【其他治疗】

1. 外治方

(1)熏洗法:银花、野菊花、蒲公英、白花蛇舌草、大黄、黄柏,煎水熏洗坐浴。用于伴有感染,溃烂渗液者。

(2)局部上药:冰硼散或双黄连粉。用中药熏洗后,把药粉敷于糜烂及溃疡面上。适用于子宫颈及子宫脱出,伴有糜烂、溃疡、渗液者。

2. 子宫托 子宫托放入阴道内,可以支持骨盆底组织,使子宫和阴道壁维持在阴道内不脱出。Ⅲ度子宫脱垂伴盆底明显萎缩,或生殖道有急、慢性炎症,或宫颈有可疑恶变者禁用。

3. 膝胸卧式及肛提肌锻炼法 用力收缩肛门,每次连续进行10分钟左右,每日数次。对增强肛提肌张力有效。

4. 针灸疗法 以维胞、子宫穴、三阴交为主穴,配长强、百会、阴陵泉。同时灸百会穴。每次可选1~2个配穴,每周2~3次,2~3周为1个疗程。

5. 手术治疗 重度子宫脱垂或经上述治疗无效,应当根据患者的年龄、生育要求及全身健康情况选择合适的手术方式。

【转归及预后】

轻度子宫脱垂,经中医药治疗和身体锻炼,病情可好转和痊愈,重度子宫脱垂药物治疗疗效欠佳,根据患者的年龄、体质、病程长短等,选择手术等治疗。

【预防及调摄】

(1)加强围产期保健,避免难产、多产,正确处理各产程,及时处理滞产和产伤,若有产伤者应及时缝合。

(2) 重视产后摄生，避免过早负重。加强体育锻炼，增强体质，产后多作腹肌及肛提肌收缩运动。

(3) 积极治疗慢性病，如慢性支气管炎、腹泻、便秘等增加腹压的疾病。

【文献摘录】

《三因极一病证方论》：妇人趣产、劳力、努咽太过，致阴下脱，若脱肛状，及阴下挺出，逼迫肿痛，举重房劳，皆能发作。

《医宗金鉴·妇科心法要诀》：妇人阴挺，或因胞络伤损，或因分娩用力太过，或因气虚下陷，湿热下注，阴中突出一物如蛇，或如菌，如鸡冠者，即古之癥疝类也。属热者，必肿痛，小便赤数，宜龙胆泻肝汤。属虚者，必重坠，小便清长，宜补中益气汤加青皮、栀子。

第七节　脏　躁

妇人精神忧郁，情志烦乱，无故悲伤欲哭，或哭笑无常，呵欠频作者，称为"脏躁"(hysteria)。"脏"指五脏，"躁"即躁扰不宁。躁扰不宁乃脏阴不足使然，故称为"脏躁"。

本病多见于女性。类似于西医学癔症、产后忧郁症。

【病因病机】

本病的发生主要是脏阴不足，与患者体质因素有关。素多抑郁，忧愁思虑，耗伤心脾，化源不足，致脏阴更亏；或因病后伤阴，或产后亡血，或产乳众多，或房事太过，使精血内亏，五脏失养，内火上扰心神，均可致脏躁。

【诊断与鉴别诊断】

(一) 诊断

1. 病史　有忧愁思虑，所愿不遂或数伤阴血等病史。

2. 临床表现　精神忧郁，善悲欲哭，喜怒无常，烦躁不宁，不能自控；或语无伦次，呵欠频作。

3. 检查　妇科检查及辅助检查无相关器质性病变。

(二) 鉴别诊断

癫狂　癫狂属于神志疾病，意识错乱，伤人毁物。脏躁患者意识清楚，发作后如常人。

【辨证论治】

本病属内伤虚证，病位在心、脾、肾。治疗以甘润滋养心脾为主。在药物治疗的同时，尚须对患者进行精神安慰和心理疏导。

主要证候　精神忧郁，心烦意乱，悲伤欲哭，少寐多梦，发作时哭笑无常，呵欠频作，口干，大便结；舌质红或嫩红，苔少，脉细弱略数或细弦。

证候分析　血虚不能养神，则表现神志异常，神有余则笑，不足则悲，故发作时哭笑无常，呵欠频作；心火内动，则心烦意乱，少寐多梦；阴津不足，则口干，便秘；舌质红，苔少，脉细，均为阴血亏虚之候。

治疗法则　甘润滋补，养心益脾。

方药举例　甘麦大枣汤(《金匮要略》)加酸枣仁、柏子仁。

小麦　甘草　大枣

伴虚火上扰，心烦不寐，加黄连、竹茹清热宁心；伴血虚生风，手足蠕动，震颤，加钩藤、珍珠母、生地黄、当归养血息风；伴咽干口燥，加花粉、石斛养阴生津。

若见头晕耳鸣，腰膝酸软，神志恍惚，嬉笑无常，舌红、脉弦者，用百合地黄汤(《方见阴疮》)合甘麦大枣汤以补益肝肾，养心安神。

【其他治疗】

1. 针灸疗法　内关、神门、膻中、足三里、三阴交、心俞、脾俞、胆俞、肾俞等穴，每次任选3～5个

笔记栏

穴位,先针后灸,隔日1次。

2. 其他 配合心理疗法以提高疗效。

【转归及预后】

本病中医药治疗预后良好,可以治愈。致病因素未解除,有可能复发。

【预防及调摄】

（1）保持心情舒畅,避免不良情志刺激,如惊恐、愤怒、委屈、悲伤等。

（2）建立良好的医患关系,注意心理咨询疏导。

（3）饮食有节,加强营养,生活规律,参加有益于身心健康的文体活动。

【文献摘录】

《金匮要略》：妇人脏躁,喜悲伤欲哭,象如神灵所作,数欠伸,甘麦大枣汤主之。

《妇科要旨》：妇人脏躁,脏属阴,阴虚而火乘之则为燥,不必拘于何脏,而既已成燥,则病证皆同。但见其悲伤欲哭,像如神灵所作,现出心病,又见其数欠喜伸,现出肾病,所以然者,五志生火,动必关心,阴脏既伤,穷必及肾是也。甘麦大枣汤主之。

（段　恒　陈　蓉　杜小利）

附 论

第一章 女性生殖系统解剖

女性生殖系统包括内、外生殖器官及其相关组织。内生殖器官位于骨盆内,骨盆和骨盆底组织与分娩关系密切。

第一节 外生殖器

女性外生殖器是指生殖器的外露部分,又称外阴,位于两股内侧间,前为耻骨联合,后为会阴(附图1-1)。包括阴阜、大阴唇、小阴唇、阴蒂和阴道前庭,统称为外阴。

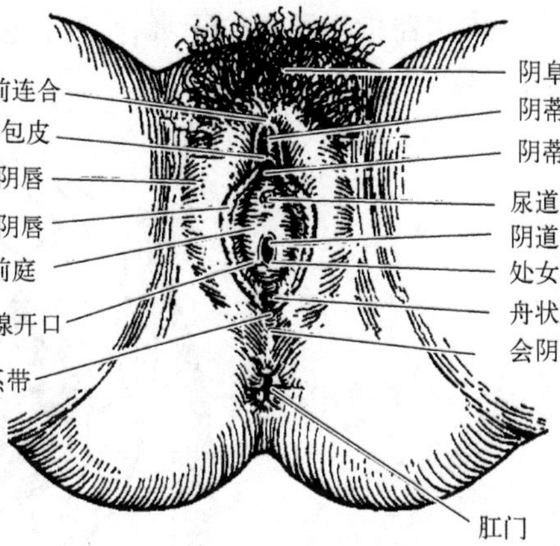

一、阴阜

阴阜即耻骨联合前方隆起的脂肪垫。青春期该部开始生长阴毛,分布呈倒三角形,其密度和色泽可因种族和个体而异。绝经后的妇女随卵巢功能的减退,阴毛亦逐渐稀落。

二、大阴唇

大阴唇为两股内侧纵行隆起的一对皮肤皱襞,前接阴阜,后连会阴。两侧大阴唇前端为子宫圆韧带的终点,其后端在会阴体前相融合而形成后连合。大阴唇皮下为疏松结缔组织和脂肪组织,含丰富的血管、淋巴管和神经。当局部受伤时,易形成血肿。未产妇女两侧大阴唇自然合拢,经产妇大阴唇松弛而向两侧分开,绝经后大阴唇呈萎缩状,阴毛也稀少。

三、小阴唇

小阴唇为位于大阴唇内侧的一对薄皱襞。表面湿润、色褐、无毛,富含神经末梢。两侧小阴唇的前端相互融合,再分为两叶包绕阴蒂,前叶形成阴蒂包皮,后叶形成阴蒂系带。大、小阴唇后端会合,在正中线形成阴唇系带。

四、阴蒂

阴蒂位于两小阴唇的顶端下方,与男性阴茎同源,由海绵体构成,在性兴奋时勃起。其前端为阴蒂头,神经末梢丰富,对性刺激敏感;中为阴蒂体,可充血勃起后为两个阴蒂脚附于两侧耻骨支上。

五、阴道前庭

阴道前庭指两侧小阴唇之间的菱形区,前为阴蒂,后为阴唇系带。阴道口与阴唇系带之间有一浅窝,称舟状窝,又称阴道前庭窝。经产妇受分娩影响,此窝消失。在此菱形区内有以下结构。

1. 尿道外口 略呈圆形,位于阴蒂头的后下方的前庭前部,其后壁有一对并列的腺体,称尿道旁腺,其分泌物有润滑尿道口的作用,但此腺亦常为细菌潜伏之处。

附图1-1 女性外生殖器(阴唇前连合、阴蒂包皮、大阴唇、小阴唇、阴道前庭、前庭大腺开口、阴唇系带、阴阜、阴蒂、阴蒂头、尿道口、阴道口、处女膜、舟状窝、会阴体、肛门)

2. 前庭球 又称球海绵体,位于前庭两侧,前部与阴蒂相连,后部与前庭大腺相邻,表面为球海绵体肌覆盖,由具有勃起性的静脉丛构成。

3. 前庭大腺 又称巴多林腺,位于大阴唇后部,如黄豆大,左右各一。腺管细长1～2 cm,开口于前庭后方小阴唇与处女膜之间的沟内,性兴奋时分泌黏液,起润滑作用。正常情况下不能触及此腺,若腺管口闭塞,易形成脓肿或囊肿,此时腺体肿大可看到并可触及。

4. 阴道口和处女膜 阴道口位于尿道外口后方的前庭后部。阴道口覆有一层较薄的黏膜皱襞,称处女膜,由结缔组织、血管和神经末梢,两面均为鳞状上皮所覆盖。膜中央有孔,其孔呈圆形或新月形,较小,少数膜孔极小或呈筛状,或有中隔、伞状,后者易被误认为处女膜已破。初次性交或因剧烈运动可使处女膜破裂。受分娩影响而进一步破损,产后残留数个小隆起状的处女膜痕。

第二节 内生殖器

女性内殖器指生殖器位于真骨盆内,包括阴道、子宫、输卵管及卵巢,后两者常被称为子宫附件(附图1-2)。

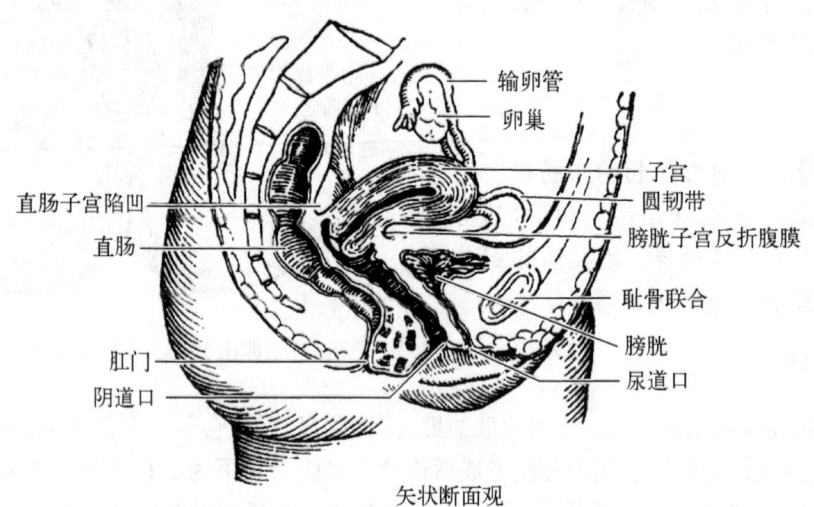

矢状断面观

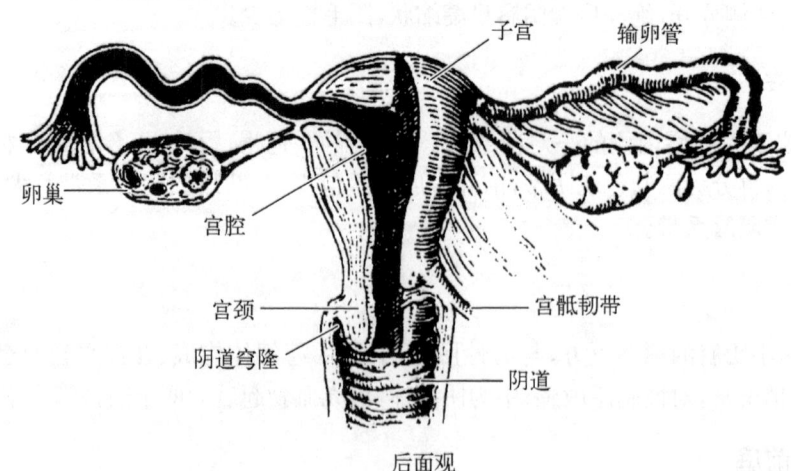

后面观

附图1-2 女性内生殖器

一、阴道

阴道是性交的器官,月经血排出与胎儿娩出的通道。位于真骨盆下部的中央,呈上宽下窄的管道,上端包绕子宫颈阴道部,下端开口于阴道前庭后部,前壁长7~9 cm,与膀胱和尿道相邻,后壁长10~12 cm,与直肠贴近。子宫颈与阴道间的圆周状隐窝称阴道穹窿,可分为前、后、左、右四部分,其中后穹窿最深,与盆腔的最低部分的直肠子宫陷凹紧密相邻,临床上可经此处穿刺或引流。

二、子宫

子宫是孕育胚胎、胎儿及产生月经的器官。

（一）解剖

子宫位于骨盆腔中央,为肌性空腔器官,呈倒置梨形,前面扁平,后面稍突出。子宫上部较宽,称子宫体,其上端隆突部分称子宫底,宫底两侧为子宫角,与输卵管相通。子宫的下部较窄,呈圆柱状,称子宫颈。子宫体与子宫颈的比例,婴儿期为1∶2,成人为2∶1(附图1-3)。成年妇女的子宫重约50~70 g,长7~8 cm,宽4~5 cm,厚2~3 cm,宫腔容量约5 mL。

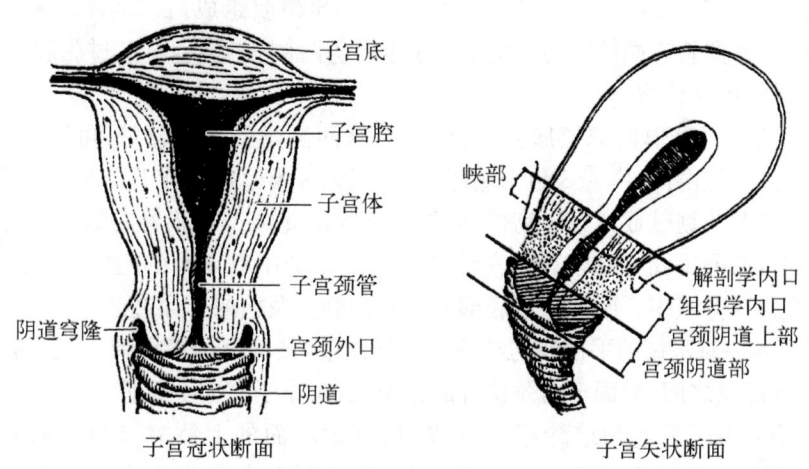

附图1-3 子宫各部

子宫腔为上宽下窄的三角形,两侧通输卵管。子宫体与子宫颈之间形成最狭窄的部分称为子宫峡部,在非孕时约长1 cm,其下端与宫颈内腔相连。子宫峡部的上端,在解剖上较狭窄而称解剖学内口;峡部的下端,因黏膜组织在此处由宫腔内膜转变为宫颈黏膜,又称组织学内口。宫颈内腔呈梭形,称子宫颈管,成年妇女长2.5~3 cm,其下端为宫颈外口,通向阴道,因而,宫颈以阴道附着部为界分为两部分,即宫颈阴道上部(宫颈在阴道以上的部分)和宫颈阴道部(宫颈下端伸入阴道内的部分)。未产妇的宫颈外口呈圆形;经产妇的宫颈外口因经阴道分娩形成横裂,而分为前唇、后唇。

（二）组织结构

子宫体和子宫颈的组织结构不同。

1. 子宫体 子宫体壁由外向内分为三层,外层为浆膜层(脏层腹膜),中间层为肌层,内层为黏膜层,亦称子宫内膜。

子宫浆膜层是覆盖于宫体底部及前后面的脏腹膜,紧贴肌层。在子宫前面近峡部处,腹膜与子宫壁结合疏松,向前反折覆盖膀胱,形成膀胱子宫陷凹,覆盖此处的腹膜称膀胱子宫反折腹膜。在子宫后方腹膜沿子宫壁向下,至宫颈后方及阴道后穹窿,再折向直肠,形成直肠子宫陷凹,又称道格拉斯陷凹。

子宫肌层由大量平滑肌及少量弹力纤维与胶原纤维所组成,非孕时厚约0.8 cm。肌束排列交错似网状,大致可分为三层：外层纵行、内层环行、中层交叉排列。肌层中含有血管,子宫收缩时压迫血管可制止出血。

子宫内膜层为一层粉红色的黏膜组织,较软而光滑,分为功能层和基底层。从青春期开始,子宫内膜受卵巢激素的影响,其表面 2/3 功能层发生周期性变化,余下 1/3 即靠近肌层的基底层无此种变化。

2. 子宫颈 主要由结缔组织构成,亦含有少量平滑肌纤维、弹力纤维及血管。宫颈管黏膜上皮细胞为单层高柱状,内有腺体,能分泌碱性黏液,形成黏液栓堵塞宫颈管,使其与外界隔开。宫颈阴道部为复层鳞状上皮覆盖,表面光滑。宫颈外口柱状上皮与鳞状上皮交界处是宫颈癌的好发部位,宫颈黏膜受性激素的影响也有周期性变化。

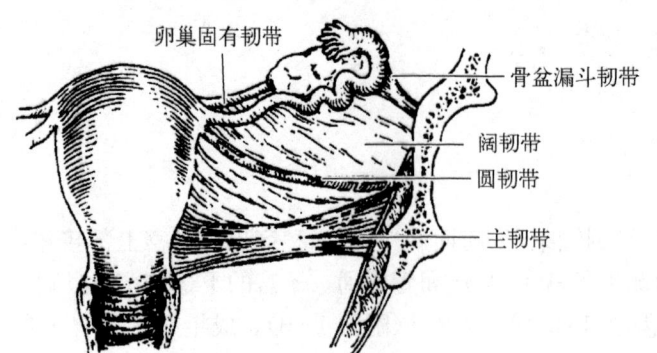

附图 1-4 子宫各韧带(前面观)

3. 子宫韧带 子宫共有四对韧带以维持子宫的正常位置(附图 1-4)。

(1)圆韧带:呈圆索状,由结缔组织和平滑肌组成,长 12 cm,直径 0.3～0.5 cm。起于子宫角的前面、输卵管近端的下方,向前下方伸展达两侧骨盆壁,再穿过腹股沟管终止于大阴唇前端。使子宫保持前倾位置。

(2)阔韧带:为一对翼形的双层腹膜皱襞,由子宫两侧延伸至骨盆壁,可限制子宫向两侧倾。阔韧带分前后两叶,上缘游离,内 2/3 包围输卵管(伞部无腹膜遮盖),外 1/3 部由伞部下方向外侧延伸达骨盆壁,称骨盆漏斗韧带或卵巢悬韧带,卵巢动静脉由此穿过。卵巢内侧与宫角之间的阔韧带稍增厚,称卵巢韧带或卵巢固有韧带。在宫体两侧的阔韧带中有丰富的血管、神经、淋巴管及大量疏松结缔组织,称为宫旁组织。阔韧带基底部有子宫动静脉及输尿管穿过。

(3)主韧带:为一对坚韧的平滑肌与结缔组织纤维束,又称宫颈横韧带,位于阔韧带下部,横行于宫颈两侧和骨盆侧壁之间,起固定宫颈位置的作用,能防止子宫向下脱垂。

(4)宫骶韧带:由平滑肌和结缔组织组成,从宫颈后面的上侧方,向两侧绕过直肠到达第 2、3 骶椎前面的筋膜。外有腹膜遮盖,短厚有力,将宫颈向上向后牵引,间接地保持子宫于前倾位置。

子宫的位置和固定依赖于上述四种韧带及盆底肌肉、筋膜和其周围结缔组织束的承托。若上述韧带、骨盆底肌和筋膜薄弱或受损伤,可导致子宫脱垂。

三、输卵管

输卵管为一对细长而弯曲的肌性管道,内侧与宫角相连,外端游离,与卵巢接近,长 8～14 cm。输卵管为卵子与精子相遇的场所,受精卵由输卵管向宫腔运行。根据输卵管的形态由内向外可分为间质部、峡部、壶腹部及伞部四部分。

输卵管壁由浆膜层、肌层和黏膜层组成。浆膜层系腹膜的一部分;肌层为平滑肌,常有节律性收缩,能引起输卵管由远端向近端蠕动,以协助受精卵向宫腔运行;黏膜层由单层高柱状上皮组成,上皮细胞分为纤毛细胞、无纤毛细胞、楔状细胞及未分化细胞四种。纤毛细胞的纤毛自外端向子宫方向摆动,有利于卵子的运送。输卵管黏膜受性激素影响也有周期性变化,但不如子宫内膜明显。

四、卵巢

卵巢为一对扁椭圆形的性腺,产生卵子与排出卵子及分泌性激素。位于子宫两侧,输卵管的后下方,以卵巢系膜连接于阔韧带后叶的部位称卵巢门,卵巢血管与神经经此出入卵巢。卵巢外侧以骨盆漏斗韧带与骨盆壁相连,内侧以卵巢固有韧带与子宫相连。青春期前,卵巢表面光滑;青春期开始后,表面逐渐凹凸不平。成年妇女卵巢约 4 cm×3 cm×1 cm,重 5～6 g,呈灰白色,绝经后卵巢萎缩变小变硬。

卵巢表面无腹膜,由单层立方上皮覆盖,称生发上皮;其内有一层纤维组织,称卵巢白膜。再往内为卵巢实质,可分为皮质和髓质。外层为皮质,占卵巢的大部分,其中有数以万计的原始卵泡和发育程度不同的囊状卵泡以及致密结缔组织;髓质在卵巢的中心部分,含有疏松结缔组织及丰富的血管、神经、淋巴管及少量与卵巢悬韧带相连续的平滑肌纤维,平滑肌纤维对卵巢的运动具有作用(附图1-5)。

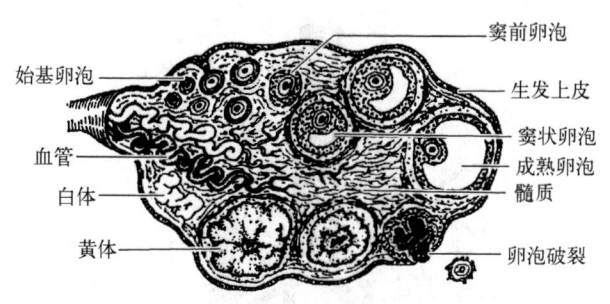

附图1-5 卵巢的构造模式图

第三节 女性生殖器邻近器官及血管、淋巴、神经

一、邻近器官

女性生殖器官与骨盆腔其他器官不仅在位置上密切相关,而且其血管、淋巴、神经亦有密切联系。因此,某一器官的病变时可累及邻近器官。

1. 尿道 从膀胱三角尖端开始,穿过泌尿生殖膈,终止于阴道前庭部的尿道外口,为长约4 cm,直径约0.6 cm的肌性管道。尿道内、外口均有括约肌环绕,有紧缩尿道口、防止尿失禁的作用。尿道内括约肌为不随意肌,外括约肌为随意肌,且与会阴深横肌密切联系。女性尿道短而直,又接近阴道,易引起泌尿系统感染。

2. 膀胱 位于耻骨联合之后,子宫之前,为一囊状肌性器官。膀胱充盈时可凸向骨盆腔甚至腹腔。膀胱底部与宫颈及阴道前壁相邻,其间的组织在正常情况下较疏松。由于膀胱充盈可影响子宫及阴道,故妇科检查及手术前必须使膀胱排空。

3. 输尿管 起自肾盂,终于膀胱,为一对肌性圆索状管道,长约30 cm,粗细不一,最细部分的直径仅3~4 mm,最粗可达7~8 mm。输尿管在腹膜后,从肾盂开始沿腰大肌前面偏中线侧下降(腰段),在骶髂关节处,经过髂外动脉起点的前方进入骨盆腔(骨盆段),继续下降到阔韧带底部,向前内方行,在邻近宫颈约2 cm处,子宫动脉后方与之交叉,近宫颈处约有2.5 cm的长度与子宫动脉伴行,又经阴道侧穹窿顶端绕向前方而进入膀胱壁(膀胱段),在壁内斜行1.5~2 cm,开口于膀胱三角区的外侧角。在施行附件切除或子宫动脉结扎时,要避免损伤输尿管及其外膜。

4. 直肠 位于盆腔后部,从左侧骶髂关节至肛门,全长15~20 cm。前为子宫及阴道,后为骶骨。直肠上段有腹膜遮盖,至直肠中段腹膜折向前上方,覆于宫颈及子宫后壁,形成直肠子宫陷凹。直肠下段无腹膜覆盖。因此,妇科手术及分娩处理时要注意避免损伤直肠。

5. 阑尾 通常位于右髂窝内,长7~9 cm,其位置、长短、粗细变化颇大,有的下端可达右侧输卵管及卵巢部位,而妊娠期阑尾的位置又可随妊娠月份的增加,而逐渐向上外方移位。因此,妇女患阑尾炎时有可能累及子宫附件,应注意鉴别诊断。

二、血管

女性内外生殖器官的血液供应主要来自卵巢动脉、子宫动脉、阴道动脉及阴部内动脉。各部位的静脉均与同名动脉伴行,并在相应器官及其周围形成静脉丛,且互相吻合,故盆腔静脉感染易于蔓延(附图1-6)。

1. 卵巢动脉 为腹主动脉的一条直接分支(左侧可来自左肾动脉)。在腹膜后沿腰大肌前下行至骨盆腔,并跨过输尿管与髂总动脉下段,经骨盆漏斗韧带向内横行,再经卵巢系膜进入

笔记栏

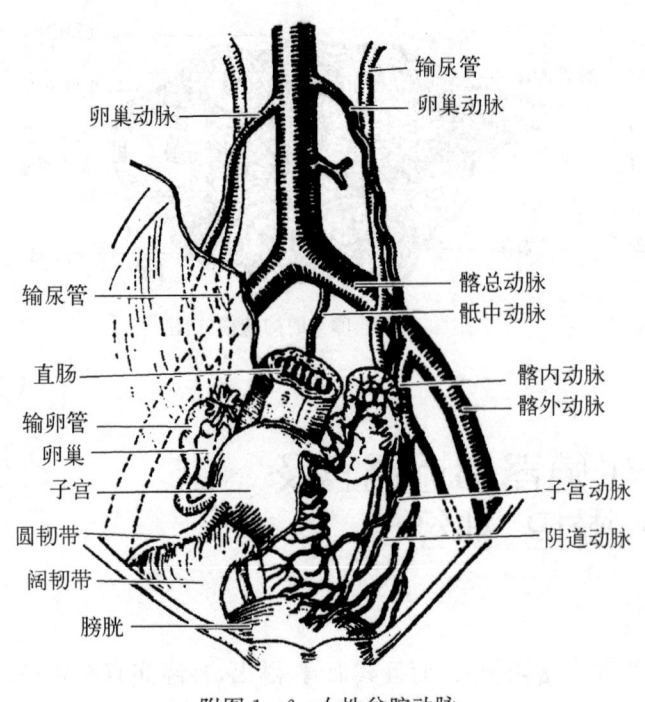

附图1-6 女性盆腔动脉

卵巢门。并在输卵管系膜内分出若干支供应输卵管,其末梢在宫角附近与子宫动脉上行的卵巢支相吻合。

2. 子宫动脉 为髂内动脉前干的分支,在腹膜后沿骨盆侧壁向下向前行,经阔韧带基底部、宫旁组织达子宫外侧,距宫颈内口水平约2 cm处横跨输尿管而达子宫侧缘,又于阴道宫颈部分为上、下两支;上支较粗,沿子宫上缘迂曲上行,称宫体支,至宫角处又分为宫底支(分布于宫底部)、卵巢支(与卵巢动脉末梢吻合)及输卵管支(分布于输卵管);下支较细,分布于宫颈及阴道上段,称宫颈-阴道支。

3. 阴道动脉 为髂内动脉前干的分支,有许多小分支分布于阴道中下段前后面及膀胱颈、膀胱顶。阴道动脉与子宫动脉阴道支及阴部内动脉分支吻合,因此,阴道的上1/3由子宫动脉的宫颈-阴道支供应,中1/3由阴道动脉供应,下1/3主要由阴部内动脉及痔中动脉供应。

4. 阴部内动脉 为髂内动脉前干终支,经坐骨大孔的梨状肌下孔穿出骨盆腔,绕过坐骨棘背面,再经坐骨小孔进入会阴及肛门,分为四支,即痔下动脉、会阴动脉、阴唇动脉及阴蒂动脉。

三、淋巴

女性生殖系统有丰富的淋巴系统,主要分为外生殖器淋巴与盆腔淋巴两组,首先汇入髂淋巴结,然后进入腰淋巴结,最后在第2腰椎部注入胸导管的乳糜池。淋巴结一般沿相应的血管排列,其数目、大小和位置均不恒定。

四、神经

1. 外生殖器官的神经支配 支配外阴部的神经主要为阴部神经,来自骶丛分支和自主神经。由第Ⅱ、Ⅲ、Ⅳ骶神经的分支所组成,含感觉和运动神经纤维,与阴部内动脉同行,在坐骨神经内侧下方分成三支,即痔下神经(又称肛门神经)、阴蒂背神经及会阴神经,分布于肛门周围、阴蒂、阴唇、会阴。

2. 内生殖器官的神经支配 主要由交感神经与副交感神经支配。交感神经纤维自腹主动脉前神经丛分出,下行入盆腔,分为卵巢神经丛和骶前神经丛两部分。

第四节 骨 盆

女性骨盆是胎儿从阴道娩出时必经的通道,其形态、大小与分娩关系密切。通常女性的骨盆较男性骨盆宽而浅,有利于胎儿娩出。

一、骨盆的组成

1. 骨盆的骨骼 包括骶骨、尾骨及左右两块髋骨。骶骨由5~6块骶椎融合而成,其底的中部前缘明显向前突出,称为骶岬,骶岬是骨盆内测量对角径的重要据点。尾骨由4~5块尾椎合成;每块髋骨又由髂骨、坐骨及耻骨融合而成(附图1-7)。

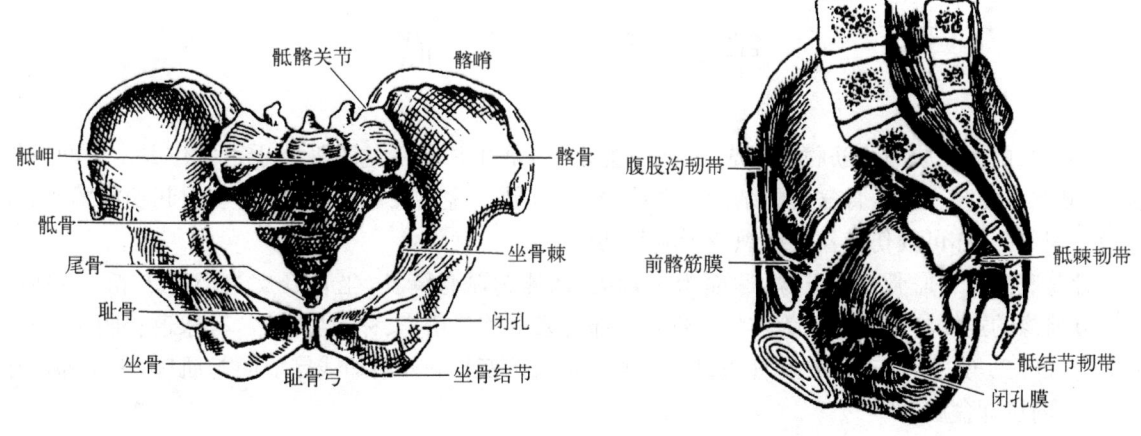

附图1-7 正常女性骨盆(前上观)　　　附图1-8 骨盆韧带(侧面观)

2. 骨盆的关节 包括耻骨联合、骶髂关节和骶尾关节。在骨盆的前方两耻骨间有纤维软骨,形成耻骨联合。在骨盆后方骶骨与两侧髂骨相连形成骶髂关节。骶尾关节为骶骨和尾骨的联合处,有一定活动度。

3. 骨盆的韧带 骨盆各部之间的韧带,较为重要的有骶结节韧带和骶棘韧带(附图1-8)。骶棘韧带宽度即坐骨切迹宽度,是判断中骨盆是否狭窄的重要指标。妊娠期受卵巢激素的影响,骨盆的韧带较松弛,各关节的活动性稍有增加,有利于分娩时胎儿通过。

二、骨盆的分界

以耻骨联合上缘、髂耻缘和骶岬上缘的连线(即髂耻线)为界,将骨盆分为假骨盆和真骨盆。假骨盆位于骨盆分界线之上,又称大骨盆,为腹腔的一部分,前方为腹壁下部,两侧为髂骨翼,后方为第5腰椎。假骨盆与产道无直接关系,但假骨盆某些径线的长短关系到真骨盆的大小。因此,测量假骨盆的这些径线可以作为了解真骨盆的参考。真骨盆位于分界线以下,又称小骨盆。是胎儿自然娩出时的通道,故又称骨产道。真骨盆有骨盆入口与骨盆出口,两口之间为骨盆腔。骨盆腔前壁为耻骨联合,后壁为骶骨与尾骨,两侧壁为坐骨、坐骨棘、骶棘韧带。骨盆呈前浅后深的形态。坐骨棘位于真骨盆中部,可经阴道或肛门触及,可作为判定子宫有无下垂及胎儿先露下降程度的标志。耻骨两降支前部相连构成耻骨弓。女性骨盆浅而宽,有利于胎儿娩出。

三、骨盆的类型

根据骨盆的形状可分为四种类型。

1. 女型 骨盆入口呈横椭圆形,入口横径稍长于前后径,耻骨弓较宽(角度呈90°～100°的钝角),两侧坐骨棘间径≥10 cm。此类骨盆最多见,为女性正常骨盆,在我国妇女中占52%～58.9%。

2. 男型 骨盆入口略呈三角形,两侧壁内聚,坐骨棘突出,耻骨弓较窄,坐骨切迹窄呈高弓形,骶骨较直而前倾,故出口后矢状径较短。通常亦称为漏斗型骨盆,往往造成难产。此类骨盆最少见,在我国妇女中仅占1%～3.7%。

3. 类人猿型 骨盆入口呈长椭圆形,入口前后径长于横径,坐骨切迹较宽,两侧壁稍内聚,故骨盆前部较窄而后部较宽。骶骨往往有6节,故较其他型者为深。此类骨盆在我国妇女中占14.2%～18%。

4. 扁平型 骨盆入口呈扁椭圆形,前后径短而横径长,耻骨弓宽,骶骨变直向后翘或深弧形,失去正常弯度,故骨盆浅。此类骨盆在我国妇女占23.2%～29%。

骨盆的形态、大小除种族差异外,其生长发育还受遗传、营养与性激素的影响。实际上很多妇女骨盆并非单一型，而多为混合型骨盆。

第五节　骨盆底

骨盆底由多层肌肉和筋膜所组成，封闭骨盆出口，承托并保持盆腔脏器于正常位置。中间有尿道、阴道及直肠穿过。若骨盆底的结构与功能异常，可导致盆腔脏器膨出、脱垂或引起功能障碍；而分娩处理不当，亦可损伤骨盆底组织或影响其功能。

骨盆底前方为耻骨联合下缘，后面为尾骨尖，两侧为耻骨降支、坐骨升支及坐骨结节。两侧坐骨结节前缘的连线将骨盆底分为前后两部：前部为尿生殖三角，又称尿生殖区，有尿道和阴道通过。后部为肛门三角，又称肛区，有肛管通过。骨盆底可分为三层：外层即浅层筋膜与肌肉；中层即泌尿生殖膈；内层即盆膈。

骨盆腔从垂直方向可分为前、中、后三部分，当骨盆底组织支持作用减弱时，容易发生相应部位器官松弛、脱垂或功能缺陷。在前骨盆腔，可发生膀胱和阴道前壁脱垂；在中骨盆腔，可发生子宫和阴道穹窿脱垂；在后骨盆腔，可发生直肠和阴道后壁脱垂。

（王景叶　陈　蓉　杜小利）

第二章 女性生殖系统生理

第一节 卵巢的功能及周期性变化

一、卵巢的功能

卵巢是女性的一对性腺,具有产生卵子并排卵和分泌性激素的功能,前者为卵巢的生殖功能,后者为内分泌功能。

二、卵巢的周期性变化

从青春期开始到绝经前,卵巢的形态和功能发生周期性的变化,称为卵巢周期。

1. 卵泡的发育及成熟　人类卵巢中卵泡的发育始于胚胎时期,新生儿出生时卵巢大约有200万个卵泡。儿童期多数卵泡退化,至青春期只剩下30万个卵泡。生育期每月发育一批卵泡,经过征募、选择,其中一般只有一个优势卵泡可达完全成熟,并排出卵子,其余的卵泡发育到一定程度通过细胞凋亡机制而自行退化,称卵泡闭锁。妇女一生中一般只有400~500个卵泡发育成熟并排卵。

青春期后在垂体前叶分泌的FSH的作用下,始基卵泡开始发育。始基卵泡由处于减数分裂双线期的初级卵母细胞及在其周围环绕的单层前梭形颗粒细胞层组成。卵母细胞增大,外围有透明带,透明带之外的颗粒细胞呈放射状排列,称放射冠。颗粒细胞进一步增殖为多层,外围的间质细胞包绕形成卵泡膜的内泡膜层和外泡膜层,即为窦前卵泡。在雌激素和FSH持续影响下产生卵泡液,形成卵泡腔,即为窦卵泡。卵泡发育的最后阶段,卵泡液急骤增加,卵泡腔增大,卵母细胞连同增殖的颗粒细胞层凸入卵泡腔内形成卵丘,卵泡体积显著增大,直径可达18~23 mm,卵泡向卵巢表面突出,即为成熟卵泡,亦即排卵前卵泡(附图2-1)。自月经第1日至卵泡发育成熟,称为卵泡期,一般需10~14日。

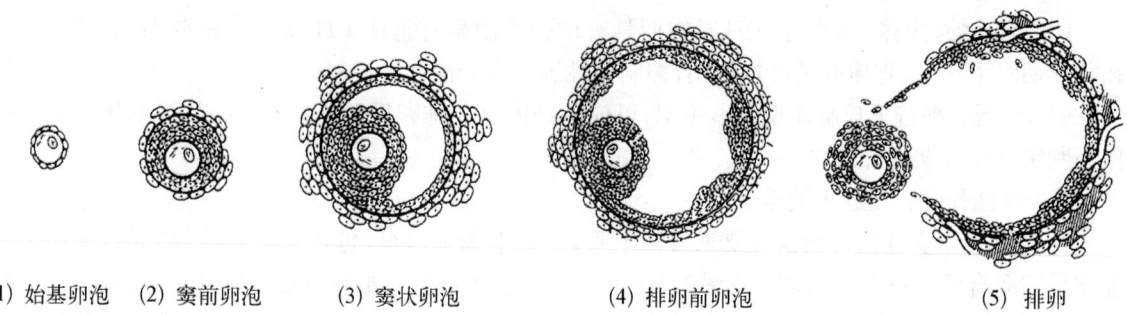

(1) 始基卵泡　(2) 窦前卵泡　(3) 窦状卵泡　(4) 排卵前卵泡　(5) 排卵

附图2-1　各级卵泡示意图

2. 排卵　卵细胞被排出的过程称作排卵。LH/FSH排卵峰激活卵泡液内蛋白溶酶活性,溶解卵泡壁隆起尖端部分,形成排卵孔。排卵前卵泡液中前列腺素明显增加,排卵时达高峰。前列腺素可促进卵泡壁释放蛋白溶酶,促使卵巢内平滑肌收缩,有助于排卵。排卵多发生在下次月经来潮前14日左右。排卵可由两侧卵巢轮流发生,或连续见于某一侧卵巢。

3. 黄体形成及退化　排卵后卵泡液流出,卵泡壁塌陷,形成许多皱襞,卵泡壁的卵泡颗粒细胞和卵泡内膜细胞向内侵入,周围有结缔组织的卵泡外膜包围,共同形成黄体。排卵后7~8日(相当于月经周期第 22 日左右),黄体体积和功能达到高峰,直径 1~2 cm,外观呈黄色。若卵子未能受精,黄体在排卵后 9~10 日开始退化。黄体退化时黄体细胞逐渐萎缩变小,周围的结缔组织及成纤维细胞侵入黄体,逐渐由结缔组织所代替,组织纤维化,外观色白称白体。黄体衰退后月经来潮,卵巢中又有新的卵泡发育,开始新的周期。排卵日至月经来潮为黄体期,一般为 14 日。

三、卵巢性激素的合成及分泌

主要是雌激素、孕激素及少量雄激素,均为甾体激素。

1. 雌激素 卵泡开始发育时,雌激素分泌量很少。至月经第 7 日卵泡分泌雌激素量迅速增加,在排卵前达到高峰;排卵后由于卵泡液中雌激素释放至腹腔,血循环中雌激素暂时下降,排卵后 1~2 日,黄体开始分泌雌激素使血循环中雌激素又逐渐上升,在排卵后 7~8 日黄体成熟时,血循环中雌激素又形成第二个小高峰,此均值低于第一高峰。其后黄体萎缩,雌激素水平急剧下降,在月经期达最低水平。雌激素主要生理作用包括以下几个方面。

(1) 生殖系统:使阴唇发育丰满、色素加深。使阴道上皮细胞增生和角化,黏膜变厚,并增加细胞内糖原含量,使阴道维持酸性环境。促进子宫肌细胞增生和肥大,使肌层增厚;增进血运,促使和维持子宫发育;增加子宫平滑肌对缩宫素的敏感性。使子宫内膜腺体及间质增生、修复。使宫颈口松弛,扩张,宫颈黏液分泌增加,性状变稀薄,富有弹性易拉成丝状。促进输卵管肌层发育及上皮的分泌活动,并可加强输卵管肌节律性收缩的振幅。协同 FSH 促进卵泡发育。

(2) 第二性征:促使乳腺管增生,乳头、乳晕着色,促进其他第二性征的发育。

(3) 下丘脑、垂体:通过对下丘脑和垂体的正负反馈调节,控制促性腺激素的分泌。

(4) 代谢作用:促进水钠潴留;促进肝脏高密度脂蛋白合成,抑制低密度脂蛋白合成,降低循环中胆固醇水平;维持和促进骨基质代谢。

2. 孕激素 卵泡期卵泡不分泌孕酮,排卵前成熟卵泡的颗粒细胞在 LH 排卵峰的作用下黄素化,开始分泌少量孕酮,排卵后黄体分泌孕酮逐渐增加至排卵后 7~8 日黄体成熟时,分泌量达最高峰,以后逐渐下降,到月经来潮时降到卵泡期水平。孕激素主要生理作用包括以下几个方面。

(1) 生殖系统:加快阴道上皮细胞脱落。降低子宫平滑肌兴奋性及其对缩宫素的敏感性,抑制子宫收缩,有利于胚胎及胎儿宫内生长发育。使增生期子宫内膜转化为分泌期内膜,为受精卵着床作好准备。使宫口闭合,黏液分泌减少,性状变黏稠。抑制输卵管肌节律性收缩的振幅。

(2) 乳房:促进乳腺腺泡发育。

(3) 下丘脑、垂体:孕激素在月经中期具有增强雌激素对垂体 LH 排卵峰释放的正反馈作用;在黄体期对下丘脑、垂体有负反馈作用,抑制促性腺激素分泌。

(4) 体温:兴奋下丘脑体温调节中枢,可使基础体温在排卵后升高 0.3~0.5℃。临床上可以此作为判定排卵日期的标志之一。

(5) 代谢作用:促进水钠排泄。

3. 雄激素 女性的雄激素主要来自肾上腺,少量来源于卵巢,包括睾酮和雄烯二酮,由卵泡膜和卵巢间质合成。排卵前循环中雄激素升高,一方面促进非优势卵泡闭锁,另一方面提高性欲。雄激素可促使阴毛、腋毛的生长,促进蛋白质合成,刺激骨髓中红细胞的增生,促进肌肉生长和骨骼的发育。大量雄激素与雌激素有拮抗的作用。

第二节 子宫内膜及生殖器官其他部位的周期性变化

卵巢周期使女性生殖器官发生一系列周期性变化,尤以子宫内膜的周期性变化最为显著。

一、子宫内膜的周期性变化

子宫内膜分为功能层和基底层。功能层受卵巢激素的影响呈现周期性变化，月经期坏死脱落。基底层不受月经周期中卵巢激素变化的影响，在月经期不发生脱落。一个月经周期以 28 日为例，其组织形态的周期性改变可分为三期。

1. 增生期 月经周期的第 5～14 日，相当于卵泡发育成熟阶段。在卵泡期雌激素作用下，子宫内膜腺体和间质细胞呈增生状态，称增生期，又分早、中、晚三期。月经周期第 5～7 日为增生期早期，此期内膜薄，仅 1～2 mm，腺上皮细胞呈立方形或柱状，间质较致密，细胞呈星形，间质中的小动脉较直，壁薄。月经周期第 8～10 日为增生期中期，此期特征是间质水肿明显，腺体数增多、增长，呈弯曲形，腺上皮细胞增生活跃，细胞呈柱状，有分裂相出现。月经周期第 11～14 日为增生期晚期，内膜增厚至 3～5 mm，表面高低不平，略呈波浪形，可见组织水肿明显，小动脉略弯曲，管腔增大。

2. 分泌期 月经周期的第 15～28 日，相当于黄体形成阶段。黄体形成后，在孕激素的作用下，子宫内膜呈分泌反应，分泌期也分早、中、晚三期。月经周期第 15～19 日为分泌期早期，此期内膜腺体更长，屈曲更明显。腺上皮细胞的核下开始出现含糖原的小泡，称核下空泡，为分泌早期的组织学特征。月经周期第 20～23 日为分泌期中期，间质高度水肿、疏松，螺旋小动脉增生、卷曲。内膜较前更厚并呈锯齿状。月经周期第 24～28 日为分泌期晚期，间质更疏松、水肿，表面上皮细胞下的间质分化为肥大的蜕膜样细胞。此期螺旋小动脉迅速增长超出内膜厚度，也更弯曲，血管管腔也扩张。子宫内膜增厚达 10 mm 呈海绵状。

3. 月经期 月经周期第 1～4 日。由于雌、孕激素水平下降，子宫内膜功能层从基底层崩解脱离。月经来潮前 24 小时，子宫肌层收缩而引起内膜功能层的螺旋小动脉持续痉挛，内膜血流减少，受损缺血的坏死组织面积逐渐扩大，组织变性、坏死，血管壁通透性增加，使血管破裂，导致内膜底部血肿形成，促使组织坏死剥脱。变性、坏死的内膜与血液相混而排出，形成月经血。

二、生殖器其他部位的周期性变化

1. 阴道黏膜 月经周期中，随着雌激素、孕激素的变化，阴道黏膜呈现周期性改变，在阴道上段表现最明显。排卵前，阴道上皮在雌激素的作用下，底层细胞增生，逐渐演变为中层与表层细胞，使阴道上皮增厚，表层细胞出现角化，其程度在排卵期最为明显。细胞内富含糖原，糖原经寄生在阴道内的阴道杆菌分解而成乳酸，使阴道内保持一定酸度，可以防止致病菌的繁殖。排卵后在孕激素的作用下，表层细胞脱落。因此，临床上常借助阴道脱落细胞的变化了解卵巢功能。

2. 宫颈黏液 宫颈黏膜周期性变化不明显，但在卵巢性激素的影响下，宫颈腺细胞分泌黏液，其物理、化学性质及其分泌量均有明显的周期性改变。月经净后，体内雌激素水平降低，宫颈管分泌的黏液量很少。随着雌激素水平不断提高，至排卵期黏液分泌量增加，黏液稀薄、透明，拉丝度可达 10 cm 以上。若将黏液作涂片检查，干燥后可见羊齿植物叶状结晶，这种结晶在月经周期第 6～7 日开始出现，到排卵期最为清晰而典型。排卵后受孕激素影响，黏液分泌量逐渐减少，质地变黏稠而混浊，拉丝度差，易断裂。涂片检查时结晶逐渐模糊，直至月经周期第 22 日左右完全消失，出现排列成行的椭圆体。临床上根据宫颈黏液检查，可了解卵巢功能。

3. 输卵管 在雌激素的作用下，输卵管黏膜上皮纤毛细胞生长，体积增大；非纤毛细胞分泌增加，为卵子提供运输和种植前的营养物质。雌激素还促进输卵管发育及输卵管肌层的节律性收缩。孕激素则能增加输卵管的收缩速度，减少输卵管的收缩频率。孕激素与雌激素间有许多制约的作用，孕激素可抑制输卵管黏膜上皮纤毛细胞的生长，减低分泌细胞分泌黏液的功能。雌、孕激素的协同作用可保证受精卵在输卵管内的正常运行。

第三节　下丘脑-垂体-卵巢轴的相互关系

月经周期的调节是极其复杂的过程,主要涉及下丘脑、垂体和卵巢。下丘脑分泌促性腺激素释放激素(GnRH),通过调节垂体促性腺激素的分泌,调控卵巢功能。卵巢分泌的性激素对下丘脑-垂体又有反馈调节作用。下丘脑、垂体与卵巢之间相互调节、相互影响,形成一个完整而协调的神经内分泌系统(附图2-2),称为下丘脑-垂体-卵巢轴(HPOA)。除下丘脑、垂体和卵巢之间的相互调节外,HPOA的神经内分泌活动还受到大脑高级中枢的调控。

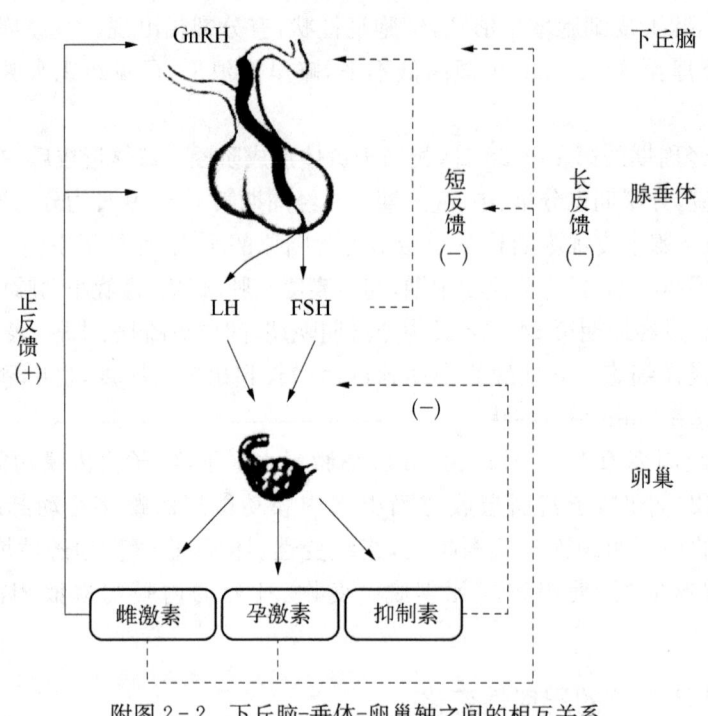

附图2-2　下丘脑-垂体-卵巢轴之间的相互关系

一、下丘脑促性腺激素释放激素

下丘脑弓状核神经细胞分泌的GnRH是一种十肽结构的激素,直接通过垂体门脉系统输送到腺垂体,调节垂体促性腺激素的合成和分泌。GnRH分泌呈脉冲式,脉冲间隔为60～120分钟,可因其他条件而变动。

下丘脑是HPOA的启动中心,GnRH的分泌主要受垂体促性腺激素和卵巢性激素的反馈调节,包括起促进作用的正反馈和起抑制作用的负反馈调节。反馈调节包括长反馈、短反馈和超短反馈。长反馈是指卵巢分泌到循环中的性激素对下丘脑的反馈作用;短反馈是指垂体激素对下丘脑GnRH分泌的负反馈调节;超短反馈是指GnRH对其本身合成的负反馈调节;另外,来自更高神经中枢的神经递质也影响下丘脑GnRH的分泌,如中枢儿茶酚胺、去甲肾上腺素可刺激GnRH分泌增加;5-羟色胺与β内啡肽可抑制GnRH分泌。

二、腺垂体生殖激素

腺垂体(垂体前叶)分泌的直接与生殖调节有关的激素有促性腺激素和催乳素(PRL)。

1. 促性腺激素　FSH和LH两者均由腺垂体的促性腺激素细胞所分泌,对GnRH的脉冲式刺激起反应,亦呈脉冲式分泌。FSH直接促进窦前卵泡及窦状卵泡的生长发育;促进E_2的合成与分泌;调节优势卵泡的选择和非优势卵泡的闭锁;在卵泡期晚期与雌激素协同,诱导颗粒细胞生成LH

受体,为排卵及黄素化作准备。LH 主要是在卵泡期刺激卵泡膜细胞合成雄激素,为 E_2 的合成提供底物;排卵前促使卵母细胞进一步成熟及排卵;在黄体期维持黄体功能,促进孕激素、雌激素合成与分泌。

2. 催乳素 PRL 由腺垂体的催乳细胞分泌,具有促进乳汁合成功能。PRL 的产生主要受下丘脑分泌的催乳素抑制因子的抑制性控制。促甲状腺激素释放激素也能刺激 PRL 的分泌。

三、卵巢激素的反馈作用

卵巢激素对下丘脑 GnRH 和垂体促性腺激素的合成和分泌具有反馈作用。小剂量雌激素对下丘脑产生负反馈,抑制 GnRH 的分泌,减少垂体的促性腺激素分泌。在卵泡期,随着卵泡发育,雌激素水平逐渐升高,负反馈作用加强,垂体释放 FSH 受到抑制,循环中 FSH 水平下降。而大剂量雌激素既可产生正反馈又可产生负反馈作用。排卵前,卵泡发育成熟,大量分泌雌激素,刺激下丘脑 GnRH 和垂体 LH、FSH 大量释放,形成排卵前 LH、FSH 峰。排卵后,血液中雌激素和孕激素水平明显升高,两者联合作用,FSH 和 LH 的合成和分泌又受到抑制。

四、月经周期的调节机制

1. 卵泡期 在前次月经周期的卵巢黄体萎缩后,雌、孕激素水平降至最低,对下丘脑及垂体的抑制解除,下丘脑又开始分泌 GnRH,使垂体 FSH 分泌增加,促使卵泡逐渐发育,在少量 LH 的协同作用下,卵泡分泌雌激素。在雌激素的作用下,子宫内膜发生增生期变化,随着雌激素逐渐增加,对下丘脑的负反馈作用增强,抑制下丘脑 GnRH 的分泌,使垂体 FSH 分泌减少。随着优势卵泡逐渐发育成熟,雌激素出现高峰,对下丘脑产生正反馈作用,促使垂体释放大量 LH,出现高峰,FSH 同时亦形成一个较低的峰,大量的 LH 与一定量 FSH 协同作用,使成熟卵泡排卵。

2. 黄体期 排卵后,循环中 LH 和 FSH 均急速下降,在少量 LH 及 FSH 作用下,黄体形成并逐渐发育成熟。黄体主要分泌孕激素,使子宫内膜转变为分泌期。黄体也分泌雌激素,排卵后雌激素高峰即来自成熟黄体的分泌。由于大量孕激素和雌激素共同的负反馈作用,垂体分泌的 LH 及 FSH 相应减少,黄体开始萎缩,孕激素和雌激素的分泌也减少。子宫内膜失去性激素支持,发生坏死、脱落,从而月经来潮。孕激素、雌激素和抑制素 A 的减少解除了对下丘脑、垂体的负反馈抑制,FSH 分泌增加,卵泡开始发育,下一个月经周期又重新开始,如此周而复始(附图 2-3)。

总之,下丘脑、垂体和卵巢之间相互依存、相互制约,调节着正常月经周期。月经周期还受外界环境、精神因素的影响,大脑皮质也参与生殖内分泌活动的调节。大脑皮质、下丘脑、垂体和卵巢之间任何一个环节发生障碍,都会引起卵巢功能紊乱,导致月经失调。

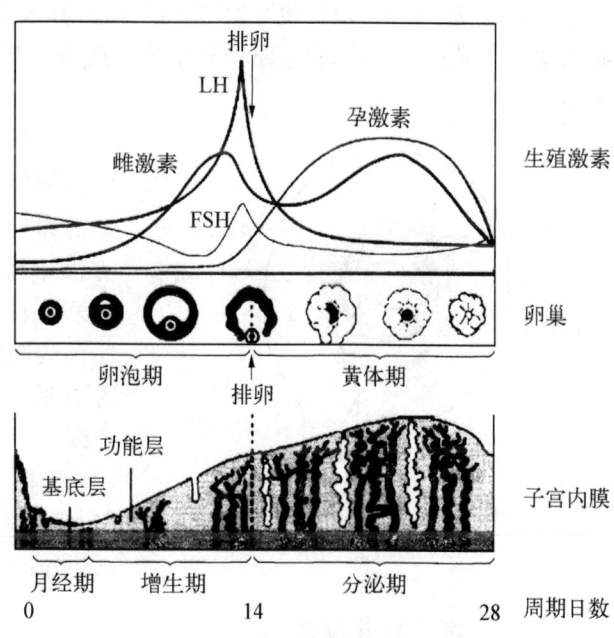

附图 2-3 卵巢及子宫内膜周期性变化和激素水平关系示意图

(李仲平 陈 蓉 杜小利)

第三章 妊娠生理

妊娠是胚胎和胎儿在母体内发育成长的过程。卵子受精是妊娠的开始,胎儿及其附属物自母体排出是妊娠的终止。妊娠是变化复杂而又协调的生理过程,约为40周(280日)。

第一节 胚胎形成与胎儿发育

一、胚胎形成

1. 受精 成熟精子和卵子相结合的过程称为受精。受精后的卵子称为孕卵或受精卵,标志着新生命的诞生。

精液进入阴道内,精子离开精液经宫颈管进入宫腔及输卵管腔,生殖道分泌物中的α与β淀粉酶,降解了精子顶体表面的糖蛋白,也使顶体膜稳定性降低,此过程称为精子获能,需7小时左右。精子获能主要是在宫腔和输卵管内进行。卵子从卵巢排出后经输卵管伞端的"拾卵"作用,进入输卵管壶腹与峡部连接处等待受精。受精发生在排卵后12小时内,整个受精过程约需24小时。当精子与卵子相遇,精子顶体外膜破裂,释放出顶体酶,溶解卵子外围的放射冠和透明带,称为顶体反应。通过酶的作用,使精子穿过放射冠和透明带。只有发生顶体反应的精子才能与卵子融合。当精子头部与卵子表面接触,便开始了受精过程,其他精子不再能进入。获能的精子穿过次级卵母细胞透明带为受精的开始,而卵原核与精原核融合为受精的完成,形成二倍体的受精卵,标志诞生新生命。

2. 受精卵着床 约在受精后第3日,分裂成由16个细胞组成的实心细胞团,称为桑椹胚或早期囊胚。受精卵开始进行有丝分裂的同时,借助输卵管的蠕动和纤毛摆动,逐渐向子宫腔方向移动。约在受精后第4日,早期囊胚进入宫腔,在子宫腔内继续分裂发育成晚期囊胚。在受精后第6~7日,晚期囊胚之透明带消失以后侵入子宫内膜的过程称受精卵着床。

受精卵着床后,子宫内膜迅速发生蜕膜变,此时的子宫内膜称蜕膜。按蜕膜与囊胚的部位关系,将蜕膜分为三部分:底蜕膜、包蜕膜及真蜕膜(附图3-1)。

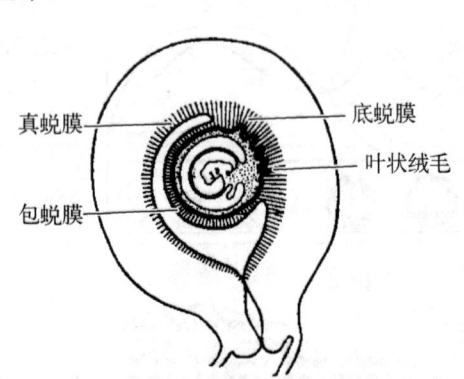

附图3-1 早期妊娠子宫蜕膜与绒毛的关系

二、胚胎及胎儿发育

在受精后第8周(即妊娠10周)称为胚胎,是其主要器官分化发育时期。从受精后第8周(即妊娠第11周)起称为胎儿,是其各器官进一步发育成熟时期。兹将胎儿发育特征简述如下。

4周末:可辨认胚盘和体蒂。

8周末:胚胎初具人形,头较大,占整个胎体1/2。四肢已具雏形,并能辨认出眼、耳、口、鼻。B超下可见早期心脏形成并有搏动。

12周末:胎儿体重约14 g,身长约9 cm。外生殖器已发育,部分可辨出性别。肠管已有蠕动。

16周末：胎儿体重约110 g，身长约16 cm。头皮已长出头发，呼吸肌已开始运动，从外生殖器可确认胎儿性别。除胎儿血红蛋白外，开始形成成人血红蛋白。部分孕妇自觉有胎动。

20周末：胎儿体重约320 g，身长约25 cm。全身有毳毛，皮肤暗红，已有吞咽和排尿功能。从孕妇腹部可听到胎心音。

24周末：胎儿体重约630 g，身长约30 cm。各脏器均已发育，皮下脂肪开始沉积，皮肤呈皱缩状。

28周末：胎儿体重约1 000 g，身长35 cm。皮下脂肪沉积不多，皮肤粉红色，有时可有胎脂。各器官系统的发育已近成熟，可以有呼吸运动，但肺泡Ⅱ型细胞产生的表面活性物质较少。胎儿若在此期娩出，可以存活，但死亡率很高，多数由于特发性呼吸窘迫综合征所致。

32周末：胎儿体重约1 700 g，身长约40 cm。皮肤深红，面部毳毛已脱落，生活力尚可。出生后注意护理，可以存活。

36周末：胎儿体重约2 500 g，身长约45 cm。皮下脂肪较多，面部皱褶消失，指（趾）甲已达指（趾）端。出生后能啼哭和吸吮，生活力良好。此时出生多能存活。

40周末：胎儿体重约3 400 g，身长约50 cm。发育成熟，胎头双顶径值大于9.0 cm。皮肤粉红色，皮下脂肪多，头发粗，长度≥2 cm。外观体型丰满，除肩、背部有时尚存毳毛外，其余部位的毳毛均已脱落。指（趾）甲超过指（趾）端。男性胎儿睾丸下降于阴囊中，女性胎儿大小阴唇发育良好。出生后哭声响亮，吸吮能力强，肌肉张力增强，四肢活动频繁，出生后能很好存活。

临床常用身长、体重来判断胎儿月份。

妊娠20周前：身长＝妊娠月数的平方（cm）

体重＝妊娠月数的平方×2（g）

妊娠20周后：身长＝妊娠月数×5（cm）

体重＝妊娠月数的立方×3（g）

第二节　胎儿附属物的形成和功能

胎儿附属物是指胎儿以外的组织，包括胎盘、胎膜、脐带和羊水。

一、胎盘

胎盘是胎儿与母体间进行物质交换的器官，由羊膜、叶状绒毛膜和底蜕膜组成。

（一）胎盘的形成

1. 羊膜　是附着于绒毛膜板表面的半透明薄膜，构成胎盘的胎儿部分，为胎盘的最内层。羊膜光滑，无血管、神经及淋巴，具有一定的弹性，厚度仅0.02～0.05 mm，自内向外由上皮细胞层、基底膜、致密层、成纤维细胞层和海绵层五层组成。

2. 叶状绒毛膜　是胎盘的主要部分，也是构成胎盘的胎儿部分。

胚胎早期，绒毛均匀分布于整个绒毛膜表面，随着胚胎长大，与底蜕膜相接触的绒毛，因营养丰富发育良好，称为叶状绒毛膜。从绒毛膜板伸出的绒毛干，逐渐分支形成初级绒毛干、次级绒毛干和三级绒毛干，向绒毛间隙伸展，形成终末绒毛网。绒毛末端悬浮于充满母血的绒毛间隙中的称游离绒毛（free villus），长入底蜕膜中的称固定绒毛（anchoring villus）。一个初级绒毛干及其分支构成一个胎儿叶（fetal lobe），一个次级绒毛干及其分支形成一个胎儿小叶（fetal lobule）。一个胎儿叶包括几个胎儿小叶。每个胎盘有60～80个胎儿叶，200个胎儿小叶。由蜕膜板上长出的胎盘隔，将胎盘的胎儿部分隔成15～30个不规则形的胎盘小叶（又称母体叶），每个胎盘小叶包含数个胎儿叶，每个母体叶有其独自的螺旋动脉供应血液。

3. 底蜕膜 是构成胎盘的母体部分，占足月胎盘的很小部分。底蜕膜表面覆盖一层来自固定绒毛的滋养层细胞与底蜕膜共同形成绒毛间隙的底，称为蜕膜板。从此板向绒毛膜方向伸出一些蜕膜间隔，一般不超过胎盘全层厚度的 2/3，将胎盘母体面分成肉眼可见的 20 个左右的母体叶。

（二）胎盘的功能

1. 气体交换 氧和二氧化碳在胎盘中以简单扩散方式进行交换。血管合体膜对二氧化碳的扩散度是氧的 20 倍，故胎儿二氧化碳容易通过绒毛间隙向母体迅速扩散。

2. 营养物质供应 葡萄糖是胎儿代谢的主要能源，以易化扩散方式通过胎盘。氨基酸以主动运输的方式通过胎盘。游离的脂肪酸以简单扩散方式通过胎盘，并参与胎儿的脂肪合成。维生素 A、维生素 D、维生素 E、维生素 K 等脂溶性维生素主要以简单扩散方式通过胎盘。胎盘中含有多种酶，可将复杂化合物分解为简单物质（如蛋白质分解为氨基酸，脂肪分解为自由脂肪酸等），使其易于通过胎盘屏障，也能将简单物质合成后供给胎儿，如可将葡萄糖合成糖原，氨基酸合成蛋白质等。IgG 例外，分子量虽大，却能通过胎盘，可能与血管合体膜表面的特殊受体有关。水的交换主要是通过简单扩散方式进行。钾、钠和镁大部分以简单扩散方式通过胎盘，但当母体缺钾时，钾的交换方式即变为主动运输，以保证胎儿体内的正常钾浓度。钙、磷、碘、铁大都是以主动运输方式单向地从母体向胎儿转运，以保证胎儿正常生长发育。

3. 排除胎儿代谢产物 胎儿的代谢产物如尿素、尿酸、肌酐、肌酸等，经胎盘进入母血，由母体排出体外，可以代替胎儿泌尿系统的功能。

4. 防御功能 胎盘的屏障作用有一定的防御功能，但这种屏障功能很不完善，因胎盘本身遭受感染时其通透性增加，各种病毒及分子量小对胎儿有害的药物均可通过胎盘使胎儿畸形甚至死亡。细菌、弓形虫、衣原体、螺旋体可在胎盘部位形成病灶，破坏绒毛结构，从而进入胎体感染胎儿。母血中免疫抗体如 IgG 能通过胎盘，使胎儿从母体得到抗体，在出生后短时间内获得被动免疫力。

5. 合成功能 胎盘具有活跃的合成物质的能力，主要合成各种激素和酶。

（1）HCG：是一种糖蛋白激素，由胎盘合体滋养细胞产生。在受精后第 6 天开始分泌微量 HCG，以后逐渐增多，着床后能在母体血清中测出。至妊娠 8～10 周血清中浓度达高峰，持续约 10 日后迅速下降，至妊娠中晚期血清浓度仅为峰值的 10%，持续至分娩。分娩后若无胎盘残留，约于产后 2 周内从母血中消失。已知 HCG 主要功能是作用于月经黄体，与黄体细胞膜上的受体结合，激活腺苷酸环化酶，产生生化反应，延长黄体寿命，并使黄体增大成为妊娠黄体，增加甾体激素的分泌，从而维持妊娠。

（2）人胎盘生乳素（HPL）：由胎盘合体滋养细胞合成释放，在妊娠 5～6 周时就可在母血中测出 HPL，随妊娠进展和胎盘增大，其分泌量持续增加，妊娠 34～36 周达高峰（母血值为 5～15 mg/L），并持续至分娩。分娩后 HPL 值迅速下降，约在产后 7 小时即测不出。HPL 有多种生理功能：促进蛋白质合成作用，造成正氮平衡，故可促进胎儿生长；作用于乳腺腺泡，促进腺泡发育，刺激乳腺上皮细胞合成乳白蛋白、乳珠蛋白和乳酪蛋白，为产后泌乳作准备；可刺激脂肪分解，使游离脂肪酸增加，供母体在葡萄糖供应不足的情况下应用，从而节省葡萄糖来供应胎儿。

（3）雌激素：主要来源于胎盘及卵巢。在妊娠早期，E_2 和雌酮主要来源于卵巢黄体，妊娠 10 周后胎盘接替卵巢产生更多雌激素。至妊娠末期，雌三醇（E_3）值为非孕妇女的 1 000 倍，E_2 及雌酮值为非孕妇女的 100 倍。

（4）孕激素：妊娠早期由卵巢妊娠黄体产生，妊娠 8～10 周后胎盘合体滋养细胞是产生孕激素的主要来源，随胎盘的增大，母血中孕酮的值逐渐增高，至孕末期可达 312～624 nmol/L。其代谢产物为孕二醇，24 小时尿排出值为 35～45 mg。孕激素与雌激素协同作用下，对子宫内膜、子宫肌层及乳腺的变化起重要作用。

（5）缩宫素酶：是由合体滋养细胞产生的一种糖蛋白，随妊娠进展逐渐增量。主要功能是使缩宫素分子灭活，起到维持妊娠的作用。胎盘功能不良时，缩宫素酶活性降低。

（6）耐热性碱性磷酸酶：由合体滋养细胞分泌。妊娠 16～20 周母血中可测出。随妊娠进展逐

渐增多,至胎盘娩出后其值下降,产后3~6日消失。动态观察其变化,可作为胎盘功能检查的一项指标。

二、胎膜

胎膜是由绒毛膜和羊膜组成。胎膜含有的多种酶活性与甾体激素代谢有关。胎膜含多量花生四烯酸(前列腺素前身物质)的磷脂,而且含有能催化磷脂生成游离花生四烯酸的溶酶体,因此,胎膜在分娩发动上有一定作用。

三、脐带

脐带是由体蒂演变而成,是连于胎儿脐部与胎盘间的条索状结构,胚胎及胎儿借助脐带悬浮于羊水中。妊娠足月的脐带长平均约55 cm,表面有羊膜覆盖呈灰白色。脐带断面中央有一条管壁较薄、管腔较大的脐静脉;两侧有两条管壁较厚、管腔较小的脐动脉。脐带是胎儿和母体之间进行物质交换的重要通道和唯一桥梁。若脐带受压而使血流受阻时,缺氧可导致胎儿窘迫,甚则危及胎儿生命。

四、羊水

充满在羊膜腔内的液体称为羊水。足月妊娠时羊水量约800 mL。比重为1.007~1.025,pH约为7.20。羊水保持羊膜腔内恒温,为胎儿提供了一个适宜的生长环境;防止胎体畸形及胎肢粘连;能减轻外界打击和震动,防止对胎儿造成损伤;有利于胎儿体液平衡;适量羊水可避免子宫肌壁或胎儿对脐带的直接压迫所致的胎儿窘迫。羊水亦可减轻胎动给母体所带来的不适感;临产后,前羊水囊扩张子宫颈口及阴道,有利于产程进展;破膜后,羊水有润滑和冲洗阴道的作用,有利于分娩和减少感染。

第三节 妊娠期母体的变化

妊娠期间,为了适应胎儿生长发育的需要,在胎盘产生的激素参与和神经内分泌的影响下,孕妇体内各系统发生一系列适应性的变化。了解并能正确识别这些变化,有助于作好孕期保健,有利于鉴别出病理情况,以便及时作出正确处理。

一、生殖系统的变化

(一)子宫

1. 子宫体 妊娠期间子宫逐渐增大变软。子宫重量由非孕时的50 g增至足月妊娠时的1 000 g左右,约为非孕时的20倍。子宫大小由非孕时的(7~8)cm×(4~5)cm×(2~3)cm增大至妊娠足月时的35 cm×25 cm×22 cm。子宫腔容量由非孕时的5 mL,增至妊娠足月时的约5 000 mL,增加约1 000倍。子宫增大主要是由于子宫肌细胞肥大,细胞质内充满具有收缩活性的肌动蛋白和肌球蛋白,为临产后子宫阵缩提供物质基础。子宫肌壁厚度非孕时期约1.0 cm,于孕中期逐渐增厚至2.0~2.5 cm,于孕末期又变薄,妊娠足月时厚度为1.0~1.5 cm或更薄。子宫增大最初是受内分泌激素的影响,以后的增大则是因宫腔压力增加所致。

子宫各部的增长速度并不一致。宫底部在妊娠后期增长最快,宫体部含肌纤维最多,子宫下段次之,宫颈最少,以适应临产后子宫收缩由宫底部向下递减,促使胎儿娩出。

随着子宫体积的改变,子宫的形状和位置也有变化。妊娠早期子宫呈球形或椭圆形且不对称,受精卵着床部位的子宫壁明显突出。妊娠12周以后,增大的子宫渐呈均匀的长椭圆形,并超出盆腔进入腹腔。妊娠晚期的子宫不同程度右旋,与盆腔左侧有乙状结肠占据有关。

2. 子宫峡部 位于宫体部与宫颈之间最狭窄部位。非孕时长约1 cm，妊娠后变软，妊娠10周时子宫峡部明显变软。妊娠12周以后，子宫峡部逐渐伸展、拉长、变薄，扩展成为子宫腔的一部分，形成子宫下段。临产后可伸展到7～10 cm长，成为产道的一部分。

3. 宫颈 妊娠早期宫颈组织水肿，黏膜充血，致使宫颈肥大、变软，外观呈紫蓝色。宫颈管内腺体肥大，宫颈黏液分泌量增多，形成黏稠的黏液栓堵塞于宫颈管，有防止病原体入侵宫腔的作用。接近临产时，宫颈管变短并出现轻度扩张。由于宫颈鳞柱状上皮的交界部向外推移，宫颈表面外观色红如糜烂状，称假性糜烂。

（二）卵巢

妊娠期略增大。于一侧卵巢可见妊娠黄体，妊娠6～7周前分泌雌、孕激素维持早期妊娠。黄体功能于10周后由胎盘取代，黄体在妊娠3～4个月时开始萎缩。妊娠期间卵巢停止排卵。

（三）输卵管

妊娠期输卵管伸长，但肌层并不增厚。黏膜上皮细胞变扁平，黏膜层中有时可出现蜕膜细胞。

（四）阴道

妊娠期阴道黏膜变软并呈紫蓝色，皱襞增多，有利于分娩时阴道充分伸展、扩张。阴道脱落细胞增多，分泌物也增多，常呈白色糊状。阴道上皮细胞糖原积聚，乳酸含量增多，阴道pH降低，有利于防止感染。

（五）外阴

妊娠期外阴部充血，皮肤增厚，大、小阴唇色素沉着，大阴唇内血管增多，同时结缔组织变软，伸展性增加。小阴唇皮脂腺分泌增多。

二、乳房的变化

妊娠期乳房有显著的改变。妊娠期间胎盘分泌大量雌激素和孕激素，刺激乳腺腺管及腺泡发育。此外，乳腺发育完善还需垂体催乳素、胎盘生乳素，以及胰岛素、皮质醇、甲状腺素等的参与。乳房于妊娠早期开始增大，充血明显，孕妇常感乳房发胀或刺痛，浅静脉明显可见。乳头变大并有色素沉着呈黑褐色，易勃起。乳晕变黑，乳晕上的皮脂腺肥大形成散在的结节状小隆起，称为蒙氏结节。妊娠晚期轻轻挤压乳头时，可有少许淡黄色稀薄液体流出，称为初乳，但真正的泌乳则在分娩后出现，这可能与妊娠血液中有高浓度雌、孕激素而抑制乳腺分泌有关。

三、血液循环系统的变化

（一）血液

1. 血容量 从妊娠初期血容量开始增加，孕中期增加最快，至孕32～34周达高峰，增加40%～45%，平均增加约1 450 mL。血容量增加包括血浆和红细胞的增加，由于血浆增加多于红细胞增加，血液呈稀释状态。

2. 血液成分

（1）红细胞：妊娠期骨髓不断产生红细胞，网织红细胞轻度增多。由于血液稀释，足月妊娠时红细胞计数由非孕时的平均4.2×10^{12}/L降至3.6×10^{12}/L左右，血红蛋白由非孕时的平均130 g/L降至110 g/L左右，红细胞比容由0.38～0.47下降到0.31～0.34。孕妇易缺铁，应在妊娠中晚期开始补充铁剂，以防血红蛋白值明显降低。

（2）白细胞：从妊娠7～8周开始轻度增加，至妊娠30周达高峰，上升至5×10^9～12×10^9/L，有时可达15×10^9/L，主要为中性粒细胞增加，而单核细胞和嗜酸性粒细胞几乎无改变。白细胞增加的原因尚不清楚。

（3）凝血因子：妊娠期间凝血因子Ⅱ、Ⅴ、Ⅶ、Ⅷ、Ⅸ、Ⅹ均有增加，使孕妇血液处于高凝状态。血小板数无明显改变。妊娠晚期，凝血酶原时间及活化部分凝血活酶时间轻度缩短，凝血时间无明

显改变。血浆纤维蛋白原含量比非孕妇女增加40%~50%,妊娠末期可达4~5 g/L。由于孕期血液处于高凝状态,产后胎盘剥离面血管内迅速形成血栓,是预防产后出血的另一重要机制。

(4)血浆蛋白:由于血液稀释,血浆蛋白从妊娠早期开始降低,至妊娠中期为60~65 g/L,主要是白蛋白减少,约为35 g/L,以后持续此水平直至分娩。

(二)心血管的变化

妊娠期间由于机体的变化、血容量的增加等使循环系统的负荷增加,心血管系统发生显著改变。

1. 心脏 妊娠后期由于子宫底持续上升,膈肌升高,使心脏向左、向上、向前移位,心尖搏动向左移位约1.0 cm,心浊音界稍扩大。心脏位置的改变使大血管轻度扭曲,加之血流量增加及血流速度加快等原因,多数孕妇在心尖区可听到1~2级柔和吹风样收缩期杂音,产后逐渐消失。心脏容量至妊娠末期增加约10%,心率每分钟增加10~15次。心电图因心脏左移出现电轴左偏。

2. 心排出量 心排出量大约自妊娠10周开始增加,至妊娠32周时达高峰,左侧卧位测量时,心排出量可比非孕时增加30%,平均每次心排量约为80 mL,此水平一直持续到分娩。临产后,特别是在第二产程,心排出量显著增加。

3. 血压 血压在妊娠早期及中期偏低,妊娠晚期轻度升高。一般收缩压不受影响,舒张压于孕中期时约下降10 mmHg,使脉压稍增大。体位改变可影响血压,坐位较仰卧位高。

4. 静脉压 妊娠期间上肢静脉压无改变,股静脉压于妊娠20周升高,主要是由于妊娠后盆腔血液回流至下腔静脉的血量增加,增大的子宫压迫下腔静脉使血液回流受阻。孕妇也因此而容易发生下肢及外阴静脉曲张和痔。侧卧位时能解除子宫的压迫,改善静脉回流。孕妇若长时间处于仰卧位姿势,能引起回心血量减少,心排出量亦随之减少而使血压下降,称为仰卧位低血压综合征。

四、泌尿系统的变化

妊娠期间肾脏略有增大,长度可增加1~2 cm。肾功能改变亦较多,这是由于孕妇及胎儿代谢产物增多,肾脏负担加重所致。自孕早期肾小球滤过率及肾血浆流量即开始增加,整个妊娠期间维持高水平,但两者均受孕妇体位影响,仰卧位时尿量增加,故夜尿量多于日尿量。由于肾小球滤过率增加,而肾小管对葡萄糖再吸收能力不能相应增加,约有15%的孕妇餐后可出现糖尿,尽管如此,亦应排除妊娠糖尿病的可能。

妊娠期间由于内分泌的改变,泌尿系统平滑肌张力减弱。自孕中期肾盂及输尿管轻度扩张,输尿管增粗及蠕动减弱,尿流缓慢,加之输尿管有尿液逆流现象,且右旋妊娠子宫压迫右侧输尿管,孕妇易患急性肾盂肾炎,且以右侧多见。

五、呼吸系统的变化

妊娠期胸部解剖学有一定改变,肋骨向外扩展,肋膈角增大,而致胸廓容量增加。妊娠晚期由于子宫增大,腹压增加,使膈肌升高约4 cm,膈肌活动幅度减少,但因胸廓活动相应增加,以胸式呼吸为主,气体交换仍保持不变。呼吸次数变化不大,每分钟不超过20次,但呼吸较深。孕妇于妊娠中期耗氧量增加10%~20%,肺通气量约增加40%,因而有过度通气现象,这有利于保障对胎儿需氧量的供应,并通过胎盘排出胎儿血中的二氧化碳。妊娠期受雌激素的影响,上呼吸道黏膜增厚,轻度充血水肿,容易发生上呼吸道感染。

六、消化系统的变化

妊娠期间齿龈受大量雌激素影响肥厚,牙龈充血、水肿,牙龈易出血。胃肠平滑肌张力降低,贲门括约肌松弛,胃内酸性内容物可逆流至食管下部产生"烧心感"。胃酸及胃蛋白酶分泌减少。胃排空时间延长,不少孕妇有上腹部饱胀感。肠蠕动减弱,使粪便在结肠停留时间延长出现便秘,常引起痔疮。

妊娠期肝脏大小无变化,肝血流量不增多。胆道平滑肌松弛,胆囊收缩减弱,胆囊排空时间延

长,致使胆汁淤积、黏稠,易有胆结石形成。

妊娠期间随子宫的增大,胃被上举,肠被推向上方和两侧,盲肠和阑尾向外上方向移动,阑尾的基底部在髂嵴水平。

七、内分泌系统的变化

1. 垂体 腺垂体在妊娠期间增大1～2倍,尤其在妊娠晚期增大明显。嗜酸细胞增多、肥大,形成"妊娠细胞"。垂体前叶分泌的FSH及LH由于受孕期大量雌、孕激素的负反馈作用而分泌减少,故妊娠期间卵巢内的卵泡不再发育成熟,也无排卵。PRL从妊娠第7周开始增多,至分娩前达峰值,为非孕妇女的10～20倍。PRL有促进乳房发育的作用,为产后泌乳作准备。分娩后若不哺乳,于产后3周内降到非孕时水平,哺乳者在产后80～100日或更长时间才能降至孕前水平。

2. 肾上腺皮质 妊娠期血清皮质醇浓度明显增加,增到原来的3倍以上,进入血液循环后,75%与球蛋白结合,15%与白蛋白结合,仅有约10%的游离皮质醇起作用,故孕妇并无肾上腺皮质功能亢进的表现。妊娠期间醛固酮水平增多4倍,但仅有30%～40%为有活性作用的游离醛固醇,故不致引起过多的水钠潴留。妊娠期内层网状带分泌的睾酮略有增加,使孕妇阴毛及腋毛增多增粗。

3. 甲状腺 妊娠期间甲状腺组织增生、血管增多,使甲状腺体积增大,约比非孕时增大65%。由于受高雌激素水平的影响,血液循环中甲状腺素结合球蛋白(TBG)显著增加,但游离甲状腺激素并未增加,妊娠基础代谢率约增加20%,但孕妇通常无甲状腺功能亢进的表现。孕妇及胎儿体内的促甲状腺激素均不能通过胎盘,而是各自负责自身甲状腺功能的调节。

4. 甲状旁腺 妊娠早期孕妇血浆中甲状旁腺素水平降低,随妊娠进展,血容量和肾小球滤过率的增加以及钙的胎儿运输,导致孕妇钙浓度的缓慢降低,造成甲状旁腺素在妊娠中晚期逐渐升高。

八、新陈代谢的变化

1. 体重 体重于妊娠12周前无明显变化。孕13周起平均每周增加350 g,直至孕足月时体重约增加12.5 kg。其中包括胎儿、胎盘、羊水、子宫、乳房、血液、组织间液及脂肪沉积等。

2. 糖类代谢 妊娠期间胰岛功能旺盛,胰岛素分泌增多,使血循环中的胰岛素增加,致使孕妇空腹血糖稍低于非孕妇,做糖耐量试验时血糖增高幅度大且恢复延迟。妊娠期间注射胰岛素后降血糖的效果不如非孕妇女,提示靶细胞有拮抗胰岛素功能或因胎盘产生胰岛素酶破坏胰岛素,故妊娠期间胰岛素需要量增多。

3. 脂肪代谢 妊娠期间由于肠道对脂肪吸收能力增加,血脂水平增高,脂肪贮备较多,为妊娠期、分娩以及产后哺乳的能量消耗作好准备。

4. 蛋白质代谢 妊娠期孕妇处于正氮平衡状态,对蛋白质的需要量增加。母体贮备的蛋白质,除供给胎儿生长发育及子宫、乳房增大的需要以外,还为分娩期消耗作准备。

5. 水代谢 妊娠期间母体内总体液量增加平均约为7 L,水钠潴留和排泄形成适当比例而不引起水肿。但至妊娠末期组织间液可增加1～2 L,致使水肿。

6. 矿物质代谢 胎儿生长发育需要大量的钙、磷、铁。胎儿骨骼及胎盘的形成需要较多的钙,妊娠末期胎儿体内含钙25 g,磷14 g,且绝大部分是在妊娠最后2个月内积累的,故应在妊娠期间,尤其是最后3个月注意补钙及维生素D,以提高血钙值。胎儿造血及酶合成需要较多的铁,而孕妇贮存的铁量不足,故需补充铁剂,以防止发生缺铁性贫血。

九、皮肤及其他

1. 色素沉着 不少孕妇妊娠期间在面颊、乳头、乳晕、腹白线及外阴等处皮肤有色素沉着,在面颊可呈不规则的褐色斑块或呈蝶形分布,习称妊娠黄褐斑,分娩后渐减退,但有时不能完全消失。色素沉着与妊娠期垂体分泌黑色素细胞刺激素增多有关,而且雌、孕激素又有直接促进黑色素细胞

的作用,故妊娠皮肤色素沉着增加。

2. 妊娠纹 妊娠期孕妇腹部皮肤可出现不规则平行裂纹,有时甚至出现在大腿、臀部及乳房皮肤,裂纹呈淡红色或紫褐色,质柔软,有皮肤变薄感,称为妊娠纹,见于初产妇。产后上述妊娠纹渐退变成银白色,持久不消退。妊娠纹的发生与肾上腺皮质激素分泌增多引起弹力纤维变性,加之增大的子宫使腹壁皮肤张力加大,使弹力纤维断裂有关。

3. 毛发改变 妊娠期极少数孕妇有阴毛、腋毛增多、增粗的现象,可能与睾酮和肾上腺皮质激素增多有关。也有孕妇孕期发生轻度脱发者,极个别严重脱发可致全部脱光。原因不明,产后可自然恢复。

4. 骨骼、关节及韧带的变化 骨质在妊娠期间一般无改变,仅在妊娠次数过多、过密又不注意补充钙质及维生素 D 时,能引起骨质疏松。妊娠后期部分孕妇自觉腰骶部及肢体疼痛不适,可能与胎盘分泌的松弛素使骨盆韧带及椎骨间的关节、韧带松弛有关。

(李仲平　陈　蓉　杜小利)

第四章 正常分娩

妊娠满 28 周(196 日)及以上胎儿及其附属物从临产发动至从母体全部娩出的过程,称分娩。妊娠满 28 周至不满 37 足周期间分娩称早产;妊娠满 37 周至不满 42 足周期间分娩称足月产;妊娠满 42 周及其以后分娩称过期产。

第一节 决定分娩的四因素

影响分娩的四因素是产力、产道、胎儿及精神、心理因素。诸因素均正常且互相适应,胎儿可经阴道自然娩出,正常分娩。

一、产力

产力是指将胎儿及其附属物从子宫内逼出的力量。产力包括子宫收缩力(简称宫缩);腹肌和膈肌收缩力(腹压);以及肛提肌收缩力。

(一)子宫收缩力

子宫收缩力是临产后的主要产力,贯穿分娩的全过程。临产后的子宫收缩力能迫使子宫颈管缩短消失、宫口扩张、胎儿先露部下降、胎儿和胎盘娩出。正常宫缩特点有:节律性、对称性、极性及缩复作用。

1. 节律性 宫缩的节律性是临产的重要标志。正常宫缩是子宫体肌不随意、有节律和阵发性收缩,并伴有疼痛,故有阵痛之称。每次阵缩由弱变强(进行期),持续一段时间(极期)后由强变弱(退行期),直至消失进入间歇期(附图 4-1),再一次宫缩开始,随着产程的进展,宫缩的强度由弱变

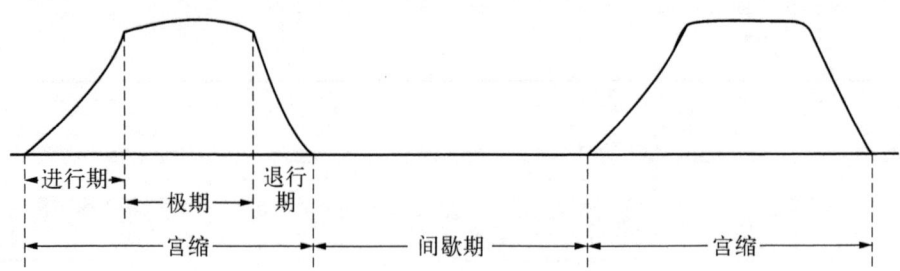

附图 4-1 临产后正常宫缩节律性示意图

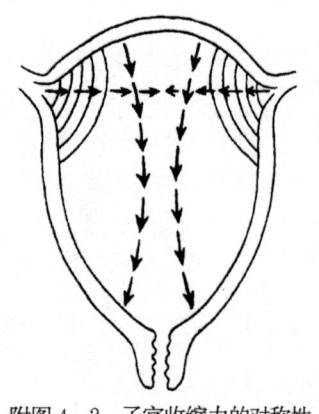

附图 4-2 子宫收缩力的对称性

强,持续的时间由短变长,间歇的时间由长变短,宫缩如此反复出现,直至分娩全过程结束。临产开始时,宫缩约持续 30 秒左右,间歇 5~6 分钟。当宫口开全时,宫缩持续达 60 秒,间歇时间缩短至 1~2 分钟。宫缩时子宫壁及胎盘的血管受压,血流受阻,致使子宫血流量减少,宫缩间歇期子宫的血流量可恢复到原来的水平,胎盘绒毛间隙的血流量重新充盈,宫缩的节律性对胎儿有利。

2. 对称性 正常宫缩起自两侧宫角部,迅速向宫底中线集中,左右对称,再以 2 cm/秒的速度向子宫下段扩散,约 15 秒内扩展至整个子宫,称为子宫收缩力的对称性(附图 4-2)。

3. 极性 宫缩以子宫底部最强最持久,向下逐渐减弱,此为子宫收缩的极性。宫底部的收缩力强度约为子宫下段的2倍。

4. 缩复作用 宫体部平滑肌为收缩段,每当宫缩时,子宫体部肌纤维缩短变宽,间歇期肌纤维虽松弛,但不能恢复到原来的长度,经过反复收缩,肌纤维越来越短,这种现象称为缩复作用。缩复作用使宫腔容积逐渐缩小,迫使先露部下降,使宫颈管缩短直至消失,宫口扩张。

（二）腹肌及膈肌的收缩力

腹肌及膈肌收缩力（腹压）是第二产程娩出胎儿的重要辅助力量。当宫口开全后胎先露已下降至阴道,每当宫缩时前羊水囊或先露部压迫骨盆底组织及直肠,反射性地引起排便动作,产妇主动屏气。此时,产妇喉头紧闭向下用力,腹肌及膈肌强有力的收缩使腹压增高,促使胎儿娩出。腹压在第二产程末期配以宫缩时运用最有效。但过早加腹压容易使产妇疲劳和造成宫颈水肿,致使产程延长。腹压在第三产程还可促使胎盘娩出。

（三）肛提肌收缩力

肛提肌收缩力有协助胎先露部在骨盆腔进行内旋转的作用。当胎头枕部露于耻骨弓下时,能协助胎头仰伸及娩出。当胎盘降至阴道时有助于胎盘娩出。

二、产道

产道是指胎儿娩出的通道,分为骨产道和软产道两部分。

（一）骨产道

骨产道指真骨盆,在分娩过程中变化小,骨产道的大小、形状与分娩关系密切。

临床上将骨盆分为如下三个平面。

1. 骨盆入口平面 呈横椭圆形,其前方为耻骨联合上缘,两侧为髂耻缘,后方为骶岬上缘。

2. 中骨盆平面 即骨盆最小平面,呈前后径长的椭圆形。其前方为耻骨联合下缘,两侧为坐骨棘,后方为骶骨下端,此平面在产科临床具有重要意义。

3. 骨盆出口平面 由两个在不同平面的三角形所组成。前三角的顶端为耻骨联合下缘,两侧为耻骨降支;后三角的顶端为骶尾关节,两侧为骶结节韧带。

（二）软产道

软产道是指子宫下段、子宫颈、阴道及骨盆底软组织构成的弯曲管道。

1. 子宫下段的形成 由非孕时约1cm的子宫峡部伸展形成,妊娠12周以后峡部已扩展成宫腔的一部分,至妊娠末期被拉长形成子宫下段。临产后,由于子宫肌纤维的缩复作用,子宫体部的肌壁越来越厚,子宫下段被牵拉越来越薄,长达7~10 cm,成为软产道的一部分。因子宫上下段的肌壁厚薄不同,在两者之间子宫内面有一环状隆起,称生理性缩复环（附图4-3）。

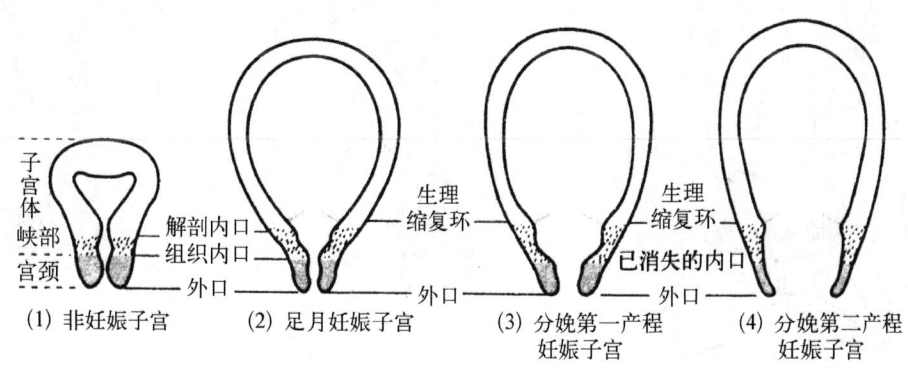

附图4-3 子宫下段形成及宫口扩张

2. 宫颈的变化 临产前的子宫颈管长2~3 cm,临产后的规律宫缩及缩复向上牵拉,兼之前羊水囊的支撑作用,使子宫颈内口向上向外扩张,宫颈管逐渐变短消失。初产妇多是宫颈管先消失,宫口后扩张。经产妇多是宫颈管消失与宫口扩张同时进行。当宫口开全达10 cm时,妊娠足月胎头方能通过。

3. 骨盆底、阴道及会阴的变化 临产后,胎先露下降直接压迫骨盆底,使软产道下段扩张成向前弯的筒状,前壁短,后壁长,阴道外口开向前上方。阴道黏膜皱襞展平使阴道扩张。肛提肌向下向两侧扩展,肌纤维拉长,会阴体变薄,5 cm厚的会阴体变成2~4 mm厚的组织,以利胎儿娩出。但分娩时若保护会阴不当,也易造成裂伤。

三、胎儿

胎儿能否顺利通过产道与胎儿的大小、胎位、胎儿发育有无异常有关。

1. 胎儿大小 胎儿过大致胎头径线过大,尽管骨盆正常大小,也可引起相对性头盆不称,造成难产。

2. 胎位 产道为一纵行管道,如为纵产式(头先露或臀先露),胎体纵轴与骨盆轴相一致,胎儿容易通过产道。肩先露时,胎体纵轴与骨盆轴垂直,妊娠足月的活胎不能通过产道,对母儿威胁较大。

3. 胎儿畸形 胎儿某一部分发育异常,如脑积水、连体胎儿等,由于胎头或胎体过大,通过产道发生梗阻性困难。

四、精神心理因素

分娩虽是生理现象,但大多数产妇对分娩有一定的顾虑。精神心理状态可以通过影响产力进而影响产程的进展。

应对产妇进行分娩前教育,帮其树立信心,以期顺利分娩。

第二节 枕先露的分娩机制

分娩机制是指胎儿先露部为适应骨盆各平面的不同形态,被动地进行一系列的适应性转动,以其最小径线通过产道的过程。整个过程被分解为衔接、下降、俯屈、内旋转、复位及外旋转等动作,但过程的实质是连续的。正常分娩以枕先露左前位为最多见,故以枕左前位为例说明。

1. 衔接 胎头双顶径已进入骨盆入口平面,胎头颅骨最低点接近或达到坐骨棘水平称为衔接。初产妇多在预产期前1~2周胎头衔接,经产妇多在分娩开始后衔接。若初产妇已临产而胎头仍未衔接,应警惕有头盆不称(附图4-4)。

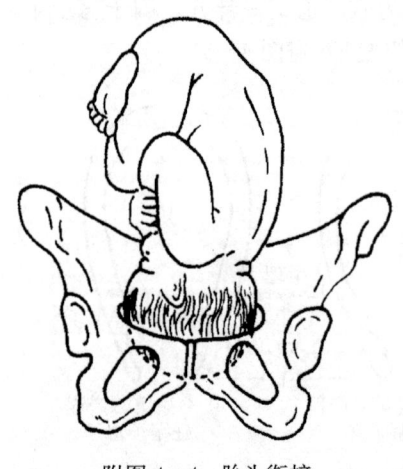

附图4-4 胎头衔接

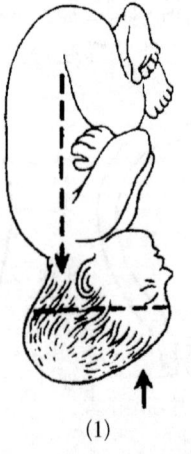
(1)

(2)

附图4-5 胎头俯屈

2. 下降 胎头沿骨盆轴前进的动作称下降。下降贯穿在分娩全程中,与其他动作相伴随,宫缩时胎头下降,间歇期少许缩回,临床上以观察胎头下降的程度作为判断产程进展的重要标志之一。

促使胎头下降的因素有：① 宫缩时通过羊水传导压力，经胎轴传至胎头；② 宫缩时宫底直接压迫胎臀；③ 胎体伸直伸长；④ 腹肌收缩使腹压增加。

3. 俯屈 胎头以枕额径下降至骨盆底时，处于半俯屈状态的胎头枕部遇肛提肌阻力，借杠杆作用进一步俯屈，使下颏接近胸部，使胎头衔接时的枕额径变为最小的枕下前囟径，以适应产道的最小径线，有利于胎头进一步下降（附图4-5）。

4. 内旋转 胎头围绕骨盆纵轴而旋转，使其矢状缝与中骨盆及出口前后径相一致的动作称为内旋转，内旋转使胎头适应中骨盆及出口前后径大于横径的特点，有利于胎头下降。枕先露时，胎头枕部位置最低，枕左前位的胎头向母体前方旋转45°为内旋转，后囟转至耻骨弓下方（附图4-6）。胎头在第一产程末完成内旋转动作。

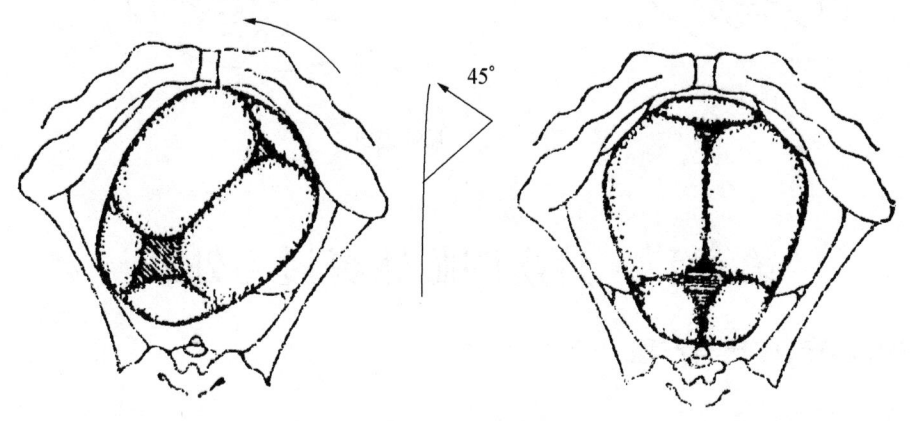

附图4-6 胎头内旋转

5. 仰伸 当俯屈的胎头完成内旋转后继续下降达阴道外口时，宫缩和腹压继续迫使胎头下降，而肛提肌收缩力又将胎头向前推进，两者的合力使胎头沿骨盆轴下段向下向前的方向前进，枕骨以耻骨弓为支点使胎头逐渐仰伸，胎头的顶、额、鼻、口、颏相继娩出。胎头仰伸时，胎儿双肩径沿左斜径进入骨盆入口（附图4-7）。

6. 复位及外旋转 胎头娩出时，胎儿双肩径沿骨盆入口左斜径下降。胎头娩出后，为使胎头与胎肩恢复正常解剖关系，胎头枕部向左旋转45°称复位，胎肩在盆腔内继续下降，前肩（右肩）向前向中线旋转45°时，胎儿双肩径与骨盆出口前后径呈一致的方向，胎头枕部需在外继续向左旋转45°以保持胎头与胎肩的垂直关系，称为外旋转（附图4-8）。

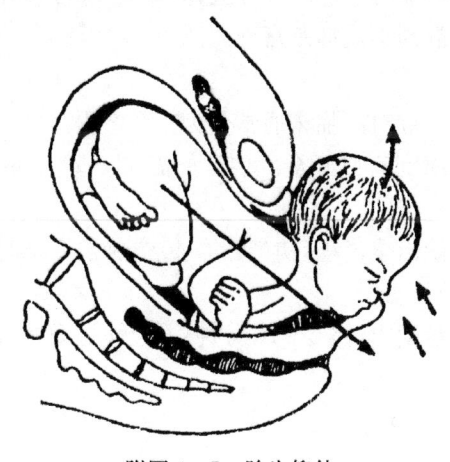

附图4-7 胎头仰伸

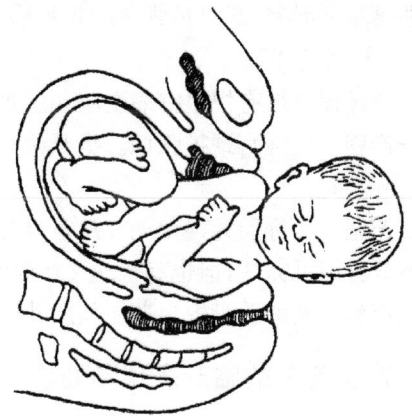

附图4-8 胎头外旋转

7. 胎肩及胎儿娩出 胎头完成外旋转后，胎儿前（右）肩在耻骨弓下先娩出。随即后（左）肩从会阴前缘娩出，然后胎体及胎儿下肢顺利娩出。至此，胎儿娩出过程全部完成（附图4-9）。

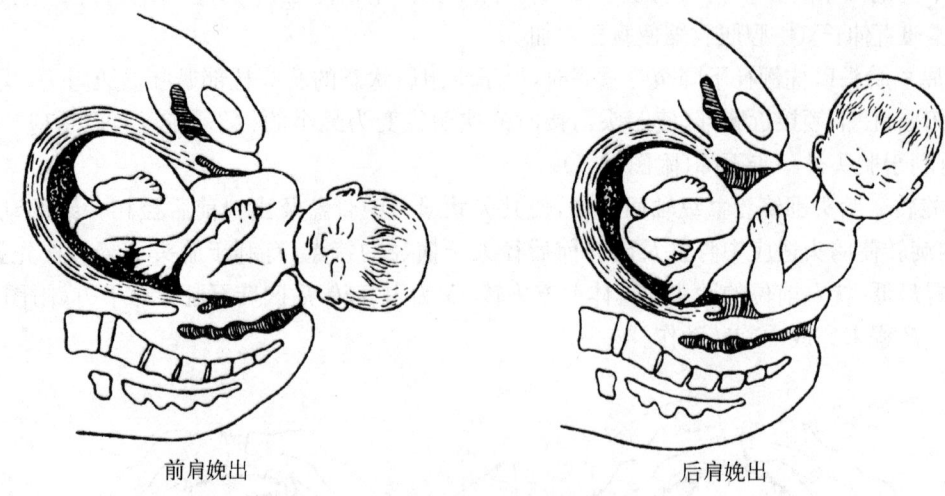

前肩娩出　　　　　　　　后肩娩出

附图 4-9　胎肩娩出

第三节　分娩的临床经过与处理

一、先兆临产、临产与产程

（一）先兆临产

分娩发动之前,孕妇往往出现一些预示不久将临产的症状,称为先兆临产。

分娩发动之前,孕妇常出现"假临产",其特点是宫缩持续时间短且不恒定,间歇时间长而不规律,常在夜间出现清晨消失,宫缩只引起轻微胀痛且局限于下腹部,宫颈管不缩短,宫口扩张不明显,镇静剂能抑制这种假临产。

胎先露部下降进入骨盆入口后,子宫底下降,产妇多有轻松感,呼吸较前轻快,进食量增多;因为压迫膀胱,常伴有尿频症状。

在分娩发动前 24～48 小时,因宫颈内口附近的胎膜与该处的子宫壁分离,毛细血管破裂经阴道排除少许血液,与宫颈黏液相混排出,称见红,是临产即将开始的一个比较可靠的征象。

（二）临产的诊断

临产开始的主要标志是有规律而逐渐增强的子宫收缩,持续 30 秒以上,间歇 5～6 分钟,同时伴有进行性宫颈管消失,宫口扩张和胎先露部下降,用镇静剂不能抑制宫缩。

（三）产程分期

分娩全过程是从有规律宫缩至胎儿胎盘娩出,简称总产程,临床通常分为三个产程。

第一产程　又称宫颈扩张期。指开始出现规律宫缩到宫口开全。初产妇需 11～22 小时,经产妇需 6～16 小时。

第二产程　又称胎儿娩出期。从宫口开全到胎儿娩出全过程,初产妇需 40 分钟至 2 小时;经产妇通常数分钟即可完成,但也有长达 2 小时者。

第三产程　又称胎盘娩出期。从胎儿娩出后到胎盘娩出,需 5～15 分钟,不应超过 30 分钟。

二、产程各期的临产表现和处理

（一）第一产程的临床表现及处理

1. 临床表现

（1）规律宫缩:产程开始时,宫缩出现时间较短(持续 20～30 秒)且弱,间歇期长(5～6 分钟),随着产程进展,持续时间渐长,且强度不断增加,间歇期缩短。当宫口近开全时,宫缩持续时间可达

1分钟以上,间歇期仅1分钟或稍长。

(2)宫口扩张:通过肛查或阴道检查,可以确定宫口扩张程度。当宫缩渐增强,子宫颈管逐渐变软缩短,直至消失,宫口逐渐扩张,宫口扩张于潜伏期较慢,进入活跃期后速度加快,当宫口开全时,与子宫下段及阴道形成宽阔的软产道。

(3)胎头下降:胎先露部在宫口开大至6 cm后快速下降。通过阴道检查,能够明确胎头颅骨最低点的位置,并能协助判断胎位。

(4)胎膜破裂:简称破膜。胎先露部下降,将羊水阻断为前、后两部分,在胎先露部前面的羊水不多,约为100 mL,称为前羊水。宫缩时当羊膜腔压力增加到一定程度时,胎膜自然破裂,破膜多在宫口近开全时。

2. 产程观察及处理

(1)子宫收缩:可通过触诊法和胎儿监护仪观察子宫收缩。最简单的方法是由助产士以手掌放于产妇的腹壁上观察,宫缩时,宫体部隆起变硬,间歇期松弛变软。定时连续观察宫缩持续时间、强度、规律性以及间歇期时间,并记录。用胎儿监护仪描记的宫缩曲线,可以看到宫缩强度、频率和每次宫缩持续时间,是较全面反应宫缩的客观指标。

(2)胎心:于宫缩间歇时听胎心一次,随产程进展适当增加听诊次数,正常胎心率为110~160次/分钟。如宫缩后胎心率不能迅速恢复,或胎心率<110次/分或>160次/分,均提示胎儿缺氧,应边查找原因边处理,立即给产妇吸氧,改左侧卧位。

(3)胎膜破裂:胎膜多在宫口近开全时破裂,前羊水流出。一旦胎膜破裂,应立即听胎心,并观察羊水性状、颜色和流出量,记录破膜时间。

(4)血压:于第一产程期间,宫缩时血压升高5~10 mmHg,间歇期恢复原状。应每隔4~6小时测量一次,如血压升高,应增加测量次数,并以相应的处理。

(5)精神安慰:产妇的精神状态能够影响宫缩和产程进展,特别是初产妇,由于产程较长,容易产生焦虑、紧张和急躁情绪,不能按时进食和休息,助产人员应增强产妇自然分娩的信心,讲解分娩是生理过程,在宫缩时指导深呼吸动作,或用双手轻揉下腹部;若腰骶部胀痛,用手拳压迫腰骶部常能减轻不适感,减轻疼痛感觉,以便顺利分娩。

(6)饮食与活动:待产过程中,鼓励产妇少量多次饮食,吃高热量易消化食物,摄入足够水分,以保证精力和体力充沛。宫缩不强且未破膜者可在病室内走动,有助于加速产程进展。

(7)排尿与排便:临产后鼓励产妇每2~4小时排尿一次,以免充盈的膀胱影响宫缩及胎头下降。因胎头压迫引起排尿困难者,必要时导尿。

(8)肛门检查:应适时在宫缩时进行。了解子宫颈口扩张情况、软硬度、厚薄,是否破膜,胎头下降程度。

(9)阴道检查:适用于肛查不清楚、宫口扩张及胎头下降程度不明、疑有脐带先露等异常情况者。阴道检查应严密消毒后进行。

(二)第二产程的临床经过及处理

1. 临床表现 宫口开全后,胎膜多已自然破裂,若未破膜者影响胎头下降,给予人工破膜。宫缩较第一产程增强,持续1分钟以上,间歇期仅1分钟或稍长。当胎头降至骨盆出口压迫骨盆底组织时,产妇有排便感,不自主地向下屏气。随产程进展,会阴渐膨隆和变薄,肛门括约肌松弛。于宫缩时,胎头露出于阴道口,露出部分不断增大,在宫缩间歇期,胎头又缩回阴道内,称胎头拨露。当胎头双顶径越过骨盆出口,宫缩间歇时胎头不再回缩,称胎头着冠(附图4-10)。此后会阴极度扩展,产程继续进展,胎头枕骨于耻骨弓下露出,出现仰伸动作,额、鼻、口、颏部相继娩出,胎头娩出。胎头娩出后接着出现复位和外

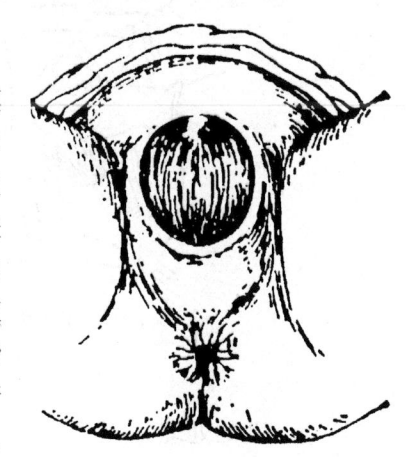

附图4-10 胎头着冠

旋转,此时胎肩到达阴道口外,随之前肩、后肩相继娩出,胎体也很快娩出,后羊水随之涌出。经产妇的第二产程短,上述临床表现不易分开,有时仅需几次宫缩即可完成胎头的娩出。

2. 产程的观察和处理

(1) 密切观察胎心:第二产程宫缩频而强,胎儿易出现急性缺氧,应勤听胎心。通常每5~10分钟听一次,必要时胎儿监护仪连续监测。如发现胎心异常,应立即阴道检查,并尽快结束分娩。

(2) 指导产妇屏气用力:宫口开全后应指导产妇运用腹压。方法是让产妇双足蹬在产床上,两手握住产床上的把手,宫缩时,深吸气屏住,然后如解大便样向下用力屏气增加腹压,于宫缩间歇时,产妇呼气并使全身肌肉放松,安静休息。

(3) 接生:初产妇宫口开全,经产妇宫口扩张6 cm且宫缩规律有力时,应将产妇送至产房,用消毒肥皂水擦洗外阴部,顺序是大小阴唇、阴阜、大腿内侧上1/3、会阴及肛门周围。接生者按外科无菌操作常规洗手后,戴无菌手套,打开产包,铺好消毒巾准备接生。接生者站在产妇的右侧,当胎头拨露使阴唇后联合紧张时开始保护会阴。具体方法是:在会阴部盖一块消毒巾,接生者右肘支在产床上,右手拇指和其他四指分开放在会阴两侧,利用手掌大鱼际肌顶住会阴部,每当宫缩时,内向上方托压,同时左手应轻轻下压胎头枕部,协助胎头俯屈和胎头缓慢下降[附图4-11(1)]。宫缩间歇时,保护会阴右手稍放松,以免压迫过久引起会阴水肿。胎头着冠后,右手不能再放松,宫缩时嘱产妇哈气,不要向下用力,当胎头枕部在耻骨弓下露出时,左手应按分娩机制协助胎头仰伸[附图4-11(2)]。此时如宫缩强,应嘱产妇张口哈气解除腹压的作用,让产妇在宫缩间歇时稍向下屏气,使胎头缓慢娩出。胎头娩出后,右手仍应注意保护会阴,不要急于娩出胎肩,而应以左手自鼻根向下颏挤压,挤出口鼻内的黏液和羊水,然后协助胎头复位和外旋转,使胎儿双肩径与骨盆出口前后径相一致。接生者的左手将胎儿颈部向下轻压,使前肩自耻骨弓下先娩出[附图4-11(3)],继之再托胎颈向上,使后肩从会阴前缘缓慢娩出[附图4-11(4)]。双肩娩出后,右手方可放松,助产者用双手握住胎儿的腋部向外牵引,胎体即可顺利娩出,后羊水也随即涌出。记录胎儿娩出时间,胎儿娩出清理呼吸道后断脐,在产妇臀下放一弯盘接血,记录出血量。在接产时对会阴过紧或胎儿过大者,应行会阴切开术。

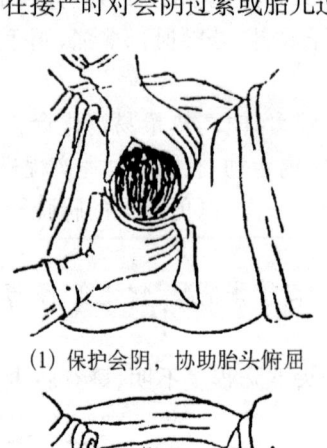
(1) 保护会阴,协助胎头俯屈

(2) 协助胎头仰伸

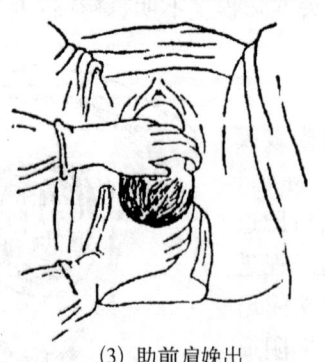
(3) 助前肩娩出

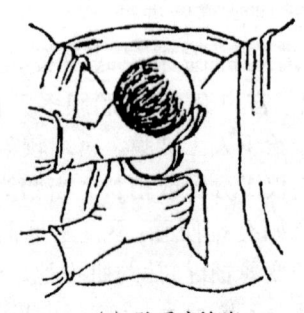
(4) 助后肩娩出

附图4-11 接生步骤

(4) 新生儿的处理

1) 清理呼吸道:胎儿娩出断脐后,继续清除呼吸道的黏液和羊水,用新生儿吸痰管或导管轻轻吸出新生儿咽部及鼻腔的黏液和羊水,以免发生吸入性肺炎。当确定呼吸道黏液和羊水已吸净而仍未啼哭时,可用手轻拍新生儿足底。新生儿大声啼哭,表示呼吸道已通畅。

2）脐带处理：用两把血管钳钳夹脐带,在其中间剪断,在距脐根 0.5 cm 处丝线双重结扎,注意扎紧不要出血但不能用力过猛造成脐带断裂。消毒脐带断端,药液不可接触新生儿皮肤,以免发生皮肤烧灼,用纱布覆盖包扎。也有用脐带夹、弹性橡胶圈等方法替代结扎。

3）处理新生儿：护理人员需测新生儿身长、体重,同时检查其身体各部位是否正常,如发现异常情况需记录在新生儿出生记录上。新生儿出生后,应立即保暖,以预防体热散失过速。打足印及母亲的拇指印于新生儿病历上,将标明新生儿性别、体重、出生时间、母亲姓名和床号的手腕带系于新生儿右手腕,让母亲将新生儿抱在怀中进行首次吸吮乳头。

4）新生儿阿普加评分(apqar score)：出生后 1 分钟内评分 8～10 分属正常新生儿。

（三）第三产程的临床表现及处理

1. 临床表现　胎儿娩出后子宫迅速收缩,由于子宫腔容积突然明显缩小,胎盘不能相应缩小而与子宫壁发生错位致剥离,剥离面有出血,形成胎盘后积血。随着子宫的继续收缩,剥离面不断增加,最终胎盘完全从子宫壁剥离而排出。胎盘剥离的征象有：子宫体变硬,宫底上升达脐上,阴道口外露的一段脐带自行延长；阴道少量流血；经耻骨联合上方轻压子宫下段时,宫底上升而外露的脐带不再回缩。

2. 处理

（1）协助胎盘娩出：正确处理胎盘娩出能减少产后出血的发生,接生者在胎盘未完全剥离前切忌用手按摩下压宫底或牵拉脐带,以免引起胎盘部分剥离而出血、拉断脐带,甚至造成子宫内翻。当确认胎盘已完全剥离时,子宫收缩时以左手握住宫底（拇指置于子宫前壁,其余四指置于子宫后壁）并按压,同时右手轻拉脐带协助胎盘娩出。当胎盘娩出阴道时,接生者用双手捧住胎盘,向一个方向旋转并缓慢向外牵拉,协助胎膜完全排出。如胎膜排出过程中发现胎膜部分断裂,可用血管钳夹住断裂上端的胎膜,再继续向原方向旋转直至胎膜完全排出。胎盘胎膜娩出以后,按摩子宫刺激其收缩以减少出血,并测量出血量。

（2）检查胎盘胎膜：将胎盘铺平,先检查胎盘母体面的胎盘小叶有无缺损,然后将胎盘提起,检查胎膜是否完整,再检查胎盘胎儿面边缘有无血管断裂,能及时发现副胎盘。若有副胎盘、部分胎盘残留或大部分胎膜残留时,应在无菌操作下手取残留组织。

（3）检查软产道：胎盘娩出后应仔细检查会阴及阴唇内侧、尿道口周围、阴道及宫颈有无裂伤,若有裂伤应立即缝合。

（4）预防产后出血：分娩后仔细收集并记录产时的出血量。对过去有产后出血史或有子宫收缩乏力可能的产妇可应用缩宫素等宫缩剂。胎盘娩出后 2 小时是产后出血高危期,应在产房严密观察,发现异常及时处理。

（张丽华　陈　蓉　杜小利）

第五章 妇产科检查与常用特殊检查

第一节 妇科检查

一、注意事项

检查前患者先自行排尿,必要时导尿,大便充盈者先排便,取膀胱截石位。检查应仔细,动作要轻柔,态度要严肃,关心体贴患者。男医生检查患者时,应有其他女性医护人员在场。有阴道出血时,如需行妇科检查,应严格消毒外阴及使用无菌器械和手套。

二、检查方法

1. 外阴检查 观察外阴的发育、阴毛多少及分布,有无畸形、皮炎、溃疡、损伤、赘生物或肿块,皮肤和黏膜色泽,前庭大腺是否肿大,处女膜是否完整,有无会阴后一侧切瘢痕或陈旧性裂伤、阴道前后壁膨出及子宫脱垂等。

2. 阴道窥器检查 无性生活者未经本人同意,禁作窥器或双合诊检查。检查时将窥器两叶合拢,然后沿阴道侧后壁轻轻插入,边推边旋转成正位,张开窥器两叶直至完全暴露宫颈为止。先观察阴道黏膜色泽及皱襞多少有无充血、出血、溃疡,有无畸形、赘生物或囊肿;阴道分泌物量、性质、颜色、有无臭味;再观察宫颈大小、颜色,外口形状,有无柱状上皮异位、腺囊肿、息肉或赘生物。需作宫颈刮片或阴道涂片时,应于此时进行(附图5-1)。

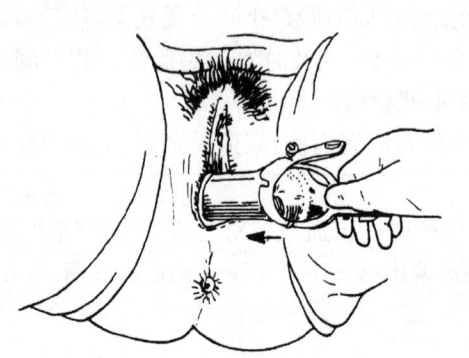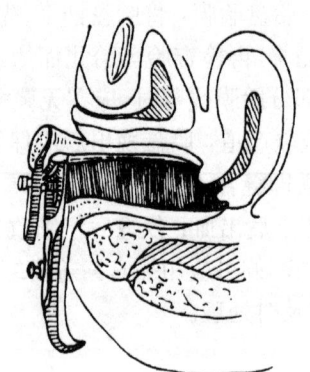

附图5-1 阴道窥器检查

3. 双合诊 经阴道手指触诊的同时用手在腹部配合检查称为双合诊。目的在于检查阴道、宫颈、宫体、输卵管、卵巢及宫旁结缔组织等情况。检查者用戴手套一手的拇指及食指了解外阴皮肤弹性,有无硬结、触痛及前庭大腺是否肿大。将食、中两指伸入阴道,检查阴道通畅情况和深度,有无瘢痕、硬结、畸形,了解穹隆部情况。再触扪子宫颈大小、形状、硬度及颈口情况,有无接触性出血,上举或摇摆子宫颈有无疼痛。随后将阴道内两指平放在宫颈后方,阴道内手指向上向前抬举宫颈,另一手在下腹部按压,两手共同配合即可触知子宫的位置、大小、形态、软硬度、活动度及有无压痛。扪清子宫后,阴道内两指移向一侧穹隆部,检查附件有无肿块、增厚或压痛,继而再查对侧。如扪及肿块要了解其大小、形状、软硬度、活动度、有无压痛以及与子宫的关系。正常时输卵管不能触及,卵巢有时可扪及(附图5-2、附图5-3)。

4. 三合诊 经阴道、直肠及腹部联合检查称为三合诊。检查者以一手的食指伸入阴道,中指伸入直肠,另一手置于下腹部进行检查,方法与双合诊同,可弥补双合诊的不足。用于了解后倾后屈子宫的大小和形态,宫骶韧带、阴道直肠隔及直肠本身的情况;如有肿块,可以了解肿块形态及其与盆壁的关系,可估计盆腔癌肿浸润范围(附图5-4)。

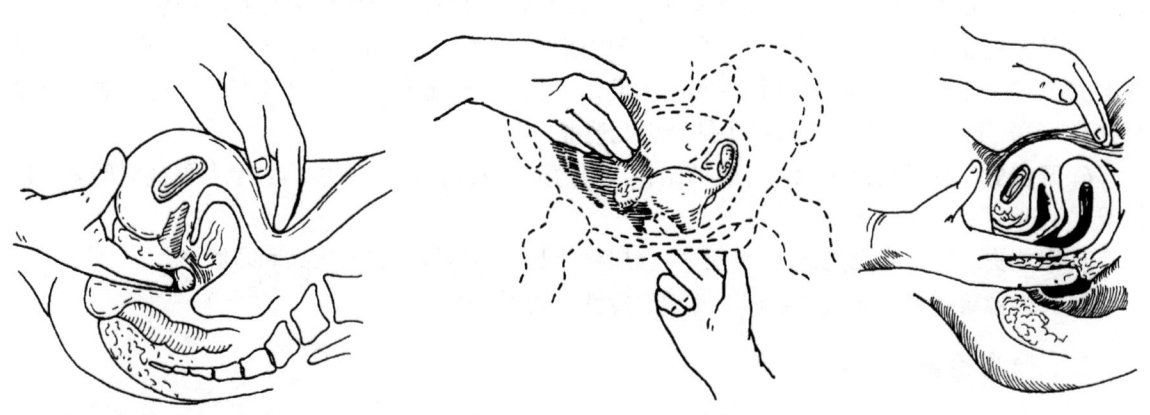

附图5-2 双合诊检查子宫　　　附图5-3 双合诊检查附件　　　附图5-4 三合诊检查

5. 直肠-腹部诊 一手食指伸入直肠,另一手在腹部配合检查,称为直肠-腹部诊。适用于未婚妇女、处女膜闭锁或经期不宜作双合诊者。

三、检查记录

通过妇科检查应将检查结果按下列解剖部位先后顺序记录。
　　外阴　　发育情况及婚产式(未婚、已婚未产或经产)。
　　阴道　　是否通畅,黏膜情况及皱襞是否平滑,分泌物量、色、性状及有无臭味。
　　宫颈　　大小、硬度,有无柱状上皮异位、裂伤、息肉、腺囊肿,有无接触性出血、举痛及摇摆痛等。
　　宫体　　位置、大小、硬度、活动度、有无压痛等。
　　附件　　有无增厚、块物或压痛。如有块物,应记录其位置、大小、硬度、表面光滑或有结节状突起、活动度、有无压痛,以及与子宫及盆壁的关系,左右两侧情况应分别记录。

第二节　产前检查

产前检查是围生期保健的主要内容之一。通过产前检查能够及早发现并治疗孕妇及胎儿存在的异常情况,保障母儿的健康,降低母儿死亡率。

首次产前检查应自确定早孕时开始。对有遗传代谢疾病可疑者,应及早进行产前诊断,以降低先天缺陷儿和遗传病儿的出生率。妊娠20~36周期间每4周检查1次,自妊娠36周起每周检查1次,即于妊娠20、24、28、32、36、37、38、39、40、41周,共行产前检查11次。凡属高危孕妇,应酌情增加产前检查次数。

一、询问病史

1. 年龄　小于18岁或35岁以上的初孕妇,容易发生妊娠及分娩期并发症。
2. 职业　接触有毒物质的孕妇,应检测血常规及肝功能。接触放射性物质者在孕前、孕期应调换工作。
3. 推算预产期　末次月经明确的,可从末次月经第1天起计算,月份加9或减3,日数加7。如末次月经第一日为公历2002年11月10日,预产期则为2003年8月17日。若孕妇仅知农历日期,

则应换算成公历再推算预产期。若孕妇记不清末次月经日期或哺乳期月经尚未来潮而受孕者,可根据早孕反应开始出现时间、自觉胎动开始时间、B超测量胎儿头臀长度、股骨长度、双顶径来推算。实际的分娩时间与推算的日期可以相差1~2周。

4. 本次妊娠情况 了解妊娠早期有无早孕反应、病毒感染,有否接触致畸因素。妊娠期有否阴道出血、头晕、头痛、视物不清、心悸、气短和下肢水肿等。胎动开始时间、孕期服药史等。

5. 月经史及孕产史 询问初潮年龄、月经周期。经产妇应了解以往妊娠、分娩、产后情况,包括有无流产、早产、难产史(难产原因、胎儿大小及出生情况、所施手术后情况),有无产后出血及其他合并症,末次分娩或流产的日期,并了解新生儿情况。

6. 既往史 有无高血压、心脏病、肺结核、糖尿病、血液病、肝肾疾病等,注意其发病时间和治疗情况。

7. 家族史 家族有无高血压、传染病、糖尿病及其他与遗传有关的疾病和多胎史。

8. 丈夫健康状况 尤其注意询问有无遗传性疾病等。

二、全身检查

注意发育、营养、体态、毛发分布情况、身高。注意心脏有无病变。检查脊柱、下肢有无畸形。检查乳房。测量体重与血压,妊娠晚期每周体重增加不应超过500 g,超过者多有水肿或隐性水肿。孕妇血压正常不超过140/90 mmHg,或与基础血压相比不超过30/15 mmHg。

三、产科检查

包括腹部检查、骨盆测量、阴道检查、肛门指诊检查。

(一)腹部检查

孕妇排空小便后仰卧于检查床上,头部稍垫高,腹部袒露,双腿屈曲稍分开。检查者站在孕妇右侧。

1. 视诊 注意腹部外形、大小,腹壁有无水肿、妊娠纹和手术瘢痕等。

2. 触诊 用手触及宫底,以软尺测量宫高及腹围值。检查子宫大小,胎产式、胎先露、胎方位,以及先露部是否衔接。腹部触诊可分四步手法进行,前三步检查者面向孕妇,第四步时检查者应面向孕妇足端(附图5-5)。

第一步:检查者两手置于子宫底部,了解子宫外形,检查子宫底高度,估计胎儿大小与妊娠月份是否相符。双手相对轻推,判断子宫底部的胎儿部分,若为胎头则圆而硬且有浮球感,若为胎臀则软而宽且形状略不规则。

第二步:检查者两手分别放于腹部两侧,一手固定,另一手轻轻深按,两手交替,判断胎背及胎儿肢体的位置。平坦饱满者为胎背,高低不平可变形部分是胎儿肢体。

第三步:检查者右手拇指与其余四指分开,置于耻骨联合上方,握住胎先露部,进一步确定是胎头或胎臀,左右推动以确定是否衔接。先露部浮动表示尚未衔接。若已衔接,则先露部不能推动。

第四步:检查者左、右手分别置于先露部的两侧,向骨盆入口方向轻轻深按检查,进一步确定胎先露部及其入盆程度。先露为胎头时,一手能顺利进入骨盆入口,另一手则被胎头隆起部阻挡,该隆起部称胎头隆突。

3. 听诊 胎心在靠近胎背上方的孕妇腹壁上听诊最清楚。听胎心音时应注意其节律与速度。

(二)骨盆测量

了解骨盆的大小及形态,预测足月胎儿能否通过产道。有骨盆外测量及骨盆内测量两种。

1. 骨盆外测量 间接估计骨盆的大小及形状。操作简便,临床上仍经常应用。常测的径线有:

(1)髂棘间径:孕妇取伸腿仰卧位,测量两髂前上棘外缘的距离,正常值为23~26 cm。

(2)髂嵴间径:同上述体位,测量两髂嵴外缘最宽的距离,正常值为25~28 cm。

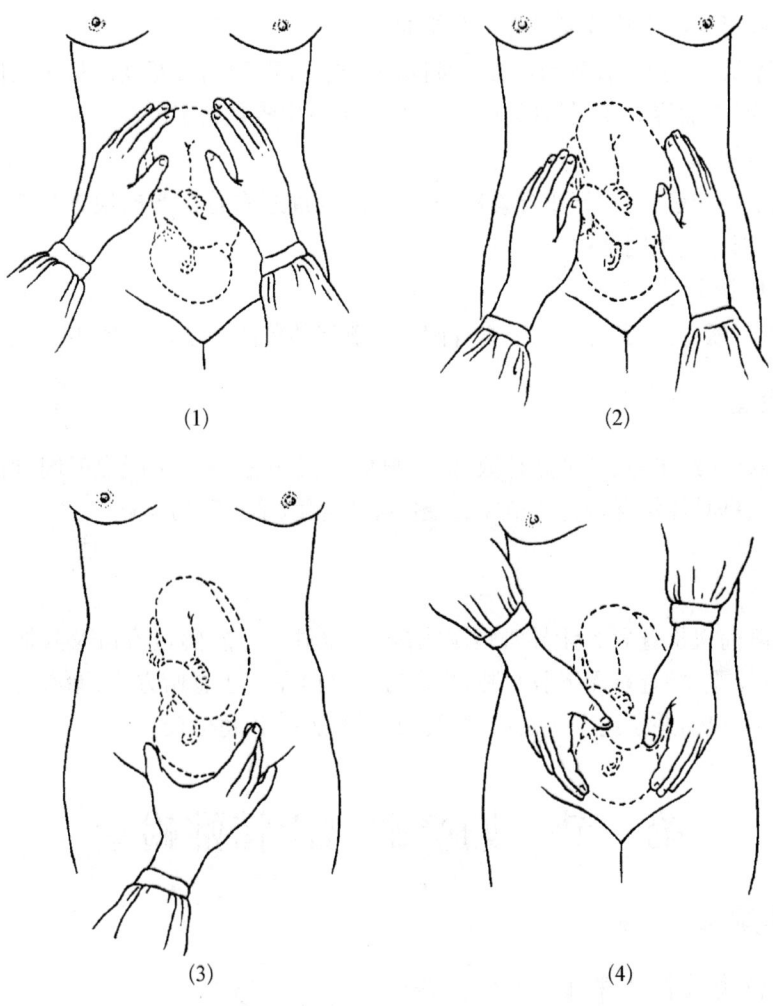

附图5-5 胎位检查的四步触诊法

（3）骶耻外径：孕妇取左侧卧位，左腿屈曲，右腿伸直，测量耻骨联合上缘中点至第5腰椎棘突下的距离，正常值为18～20 cm。第5腰椎棘突下即米氏菱形窝的上角。间接反映骨盆入口前后经的长度。

（4）坐骨结节间径：即骨盆出口横径。孕妇取仰卧位，两腿弯曲，双手紧抱双膝，测量两坐骨结节内侧缘的距离，正常值为8.5～9.5 cm。亦可用拳头测量，若其间能容纳成人手拳，则其间径大于8.5 cm。若此径线少于8 cm时，应加测出口后矢状径。

（5）出口后矢状径：为坐骨结节间径中点至骶骨尖端的长度。检查者右手食指戴指套，伸入孕妇肛门向骶骨方向，拇指置于孕妇体表骶尾部，两指共同找到骶骨尖端，用骨盆出口测量器的一端放在坐骨结节间径的中点，另一端放于骶骨尖端处，两端的距离即为出口后矢状径的长度，正常值为8～9 cm。若与坐骨结节间径相加大于15 cm，表示骨盆出口无狭窄。

（6）耻骨弓角度：两手拇指对拢，放在耻骨降支的上面，两拇指间角度即为耻骨弓角度。此角度反映骨盆出口横径的宽度，正常值为90°，小于80°为不正常。

2. 骨盆内测量

（1）对角径：该径为耻骨联合下缘至骶岬上缘中点的距离，正常值为12.5～13 cm，此值减去1.5～2 cm即为骨盆入口前后径的长度，又称真结合径。方法是检查者将一手的食、中指伸入阴道，用中指尖触到骶岬上缘中点，食指上缘紧贴耻骨联合下缘，另一手食指固定标记此接触点，抽出阴道内的手指，测量中指尖到此接触点的距离，即为对角径。若中指触不到骶岬，则表示此径大于12.5 cm。

（2）坐骨棘间径：正常值为10 cm。方法是一手食、中指放入阴道内，触及两侧坐骨棘，估计其间的距离。此径线过小会影响分娩过程中胎头的下降。

（3）坐骨切迹宽度：指坐骨棘与骶骨下部间的距离，即骶棘韧带宽度。将阴道内的食指置于韧带上移动，正常情况下能容纳3横指（5.5～6 cm），否则为中骨盆狭窄。

（三）阴道检查

孕妇于妊娠早期初诊时，应行双合诊检查。妊娠24周左右首次产前检查时需测量对角径。妊娠最后1个月内，则应避免阴道检查。

（四）肛门指诊检查

可了解先露部、骶骨前面弯曲度、坐骨棘间径及骶尾关节活动度，并测量出口后矢状径。

四、辅助检查

常规检查血象（血红蛋白、红细胞计数、白细胞总数、血小板数）、出凝血时间、血型、尿常规及肝肾功能等。还应根据具体情况进行心电图、B超、血液生化、羊水等的检查。

五、复诊

复诊时要了解前次检查后有无异常情况出现，如水肿、头痛、阴道流血及其他症状等。每次复诊均应测血压，量体重，检查有无下肢水肿，复查有无蛋白尿。注意胎方位、胎心音及胎儿大小。复诊时作好孕期卫生宣传，并预约下次复诊时间。必要时进行B超检查。

第三节　妇产科常用特殊检查

一、生殖道细胞学检查

（一）涂片种类及标本采集

采集标本前24小时内禁止性生活、阴道检查、阴道灌洗及用药，取标本的用具必须无菌干燥。

1. 阴道涂片　主要是了解卵巢或胎盘功能。对已婚妇女，一般在阴道侧壁上1/3处轻轻刮取浅层细胞作涂片，避免将深层细胞混入而影响诊断，薄而均匀地涂于玻片上，置95%乙醇中固定。对未婚阴道分泌物极少的女性，可将消毒棉签先浸湿，然后伸入阴道在其侧壁上1/3处轻轻卷取细胞，取出棉签，在玻片上涂片并固定。

2. 宫颈脱落细胞学检查　是筛查早期宫颈癌的重要方法。传统的宫颈刮片，取材应在宫颈外口鳞-柱状上皮交接处，以宫颈外口为圆心，将木质铲形小刮板轻轻刮取一周，避免损伤组织引起出血而影响检查结果。若白带过多，应先用无菌干棉球轻轻擦净黏液，再刮取标本，然后均匀地涂布于玻片上。该法获取细胞数目较少，制片也较粗劣。现多以薄层液基细胞学检测技术取代传统的刮片技术。

3. 宫颈管涂片　先将宫颈表面分泌物拭净，用小型刮板进入宫颈管内，轻轻刮取一周作涂片。但最好使用"细胞刷"获取宫颈管上皮。将"细胞刷"置于宫颈管内，达宫颈外口上方10 mm左右，在宫颈管内旋转360°后取出，旋转"细胞刷"将附着于小刷子上的标本均匀地涂布于玻片上或立即固定洗脱于保存液中。

4. 宫腔吸片　疑宫腔内有恶性病变时，可采用宫腔吸片，较阴道涂片及诊刮阳性率高。选择直径1～5 mm不同型号塑料管，一端连于干燥消毒的注射器，用大镊子将另一端送入宫腔内达宫底部，上下左右转动方向，轻轻抽吸注射器，将吸出物涂片、固定、染色。也可通过宫腔灌洗获取细胞。

（二）生殖道脱落细胞涂片用于妇科疾病诊断

1. 闭经　阴道涂片检查见有正常周期性变化，提示闭经原因在子宫及其以下部位，如子宫内膜结核、宫颈宫腔粘连等；涂片见中层和底层细胞多，表层细胞极少或无，无周期性变化，提示病变在

卵巢,如卵巢早衰;涂片表现不同程度雌激素低落,或持续雌激素轻度影响,提示垂体或下丘脑或其他全身性疾病引起的闭经。

2. 异常子宫出血

(1) 无排卵性异常子宫出血:涂片显示中至高度雌激素影响,但也有较长期处于低至中度雌激素影响。雌激素水平高时成熟指数(MI)右移显著,雌激素水平下降时出现阴道流血。

(2) 黄体功能不足性异常子宫出血:涂片显示有周期性变化,排卵期出现高度雌激素影响,嗜伊红细胞指数(EI)可达90%。但排卵后,细胞堆积和皱褶较差或持续时间短,EI虽然有下降但仍偏高。

3. 流产

(1) 先兆流产:由于黄体功能不足引起的先兆流产表现为EI于早孕期增高,经治疗后EI下降提示好转。若再度EI增高,细胞开始分散,流产可能性大。若先兆流产而涂片正常,表明流产并非黄体功能不足引起,用孕激素治疗无效。

(2) 稽留流产:EI升高,出现圆形致密核细胞,细胞分散,舟形细胞少,较大的多边形细胞增多。

4. 生殖道感染性炎症

(1) 细菌性阴道病:常见于阴道嗜酸杆菌、球菌、加德纳尔菌和放线菌等感染。涂片中炎性阴道细胞表现为细胞核呈豆状核,核破碎和核溶解,上皮细胞核周有空晕,细胞质内有空泡。

(2) 衣原体性宫颈炎:在宫颈涂片上可见化生的细胞胞浆内有球菌样物及嗜碱性包涵体,感染细胞肥大多核。

(3) 病毒感染:常见的有单纯疱疹病毒(HSV)Ⅱ型和人乳头状瘤病毒(HPV)。HPV感染后,在宫颈涂片中可见典型的挖空样细胞。

5. 妇科肿瘤

(1) 癌细胞特征:细胞大小不等,形态各异。核增大,核浆比例失常;核大小不等,形态不规则;核深染且深浅不一;核膜明显增厚、不规则,染色质分布不均,颗粒变粗或凝聚成团;核分裂异常;核仁增大变多以及出现畸形裸核。癌细胞可单独出现或成群出现,排列紊乱。

(2) 宫颈、阴道细胞学诊断的报告形式:主要分为分级诊断及描述性诊断两种。目前我国多数医院仍采用分级诊断,临床常用巴氏5级分类法。近年来更推荐应用TBS分类法及其描述性诊断。

1) 巴氏分类法

巴氏Ⅰ级:正常。为正常阴道细胞涂片。

巴氏Ⅱ级:炎症。细胞核增大,核染色质较粗,但染色质分布尚均匀。一般属良性改变或炎症。

巴氏Ⅲ级:可疑癌。主要是核异质,表现为核大深染,核形不规则或双核。

巴氏Ⅳ级:高度可疑癌。细胞有恶性特征,但在涂片中恶性细胞较少。

巴氏Ⅴ级:癌。具有典型恶性细胞的特征且量多。

2) TBS分类法:① 良性细胞改变:感染,反应性细胞学改变;② 鳞状上皮细胞异常;③ 腺上皮细胞改变;④ 其他恶性肿瘤。

二、女性常用内分泌激素测定

(一)垂体促性腺激素测定

1. 协助判断闭经原因 FSH及LH水平低于正常值,提示闭经原因在腺垂体或下丘脑。FSH及LH水平均高于正常,病变在卵巢。

2. 排卵监测 可以估计排卵时间及了解排卵情况,有助于不孕症的治疗及研究避孕药物的作用机制。

3. 协助诊断多囊卵巢综合征 如LH/FSH>3表明LH呈高值,FSH处于低水平,有助于诊断多囊卵巢综合征。

4. 诊断性早熟 有助于区分真性和假性性早熟。真性性早熟由促性腺激素分泌增多引起,

FSH 及 LH 呈周期性变化；假性性早熟的 FSH 及 LH 水平较低，且无周期性变化。

（二）垂体催乳素测定

（1）闭经、不孕及月经失调者，无论有无泌乳，均应测 PRL，以除外高催乳素血症。

（2）垂体肿瘤患者伴 PRL 异常增高时，应考虑有垂体微腺瘤。

（3）PRL 水平升高还见于性早熟、原发性甲状腺功能低下、卵巢早衰、黄体功能欠佳、长期哺乳、神经精神刺激、药物作用（如氯丙嗪、避孕药、大量雌激素、利血平等）等因素；PRL 水平降低多见于垂体功能减退、单纯性催乳素分泌缺乏症等。

（三）雌激素测定

1. 监测卵巢功能 测定血 E_2 或 24 小时尿总雌激素水平。

（1）判断闭经原因：① 激素水平符合正常的周期变化，表明卵泡发育正常，应考虑为子宫性闭经；② 雌激素水平偏低，闭经原因可能因原发或继发性卵巢功能低下或受药物影响而抑制卵巢功能，也可见于下丘脑-垂体功能失调、高催乳素血症等。

（2）诊断无排卵：雌激素无周期性变化，常见于无排卵性异常子宫出血、多囊卵巢综合征、某些绝经后子宫出血。

（3）监测卵泡发育：应用药物诱导排卵时，测定血中 E_2 作为监测卵泡发育、成熟的指标之一，用以指导 hCG 用药及确定取卵时间。

（4）女性性早熟：临床多以 8 岁以前出现第二性征发育诊断性早熟，血 E_2 水平升高＞275pmol/L 为诊断性早熟的激素指标之一。

2. 监测胎儿-胎盘单位功能 妊娠期 E_3 主要由胎儿-胎盘单位产生，测定孕妇尿 E_3 含量反映胎儿胎盘功能状态。正常妊娠 29 周尿雌激素迅速增加，正常足月妊娠 E_3 排出量平均为 88.7 nmol/日尿；妊娠 36 周后尿中 E_3 排出量连续多次均＜37 nmol/日尿或骤减＞30%～40%，提示胎盘功能减退；E_3＜22.2 nmol/日尿或骤减＞50%，提示胎盘功能显著减退。

（四）孕激素测定

1. 监测排卵 血孕酮水平＞15.6 nmol/L，提示有排卵。若孕酮水平符合有排卵，而无其他原因的不孕患者，需配合 B 超检查观察卵泡发育及排卵过程，以除外未破裂卵泡黄素化综合征。原发性或继发性闭经、无排卵性月经或无排卵性异常子宫出血、多囊卵巢综合征、口服避孕药或长期使用 GnRH 激动剂，均可使孕酮水平下降。

2. 了解黄体功能 黄体期血孕酮水平低于生理值，提示黄体功能不足；月经来潮 4～5 日血孕酮仍高于生理水平，提示黄体萎缩不全。

3. 了解妊娠状态及进展 妊娠期，胎盘功能减退时，血中孕酮水平下降。异位妊娠时，孕酮水平较低，如孕酮水平＞78.0 nmol/L（25 ng/mL），基本可除外异位妊娠。单次血清孕酮水平≤15.6 nmol/L（5 ng/mL），提示为死胎。先兆流产时，孕酮值若有下降趋势有可能流产。

4. 孕酮替代疗法的监测 孕早期切除黄体侧卵巢后，应用天然孕酮替代疗法时应监测血清孕酮水平。

（五）雄激素测定

1. 卵巢男性化肿瘤 如在短期内出现进行性加重的雄激素过多症状，往往提示卵巢男性化肿瘤。

2. 多囊卵巢综合征 患者血清雄激素可能正常，也可能升高。若治疗前雄激素水平升高，治疗后应下降。可作为评价疗效的指标之一。

3. 肾上腺皮质增生或肿瘤 血清雄激素异常升高。

4. 两性畸形的鉴别 男性假两性畸形及真两性畸形，睾酮水平在男性正常范围内；女性假两性畸形则在女性正常范围内。

5. 女性多毛症 测血清睾酮水平正常时，多系毛囊对雄激素敏感所致。

6. 应用雄激素制剂或具有雄激素作用的内分泌药物　如达那唑等,用药期间有时需作雄激素测定。

7. 高催乳素血症　有雄激素过多症状和体征,常规雄激素测定在正常范围者,应测定血清催乳素水平。

(六) HCG 测定

1. 诊断早期妊娠　血、尿 HCG 测定可用于早早孕诊断,迅速、简便、价廉。有性生活的女性,尿 HCG 阳性或血 HCG 水平升高,提示妊娠。

2. 异位妊娠　血尿 β-HCG 维持在低水平,且 48 小时无倍增,应怀疑异位妊娠。

3. 滋养细胞肿瘤的诊断和监测

(1) 葡萄胎和侵蚀性葡萄胎:血 β-HCG 浓度经常>100 kU/L,且子宫≥妊娠 12 周大,HCG 维持高水平不降,提示葡萄胎。在葡萄胎块清除后,HCG 应呈大幅度下降,且在清除后的 16 周应为阴性;若下降缓慢或下降后又上升,或 16 周仍未转阴者,排除宫腔内残留组织则可能为侵蚀性葡萄胎。

(2) 绒毛膜癌:β-HCG 是绒毛膜癌诊断和活性滋养细胞监测唯一的实验室指标,β-HCG 下降与治疗有效性一致,尿 β-HCG<50 U/L 及血 β-HCG<3.1 μg/L 为阴性标准,治疗后临床症状消失,HCG 每周检查 1 次,连续 3 次阴性者视为近期治愈。

三、女性生殖器官活组织检查

(一) 活组织检查

1. 宫颈活组织检查

(1) 适应证:宫颈脱落细胞学涂片检查巴氏Ⅲ级或Ⅲ级以上,宫颈脱落细胞学涂片检查巴氏Ⅱ级,经抗感染治疗后仍为Ⅱ级,宫颈脱落细胞学检查(TBS)分类鳞状上皮细胞异常者,阴道镜检查时反复可疑阳性或阳性者;疑有宫颈癌或慢性特异性炎症,需进一步明确诊断者。

(2) 方法:患者取膀胱截石位,阴道窥器暴露宫颈,局部消毒。可疑宫颈癌者选 3 点、6 点、9 点、12 点四处取材。临床已明确为宫颈癌可单点取材,以明确病理类型或浸润程度。为提高取材准确性,可借助阴道镜,在宫颈阴道部涂以碘溶液,选择不着色区取材。术后局部填带尾棉球压迫止血,嘱患者 24 小时后取出。

2. 子宫内膜活组织检查

(1) 适应证:确定月经失调类型;检查不孕症病因;异常阴道流血或绝经后阴道流血,需排除子宫内膜器质性病变者。

(2) 方法:受检者排尿后取膀胱截石位,查明子宫大小及位置。常规消毒,以宫颈钳夹持宫颈,用探针测量宫腔深度。将小刮匙送达宫底部,自上而下沿宫壁刮取,取出组织,置于无菌纱布上。术毕,收集全部组织固定于 10% 甲醛溶液中送检。检查单注明末次月经时间。

(二) 诊断性刮宫

诊断性刮宫,简称诊刮,是诊断宫腔疾病最常采用的方法。其目的是刮取子宫内膜和宫腔内其他组织行病理检查。怀疑同时有宫颈管病变时,需对宫颈管及宫腔分别进行诊断性刮宫,简称分段诊刮。

1. 适应证　子宫异常出血或阴道排液需证实或排除子宫内膜癌、宫颈管癌,或其他病变如流产、子宫内膜炎等;排卵障碍性异常子宫出血或怀疑子宫性闭经,诊刮有助于确切了解子宫内膜对卵巢激素的反应性和子宫内膜病变;不孕症行诊断性刮宫有助于了解有无排卵,并能发现子宫内膜病变;宫腔内有组织残留或排卵障碍性异常子宫出血长期多量出血时,刮宫有助于诊断,并有止血效果。

2. 方法　与子宫内膜活检基本相同。但行分段诊刮时先不探查宫腔深度,以免将宫颈管组织带入宫腔混淆诊断。用小刮匙自宫颈内口至外口顺序刮宫颈管一周,将所刮取组织置纱布上,然后

刮匙进入宫腔刮取子宫内膜。刮出宫颈管黏膜及宫腔内膜组织分别装瓶、固定，送病理检查。

四、输卵管通畅检查

（一）输卵管通液术

1. 适应证 不孕症，男方精液正常，疑有输卵管阻塞者；检验和评价输卵管绝育术、输卵管再通术或输卵管成形术的效果；对输卵管黏膜轻度粘连有疏通作用。

2. 方法 患者取膀胱截石位，了解子宫位置及大小，常规消毒铺巾，暴露宫颈消毒宫颈，用宫颈钳夹持宫颈前唇，沿宫腔方向置入宫颈导管，并使其与宫颈外口紧贴，经导管缓慢注入生理盐水或抗生素溶液。若注入无阻力及外溢，患者无不适感，表示输卵管通畅；反之为阻塞。

（二）子宫输卵管造影

1. 适应证 了解输卵管是否通畅及其形态、阻塞部位；了解宫腔形态，确定有无子宫畸形及类型，有无宫腔粘连、子宫黏膜下肌瘤、子宫内膜息肉及异物等；内生殖器结核非活动期；不明原因的习惯性流产，了解宫颈内口是否松弛，宫颈及子宫有无畸形。

2. 方法 与通液术基本相同。将40%碘化油徐徐注入宫腔，在X线透视下观察碘化油流经宫腔及输卵管情况并摄片。24小时后再摄片1次，以观察腹腔内有无游离碘化油。

（张丽华　陈　蓉　杜小利）

第六章 计划生育

本章主要介绍避孕的各种方法与选择、绝育及避孕失败的补救措施。

第一节 避 孕

避孕是计划生育的重要组成部分,是指采用科学手段使妇女暂时不受孕。目前常用的女性避孕方法有宫内节育器、药物避孕及外用避孕等。男性避孕在我国主要是阴茎套及输精管结扎术。

一、宫内节育器

宫内节育器(intrauterine device,IUD)是一种安全、有效、简便、经济、可逆的避孕工具,为我国育龄妇女的主要避孕措施,目前约70%妇女选用IUD作为避孕方法,占世界IUD避孕总人数的80%。

(一)种类

1. 惰性宫内节育器(第一代IUD) 由惰性材料如金属、硅胶、塑料等制成。由于金属单环脱落率及带器妊娠率高,1993年已停止生产使用。

2. 活性宫内节育器(第二代IUD) 其内含有活性物质如铜离子(Cu^{2+})、激素及药物等,这些物质能提高避孕效果,减少副反应。分为含铜IUD和含药IUD两大类。

(二)作用机制

宫内节育器的避孕机制复杂,至今尚未完全明了。大量研究表明,IUD的抗生育作用主要是局部组织对异物的组织反应而影响受精卵着床。活性IUD的避孕机制还与活性物质有关。

(1)杀精毒胚作用。

(2)干扰着床。

(3)左炔诺孕酮IUD可抑制少部分妇女排卵。主要是孕激素对子宫内膜的局部作用。

(三)宫内节育器放置术

1. 适应证 凡育龄妇女无禁忌证,要求放置IUD者。

2. 禁忌证 ①妊娠或妊娠可疑。②生殖道急性炎症。③人工流产出血多,怀疑有妊娠组织物残留或有感染;中期妊娠引产、分娩或剖宫产胎盘娩出后子宫收缩不良,有出血或潜在感染可能。④生殖器官肿瘤。⑤生殖器官畸形,如子宫纵隔、双子宫等。⑥宫颈内口过松、重度陈旧性宫颈裂伤或子宫脱垂。⑦严重的全身性疾患。⑧宫腔<5.5 cm或>9.0 cm(除外足月分娩后、大月份引产后或放置含铜无支架IUD)。⑨近3个月内有月经失调、阴道不规则流血。⑩有铜过敏史。⑪近期患者有孕激素受体阳性的乳腺癌。

3. 放置时间 ①月经干净3~7日无性交;②人工流产后立即放置;③产后42日恶露已净,会阴伤口已愈合,子宫恢复正常;④剖宫产后半年放置;⑤含孕激素IUD在月经第3日放置;⑥自然流产,若转经后放置,药物流产2次正常月经后;⑦哺乳期放置应先排除早孕;⑧性交后5日内放置(为紧急避孕方法之一)。

4. 放置方法 双合诊检查子宫大小、位置及附件情况。外阴阴道常规消毒铺巾,阴道窥器暴露宫颈后消毒宫颈与宫颈管,以宫颈钳夹持宫颈前唇,用子宫探针顺子宫位置探测宫腔深度。用放置

笔记栏

器将节育器推送入宫腔,IUD 上缘必须抵达宫底部,带有尾丝者在距宫口 2 cm 处剪断尾丝。观察无出血即可取出宫颈钳和阴道窥器。

5. 术后注意事项及随访　① 术后休息 3 日,1 周内忌重体力劳动,2 周内忌性交及盆浴,保持外阴清洁。② 术后第一年 1、3、6、12 个月进行随访,以后每年随访 1 次直至停用。随访时了解 IUD 在宫腔内情况,发现问题及时处理,以保证 IUD 避孕的有效性。特殊情况随时就诊。

(四) 宫内节育器取出术

1. 适应证

(1) 生理情况：① 计划再生育或已无性生活不需避孕；② 放置期限已满需更换；③ 绝经过渡期停经 1 年内；④ 拟改用其他避孕措施或绝育。

(2) 病理情况：① 有并发症及副反应,经治疗无效；② 带器妊娠,包括宫内和宫外妊娠。

2. 禁忌证

(1) 并发生殖道炎症时先给予抗感染治疗,治愈后再取出 IUD。

(2) 全身情况不良或在疾病的急性期,应待病情好转后再取出。

3. 取器时间　① 月经干净后 3~7 日为宜；② 带器早期妊娠行人工流产同时取器；③ 带器异位妊娠术前行诊断性刮宫时,或在术后出院前取出 IUD；④ 因子宫不规则出血,随时可取,取 IUD 同时需行诊断性刮宫,刮出组织送病理检查,排除内膜病变。

4. 取器方法　常规消毒后,有尾丝者用血管钳夹住尾丝轻轻牵引取出。无尾丝者需在手术室进行,按进宫腔操作程序操作,用取环钩或取环钳将 IUD 取出。取器困难可在 B 超下进行操作,必要时在宫腔镜下取出。

5. 注意事项　① 取器前应作 B 超检查或 X 线检查确定节育器是否在宫腔内,同时了解 IUD 的类型；② 使用取环钩取 IUD 时应十分小心,不能盲目钩取,更应避免向宫壁钩取,以免损伤子宫壁；③ 取出 IUD 后应落实其他避孕措施。

(五) 宫内节育器的副反应

不规则阴道流血是放置 IUD 常见的副反应,主要表现为经量增多、经期延长或少量点滴出血,一般不需处理,3~6 个月后逐渐恢复。少数患者放置 IUD 可出现白带增多或伴有下腹胀痛,应根据具体情况明确诊断后对症处理。

(六) 并发症及处理

1. 节育器异位　原因包括：① 操作不当,子宫穿孔；② 节育器过大、过硬或子宫壁薄而软,子宫收缩造成节育器逐渐异位至子宫外。确诊后,应经腹或在腹腔镜下将节育器取出。

2. 节育器嵌顿或断裂　因节育器放置时损伤子宫壁或带器时间过长,节育器嵌入子宫壁或发生断裂,应及时取出。必要时,应在 B 超、X 线或宫腔镜下取出。

3. 节育器下移或脱落　原因包括：① 操作不规范,IUD 放置未达宫底部；② IUD 与宫腔大小、形态不符；③ 月经过多；④ 宫颈内口过松及子宫过度敏感。常见于 IUD 放置一年内。

4. 带器妊娠　多见于 IUD 下移、脱落或异位。一经确认,行人工流产同时取出 IUD。

二、激素避孕

激素避孕是指女性使用甾体激素避孕,是一种高效避孕方法。甾体避孕药的激素成分是雌激素和孕激素。

(一) 甾体激素避孕药的作用机制

(1) 抑制排卵。

(2) 改变宫颈黏液性状。

(3) 改变子宫内膜形态与功能。

(4) 改变输卵管的功能。

(二) 甾体激素避孕药的种类

1. 口服避孕药 包括复方短效口服避孕药、复方长效口服避孕药。

(1) 复方短效口服避孕药：是雌、孕激素组成的复合制剂。雌激素成分为炔雌醇，孕激素成分各不相同，构成不同配方及制剂。常用的有：复方炔诺酮片、复方甲地孕酮片、复方去氧孕烯片、复方孕二烯酮片、炔雌醇环丙孕酮片、屈螺酮炔雌醇片。此类避孕药的主要作用是抑制排卵，正确使用的有效率接近100％。

(2) 复方长效口服避孕药：由长效雌激素和人工合成孕激素配伍制成，服药1次可避孕1个月。避孕有效率达96％～98％。复方长效口服避孕药激素含量大，副反应较多，如类早孕反应、月经失调等，市场上已很少见。

2. 长效避孕针 目前的长效避孕针有单孕激素制剂和雌、孕激素复合制剂两种，复合制剂，由于激素剂量大，副反应大，很少用。常用的单孕激素制剂有醋酸甲羟孕酮避孕针和庚炔诺酮避孕针，有效率达98％以上。尤其适用于对口服避孕药有明显胃肠道反应者。

3. 探亲避孕药 适用于短期探亲夫妇。孕激素制剂有炔诺酮探亲片、甲地孕酮探亲避孕片和炔诺孕酮探亲避孕片。探亲避孕药的避孕效果可靠，达98％以上。由于目前激素避孕药种类不断增加，探亲避孕药的使用剂量又大，现已很少使用。

4. 缓释避孕药 目前常用的有皮下埋植剂、阴道药环、避孕贴片及含药的宫内节育器。

(三) 甾体激素避孕药的禁忌证

(1) 严重心血管疾病、血栓性疾病不宜应用，如原发性高血压、冠心病、静脉栓塞等。雌激素有促凝功能，心肌梗死及静脉栓塞发生率增高。

(2) 急、慢性肝炎或肾炎。

(3) 恶性肿瘤，癌前病变。

(4) 内分泌疾病：如糖尿病、甲状腺功能亢进症。

(5) 哺乳期不宜使用复方口服避孕药，因雌激素可抑制乳汁分泌。

(6) 年龄＞35岁的吸烟妇女服用避孕药会增加心血管疾病发病率，不宜长期服用。

(7) 精神病长期服药。

(8) 有严重偏头痛，反复发作者。

(四) 甾体激素避孕药的副反应及处理

1. 类早孕反应 食欲缺乏、恶心、呕吐、乏力、头晕等类似妊娠早期的反应，一般不需特殊处理，坚持服药数个周期后副反应自然消失。若症状严重，则考虑更换制剂或停药改用其他措施。

2. 月经影响 服药期间阴道流血又称突破性出血。多数发生在漏服避孕药后，少数未漏服避孕药也可能发生。轻者点滴出血，不用处理，随着服药时间延长而逐渐减少停止。流血偏多者每晚在服用避孕药的同时加服雌激素，直至停药。若流血如月经量或流血时间已近月经期，则停止服药，作为一次月经来潮。于出血第5日再开始服下一周期的药，或更换避孕药。1％～2％妇女发生闭经，常发生于月经不规则妇女。原有月经不规则妇女使用避孕药应谨慎。停药后月经不来潮需除外妊娠，停药7日后可继续服药，若连续停经3个月，需停药观察。

3. 体重变化 避孕药中的第一代和第二代孕激素具有较强的雄激素活性，新一代口服避孕药屈螺酮炔雌醇片有抗盐皮质激素作用，可减少水钠潴留。个别妇女服药后食欲亢进，体内合成代谢增加，体重增加，可以更换含第三代孕激素的口服避孕药。也可能由于雌激素使体内水钠潴留引起体重增加。

4. 皮肤问题 极少数妇女面部出现淡褐色色素沉着，停药后多数妇女能逐步恢复。第三代口服避孕药能改善原有的皮肤痤疮。

5. 其他 个别妇女服药后出现头痛、复视、乳房胀痛等，可对症处理，必要时停药作进一步检查。

三、其他避孕

其他避孕包括紧急避孕、外用避孕与自然避孕法等。

（一）紧急避孕

适用于性生活未使用任何避孕方法，避孕失败，遭到性暴力。方法有放置宫内节育器或口服紧急避孕药。紧急避孕药主要有雌孕激素复方制剂复方左炔诺孕酮片、单孕激素制剂左炔诺孕酮片及抗孕激素制剂米非司酮片三大类。副反应有可能出现恶心、呕吐、不规则阴道流血及月经紊乱，一般不需处理。若月经延迟1周以上，需除外妊娠。

紧急避孕仅对一次无保护性生活有效，避孕有效率明显低于常规避孕方法，且紧急避孕药激素剂量大，副反应亦大，不能替代常规避孕。

（二）外用避孕

1. 阴茎套 也称避孕套，为男性避孕工具。作为屏障阻止精子进入阴道而达到避孕目的。正确使用避孕率高，达93%~95%。阴茎套还具有防止性传播性疾病的作用，近年来受到全球重视。

2. 阴道套 为女用避孕套，既能避孕，又能防止性传播疾病。目前我国尚无供应。

3. 外用杀精剂 外用杀精剂是性交前置入女性阴道，具有灭活精子作用的一类化学避孕制剂。目前临床常用的有避孕栓剂、片剂、胶冻剂、凝胶剂及避孕薄膜等。正确使用外用杀精剂，有效率达95%以上。使用失误，失败率高达20%以上，不作为避孕首选药。

4. 安全期避孕 又称自然避孕。是根据女性生殖生理的知识推测排卵日期，判断周期中的易受孕期，在此期禁欲而达到避孕目的。包括日历表法、基础体温法、宫颈黏液观察法。日历表法适用于周期规则妇女，排卵通常发生在下次月经前14日左右，据此推算出排卵前后4~5日为易受孕期，其余时间视为安全期。基础体温法和宫颈黏液观察法是根据基础体温和宫颈黏液判断排卵日期。此方法并不十分可靠，不宜推广。

5. 其他避孕 目前正在研究黄体生成激素释放激素类似物避孕、免疫避孕法的导向药物避孕和抗生育疫苗等。

第二节 人工流产

人工流产是指因意外妊娠、疾病等原因而采用人工方法终止妊娠，可作为避孕失败的补救措施，但不能直接用此作为节育的方法。

一、药物流产

其优点是方法简便，不需宫内操作，故无创伤性，目前最常用的药物是米非司酮配伍米索前列醇，完全流产率在90%以上。用法：米非司酮分顿服法和分服法。顿服法：于第1日服米非司酮200 mg，服药的第3日早上口服米索前列醇0.6 mg（前后空腹1小时）；分服法于服药第1日晨服米非司酮50 mg，8~12小时再服米非司酮25 mg，于第2日早晚各服米非司酮25 mg，第3日上午再服米非司酮25 mg，其后1小时服米索前列醇。适用于停经7周内孕妇，完全流产率达90%~95%，且副反应轻，仅有恶心、呕吐、下腹痛和乏力，但其远期副反应尚需进一步观察。有使用米非司酮禁忌症，前列腺素药物禁忌症，带器妊娠、宫外孕、过敏体质，妊娠剧吐，长期服用抗结核、抗癫痫、抗抑郁、抗前列腺素药物者禁用。

二、人工流产

人工流产术是指在妊娠早期用手术方法终止妊娠。

（一）负压吸引术

1. 适应证 妊娠10周内要求终止妊娠而无禁忌证，患有某种疾病不宜继续妊娠者。

2. 禁忌证 生殖道炎症，各种疾病的急性期；全身情况不良，不能耐受手术；术前2次体温在37.5℃以上。

3. 手术步骤 受术者排空膀胱，取膀胱截石位。常规消毒外阴、阴道，铺消毒巾。作双合诊复查子宫位置、大小及附件情况。阴道窥器暴露宫颈，消毒阴道及宫颈，用宫颈钳夹持宫颈前唇后，用

子宫探针探测子宫屈向和深度。宫颈扩张器以执笔式顺子宫位置方向扩张宫颈管,一般自5号开始,扩张至大于准备用的吸管半号或1号。连接好吸引管,将吸管缓慢放入宫底部。按孕期及宫腔大小给予负压,一般控制在400~500 mmHg,按顺时针方向吸引宫腔1~2周,即可将妊娠物吸引干净。当感觉宫腔缩小,宫壁粗糙,吸头紧贴宫壁、上下移动受阻时,提示组织吸净,将橡皮管折叠,慢慢取出吸管。用小号刮匙轻刮宫腔一周,尤其宫底及两侧宫角部,检查是否吸刮干净。全部吸出物用纱布过滤,检查有无绒毛及胚胎或胎儿组织,有无水泡状物。肉眼观察发现异常者,即送病理检查。取下宫颈钳,用棉球拭净宫颈及阴道血迹,术毕。

(二)钳刮术

适用于妊娠11~14周。通过机械或药物方法使宫颈松软,然后用卵圆钳钳夹胎儿及胎盘。由于胎儿较大、骨骼形成,容易造成并发症如出血多、宫颈裂伤、子宫穿孔等,应尽量避免大月份钳刮术。

(三)人工流产并发症及处理

1. 出血 多发生于妊娠月份较大的钳刮术,主要为组织不能迅速排出,影响子宫收缩。可在扩张宫颈后,宫颈注射缩宫素促使子宫收缩,同时尽快钳取或吸取胎盘及胎体,吸管过细或胶管过软时应及时更换。

2. 子宫穿孔 是严重的并发症,其发生率与手术者操作技术及子宫本身情况有关。手术时器械进入宫腔突然出现"无底"感觉,或其深度明显超过检查时子宫大小,即可诊断为子宫穿孔,应停止手术,给予缩宫素和抗生素,严密观察患者的生命体征,有无腹痛、阴道流血及腹腔内出血征象。子宫穿孔后,若患者情况稳定,胚胎组织尚未吸净者,可在B超或腹腔镜监护下清宫;发现内出血增多或疑有脏器损伤者,应立即剖腹探查。

3. 人工流产综合反应 指受术者在人工流产术中或手术结束时出现心动过缓、心律不齐、血压下降、面色苍白、恶心呕吐、出汗、头晕、胸闷,甚至发生昏厥和抽搐。术前应予精神安慰,操作力求轻柔,扩张宫颈不可施用暴力,吸宫时掌握适当负压,吸净后勿反复吸刮宫壁。一旦出现心率减慢,静脉注射阿托品0.5~1 mg,效果满意。

4. 吸宫不全 为人工流产后常见并发症。主要是部分胎盘残留,也可能有部分胎儿残留。宫体过度屈曲或技术不熟练容易发生。术后流血超过10日,血量过多,或流血停止后又有多量流血,应考虑为吸宫不全,B超检查有助于诊断。若无明显感染征象,应行刮宫术,刮出物送病理检查,术后用抗生素预防感染。若同时伴有感染,应控制感染后再行刮宫术。

5. 漏吸 确定为宫内妊娠,但术时未吸到胚胎及胎盘绒毛,往往因子宫过度屈曲、子宫畸形或操作不熟练造成。当吸出物过少,尤其未见胚囊时,应复查子宫位置、大小及形状,并重新探查宫腔,能及时发现问题而解决,吸出组织送病理检查,若未见绒毛或胚胎组织,除考虑漏吸外,还应排除宫外孕可能。确属漏吸,应再次行负压吸引术。

6. 感染 可发生急性子宫内膜炎、盆腔炎等,术后应预防性给予抗生素。

7. 羊水栓塞 少见,往往由于宫颈损伤、胎盘剥离使血窦开放,为羊水进入创造条件。即使并发羊水栓塞,其症状及程度较轻。

8. 远期并发症 有宫颈粘连、宫腔粘连、慢性盆腔炎、月经失调、继发性不孕等。

第三节 输卵管绝育术

输卵管绝育术是一种安全、永久性节育措施,通过手术将输卵管结扎或用药物使输卵管腔粘连堵塞,阻断精子与卵子相遇而达到绝育。目前常用方法为经腹输卵管结扎术或经腹腔镜输卵管绝育术。

一、经腹输卵管结扎术

经腹输卵管结扎术是国内应用最广的绝育方法，具有切口小、组织损伤小、操作简易、安全、方便等优点。

1. 适应证 要求接受绝育手术且无禁忌证者；患严重全身疾病不宜生育者。

2. 禁忌证 ① 24小时内2次体温达37.5℃或以上；② 全身状况不佳，如心力衰竭、血液病等，不能耐受手术；③ 患严重的神经官能症；④ 各种疾病急性期；⑤ 腹部皮肤有感染灶或患有急、慢性盆腔炎。

3. 术前准备

（1）手术时间选择：非孕妇女在月经干净后3～4日。人工流产或分娩后宜在48小时内施术。哺乳期或闭经妇女应排除早孕后再行绝育术。

（2）解除受术者思想顾虑，作好解释和咨询。

（3）详细询问病史，并作全身检查与妇科检查，实验室检测阴道分泌物常规、血尿常规、凝血功能、肝功能等检查。

（4）按妇科腹部手术前常规准备。

4. 麻醉 采用局部浸润麻醉或硬膜外麻醉。

5. 手术方法

（1）寻找提取输卵管：是手术的主要环节。方法常有卵圆钳夹取、指板法或吊钩法提取输卵管。

（2）结扎输卵管：输卵管结扎方法有抽心包埋法、输卵管银夹法和输卵管折叠结扎切除法。

6. 术后处理 局部浸润麻醉，不需禁食，及早下床活动。注意观察生命体征。术后2周内禁止性交。若为流产或产后绝育，应按流产后或产后注意事项处理。

二、经腹腔镜输卵管绝育术

1. 禁忌证 主要为腹腔粘连、心肺功能不全、膈疝等，余同经腹输卵管结扎术。

2. 术前准备 同经腹输卵管结扎术，受术者应取头低臀高仰卧位。

3. 手术步骤 局麻、硬膜外麻醉或全身麻醉。脐孔下缘做1 cm小切口，先用气腹针插入腹腔，充CO_2 2～3 L，然后插入套管针放置腹腔镜。在腹腔镜直视下将弹簧夹或硅胶环置于输卵管峡部，以阻断输卵管通道。也可采用双极电凝法烧灼输卵管峡部1～2 cm。

4. 术后处理 静卧4～6小时后可下床活动。观察生命体征有无改变。

经腹腔镜输卵管绝育术优点多，手术时间短，恢复快，但需要设备，费用较高，目前尚难推广。

第四节 计划生育措施的选择

避孕方法知情选择是指通过宣传、教育、培训、咨询、指导等途径，使育龄期妇女了解常用避孕方法的避孕原理、适应证、禁忌证、正确使用方法、常见副反应及防治，并在医务人员和计划生育工作者的精心指导下，根据自身特点（包括家庭、身体、婚姻状况等）选择适合、安全、有效的避孕方法，从而达到节育目的。

一、新婚夫妻

笔记栏

考虑其短期避孕要求及避孕对今后妊娠可能产生的影响，多采用男用避孕套、口服短效避孕药或女性外用避孕栓、薄膜等，一般不选用宫内节育器。

二、生育后时期

选择长效、安全、可靠的避孕方法。一般各种避孕方法均能适用，如宫内节育器、皮下埋置剂、复方口服避孕药、避孕针、避孕套等。凡有禁忌证的不宜使用。已生育两个或以上子女妇女，最好采用绝育术。不宜采用安全期、体外排精、长效避孕药。

三、哺乳期

宜采用不影响乳汁质量及婴儿健康的避孕方法，如男用避孕套、宫内节育器、单孕激素长效避孕针或皮下埋置剂。不宜用复方避孕药及避孕针、避孕药膜、安全期避孕。

四、围绝经期

选择以外用避孕工具为主的避孕方法，如男用或女用避孕套、避孕栓、凝胶剂等，原使用宫内节育器者，无不良反应可继续使用，至绝经后半年取出。不宜选用复方避孕药、避孕药膜、安全期避孕。

（曹　颖　宋素英　毛　惠）

附 录

中医妇科病历格式及书写要求

病历是医务人员对患者进行诊治的科学记录,是原始医疗档案。一份优质的病历,既能全面、正确反映疾病的发生、发展以及诊断治疗的整个过程,也能反映疾病的转归和预后,同时反映了医务人员在诊治过程中的思维活动。病历的保存为医、教、研提供第一手信息和资料,又是解决医疗纠纷、判定法律责任、医疗保险等事项的重要依据。病历书写质量是考察医务人员工作态度和业务水平的重要依据,故写好病历能促进医疗质量的提高。妇科病历在书写过程中要注意记录月经史、带下史、婚产史、妇科检查等情况。

一、门诊病历格式及书写要求

中医妇科门诊病历一般只作简要记录,如记录患者的自然情况、就诊的主要症状、对疾病的初步诊断及门诊用药,其中包括方药和煎服法等。门诊病历包括初诊记录和复诊记录。

1. 初诊记录

年 月 日 科别

姓名 性别 年龄 职业 病案号

主诉:患者就诊的主要症状、体征及持续时间。

病史:主症发生的时间、病情的发展变化、诊治过程、目前情况,详细记录月经史、带下史、婚产史和重要的既往病史、个人史和过敏史等。

体格检查:记录生命体征、中西医检查阳性体征及有鉴别意义的阴性体征。特别要注意妇科检查及舌象、脉象。

实验室检查:记录就诊时已获得的有关检查结果。

诊断

中医诊断:包括疾病诊断与证候诊断。

西医诊断:记录病名。多个病名同时存在时当分清主次。

处理

中医论治:记录治法、方药、用法等。

西医治疗:记录具体用药、剂量、用法等。

进一步的诊治建议:检查项目、饮食起居宜忌、随诊要求、注意事项。

医师签全名:

2. 复诊记录

年 月 日 科别

记录以下内容:

(1)前次诊疗后的病情变化、简要的辨证分析、补充诊断、更正诊断。

(2)各种诊疗措施的改变和原因。

(3)同一医师原方超过3次以上需重新誊写处方。

(4)患者就诊3次没有确诊或疗效不佳者,必须有上级医师的会诊意见。上级医师的诊疗意见

笔记栏

应详细记录,并经上级医师签字负责。

医师签全名:

二、住院病历格式及书写要求

住院病历需详细按照一定的格式进行记录。一般先记录患者的自然情况,包括姓名、年龄、性别、职业等;再按照下列顺序进行,即问诊、望闻切诊、体格检查、实验室检查、四诊摘要、辨证分析、西医诊断依据、入院诊断、治则治法、方药、辨证调护。

住院病历

姓名:	出生地:
性别:	常住地址:
年龄:	单位:
民族:	入院时间: 年 月 日 时
婚况:	病史采集时间: 年 月 日 时
职业:	病史陈述者:
发病节气:	可靠程度:

主诉: 患者就诊的主要症状、体征及持续时间。多项主诉者,应按发生顺序列出。要求重点突出、高度概括、简明扼要。

现病史: 围绕主诉,系统记录疾病发生、发展、变化及诊治过程。记录的内容要求准确具体,避免流水账式的记录。内容应包括:

(1) 发病情况:发病的时间、地点、起病形式、前驱症状、可能的病因和诱因。

(2) 主要症状、特点及演变情况:要准确具体地描述主要症状的发生、发展和变化。

(3) 伴随症状:记录各伴随症状的特点及与主症的关系。

(4) 结合中医"十问",记录目前情况。

(5) 诊治情况:如果入院前经过诊治,应按时间先后记录与本病有关的重要检查结果和曾接受过的主要治疗方法(应记录药物名称、用量、用法等)及其使用时间、疗效。诊断名称应加引号。

(6) 如果两种或两种以上的疾病同时发病,应分段记录。

既往史: 记录既往健康状况,按时间顺序系统回顾过去曾患疾病的情况,如传染病、地方病、职业病、手术、外伤、中毒及输血史等。

个人史: 记录出生地、经历地区、居留地、居住环境和条件、生活和工作情况、饮食习惯、情志状态、特殊嗜好等。

过敏史: 记录致敏药物、食物名称及其他过敏情况。

婚育、月经、带下史: 月经史包括月经初潮年龄、月经周期、经期、经量、经色、经质等情况,有无痛经史及其他伴随症状,末次月经,绝经年龄。带下量、色、质、气味等。结婚或再婚年龄、妊娠次数、足月分娩次数、分娩年龄、分娩情况,流产次数(人工流产、自然流产),现有子女,末次妊娠日期。配偶及子女的健康状况。采用何种避孕措施等。

家族史: 记录直系亲属及与本人生活有密切关系亲属的健康状况,有无肿瘤史、遗传疾病史、高血压史。如亲属已死亡则应记录其死因、死亡时间及年龄。

体格检查

生命体征 体温(T) 脉搏(P) 呼吸(R) 血压(BP)

整体状况

望神:包括神志、精神状况、表情等。

望色:面容、色泽、病容等。

望形:包括发育、营养、体形、体质等。

望态:包括体位、姿势、步态等。

声音:语言清晰度,有无异常声音如咳嗽、呃逆、嗳气、哮鸣、呻吟等。

气味:是否正常,有无特殊气味等。

舌象:舌体的形态,舌下脉络,舌质(色、瘀点、瘀斑),舌苔(苔形、苔色),有无津液等。

脉象:各种脉象。

皮肤、黏膜及淋巴结

皮肤、黏膜:包括色泽、纹理、弹性、温度、汗液、斑疹、疮疡、瘢痕、色素沉着等,并明确记录其部位、大小及程度。也要记录皮肤划痕征。

淋巴结:若有肿大,应记录其部位、数目、大小、活动度、压痛、质地等。

头面部

头颅:有无畸形、肿物、压痛,毛发情况,有无疖、癣、瘢痕。

眼:眉毛、睫毛、眼睑、眼球、结膜、巩膜、角膜、瞳仁、对光反应等情况。

耳:耳郭形状,外耳道是否通畅、有无分泌物,乳突有无压痛,听力情况等。

鼻:有无畸形、中隔偏曲或穿孔,有无鼻甲肥大或阻塞,鼻腔分泌物性状、出血记录,副鼻窦有无压痛及嗅觉情况等。

口腔:口唇、牙齿、齿龈、口腔黏膜、扁桃体、咽、悬雍垂等情况。

颈项

包括形、态、气管、甲状腺、颈脉。记录是否对称,有无抵抗强直、压痛、肿块,活动是否受限。颈动脉有无异常搏动及杂音,颈静脉有无怒张。有无肝颈静脉回流征。气管位置是否居中,有无瘿瘤。

胸部

胸廓:是否对称,有无畸形、局部隆起、凹陷、压痛,有无水肿、皮下气肿、肿块,静脉有无怒张及回流异常。

乳房:大小,有无红肿、橘皮样外观、压痛、结节、肿块等。

肺脏:呼吸类型、呼吸速度和特征;语颤、摩擦音、皮下气肿、捻发音;叩诊音;肺肝浊音界、肺下界、呼吸时肺下缘移动度;呼吸音的性质、强度、有无干湿啰音、语音传导有无异常;有无胸膜摩擦音、哮鸣音。

心脏:心尖搏动的性质及位置,有无震颤或摩擦感;心脏左右浊音界;心脏搏动的节律、频率,心音强弱、分裂,肺动脉瓣区第二音与主动脉瓣区第二音的比较,额外心音、奔马律等;有无心脏杂音及杂音的部位、性质、心动期间的传导方向、何处最响、强度;心包摩擦音、心律不齐时应比较心率和脉率。

血管

动脉:桡动脉的频率、节律,有无奇脉,左右两侧桡动脉的比较,动脉壁的性质、紧张度、硬度。股动脉及肱动脉有无枪击音。

周围血管征:毛细血管搏动征,射枪音,水冲脉,动脉异常搏动等。

腹部

视诊:对称、大小、膨隆、凹陷、呼吸运动、皮疹、色素、条纹、瘢痕、体毛、脐疝、静脉曲张与血流方向、胃肠蠕动波、腹围测量(有腹水或腹部包块时)。

触诊:腹部柔软、紧张,有无压痛、反跳痛(压痛部位其程度),拒按或喜按。

叩诊:有无移动性浊音、包块(部位、大小、形状、软硬度、压痛、移动度)。

听诊:鼓音,有无移动性浊音。肠鸣音,有无气过水声,血管杂音及其部位、性质等。

肝脏:大小、质地、边缘钝或锐、压痛、表面光滑与否,有无结节。肝浊音界。

胆囊:可否触及、大小、形态、压痛。

脾脏:可否触及、大小、硬度、压痛、表面光滑度及边缘钝与锐。脾浊音界。

肾脏:大小、硬度、叩击痛、移动度。

膀胱:可否触及、上界、输尿管压痛点。

二便及排泄物

根据需要进行检查并记录痰液、呕吐物、大小便、汗液等情况。

脊柱四肢

脊柱：有无畸形、强直、叩击痛，运动度是否受限，两侧肌肉有无紧张、压痛。

四肢：肌力、肌张力，有无外伤、骨折、肌萎缩。关节有无红肿、压痛、疼痛、积液、脱臼，活动度，有无畸形，下肢有无水肿、静脉曲张。指(趾)甲色泽、荣枯、形态等。

神经系统

感觉：痛觉、温度觉、触觉、音叉振动觉及关节位置觉。

运动：肌肉有无紧张及萎缩，有无瘫痪，有无不正常的动作，共济运动及步态如何。

浅反射：腹壁反射、跖反射及肛门反射。

深反射：二头肌、三头肌反射，膝腱反射及跟腱反射。

病理反射：在一般情况下检查弹指反射，跖伸跖反射。

妇科检查：记录外阴的婚产型，有无肿物，阴毛分布情况；阴道是否通畅，阴道黏膜及分泌物情况；宫颈大小，宫颈有无糜烂、触血等；宫体位置、大小、形状、质地、活动度、压痛；附件有无增厚、包块、压痛等。

实验室检查(包括特殊检查)

记录入院时已取得的各种实验室检查结果及特殊检查结果。如血、尿、大便常规、肝功能、HBsAg、胸透、心电图、内窥镜、CT等。

辨病辨证依据：运用中医临床辨证思维方法，结合四诊资料，得出中医辨病、辨证依据。

四诊摘要 将四诊所得的与辨证论治密切相关的资料，进行全面、系统、扼要的归纳(病因、病程、主要症状，及有关阳性体征)。

辨证分析 一般可按诊断、鉴别诊断、病因病机、证候分析、病位病性、标本虚实、辨证结论、预后转归顺序书写，如为证型鉴别，应放在辨证结论之后书写。

西医诊断依据：从病史、症状、体征和实验室检查等几个方面总结出主要疾病的诊断依据。

入院诊断

中医诊断：疾病诊断(包括主要疾病和其他疾病)。

证候诊断(包括相兼证候)。

西医诊断：包括主要疾病和其他疾病。如有修正诊断、确定诊断、补充诊断时，应书写在原诊断的左下方，并签上姓名和诊断时间。

治则治法：治则是治疗的指导原则，治法指具体的治疗方法。

方药：运用成方要写出方名及加减，自拟方可不写方名。处方药物要求每行写四味药，药物名称右上角注明特殊煎服法，右下角写剂量，必要时写明煎法与服法。

辨证调护：指医师对护理级别、调养、给药及食疗等方面的要求。

实习医师签名：

住院医师签名：

主治医师签名：

(齐 峰 宋素英 毛 惠)

方 剂 汇 编

一 画

一贯煎(《柳州医话》) 沙参 麦冬 当归 生地黄 川楝子 枸杞子

二 画

二仙汤(《中医方剂临床手册》) 仙茅 仙灵脾 当归 巴戟天 黄柏 知母
二至丸(《医方集解》) 女贞子 旱莲草
八珍汤(《正体类要》) 当归 川芎 白芍 熟地黄 人参 白术 茯苓 炙甘草
八物汤(《济阴纲目》) 当归 川芎 芍药 熟地黄 延胡索 川楝子 木香 槟榔
人参养荣汤(《太平惠民和剂局方》) 人参 黄芪 白术 茯苓 陈皮 炙甘草 熟地黄 当归 白芍 五味子 远志 肉桂
九种心痛丸(《金匮要略》) 附子 人参 干姜 吴茱萸 狼牙 巴豆霜

三 画

大黄牡丹皮汤(《金匮要略》) 大黄 牡丹皮 桃仁 冬瓜仁 芒硝
大黄䗪虫丸(《金匮要略》) 大黄 水蛭 虻虫 蛴螬 干漆 桃仁 苦杏仁 黄芩 干地黄 白芍 甘草 䗪虫
大补元煎(《景岳全书》) 人参 山药 熟地黄 杜仲 当归 山茱萸 枸杞子 炙甘草
下乳涌泉散(《清太医院配方》) 当归 川芎 白芍 生地黄 天花粉 柴胡 青皮 漏芦 桔梗 通草(或木通) 白芷 穿山甲 王不留行 甘草
小半夏加茯苓汤(《金匮要略》) 半夏 生姜 茯苓

四 画

开郁种玉汤(《傅青主女科》) 香附 当归 白芍 牡丹皮 白术 茯苓 花粉
天仙藤散(《校注妇人良方》) 天仙藤 香附 乌药 陈皮 甘草 生姜 紫苏叶 木瓜
五味消毒饮(《医宗金鉴》) 蒲公英 金银花 野菊花 紫花地丁 天葵子
内补丸(《女科切要》) 鹿茸 肉苁蓉 菟丝子 潼蒺藜 黄芪 白蒺藜 紫菀茸 肉桂 桑螵蛸 制附子
止带方(《世补斋·不谢方》) 茯苓 猪苓 泽泻 车前子 黄柏 栀子 茵陈 赤芍 牡丹皮 牛膝
丹栀逍遥散(《内科摘要》) 牡丹皮 栀子 当归 白芍 柴胡 白术 茯苓 炙甘草 煨姜 薄荷
丹溪治湿痰方(《丹溪心法》) 苍术 白术 香附 川芎 当归 半夏 滑石 茯苓
乌药汤(《兰室秘藏》) 乌药 香附 木香 当归 甘草
牛黄清心丸(《痘疹世医心法》) 牛黄 朱砂 黄连 栀子 郁金 黄芩
六君子汤(《校注妇人良方》) 人参 白术 茯苓 甘草 半夏 陈皮 生姜 大枣
六味回阳饮(《景岳全书》) 人参 制附子 炮姜 炙甘草 熟地黄 当归
少腹逐瘀汤(《医林改错》) 小茴香 干姜 延胡索 没药 当归 川芎 官桂 赤芍 蒲黄 五灵脂
双柏散(经验方) 侧柏叶 大黄 黄柏 薄荷 泽兰

笔记栏

长胎白术散(《叶氏女科证治》)　白术　川芎　川椒　干地黄　阿胶　黄芪　当归　牡蛎　茯苓

五　画

左归丸(《景岳全书》)　熟地黄　山药　枸杞子　山茱萸　菟丝子　鹿角胶　龟板胶　川牛膝
右归丸(《景岳全书》)　制附子　肉桂　熟地黄　山药　山茱萸　枸杞子　菟丝子　鹿角胶　当归　杜仲
失笑散(《太平惠民和剂局方》)　五灵脂　蒲黄
加减一阴煎(《景岳全书》)　生地黄　熟地黄　白芍　麦冬　知母　地骨皮　甘草
加味五淋散(《医宗金鉴》)　黑栀子　赤茯苓　当归　白芍　黄芩　甘草　生地黄　泽泻　车前子　滑石　木通
加味圣愈汤(《医宗金鉴》)　当归　白芍　川芎　熟地黄　人参　黄芪　杜仲　续断　砂仁
加味四物汤(《医宗金鉴》)　熟地黄　白芍　当归　川芎　蒲黄　瞿麦　桃仁　牛膝　滑石　甘草梢　木香　木通
生脉散(《内外伤辨惑论》)　人参　麦冬　五味子
生铁落饮(《医学心悟》)　天冬　麦冬　贝母　胆南星　橘红　远志　连翘　茯苓　茯神　玄参　钩藤　丹参　辰砂　石菖蒲　生铁落
生化汤(《傅青主女科》)　当归　川芎　桃仁　炮姜　炙甘草
圣愈汤(《兰室秘藏》)　当归　川芎　熟地黄　生地黄　人参　黄芪
归肾丸(《景岳全书》)　菟丝子　茯苓　山药　熟地黄　杜仲　当归　山茱萸　枸杞子
四君子汤《太平惠民和剂局方》　人参　白术　茯苓　甘草
四物汤(《太平惠民和剂局方》)　熟地黄　当归　川芎　白芍
四神丸(《校注妇人良方》)　补骨脂　吴茱萸　肉豆蔻　五味子
甘露消毒丹(《温热经纬》)　滑石　茵陈　黄芩　石菖蒲　川贝母　木通　藿香　射干　连翘　薄荷　白豆蔻
龙胆泻肝汤(《医宗金鉴》)　龙胆草　柴胡　山栀子　黄芩　车前子　木通　泽泻　生地黄　当归　甘草
白术散(《全生指迷方》)　白术　茯苓　大腹皮　生姜皮　橘红
白虎汤(《伤寒论》)　石膏　知母　粳米　甘草
白虎加人参汤(《伤寒论》)　石膏　知母　粳米　甘草　人参
半夏白术天麻汤(《医学心悟》)　半夏　白术　天麻　陈皮　茯苓　甘草　生姜　大枣　蔓荆子
归脾汤(《校注妇人良方》)　白术　茯神　黄芪　龙眼肉　酸枣仁　人参　木香　当归　远志　甘草　生姜　大枣
甘麦大枣汤(《金匮要略》)　小麦　甘草　大枣
仙方活命饮(《校注妇人良方》)　金银花　甘草　穿山甲　皂角刺　当归　赤芍　乳香　没药　天花粉　陈皮　防风　贝母　白芷
艾附暖宫丸(《沈氏尊生书》)　艾叶　香附　吴茱萸　肉桂　当归　川芎　白芍　生地黄　黄芪　续断

六　画

芎归二陈汤(《丹溪心法》)　陈皮　半夏　茯苓　甘草　生姜　川芎　当归
血府逐瘀汤(《医林改错》)　桃仁　红花　当归　生地黄　川芎　赤芍　牛膝　桔梗　柴胡　枳壳　甘草

百合地黄汤(《金匮要略》) 百合 生地黄

百合固金汤(《医方集解》) 百合 熟地黄 生地黄 归身 白芍 生甘草 桔梗 玄参 贝母 麦冬

托里消毒散(《医宗金鉴》) 人参 当归 川芎 白芍 白术 银花 茯苓 白芷 皂角刺 甘草 桔梗 黄芪

当归饮子(《证治准绳》) 当归 川芎 白芍 生地黄 防风 荆芥 黄芪 白蒺藜 何首乌 甘草

安奠二天汤(《傅青主女科》) 人参 熟地黄 白术 山药 炙甘草 山茱萸 杜仲 枸杞 扁豆

安冲汤(《医学衷中参西录》) 白术 黄芪 生龙骨 生牡蛎 生地黄 白芍 海螵蛸 茜草根 续断

导赤散(《小儿药证直诀》) 木通 生地黄 淡竹叶 甘草梢

当归芍药散(《金匮要略》) 当归 芍药 川芎 茯苓 白术 泽泻

阳和汤(《外科全生集》) 熟地黄 鹿角胶 姜炭 肉桂 麻黄 白芥子 甘草

七 画

两地汤(《傅青主女科》) 地骨皮 生地黄 玄参 麦冬 阿胶 白芍

苍附导痰丸(《叶天士女科诊治秘方》) 苍术 香附 陈皮 胆南星 枳壳 半夏 茯苓 神曲 生姜 甘草

杞菊地黄丸(《医级》) 熟地黄 山茱萸 山药 泽泻 牡丹皮 茯苓 枸杞子 菊花

身痛逐瘀汤(《医林改错》) 秦艽 羌活 川芎 当归 香附 桃仁 红花 牛膝 地龙 没药 五灵脂 甘草

补中益气汤(《脾胃论》) 人参 黄芪 白术 当归 陈皮 甘草 柴胡 升麻

补肾固冲丸(《中医学新编》) 菟丝子 巴戟天 杜仲 当归 鹿角霜 枸杞子 阿胶 熟地黄 续断 党参 白术 大枣 砂仁

补阳还五汤(《医林改错》) 赤芍 川芎 当归尾 地龙 黄芪 桃仁 红花

寿胎丸(《医学衷中参西录》) 菟丝子 桑寄生 续断 阿胶

苏叶黄连汤(《温热经纬》) 苏叶 黄连

苎根汤(《妇人大全良方》) 干地黄 苎麻根 当归 芍药 阿胶 甘草

肠宁汤(《傅青主女科》) 当归 熟地黄 阿胶 人参 山药 续断 麦冬 肉桂 甘草

免怀散(《济阴纲目》) 红花 赤芍 当归尾 川牛膝

完带汤(《傅青主女科》) 人参 白术 山药 白芍 苍术 甘草 陈皮 黑芥穗 柴胡 车前子

启宫丸(经验方) 制半夏 苍术 香附 茯苓 神曲 陈皮 川芎

陈氏七圣散(《妇人大全良方》) 延胡索 没药 白矾 白芷 姜黄 当归 桂心

八 画

苓桂术甘汤(《伤寒论》) 茯苓 白术 桂枝 甘草

参苓白术散(《太平惠民和剂局方》) 人参 白术 扁豆 茯苓 甘草 山药 莲子肉 桔梗 薏苡仁 砂仁

参附汤(《校注妇人良方》) 人参 制附子

定经汤(《傅青主女科》) 熟地黄 当归 白芍 柴胡 山药 茯苓 菟丝子 炒荆芥

知柏地黄汤(《医宗金鉴》) 知母 黄柏 熟地黄 山茱萸 山药 泽泻 茯苓 牡丹皮

固本止崩汤(《傅青主女科》) 人参 黄芪 白术 熟地黄 当归 黑姜

固阴煎(《景岳全书》)　熟地黄　山药　山茱萸　人参　炙甘草　五味子　菟丝子　远志

固经丸(《医学入门》)　龟甲　白芍　黄柏　黄芩　椿根皮　香附

固精丸(《济阴纲目》)　煅牡蛎　桑螵蛸　龙骨　白石脂　白茯苓　五味子　菟丝子　韭子

易黄汤(《傅青主女科》)　黄柏　山药　车前子　芡实　白果

肾气丸(《金匮要略》)　干地黄　山药　山茱萸　丹皮　泽泻　茯苓　附子　桂枝

育阴汤(《百灵妇科》)　熟地黄　续断　白芍　桑寄生　杜仲　山茱萸　山药　海螵蛸　龟甲　牡蛎　阿胶

九　画

顺经汤(《傅青主女科》)　当归　熟地黄　沙参　白芍　茯苓　黑荆芥　牡丹皮

独参汤(《十药神书》)　人参

举元煎(《景岳全书》)　人参　黄芪　白术　炙甘草　升麻

保阴煎(《景岳全书》)　生地黄　熟地黄　黄芩　黄柏　白芍　山药　续断　甘草

保产无忧散(《傅青主女科》)　炙黄芪　荆芥穗　当归　川贝母　白芍　川芎　菟丝子　厚朴　艾叶　枳壳　羌活　甘草　生姜

茵陈蒿汤(《伤寒论》)　茵陈　栀子　大黄

茯苓导水汤(《医宗金鉴》)　茯苓　槟榔　猪苓　砂仁　木香　陈皮　泽泻　白术　木瓜　大腹皮　桑白皮　苏叶

送子丹(《傅青主女科》)　黄芪　当归　麦冬　熟地黄　川芎

神效催生丹(《卫生家宝产科备要》)　腊月兔脑髓(去皮膜,研如泥)　冰片(另研,代麝香)　乳香末(另研)　母丁香(极细末)

神效达生散(《达生篇》)　苏梗　当归　白芍　甘草　川芎　枳壳　白术　陈皮　贝母　大腹皮　冬葵子　葱白

宫外孕Ⅰ号方(山西医学院附属第一医院)　丹参　赤芍　桃仁

宫外孕Ⅱ号方(山西医学院附属第一医院)　丹参　赤芍　桃仁　三棱　莪术

荆防四物汤(《医宗金鉴》)　荆芥　防风　川芎　当归　白芍　地黄

独活寄生汤(《备急千金要方》)　独活　桑寄生　秦艽　防风　细辛　当归　川芎　干地黄　杜仲　牛膝　人参　茯苓　甘草　桂心　芍药

养荣壮肾汤(《叶氏女科证治》)　当归　川芎　独活　肉桂　杜仲　川续断　桑寄生　防风　生姜

养精种玉汤(《傅青主女科》)　熟地黄　当归　白芍　山茱萸

济生肾气丸(《济生方》)　熟地黄　炮附子　茯苓　泽泻　山茱萸　炒山药　车前子　牡丹皮　官桂　川牛膝

香棱丸(《济生方》)　木香　丁香　三棱　枳壳　莪术　青皮　川楝子　小茴香

香砂六君子汤(《名医方论》)　人参　白术　茯苓　甘草　半夏　陈皮　木香　砂仁　生姜　大枣

胎元饮(《景岳全书》)　人参　当归　杜仲　白芍　熟地黄　白术　陈皮　炙甘草

十　画

调肝汤(《傅青主女科》)　山药　阿胶　当归　白芍　山茱萸　巴戟天　甘草

调经散(《太平惠民和剂局方》)　当归　肉桂　没药　琥珀　赤芍　白芍　细辛　麝香

桂枝茯苓丸(《金匮要略》)　桂枝　茯苓　牡丹皮　芍药　桃仁

桃红四物汤(《医宗金鉴·妇科心法要诀》)　熟地黄　当归　白芍　川芎　桃仁　红花

逍遥散(《太平惠民和剂局方》)　柴胡　当归　白芍　白术　茯苓　甘草　薄荷　煨姜

逐瘀止血汤(《傅青主女科》) 生地黄 大黄 赤芍 牡丹皮 当归尾 枳壳 桃仁 龟板

柴胡疏肝散(《景岳全书》) 柴胡 枳壳 芍药 川芎 香附 陈皮 炙甘草

通窍活血汤(《医林改错》) 赤芍 川芎 桃仁 红花 老葱 麝香 红枣 生姜

通乳丹(《傅青主女科》) 人参 黄芪 当归 麦冬 木通 桔梗 七孔猪蹄

健固汤(《傅青主女科》) 人参 白术 茯苓 薏苡仁 巴戟天

凉膈散(《太平惠民和剂局方》) 大黄 朴硝 甘草 栀子 薄荷 黄芩 连翘 竹叶

泰山磐石散(《景岳全书》) 人参 黄芪 当归 续断 黄芩 川芎 白芍 熟地黄 白术 砂仁 糯米 炙甘草

真武汤(《伤寒论》) 茯苓 芍药 生姜 白术 附子

消风散(《外科正宗》) 荆芥 防风 当归 生地黄 蝉蜕 牛蒡子 苍术 苦参 知母 石膏 胡麻仁 生甘草 木通

消癥散(经验方) 千年健 川续断 追地风 川椒 五加皮 白芷 桑寄生 艾叶 透骨草 羌活 独活 赤芍 归尾 血竭 乳香 没药

胶艾汤(《金匮要略》) 阿胶 艾叶 当归 川芎 白芍 干地黄 甘草

润燥汤(《万氏妇人科》) 人参 甘草 归身 生地黄 枳壳 火麻仁 桃仁泥 槟榔汁

十 一 画

黄芪桂枝五物汤(《金匮要略》) 黄芪 桂枝 芍药 生姜 大枣

清经散(《傅青主女科》) 牡丹皮 黄柏 青蒿 地骨皮 熟地黄 白芍 茯苓

清热调血汤(《古今医鉴》) 当归 川芎 白芍 生地黄 黄连 香附 桃仁 红花 延胡索 牡丹皮 莪术

清热固经汤(《简明中医妇科学》) 黄芩 焦栀子 生地黄 地骨皮 地榆 阿胶 生藕节 陈棕炭 炙龟板 牡蛎粉 生甘草

清肝止淋汤(《傅青主女科》) 白芍 生地黄 当归 阿胶 牡丹皮 黄柏 牛膝 香附 红枣 黑豆

清金化痰汤(《统旨方》) 黄芩 山栀 桔梗 麦冬 桑皮 贝母 知母 瓜蒌仁 橘红 茯苓 甘草

清暑益气汤(《温热经纬》) 西洋参 石斛 麦冬 黄连 竹叶 荷梗 知母 甘草 粳米 西瓜翠衣

清营汤(《温病条辨》) 玄参 麦冬 生地黄 金银花 连翘 丹参 黄连 竹叶心 水牛角

萆薢渗湿汤(《疡科心得集》) 萆薢 黄柏 薏苡仁 泽泻 赤茯苓 牡丹皮 滑石 通草

羚角钩藤汤(《重订通俗伤寒论》) 菊花 桑叶 羚羊角 钩藤 川贝母 鲜竹茹 生地黄 白芍 茯神 生甘草

脱花煎(《景岳全书》) 当归 川芎 肉桂 牛膝 红花 车前子

银翘散(《温病条辨》) 金银花 连翘 竹叶 荆芥穗 薄荷 牛蒡子 桔梗 淡豆豉 甘草 芦根

银甲丸(《王渭川妇科经验选》) 金银花 鳖甲 连翘 升麻 红藤 蒲公英 紫花地丁 生蒲黄 椿根皮 大青叶 茵陈 琥珀末 桔梗

理冲汤(《医学衷中参西录》) 生黄芪 党参 白术 山药 天花粉 知母 三棱 莪术 鸡内金

十 二 画

温经汤(《金匮要略》) 人参 当归 芍药 川芎 吴茱萸 生姜 桂枝 半夏 麦冬 牡丹皮 阿胶 甘草

温经汤(《妇人大全良方》) 人参 当归 川芎 白芍 肉桂 莪术 牡丹皮 甘草 牛膝

痛泻要方(《丹溪心法》) 白术 白芍 陈皮 防风

滋血汤(《证治准绳·女科》) 人参 山药 黄芪 茯苓 川芎 当归 白芍 熟地黄

十 三 画

催生立应散(《济阴纲目》) 车前子 当归 冬葵子 白芷 牛膝 大腹皮 枳壳 川芎 白芍药

解毒活血汤(《医林改错》) 连翘 葛根 柴胡 枳壳 当归 赤芍 生地黄 红花 桃仁 甘草

十 四 画

膈下逐瘀汤(《医林改错》) 当归 川芎 桃仁 红花 赤芍 牡丹皮 枳壳 延胡索 五灵脂 乌药 香附 甘草

漏芦散(《济阴纲目》) 漏芦 蛇蜕 瓜蒌

毓麟珠(《景岳全书》) 人参 白术 茯苓 白芍 川芎 炙甘草 当归 熟地黄 菟丝子 杜仲 鹿角霜 川椒

十 五 画

增液汤(《温病条辨》) 玄参 麦冬 生地黄

鲤鱼汤(《备急千金要方》) 鲤鱼 白术 生姜 白芍 当归 茯苓

(杜小利)